教育部人文社会科学重点研究基地重大项目成果

国外外语教育研究

王克非等　著

STUDIES ON FOREIGN LANGUAGE
EDUCATION IN THIRTEEN COUNTRIES
AND REGIONS

外语教学与研究出版社
FOREIGN LANGUAGE TEACHING AND RESEARCH PRESS

北京　BEIJING

图书在版编目(CIP)数据

国外外语教育研究 / 王克非等著. — 北京：外语教学与研究出版社，2012.10 (2014.5 重印)
ISBN 978-7-5135-2490-2

Ⅰ. ①国… Ⅱ. ①王… Ⅲ. ①外语教学—研究—外国 Ⅳ. ①H09

中国版本图书馆 CIP 数据核字 (2012) 第 246727 号

出 版 人：蔡剑峰
责任编辑：赵东岳
封面设计：赵 欣
出版发行：外语教学与研究出版社
社　　址：北京市西三环北路 19 号 (100089)
网　　址：http://www.fltrp.com
印　　刷：大恒数码印刷(北京)有限公司
开　　本：650×980　1/16
印　　张：27.5
版　　次：2012 年 10 月第 1 版　2014 年 5 月第 2 次印刷
书　　号：ISBN 978-7-5135-2490-2
定　　价：69.90 元

*　　*　　*

购书咨询: (010)88819929　电子邮箱: club@fltrp.com
外研书店: http://www.fltrpstore.com
凡印刷、装订质量问题，请联系我社印制部
联系电话: (010)61207896　电子邮箱: zhijian@fltrp.com
凡侵权、盗版书籍线索，请联系我社法律事务部
举报电话: (010)88817519　电子邮箱: banquan@fltrp.com
法律顾问: 立方律师事务所　刘旭东律师
　　　　　中咨律师事务所　殷　斌律师
物料号: 224900001

语言·教育·规划

（代序）

　　当今世界已经进入后工业时代，全球化、信息化、媒体化是当代社会的主要特征。二战之后，尤其是冷战结束以来，世界经济、科技、信息、文化的跨国化进程发展迅猛，原本属于民族国家的资讯、金融、技术、商业、教育乃至娱乐餐饮等都不断跨越民族国家疆界，与其他国家的相关领域交融，形成某种与民族国家发展同步但社会科学一时还无法妥善处理和应对的新现象、新挑战。这种现象与挑战赋予语言前所未有的作用与担当。随全球化而到来的信息化正在为人类构建一个庞大的虚拟世界，以令常人无法想象的快速和高效聚合着人类的智慧之网，从而给人类社会带来知识与观念的"核裂变"，从根本上改变人类社会传统的学习、工作、生活以及生存方式。信息化的程度与语言文字信息化的水平息息相关；[1] 信息化程度的高低决定信息的重新配置。因此占有现代信息的竞争实际上就是语言文字信息化的竞争。当代社会不仅是一个高度信息化的社会，而且还是一个高度传媒化的社会。由于全球传播的高速度、高效率、高覆盖、高穿透力，传媒将几乎所有区域性行为转变为全球行为，所有公共行为和事件变成传媒行为、传媒事件。[2] 当下的传媒已经成为国家的重要资源，然而全球化与信息化背景下的传媒，核心仍然是语言。

　　由于现代国家均以单一或多个民族为"民族—国家"这一法理为基础而"安身立命"，因此，无论是媒体化、信息化还是全球化，归根结蒂都是在民族—国家的框架下推行的，最终原则是至高无上的国家利益。因此全球化时代所凸显的语言的功能与作用同国家利益更为紧密地捆绑在一起。事实上，全球化，包括信息化，是人类资源再配置的过程。这一过程的特征使得语言的作用与功能从来没有像今天这样凸现，以至于国际社会已经形成共识：语言不是传统意义上信手拈来而又能挥之即去

---

1 李宇明（2010）中国外语规划的若干思考，《外国语》，2010 年第 1 期。
2 刘康（2008）如何打造丰富多彩的中国国家形象，《新闻大学》，2008 年第 3 期。

的"工具",而是与国家同存共辱的民族"认同"[1],是类似生命、幸福等人类的基本"人权",[2] 是同政治、经济、军事类型相异但价值相同的"软实力",一句话,语言是国家不可多得的宝贵"资源"。[3]

语言本身在当今世界事务中扮演的角色足以证明它举足轻重。由于语言引发的国际矛盾和民族纠纷屡见不鲜;语言之间也冲突不断,以至于一些西方学者把语言与战争[4]、语言与霸权[5]、语言与帝国[6] 联系在一起。事实上,语言在新的形势下发挥的功能和作用几乎在社会生活的所有领域和层面都已充分显现。语言关系到国家的政治形象、国际关系、经济利益、民族融和、国家安全乃至整个人类社会的可持续发展等等。一方面,世界范围内语言冲突引发了诸多争端与事件,比如,比利时政局动荡不安,主要原因是语言;加拿大魁北克事件的焦点是语言;美国遭受9·11恐怖袭击,其中语言也扮演了重要角色。另一方面,由于人类社会长期以来缺乏对语言必要的保护,世界上 7,000 多种语言中相当一部分将要濒临灭绝,这也引发了人们对人类文化多样性危机的担忧。所有这些问题都在呼唤国际社会要从战略的高度认识语言,并对语言进行战略意义上的规划。

进入本世纪以来,语言规划,尤其是语言的战略性规划,倍受国际社会高度关注,许多国家,包括发达国家和发展中国家,纷纷对本国的语言资源,包括外语教育,进行中长期的战略性规划。9·11 之后的美国改变了以往忽视甚至排斥外语教育的态度,隆重推出"国家安全语言计划"(The National Security Language Initiatives),在国家利益框架中确定"关键性语言"战略,把国民的语言能力与素质提升到事关美国的国际竞争力强弱和美国能否继续保持和维护国际绝对优势的高度。与此同时,作为世界语言输出大国的英国也在本世纪初出台《国家语言战略》(*The National Languages Strategy*),提出"全民学语言;终身学语言"(Languages for all; languages for life)的口号,强调每一个中小学生必须

---

1 Joseph, Jone E. (2004) *Language and Identity: National, Ethnic, and Religious*. New York: Palgrave MacMillan, pp. 98-100; Edward, John (2009) *Language and Identity: An Introduction*. Cambridge: Cambridge University Press.

2 Skutnabb-Kangas, Tove (2000) *Linguistic Genocide in Education—Or World Diversity and Human Rights?* Mahwah, N. J.: Lawrence Erlbaum Associates.

3 Kontra, Miklos *et al.* (1999) *Language: A Right and a Resource: Approaches to Linguistic Human Rights*. Budapest and New York: Central European University Press.

4 Calvet, Louis-Jean (1998) *Language Wars and Linguistic Politics*. Oxford: Oxford University Press.

5 Pennycook, Alastaire (1998) *English and the Discourses of Colonialism*. London: Routledge.

6 Phillipson, Robert (1982) *Linguistic Imperialism*. Cambridge: Cambridge University Press.

学一门外语，了解其他民族的文化，计划培养英国全体公民在全球化经济体系中终身的工作和竞争能力。推出类似语言战略性规划的国家还有新西兰、爱沙尼亚、加拿大、爱尔兰以及南非等。读完本书，我们可以发现，书中对包括欧盟在内的 13 个国家与地区外语教育历史与现状的考察同样充分显示了这样一个事实：世界上众多国家与地区对语言的战略性规划愈来愈重视。比如，长期以来，欧盟不仅致力于国家语言战略，本世纪初推出《欧洲语言教学与评估供参框架》，鼓励欧盟各国实施多语教育，而且致力于国际的语言战略，提倡维护语言多样性和文化多元化，挽救濒危语言。又如，我国近邻日本在为图强国力而大力发展英语教育的同时，不忘提高和增强母语意识和母语教育。再如，南美大国巴西把提高语言能力和强化语言文化素质共同写入外语教育大纲，一方面努力提高学生外语应用能力，另一方面努力强化他们的语言文化意识，其中包括对语言与文化、语言与民族认同、外语与母语合理科学关系的认识等，致力培养和提高他们应对新时期挑战所需的能力。事实上，上述这些例子代表了国际社会进入 21 世纪以来对语言的战略性思考和规划的特征和趋势。

语言规划很大一部分是对语言教育的规划，尤其是在全球化、信息化、媒体化高歌猛进的当今世界。大部分国家建国初期就完成了本国语言的"地位规划"，[1] 基本确定了国内语言的行政格局以及各自相应的地位。"本体规划"与"地位规划"大致上是同步的，当某种语言确定为官方语言时，强化和健全语言功能的本体规划就已开始。所以，尽管随时事变迁更替，语言规划还需在"本体"和"地位"两个方面进行调整和补充，而面广量大的部分却在于对语言教育的规划。语言教育包括母语教育、外语教育以及推广与传播国语的对外语言教育。母语教育中又包含官方语言的教育和非官方语言的教育，非官方语言还包括方言、少数民族语言以及包括少数（移民）族裔"继承语"（heritage language）在内的各种"母语"。这是语言教育规划的空间跨度。这些形形色色的语言教育及其相互间的关系构成了语言教育规划错综复杂的系统，不断挑战语言规划者以及研究者的学识才智和战略眼光。从时间上看，语言教育规划始终伴随国家的发展和社会的进步。如上所述，世界全球化、信息化

---

1 语言规划习惯上被分为"地位规划"（status planning）、"本体规划"（corpus planning）和"习得规划"（acquisition planning），语言习得规划就是语言教育规划。语言规划的分类，详见 Cooper, Robert L. (1989) *Language Planning and Social Change*. Cambridge: Cambridge University Press.

和媒体化凸显了语言的作用与功能，而新时期语言作用与功能的凸显是以不同语言之间广泛而又深入的接触和交流为前提的，所以世界全球化、信息化和媒体化凸显语言作用的同时也凸显了外语教育的意义，其意义之重大是前所未有的。可以这样说，100 年前外语教育的兴衰，也许并非十分重要；100 年后的今天，外语教育已经至关重大。同理，100 年前外语教育规划是否科学合理不一定会产生重大后果，而今则必然会影响到一个国家的综合国力和国际竞争能力。这就是本世纪英美等发达国家语言战略的调整实际上就是外语教育战略调整的真正原因。

我国经过 30 多年的改革开放和经济建设，基本上摆脱了陈旧落后的农耕社会，进入了工业化社会，同时正在经历从"本土型国家"向"国际型国家"的转变。我国又是一个多民族多语言的国家，56 个民族操 80 多种语言（另一说 129 种），汉语作为中华民族最大的也是通用的语种还有许多种方言。因此，语言问题和矛盾突出。在语言这一层面上，我国正面临来自两个方面的严峻挑战，一是"内语"；二是"外语"。我国拥有上百种语言，主要语言汉语又是世界上语言人口最大的语种之一，可谓语言资源丰富的大国，但是我们还不是一个语言强国，有许多问题有待于进行战略性的思考与研究，诸如汉语与少数民族语言的关系以及汉语普通话与方言之间的关系，中华民族语言与民族国家认同以及语言民族认同的多样性与主体性的关系，国家通用语言文字与两岸和谐发展以及海外华语发展与华人向心力的关系，我国语言文字发展战略与国家安全利益的关系，语言媒介与新形势下国家形象的塑造和维护的关系，以及汉语走向国际等等。这些问题都是关系到国家统一、民族团结、中华文明健康发展，以及我国能否在国际社会获得并维护与国家相当的话语权力和国家利益等重大问题。我国从"本土"向"国际"的转型，凸现不少新的外语问题和许多新的外语需求。改革开放使"中国走向世界"，也让"世界来到中国"。国家的进一步开放使国际交流更加频繁、广泛和深入。随着国家经济实力的不断提升，中国作为国际型大国的责任与义务日趋加大。这些方面均需要我们具有"广阔的外语视野"、"多样化的外语语种"和"全面周到的外语服务"。我国是一个外语学习大国，约有 3 亿人口在学外语，但是由于长期缺乏战略性规划，我国的外语教育仍然处在"无序"[1]、"向己"[2]、"低效"[3] 状态，与上述要求相去甚远。因此，外

---

1 蔡永良（2011）关于我国语言战略研究的几点思考，《外语界》，2011 年第 1 期。

2 李宇明（2010）中国外语规划的若干思考，《外国语》，2010 年第 1 期。

3 刘润清（2004）《英语教育研究》。北京：外语教学与研究出版社。

语的战略性思考与研究有不少问题需要解决，比如外语发展战略与我国国家利益拓展的关系，外语教育发展战略如何应对全球化的挑战等等。而从我国的实际情况看，我国不仅缺乏外语及外语教育战略性规划，对语言认真全面的战略性思考也比较薄弱，语言的战略意义没有得到应有的重视。

从上述视角理解王克非教授主持的教育部人文社会科学重点研究基地重大项目"外语教育与社会经济发展——多国外语教育政策比较研究"，其重大意义是不言而喻的。"它山之石，可以攻玉"，一般用以比喻借助外力，改正自己的缺失。这本著作所提供可借来"攻玉"的"它山之石"不是一般之石，其中既有许多科学的理念、丰富的思想和现成的经验，也有沉痛的教训以及适时的警示，可以给我们刚起步的语言教育战略性规划和研究提供不可多得的理论借鉴和实践参考。读完书稿，有上述肤浅心得一二，记下权以为序。尚敬请读者、同行、专家批评指正。

蔡永良
2011 年底于上海海事大学中远图书馆

目 录

第一章 绪论：外语教育与社会经济发展的互动 ………………… 1

　一、外语教育政策的调研 ……………………………………… 2

　二、语言、社会、教育 ………………………………………… 3

　三、外语教育与社会经济发展的互动 ………………………… 4

　四、各国外语教育政策和外语教育发展给我们的启示 ……… 8

第二章 欧盟的外语和外语教育：演变与政策 ………………… 10

　一、欧盟的外语状况 ………………………………………… 10

　二、欧洲语言在欧盟主要机构中的地位 …………………… 13

　三、外语教育在欧盟 ………………………………………… 14

　四、欧盟语言多元化政策之成因 …………………………… 16

　五、欧盟语言多元化政策之演变 …………………………… 21

　六、结语 ……………………………………………………… 28

第三章 法国的外语教育与社会发展 …………………………… 30

　一、导言：文化大国的新课题 ……………………………… 30

　二、外语教育大环境 ………………………………………… 30

　三、外语教育与政策 ………………………………………… 36

　四、社会发展与外语教育 …………………………………… 55

　五、结语 ……………………………………………………… 62

第四章 德国外语教育的特色 …………………………………… 68

　一、德国的教育体制 ………………………………………… 68

　二、德国的外语教育 ………………………………………… 71

　三、德国的外语教育政策 …………………………………… 80

　四、欧盟的语言政策与德国的外语教育 …………………… 85

　五、外语教育与社会经济发展 ……………………………… 94

　六、结语 …………………………………………………… 104

第五章 俄罗斯外语教育及政策的演变 106

一、外语教育的大环境 106

二、外语教育简史 111

三、外语教育政策的历史嬗变 113

四、汉语教育在俄罗斯 119

五、俄罗斯外语教育的特质 121

六、俄罗斯外语教育的启示 123

第六章 罗马尼亚外语教育的发展 126

一、教育政策与教育体制 127

二、外语教育和政策 130

三、社会经济发展与外语教育 141

四、结语 142

第七章 希腊的外语教育 144

一、外语教育大环境 144

二、教育体制 147

三、外语教育与政策 150

四、结语 158

第八章 日本的外语教育 161

一、外语教育的大环境 161

二、日本外语教育历史和政策 163

三、日本社会与外语教育 184

四、日本外语教育与政策的启示 190

第九章 韩国外语教育的历史与现状 236

一、韩国外语教育发展进程 237

二、韩国外语教育现状 242

三、外语教育与经济发展 275

四、韩国外语教育与政策的启示 293

第十章 马来西亚外语教育的变迁......300

一、外语教育大环境......300

二、教育体制......303

三、外语教育及其政策......305

四、马来西亚外语教育的启示......315

第十一章 泰国的外语教育......319

一、泰国外语教育背景......319

二、外语教育与政策......322

三、结语......332

第十二章 以色列外语教育的发展......336

一、外语教育的大环境......336

二、外语教育与政策......341

三、社会经济发展与外语教育......345

四、以色列外语教育与政策的启示......349

第十三章 墨西哥的外语教育与政策......352

一、外语教育大环境......352

二、教育体系......354

三、外语教育......361

四、私立教育中的外语教育......367

五、外语教育政策......378

六、墨西哥外语教育的启示......390

第十四章 巴西外语教育纵览......394

一、外语教育大环境......395

二、教育体制......398

三、外语教育......404

四、外语教育规划与政策......411

五、结语......419

后 记......423

第一章
绪论：外语教育与社会经济发展的互动

王克非

外语教育政策是国家教育政策的重要组成部分。外语教育政策的恰当与否不仅关系到国家的政治、经济、科技发展，而且关系到国家的安全、文化传统的传承以及国民素质的提高。一个合适的外语教育政策的制定需要综合多种因素，从宏观到微观多层面、多方位地权衡利弊。例如外语教育投资的成本与产出、社会对外语人才的实际需求、国家安全与国际关系的需要、学习外语的最佳年龄、外语教育与其他各课程教育的关系，以及外语教育对于拓宽学习者的国际视野、增强其跨文化沟通能力和外语对年轻一代民族认同感的影响等等，都是制定恰当的外语教育政策时必须考虑的因素。

世界上许多国家对本国的语言政策包括外语教育政策都非常重视，有丰富的研究成果和文献资料，[1] 他们的经验和教训非常值得我国教育主管部门借鉴。我国一直没有专门机构从事类似工作，对于国外的外语教育政策和措施缺乏了解，以致我们的外语教育政策的制定带有一定的盲目性。从近半个世纪的历史看，我国的外语教育规划和政策曾有过几次失误，而对当前的外语政策和现状，也有不少学者已经从不同角度撰文表示忧虑（参阅胡文仲，2001）。

---

1 Deth, Jean-Pierre Van (1979) *L'enseignement scolaire des langues vivantes dans les pays membres de la Communauté européenne. Bilan. réflexions et proposition.* Bruxelles: AIMAV-Didier.; Herras, José Carlos (1998) *Le bilinguisme dans l'Union européenne: un objectif à atteindre* in *L'enseignement des langues étrangères dans les pays de l'Union européenne.* Peeters Louvain-la-Neuve; Europbaromètre (2001) http://www.ipsos.fr/ipsos-public-affairs/actualites/barometre-europeen-consommation.

本书就是一项对国外外语教育现状及政策的调研，以及在此基础上的一些初步分析，以填补我国在这方面的空白。我们相信这一调研和比较分析的成果将有助于我国制订出既切合当前经济、文化发展需要又符合外语教学特点和教育规律的改革方略，同时也为我国对外汉语教学在世界范围内的推广提供一定依据。

一、外语教育政策的调研

在历时近四年的调研工作中，我们考察和比较了有一定代表性的13个国家和地区的社会经济现状和外语教育政策，以及相关措施、基本数据、现实情况等，并加以比较、分析。这些国家既有发达国家，也有发展中国家，既有操印欧语系语言的国家，也有非印欧语系语言的国家。

我们主要关注的是：1）不同国家的外语教育政策模式及各自的利弊，不只是外语教育政策内容的一般性介绍；2）考察与分析时特别注意外语教育与该国社会经济发展之间的关系；3）研究涉及的国家为非英语国家，重点考察其英语教育，兼及其他语种教育，使考察结果对我国更具借鉴价值。

调研所涉领域的研究主要有五个方面：各国外语教育大环境（基本情况），各国的语言政策，各国的教育政策，各国的外语教育政策以及各国的外语教学。具体内容包括：

对象国的历史、地理、政治、经济、文化、教育等社会发展总况；

对象国的语言政策、双语教育政策和实践、外语教育规划及其成效得失；

国家颁发的官方文件（如相关法律法规、教学大纲，或课程标准、指导框架等）；

学生正式学习外语的年龄，不同阶段（小学、中学、大学）外语学习在课程设置中所占的教学时数及教学目标；

主要外语教学策略、教学方法、培养模式等方面的实践与创新；

外语教学中综合运用现代科学技术的情况；

有代表性的或主要的大学、中学外语教材及其教学内容；

普通高校开设外语的语种和学习不同外语语种的人数及比例；

外语教师队伍及教师教育情况；

外语教育评价体系、评测方法；

其他相关内容等。

二、语言、社会、教育

我们谈外语教育政策与社会发展，离不开语言、教育、社会这几个关键词。

近十多年，特别是新世纪以来，世界已进入全球化和信息化时代。全球化和信息化意味着世界各地人民更密切更广泛地相互交往，而这一交往最重要的工具和最突出的特点，就是语言，包括本族语和外国语。因此在全球化时代，语言的作用比以往任何时候都更加凸显。语言和教育所代表的软实力在成长，重要性日益凸显，值得密切关注。

我们可以看出，语言是工具，是身份，是资源，是力量。

人们通过语言进行思维和认知，交流信息和情感，传承文化和知识，因此，语言是重要的交往工具。这是人们最容易认识到的一种语言特性。

人总是生活在某个文化社团中，操表达某种文化和习俗的语言，因此最简单有效的表明自己身份和判断他人身份的手段就是语言。无数例证表明，正由于这种身份性，语言成为民族系连和认同的重要标志。同时，人可以通过学习一门新的语言改变或提高自己的身份。

我们知道土地、森林、石油等有形的自然资源、物质资源，但人类社会还有无形的社会资源、精神资源，它对于人类社会同样重要，同样值得开发。语言就是这样的无形资源。因为每种语言背后都蕴涵着一个民族的文化和思维等社会或精神的资源，因此学习和掌握一门语言就可能获得一种资源。任何语言都具有自身价值和作用，但语言越强势，使用范围越广，其资源价值体现就越大。

长期以来人们谈到实力，总会想到经济、军事、科学技术、物质资源等方面，但现代社会，人们认识到还有同样不可不重视的软实力，那就是语言、文化、教育、信息、关系、价值观等等。比之于农牧时代、工业时代，在全球化的今天，软实力的竞争更加重要，如同没有硝烟的战场。从软实力的主要代表看，语言可以说是软实力的基础，因为它是其他软实力的构成要素，是文化或意识形态影响力的保证。

对于一个社会，人是最重要的，一个会思想、会用语言表述思想的人是最重要的。那么培育这样的人，也就是我们常说的一个高素质的人，就是教育的神圣职责，也是社会和谐发展的需要。在这里，我们可以看到，语言、社会、教育三者紧密相连，是人类社会进步的真正保障。

同时，由上述简要的相互关联的解说，我们也会清楚地看到外语教育对于文明社会里的人的真正意义，那就是，多了一个交流工具，多了一种社会身份，多了一些无形资源，多了一分生存实力。

三、外语教育与社会经济发展的互动

在全球一体化的国际交往中，外语，特别是相当于国际通用语的英语，扮演着日益重要的角色，受到世界各国的重视。不仅非英语国家更加强调英语，美国等英语国家也开始重视外语。联合国教科文组织（UNESCO, 2003）出版了《多语世界中的教育》[1]，分三部分论述多语言教育的重要性，特别是多语言的世界对教育体系带来的挑战。书中强调，在数字化时代，在全球经济和社会文化交往日益频繁的今天，语言和教育问题更加突出。如何既保留各自不同的语言和文化，用母语进行教育和传播知识，又能使接受优质教育的人们具备与世界沟通的语言能力，是全世界各国都面临的挑战。各国如何应对，如何制定外语和外语教育的政策，往往反映出国家实力、国家政策、教育理念等的变化。因为，社会经济的发展需要强化外语和外语教育，外语教育的发展反过来会支持社会经济的进步和全球经济一体化进程。

具体到一个国家，根据自己的政治、经济、军事、外交和科技发展的需要，做出关于外语在本国教育体系中的地位、比重等问题的规定，就是为本国制定了一个特定时期的外语教育政策。

以亚洲新兴的工业国韩国为例。

韩国的外语教育始于对中国汉字的借用，历经了照搬日本的日语教育体系以及仿效美国的英语教育体系的艰辛路程。直至1955年才开始韩国外语教育的自主发展进程。过去50多年来，韩国教育试图通过制定合理的教育政策来实现人才资源的合理开发。其制定教育政策的立足点在于自由民主主义和市场经济。

韩国外语教育起步较晚，但发展迅速。近50多年中，韩国外语教育得到国民政府和全体国民的热心支持，发生了巨大变化。历届政府根据来自各方面的要求，尤其是来自政策、经济、学术以及现实各方面的要求，适时调整外语教育政策，不断进行外语教育改革，以适应不断增长的经济社会发展之需。

在21世纪全球经济一体化大背景下，韩国为了培养具有多元语言文

---

1 UNESCO (2003) *Education in a Multilingual World*, unesdoc.unesco.org/images/0012/001297/129728e.pdf.

化和国际竞争力的人才，更加重视外语教育，加大对外语教育的投入，把外语教育放在战略发展的高度，制定一系列积极的外语教育政策，推动外语教育迅速有效地开展。所以韩国人常把经济视为第一经济，而把促进经济发展的教育视为第二经济。外语教育则是第二经济的重要组成部分。韩国 50 年经济崛起为亚洲四小龙，既促进了外语教育事业，也伴随有外语教育的提升。[1]

看经济强国日本的英语教育对策。

日本有悠久的学习外国、学习外语的传统，明治维新之后 100 多年里，外语教育特别是英语教育发展极快。进入 21 世纪，日本政府痛感英语教育对于日本全面持续发展和国际化公民培养的重要，对英语教育提出了更多更高的要求。2002 年 4 月，日本全国开始实行新的英语学习指导要领（相当于我国的英语课程标准）。同年 7 月，日本文部科学省在"改进英语教学圆桌会议"和"改革英语教育圆桌会议"的意见基础上，提出了"培养能使用英语的日本人的战略构想"行动计划，[2] 并对该构想的具体目标、实施步骤等作了详细的说明。

2003 年 3 月 31 日，日本文部科学省正式开始实施"培养具有英语能力的日本人"的行动计划。日本文部科学大臣远山敦子亲自撰文论述这一计划的意义和要点。她指出，世界已进入一个高度全球化大竞争的时代，从经济或资本投资的角度，从国际交往的角度，从知识信息交流和获取的角度，人们都需要与外部世界更多的沟通，在这样的情形下，英语这个国际通用语起到了将不同地区不同语言的人们联系起来的作用。这对于日本更好地与世界各国沟通，相互理解和信任也是至关重要的。但是日本的现实情况是，许多日本人由于英语能力的局限，还不能有效地与外国人交流思想，表达情感。因此，日本文部科学省采取各种措施包括修改文部科学省的"指导要领"，以提高日本学生的基本英语交流能力，包括改善教师的英语教学能力等。[3]

这一行动计划有详细的目标描述，对初中学生、高中学生、大学生以及一般公民的英语水平都有明确的要求，对实质性地改进英语教学的能力和设施也有具体的步骤，是一个五年甚至更长时间内的提升日本国

1　参阅本书第九章。

2　日本文部科学省（2002）「英語が使える日本人の育成のための戦略構想」http://www.mext. go.jp/b_menu/shingi/chousa/shotou/020/sesaku/020702.htm。

3　见日本文部科学省网站 http://www.mext.go.jp/。

民整体英语水平的纲领性文件（MEXT, 2003）[1]。

　　配合培养具有英语能力的日本人的行动计划，日本教育当局 2003 年开始实施"超级英语（Super-English）"教学项目，即不仅把英语作为必修课进行日常教学，还把英语作为授课语言来进行其他学科的教学，这种类似于我国英汉双语教学的模式于 2005 年已在日本 100 所中学进行试点。为此日本仅以政府名义聘请的以英语为母语的正规教师每年就达 1,000 名以上，进行"团队教学（Team-teaching）"，即课堂由一位外籍英语教师和一位日本本国英语教师来合作进行的教学活动，并配套投资 1 亿 8 千万日元进行本土英语教师的培训。[2]

　　从这些措施，我们可以清楚地看到，日本英语教育随着社会的发展有了新的更高的目标，以适应日本经济、政治、文化各方面进一步走向国际的广泛需要。

　　看近三十年风云变幻的俄国。

　　近三十年里，俄罗斯社会大变革。《2010 年俄罗斯教育现代化纲要》将教育纳入到国家社会经济的互动体系中，使教育政策的发展变化能够与政治、经济发展相呼应、相协调，成为服务国家、服务国民的重要措施。这种教育发展观念及相应举措也深深地影响了俄罗斯的外语政策及外语教育发展，为其发展和演变提供了宽广的背景。

　　从俄罗斯外语教育简史看，18 世纪前俄国社会比较封闭，因而几乎没什么人学习外语。此后由于社会发展、生活和交流的需要，人们开始重视学习外语。18 世纪前 25 年是俄国外语教育快速发展的时期，在莫斯科成立了一批新型（教会）学校，对外国人子弟和俄国贵族青年开设拉丁语、希腊语、德语。19 世纪上半期成立了一系列专门学校和普通教育机构，把拉丁语、希腊语、德语、法语等语言作为必修课程，英语只在军事学校、公务和商业化学校中开设，意大利语和丹麦语只针对军事和海军学校的学生。随着时代的发展，近些年，俄罗斯外语教育呈现出一种多元态势，学校教育不再推行单一的外语制，虽然英语仍为俄罗斯最主要的外语学习语种，德语、法语等欧洲语言次之，汉语、日语等东方语言也开始进入俄罗斯广阔的外语教育市场。

　　俄罗斯外语教育的另一个特点是，高度中央集权的国家体制决定了

---

1 MEXT (2003) Regarding the establishment of an action plan to cultivate "Japanese with English ability", from http://mext.go.jp/english/topics/03072801.htm.

2 参阅王克非（2010）日本英语教育动向探知，《中国英语教育》（电子刊），2010.2。

俄罗斯的外语教育发展与国家意志紧密相连。苏联一直对教育包括语言教育实施全面的中央集权领导，曾成功地通过各种手段向其他国家推广俄语，特别是东欧和其他社会主义国家，包括中国和朝鲜。在俄语一统天下的情况下，俄罗斯的外语教育的规模和语种数量处于相对停滞状态，少量的外语学习也是为了国家的政治需要。但开始逐渐走出中央高度集权的俄罗斯外语教育，现在也融入了国际社会的大潮，表现出更灵活的外语教育政策。[1]

再看发达的欧洲国家：法国。

法国是欧洲大国，是欧洲联盟重要成员国，因此其外语教育与国家乃至世界的经济、政治、科技和社会文化发展息息相关。无论当局还是民众，对外语和外语教育都有高度的认识和需求。十多年前，法国参议院文化事务委员会对法国外语教育情况进行全面调研后认为：1）在"全球化"的大环境下，外语教育要以面向国际和跨文化的理念为中心；2）利用欧洲发展趋势，提供语言多元选择；3）学习外语要从"娃娃"抓起，并同国外建立直接联系，利用互联网资源并最大程度的聘用外国助教。在法国民众中，越来越多的人认为，掌握外语已成为进入世界市场的有效工具，而"只懂一门语言，就好像一条腿走路"。

法国的经验也表明，外语教育与社会经济发展是双赢互利的事情。一方面，世界和国家的发展影响了外语教育。首先，由于全球化的发展，法国对外联系日益频繁，外语在教育体制中的地位提高了，从不受重视而逐渐"转正"，成为学校教育的正式学科。其次，随着欧洲一体化进程的深入，欧盟的外语政策全面渗透着法国外语教育政策的走向。再次，由于英语国家尤其是美国在世界经济中的"霸主"地位，英语成为学习人数最多的语种；而新兴国家在国际舞台上的崛起，给法国带来了新的就业机会，也促使这些国家的语言在法国"人气兴旺"。

另一方面，外语教学的发展也对国家的方方面面产生了影响。比如，公众的外语学习需求、语种选择也从不同角度影响着国家政策的制定。英语以近乎百分之百的学习率成为法国第一大外语，国家必须培养、选拔相应的师资以满足英语学习的需要。而法国的"老牌"外语——德语教学则受到了很大的冲击，以至于德语教师失业，国家因此出台专门政策来重振德语"雄风"。汉语则在中国长盛不衰的持续发展的大背景下，前所未有地在法国"火"了起来。

---

1 参阅本书第五章。

法国的汉语热明显有社会政治经济关系的影响。首先，中法关系良好，法国官方重视同中国的关系，从而重视汉语教学。法国教育部的网站上还介绍汉语有锻炼记忆力、严密思维和组合能力的种种好处。法国学习汉语的人数在 1993 至 2003 十年间增幅达 172%。第二，法国媒体近年频繁报道中国的各个方面，改变了民众的眼光，而且正面、具体和近距离的报道越来越多。第三，中国作为一个大国在国际舞台的崛起给了法国人想象未来的空间。中国经济飞速发展，与法国境况不如从前形成鲜明对比。法国就业形势严峻，法国家长纷纷寄希望于汉语，希望它为子女未来找到好工作提供便利。第四，中国文化的感召力长久不衰。几千年的文化、神秘的异国情调等足以让好奇的法国人关注中国。第五，中国的开放也给了法国了解中国的机会。一方面，中国官方注意对外宣传、中国文化年在法举办和中国文化中心在巴黎的建立对汉语在法国的发展也起到了一定的促进作用；而另一方面，中国地方政府、民间机构的对法交往便利、频繁，也起到了为法国汉语学习加温的作用。[1]

四、各国外语教育政策和外语教育发展给我们的启示

无论东方和西方，发达国家或发展中国家，其外语教育发展的历史、现状以及有关外语教育的政策演变，其共同的特点或启示是：

1）外语教育不是单纯的语言教学，它折射出时代的需求、国家的开放程度和经济社会的发展水平，也因此而消长。

2）一国公民的外语普及程度，往往反映公民的国际意识，国家的国际化程度，预示国家未来的发展前景；因此外语教育是现代化教育、世界公民养成的一个重要元素。

3）外语的教学、培训、考试，关系到全社会公民的个人发展、求职就业，涉及面广，关注度高，是民间和政府都十分重视的社会行为，也是日益增长的第三产业和市场。

4）外语教育不是单纯地培养外国语言文学人才或翻译人才，应当着力结合专业来培育精通外语的高级专业人才；重视口头和书面交流能力、打造各专业的国际型人才，是各国目前外语教育的重点。

5）外语教育的发展与国家外语政策密切相关，政府高层高屋建瓴地适时引导和支持，是外语教育发展的关键性保障；从各国情况看，在小

---

[1] 参阅本书第三章。

学即开设外语课程、注意多语种人才培养、鼓励国际教育交流等，是当前政策导向的一些重要方面。

　　总之，我们的多国外语教育及其政策的调研，已清晰地表明外语教育是如何与社会经济发展良性互动，互为需求的。因势利导，根据政治、经济、学术以及现实各方面的要求，重视以英语通用语为主的外语教育，把外语教育放在国家战略发展的高度，着重提高公民的文化素质和国际意识，培养具有多元语言文化和国际竞争力的人才，才是我们今天应该走的道路，才有利于国家软实力的提升，适应持续增长的经济社会发展的需要。

参考文献

1.《2010 年俄罗斯教育现代化纲要》，基础教育参考，2003 年第 22 期。

2. 胡文仲（2001）我国外语教育规划的得与失，《外语教学与研究》，2001 年第 4 期。

3. 日本文部科学省（2002）「英語が使える日本人の育成のための戦略構想」http://www.mext.go.jp/b_menu/shingi/chousa/shotou/020/sesaku/020702.htm。

4. 王克非（2010）日本英语教育动向探知，《中国英语教育》（电子刊），第 3 期。

5. 日本文部科学省网站 http://www.mext.go.jp/。

6. Deth, Jean-Pierre Van (1979) *L'enseignement scolaire des langues vivantes dans les pays membres de la Communauté européenne. Bilan. réflexions et proposition.* Bruxelles: AIMAV-Didier.

7. Europbaromètre (2001) http://www.ipsos.fr/ipsos-public-affairs/actualites/barometre-europeen-consommation.

8. Herras, José Carlos (1998) *Le bilinguisme dans l'Union européenne: Un objectif à atteindre* in *L'enseignement des langues étrangères dans les pays de l'Union européenne. Peeters Louvain-la-Neuve.*

9. MEXT (2003) Regarding the establishment of an action plan to cultivate "Japanese with English ability", http://mext.go.jp/english/topics/03072801.htm.

10. UNESCO (2003) *Education in a Multilingual World*, unesdoc.**unesco**.org/images/0012/001297/129728e.pdf.

第二章
欧盟的外语和外语教育：演变与政策

傅荣、王克非

本章第一部分重点考察欧盟现实生活中外语的状况，包括其公民的外语水平和对待外语的态度；第二部分主要介绍欧洲各语言在欧盟主要机构的使用情况；第三部分着重了解外语教育在欧盟中小学教育中的地位，及其语言师资的培养和培训；最后两部分将深入探讨欧洲联盟的语言多元化政策之成因及其演变，希望对我国的外语教育有所借鉴。

一、欧盟的外语状况[1]

欧洲联盟的语言现状是历史形成的，其语言的多元化也导致特殊的外语现实。

欧洲联盟（欧盟）起源于 50 年前的欧洲经济共同体，现已成为当今世界经济政治的重要一极，经济总量超过美国的 13 万亿美元，达到了 13.3 万亿美元。欧盟现有 27 个成员国，400 多万平方公里的区域面积，4亿 9 千多万人口，他们来自不同的种族和文化，使用 60 余种语言。其中，英语、德语、法语、意大利语和西班牙语的使用人口比例分别达到或超过 15%，大大领先于欧盟其他语言，在欧盟占据"大语种"地位。特别是使用英语的非母语人口超过了其母语人口，达到 38%，表明英语在欧盟的绝对主导地位。德语和法语的普及率位居次席，平均各占 14%。

---

1 除非特别注明，本节所引数据信息来自 http://europa.eu.int/education/langages/fr。

应该说德国是欧盟 2004 年东扩的最大赢家，因为在那之前，在欧盟 15 个国家中操德语的人总计只有 7%，而且主要集中在荷兰和丹麦两个国家。再次为西班牙语和意大利语，各占欧盟内非母语人口的 6% 和 3%。但欧盟国家中尚有近 44% 的人不会讲本国语以外的任何语言。

从社会人口学和社会语言学的视角分析则不难发现，外语在欧盟国家的使用人群分布符合世界各地普遍的外语发展规律，即年纪越轻，会说外语的比率越高；社会文化水平越高的人，讲外语的可能性越大。他们依次是：大学生（78%）、企业经理（67%）、职员（59%）、家庭妇女（27%）、退休人员（17%）。

另外，75% 的欧洲人认为英语最有用，法语次之，占 40%，德语和西班牙语分列第 3 和第 4 位，各占 23% 和 18%。出国度假、就业需要、国际商务和个人兴趣则是欧洲人学习外语的四大主要动机，详见表 1。

表 1 欧盟公民学习外语的主要动机

序 列	动 机	百分比（%）
1	出国度假	35
2	就业需要	32
3	国际商务	27
4	个人兴趣	27
5	了解异质文化的人	21
6	出国学习	14

下面表 2 显示的是欧盟现有 27 个国家公民的总体外语水平，以及能用英、法或德语进行交流的平均水平。

表 2 欧盟 27 国公民的外语水平[1]

国 家	能用外语交流的人口总比例	能用外语英语交流的人口比例	能用外语法语交流的人口比例	能用外语德语交流的人口比例
卢森堡	244	46	85	81
荷兰	159	75	12	67
丹麦	154	79	8	48
马耳他	147	84	9	2

（待续）

---

1 参见 http://europa.eu.int/comm/education/policies/lang/languages/index_en.html。

（续上表）

国　家	能用外语交流的 人口总比例	能用外语英语 交流的人口比例	能用外语法语 交流的人口比例	能用外语德语 交流的人口比例
瑞典	126	76	7	22
斯洛文尼亚	117	46	4	38
比利时	114	37	32	16
芬兰	105	50	1	12
奥地利	82	55	9	3
拉脱维亚	78	23	1	14
德国	74	44	12	2
斯洛伐克	72	13	2	20
塞浦路斯	71	67	6	2
捷克	67	24	3	27
立陶宛	67	20	2	13
法国	66	32	4	7
爱沙尼亚	63	29	1	13
罗马尼亚	61	18	13	5
意大利	56	28	18	3
西班牙	54	18	7	1
希腊	54	36	4	5
保加利亚	51	14	4	6
葡萄牙	47	22	16	3
波兰	46	21	3	16
爱尔兰	39	4	15	4
匈牙利	35	14	2	13
英国	34	3	11	6

　　很明显，北欧国家，如丹麦、瑞典、芬兰，还有一些典型的多语种国家，如卢森堡、比利时等，其语言多样化程度普遍较高。荷兰、马耳他和斯洛文尼亚人的外语交际能力也很强，这主要与他们国家传统的开放程度，如荷兰高度发达的旅游业，如马耳他所处的地理位置等密切相关。相比之下，传统的所谓语言大国，如英国、法国、德国、意大利和西班牙等，总体外语水平反而偏低。最突出的例子自然要数英国，能用外语交流者只占总人口的34%。这其实也在情理之中，因为这些国家的

民众得益于本国语言在世界的优势，学习外语和使用外语的必要性、迫切性和积极性自然远不如欧盟其他国家的公民。

二、欧洲语言在欧盟主要机构中的地位[1]

欧盟是世界上官方语言和工作语言最多的区域性国际组织，现有 23 种官方语言，其使用分布情况如下表：

表 3 欧盟主要机构的官方 / 工作语言

机构名称	官方语言	工作语言
欧盟议会	23 种	23 种
欧盟部长理事会	23种	23 种
欧盟委员会	23种	英语、法语、德语
欧洲法院	23种	法语
欧洲审计院	23种	英语、法语
欧洲中央银行	23种	英语

为保证各大机构正常运转，欧盟委员会下设专门的笔译总司和口译总司。笔译总司常年雇佣专职翻译 1,750 人，辅助人员 600 人。2006 年全年需要翻译各类资料约 150 万页，其中 72% 为英语文件，法语的占 14%，德语仅为 2.7%，另外 20 种语言的资料总和约占 11%。试比较：

表 4 欧盟机构翻译和起草文献语言

	1997	2004	2006
总页数	112（万）	127（万）	154（万）
英语	45.4%	62%	72%
法语	40.4%	26%	14%
德语	5.4%	3.1%	2.7%
其他语言	8.8%	8.8%	10.8%

表 4 也表明英语在欧盟无可撼动的主力地位。可以肯定地说，随着欧洲一体化进程的深入和她在国际舞台上作用的增强，英语在欧盟内的

---

1 除非特别注明，本节所引数据信息来自欧盟翻译总司 http://ec.europa.eu/dgs/translation。

地位还会更加突出。相比之下，法语在欧盟的前景似乎不容乐观：1990年，欧盟 15 国时，法语跟英语可以说不分上下；而 2004 年欧盟东扩变成 25 国后，法语在欧盟机构内的使用率一落千丈；2006 年，罗马尼亚和保加利亚正式入盟前夕，它的使用率再跌 1/2 强。难怪法国人对欧盟东扩一直持相当保留的态度，也难怪法国似乎比欧盟的任何国家都更坚决地反对语言霸权主义和热衷于语言和文化的多元化事业。

诚然，欧洲联盟的语言多元化政策不失为捍卫欧洲丰富多彩的民族和文化特性的一项明智抉择，但欧盟也为此付出、并将继续付出高昂的代价，因为在整个欧盟一年的行政开支中，有近 10 亿欧元要用作口、笔译及其相关服务；召开欧盟首脑会议、部长理事会和欧盟议会时，这类费用更高达会议总预算的 60%。1990 年时，欧共体拥有正式雇员 26,359人，其中语言工作者 3,232 人，占 12.25%[1]。今天，拥有 27 个成员国、23 种官方语言的欧盟开一次部长理事会需要 60 个同传译员，可以想象，那是一笔多么庞大的开支。

三、外语教育在欧盟[2]

本节包括两方面的内容，一是外语教育在欧盟中小学教育中的地位，二是语言师资的培养和培训。

1. 外语教育在欧盟中小学教育中的地位

绝大多数欧洲人相信学校是学习语言的最佳去处，他们还非常赞同学习外语要从孩子抓起。这也正是新世纪以来欧盟外语教育呈现出的第一个重要趋势：几乎所有的欧盟国家都在小学开设了外语必修课程，有的甚至从一年级就开始。2002 年，欧盟巴塞罗那首脑会议发出呼吁，要求各成员国继续努力，让学龄孩子义务教育阶段有机会学习至少两门外语。今天，欧盟绝大多数国家都已实现了这一目标，卢森堡的中小学生甚至会三门以上外语。在具体课时分配上，第一外语，小学阶段平均每学年 30-50 小时，马耳他高达 150 小时；中学阶段平均每学年达到 90 小时，丹麦、德国和马耳他则猛升至 200 小时。大多数欧盟国家中学阶段

1　上述数据引自 Isaac, Guy (1998) *Droit communautaire*. 6e édition. Dalloz. Paris. p.90。

2　下文所引数据除特别注明外，出自 http://www.eurydice.org。

的外语必修课时占各科总课时的 10%-15%。每个班平均学生数，小学不
超过 30 人，中学不超过 36 人。

当前，欧盟的学校外语教育的第二个趋势是教授语种的多样性。据
统计，欧盟内各中小学可供学习的语言多达 32 种，不仅教授欧洲几个主
要语种，还教授欧洲语种以外的真正意义上的外语，如汉语、日语、阿
拉伯语等，还有像拉丁文、古希伯来语和古希腊语这样完全的书面语言。
当然，英语、法语、德语、西班牙语和俄语始终是开设学校最多的语种，
合计占 95% 以上。其中英语尤盛，90% 多的学生首选英语为他们的第一
必修外语；法语和德语次之，前者主要流行于南欧，特别是拉丁语国家，
后者则在北欧和新加盟的中东欧国家占主导地位。法国的外语教育状况
是欧盟国家中最具代表性的。其一，中学七年期间开设 15 种外语课供学
生选择；其二，学生会外语的比例相当高，几乎 100% 的法国中学生能
说一门外语，75% 的中学生拥有第二门外语，掌握第三门外语的占
10%。[1] 法国中学教学大纲规定，所有中学生从初一开始必须选修第一门
外语，通常情况下为英语（89%）；初中三年级开设第二门外语必修课，
62% 的学生选择西班牙语，18% 的人学习德语，英语占 12%，意大利语
为 6%。高中阶段作为选修开设第三门外语，41% 的学生选学意大利语，
32% 的人选择西班牙语，德语占 10%，俄语占 6%，另有很少的学生第三
外语选修欧洲以外的语言，如汉语、日语等。

近年来，欧盟学校的外语教育表现出的第三个新趋势是，大多数成
员国，如法国、德国等在初中高中开设了"国际班"、"欧洲班"，直接用
外语（英语、德语、西班牙语、意大利语或葡萄牙语）讲授历史、地理
和数学课。

同样需要指出的是，随着欧盟的不断扩大，人员流动和移民与欧盟
所在国家融入的问题日显突出，其中最大的一个障碍就是语言不通。为
此，欧盟采取了一系列的措施和行动，特别是针对移民子女，实行普遍
的语言教育倾斜政策。比如，为移民子女单独开设少则数周、多则两年
的语言强化班，但有的欧盟国家偏向"融入法"，即根据移民子女的年龄
和综合文化水平直接插班学习，同时进行课内和课外的语言辅导。更多
的是"双管齐下"，二者并行不悖，也就是开始时进行短期的语言强化训
练，然后跟班学习其他文化课程，辅以课内和课外的外语指导。

---

1 资料见 Puren (1999) Politiques et stratégies linguistiques dans l'enseignement des langues en France. *Les Langues Modernes.*(2): pp. 66-74。

最后还应当看到，由于历史、经济和文化等诸多方面的原因，欧盟各成员国对欧盟语言多元化政策的认识深度、重视程度和执行力度存在差异，导致各国间的外语教学发展不平衡。以 15-24 岁的欧盟青年人所学的外语门数为例[1]，卢森堡名列前茅，平均达 3.1 门，而英国、西班牙、葡萄牙、希腊、北爱尔兰等国平均只有 1 门。

2. 语言师资的培养和培训

在欧盟各国，专业和半专业外语师资的培养多在大学进行，一般需要 4-5 年。所谓专业外语师资，是指专职从事外语教学的老师，他们大学毕业后多在中学任教；半专业外语师资则主要指专门从事包括语言在内的三门课程教学工作的教师，他们一般为中小学教师。

欧洲的师范学校在教学内容上拥有相当的自主权，外语类师范生一般都有必修的理论课和实习课，前者主要学习各种外语教学法流派和二语习得理论知识，后者则要到学校进行教学实践活动，亲身体验真实的语言教学环境。第三类课程是必须学习至少一门外语。另外，外语类师范生学习期间一般有机会到目的语国家留学，与自己将要教授的语言和文化进行直接的接触和交流。这方面，卢森堡和英国甚至刚性规定，将来从事专业外语教学的师范学生毕业前必须到目的语国家留学。这些年来，欧盟也特别加强了在职外语教师的培训力度，通过专门的"苏格拉底项目"资助外语教师到目的语国家进修学习，以期提高外语教学的水平和能力。不过，这类培训课程 60% 使用英语，法语只有 17%，德语和西班牙仅占 5%。

四、欧盟语言多元化政策之成因

正如欧洲经济政治一体化建设是一个循序渐进的过程那样，欧盟的语言政策也不是一蹴而就的。它的构建和发展主要源自内在和外部两方面的动力。

1. 内在动因

所谓内在动力，首先与欧洲经济政治一体化进程本身密切相关。的确，从 1957 年欧洲经济共同体创建之初的《罗马条约》(*Traité de*

---

1 下列数据出自 Eurostat, New Cronos mai (2004)。

Rome)，到 1986 年《欧洲统一行动纲领》(*Acte unique européen*)，再到
1992 年《马斯特里赫特条约》，即《欧洲联盟条约》(*Traité sur l'Union
européenne*) 都明确规定，共同体的主要目标是建立一个商品、人员、服
务和资本得以自由流动，没有疆界的欧洲内部大市场。特别是《马斯特
里赫特条约》创立了欧洲公民身份 (la citoyenneté européenne) 的概念，
进一步确认欧盟的所有公民在各成员国境内享有自由流动和居住的权利。
学习并掌握至少一门欧洲语言便成为欧洲公民实现真正自由流动的前提
条件之一。所以，在今天的欧盟各国，外语已经成为小学生的必修课程，
有近 1/2 的初中生会讲至少 2 门欧洲语言。如果说此等内在的大众性需
求和现实的普及程度为欧盟语言多元化政策的形成和发展奠定了广泛的
社会基础的话，那么，1958 年 4 月 15 日颁布，后经多次修改的《欧共体
1 号条例》则可视作欧盟语言多元化政策最早、最直接的法律依据，因为
该条例确认英语、法语、德语、意大利语、西班牙语、荷兰语、葡萄牙
语、希腊语、芬兰语、丹麦语和瑞典等 11 种欧洲语言为共同体的正式官
方语言和工作语言。[1] 这等于正式宣告欧共体语言多元化政策的开始。欧
共体法院曾在 1969 年的"斯托德案"(*Stauder*)[2] 和 1977 年的"克里·米
尔克案"(*Kerry Milk*)[3] 审理中重申，欧共体条例及其他具有普遍约束力
的欧共体文件必须用欧共体官方语言起草，并在《欧共体官方公报》上
以 11 种语言发表，它们具有同等法律效力。法院的判例无疑强化了欧共
体语言多元化政策的权威性和法律地位，为其日后的全面实施扫清了法
律上的障碍。进入 20 世纪 80 年代以后，随着欧洲建设的不断扩大和深
入，欧共体愈发重视语言及其外语教学问题。欧洲议会分别于 1983 年、
1984 年和 1988 年三次通过关于在欧共体积极开展外语教学和传播的专项
决议，[4] 许多政策、法规和措施也都在这一时期陆续出台。2000 年，具有

---

1 从法律上讲，很难绝对地区分官方语言和工作语言，但按惯例，前者通常指政府、国际组织间
 和政府及国际组织正式对外使用的语言，后者多指政府内部或国际组织内部交流使用的语言。
 从这个意义上说，法语和英语既是欧盟的官方语言，也是它的工作语言。需要说明的是，随着
 欧盟的历次扩大，今天的欧盟官方语言已增加到 23 个。新增的欧盟官方语言包括：保加利亚
 语、捷克语、爱沙尼亚语、匈牙利语、爱尔兰语、拉脱维亚语、立陶宛语、马耳他语、波兰
 语、罗马尼亚语、斯洛伐克语、斯洛文尼亚语。欧盟因此成为世界上使用官方语言和工作语言
 最多的国际性组织。

2 Cour de justice des Communautés européennes (ci-après C.J.C.E.) 12/12/1969. *Stauder.* aff.26/69. Rec.
 419.

3 C.J.C.E. 03/03/1977. *Kerry Milk.* aff.80/76. Rec. 425.

4 参见 *Journal Officiel des Communautés européennes* (ci-après JOCE) n°68 du 14 mars 1983; JOCE n°
 127 du 14 mai 1984 et JOCE n°309 du 5 décembre 1988。

宪法意义的欧盟《基本人权宪章》第 22 条更是庄严宣告："欧洲联盟尊重文化、宗教和语言的多样性"。其第 21 条还明确"禁止包括语言在内的任何歧视行为"，并将语言多元化视为欧盟的核心价值观，与尊重人权、文化多元、宽容和接纳他者同等重要。在论及欧盟奉行语言多元化政策的原因时，已故法国著名欧共体法学专家居·伊萨克教授（Guy Isaac）精辟地指出："这首先是政治的需要，它表明各成员国间的平等和对公民的民主透明；其次，这也是保障法律安全和权利平等的需要，因为若要使欧共体的所有法律在各成员国发生直接效应，肩负贯彻执行使命的各成员国行政和司法部门，以及受欧共体法律保护和管辖的个人必须能够用他们本国的语言知晓欧共体的各项法律条文。"[1]

其次，欧盟实行多元化语言政策还与欧洲的社会历史现实不无关系。从某种意义上甚至可以说，欧盟的多元化语言政策是不得已而为之，因为语言多样化既是目前欧洲各国的现实，也是欧洲各国百年千年历史的文化积淀，更是欧洲各国民族特性的重要组成部分。若按使用语言的人口多少论，欧盟 27 国大致可分为三大类，即：单一语言国家；近乎单一语言国家[2] 和多语言国家[3]。欧盟现有 27 个成员国中，只有葡萄牙堪称名副其实的单语国家，而奥地利、英国、捷克、丹麦、芬兰、法国、德国、希腊、匈牙利、意大利、立陶宛、马耳他、荷兰、波兰、瑞典、斯洛伐克、斯洛文尼亚，以及 2007 年 1 月刚入盟的罗马尼亚和保加利亚等则属于近似单一语言国家；其余的为多语国家，她们是：比利时、卢森堡、爱尔兰、西班牙、塞浦路斯、爱沙尼亚和拉脱维亚。另外，若以欧盟最初的 11 种官方语言统计，它们的分布情况如下表所示：

表 5 欧盟 11 种语言的分布状况[4]

语 言	母语人口在欧盟内所占比例	非母语人口在欧盟内所占比例	使用该语言人口的总比例
德语	18%	14%	32%
法语	12%	14%	26%
英语	13%	38%	51%
意大利语	13%	3%	16%

（待续）

---

1 Isaac, Guy (1998) *Droit communautaire.* 6e édition. Dalloz. Paris. p.90.

2 讲同一种语言的人口占 80% 以上。

3 讲同一种语言的人口低于 80%。

4 资料来源：http://europa.eu.int/comm/education/policies/lang

（续上表）

语　言	母语人口在欧盟内 所占比例	非母语人口在欧盟内 所占比例	使用该语言人口的 总比例
西班牙语	9%	6%	15%
荷兰语	6%	1%	7%
希腊语	3%	0	3%
葡萄牙语	3%	0	3%
瑞典语	2%	1%	3%
丹麦语	1%	1%	2%
芬兰语	1%	0	1%

　　面对这样一种语言"诸侯"群起，英语独占鳌头的局面，欧盟的政治家们用大智慧，以务实的态度，积极推行欧洲语言文化的多元化政策，实属必然的明智之举。

2. 外在因素

　　欧洲联盟坚定地奉行语言多元化政策还有一个也许更为重要的外在原因，那就是在当今世界经济日益全球化的背景下，欧盟十分担心最能体现欧洲民族特性的语言和文化逐渐盎格鲁－撒克逊化。欧洲学者奥尔波特（J. Olbert）早在 20 年前就发出了振聋发聩的警告，他说："过去，'语言帝国主义'通过征服、殖民和传教士将欧洲的语言强加给其他民族……，这种殖民性质的帝国主义如今已被'经济帝国主义'所取代，它在语言领域追求的也是同一目标，即建立广阔和同质的（语言）市场"。[1] 他还一针见血地指出："一旦盎格鲁－撒克逊体系成为整个欧洲唯一的样板，那将出现标准化。标准化必将扼杀我们欧洲多元文化和语言的创造力，用社会学的术语说，就是导致我们欧洲文化的'无家可归'。"[2] 法国外语教学法专家罗贝尔·加利松（Robert Galisson）从 20 世纪 80 年代初就致力于创立语言文化教学法学，强烈主张各个语种联合起来共同抵御为"经济新殖民主义"服务的盎格鲁－撒克逊的"英语霸权主义"[3]。

---

1 转引自 Herras, José Carlos (1998) *Le bilinguisme dans l'Union européenne: un objectif à atteindre* in *L'enseignement des langues étrangères dans les pays de l'Union européenne. Peeters Louvain-la-Neuve*，第 22 页。

2 同上。

3 Galisson, Robert (1985) *Didactologie et idéologie. Etudes de linguistique appliquée* (ci-après ELA). n° 60, Paris. Didier Erudition. p.10.

他认为，丧失语言文化多样性的世界将是一个贫乏的世界。还有不少欧洲学者从人本和人文的角度将捍卫语言文化的多样性上升到事关民族存亡和未来世界走向的高度。

此外，同样值得指出的是，欧盟的语言多元化政策从确立到实行，乃至今天的发展都受到了另一个欧洲区域性组织——欧洲委员会[1]的直接影响和强烈推动。应当说，这是国内学界经常忽略和忽视的一个重要信息。

欧洲委员会正式成立于 1949 年 5 月 5 日，总部设在法国的斯特拉斯堡，现有包括俄罗斯、乌克兰在内的 41 个欧洲国家，欧盟 27 国是其当然成员国，所以又称大欧洲。其宗旨是维护和平，促进欧洲经济和社会进步，最重要的政治成果是通过了《欧洲人权公约》和《欧洲社会宪章》等一系列保护人权的区域性国际条约，并由此创建了影响深远的独立和常设的欧洲人权法院。不过，本文这里将着重讨论欧洲委员会联合欧洲联盟为推行欧洲语言文化多元主义和建立共同的欧洲外语教育政策所做的长期不懈努力和重要贡献。

其实，欧洲委员会早在创建之初就通过其《欧洲文化公约》明确要求各成员国鼓励自己的人民学习欧洲其他成员国的语言、历史和文化。1961 年 4 月，第 2 届欧洲委员会教育部长会议通过决议，一致认为，语言学习不仅对每个欧洲人来说不可或缺，对整个欧洲的联合也是必不可少的，这将有利于促进国际合作，有利于保护和发展欧洲共同的文化遗产。这是欧洲外语教育史上一次里程碑式的会议，因为从那时起，欧洲委员会开始制定一系列关于欧洲语言文化教育的方针政策，并不断采取具体行动，加以贯彻落实。这当中，首推 1998 年欧洲委员会提出的名为"语言学习与欧洲公民身份"的跨世纪规划。该规划再次明确申明："多元化的语言是欧洲丰富的文化遗产，必须加以捍卫和保护"，"必须坚持语言多元化政策"。与此同时，欧洲委员会一直在会同欧洲联盟，努力探索标准化和规范化的外语教育模式，试图构建欧洲的外语教学及其评估体系，最突出的成果便是 20 世纪 70 年代问世的欧洲《语言能力量表》(*The Threshold Level*, 1975) 和本世纪之交出台的《欧洲语言共同参考框架：学习、教学、评估》（以下简称《共参框架》）(2001)，如今已风靡整个欧洲外语学界。欧洲委员会协同欧洲联盟发起的第三个特大行动是 2001 年的欧洲语言年活动，耗资近 800 万欧元，目的在于掀起全欧洲的

---

1 由于国内学界和翻译界对欧洲联盟首脑会议（le Conseil européen）和欧洲委员会（le Conseil de l'Europe）这两个重要的欧洲区域性国际组织缺乏比较研究，所以至少在名称上常将它们相混淆，或者界定不清。

外语教学和外语学习热潮，为 2004 年欧盟发展史上第 5 次、也是最大的一次成员扩展做语言上的准备。

五、欧盟语言多元化政策之演变

首先应该指出，迄今为止，欧盟仍只是一个新型的高度一体化的区域性国际组织。它的这一基本特征决定了在许多重大问题上，如语言和文化、国防和外交等，还停留于政府间协商合作阶段。鉴于此，欧盟的语言多元化政策其实质内容并无传统意义上的法律条文式的刚性规定，恰恰相反，多为宏观性政策指导文献和一些旨在促进欧盟各成员国语言教学和交流的行动规划。不过，稍加梳理便能发现，欧洲联盟的语言多元化政策大致经历了以下两个重要阶段。

1. 致力于建立语言教学技术层面的标准化模式

1）《欧洲外语学习基本水平标准》

20 世纪 70 年代起，欧洲的一体化建设取得了前所未有的进展。1973 年 1 月，当时的欧洲经济共同体实现了历史性的第一次扩大，增加英国、爱尔兰和丹麦 3 个英语或以英语为主的成员国。这之后，又有希腊、西班牙和葡萄牙加盟，欧洲经济共同体猛增至 12 个成员国。与此同时，摆脱了持续 10 年之久的能源危机和经济危机的欧洲经济共同体开始着手建立欧洲统一大市场，以期实现商品、人员、服务和资本的流通自由。但人们很快发现，语言成为实现前述目标的最大障碍之一。于是，为了适应新的形势，满足社会对语言学习和教学质量的广泛需求，在欧洲理事会的直接推动下，1975 年，著名的《欧洲外语学习基本水平标准》（以下简称《基本标准》）[1] 应运而生，立时风靡全欧洲，各国纷纷仿效，先后制定出本国语言的《基本水平标准》。[2] 这种由上而下的推动策略首先在于提供一个共同的外语教育模板，促使各成员国制定具有可比性的教学大纲，其次是为了整体提高和保证欧洲的外语教学水平与质量，最终促进欧洲各国人民之间的语言交际和人员往来。

《基本标准》共分 5 章，吸纳了当时最新的语言学理论成果，不仅全面描述了语言交际的各个构成要素，而且充分考虑到各种不同的教学对

---

1 法语称 les *Niveaux-seuils*，英语为 *The Threshold Level*。

2 如法国，1976 年推出《法语基本水平标准》。

象。其中最具创意的内容应该是：第一，非常详细地列出了 5 大类语言学习者[1] 的各种语言需求及其运用语言交际的领域；第二，不再以语法为纲，而是提出了话语提纲；第三，首创功能意念法。

作为辅助性实施措施，欧共体于 1980 年初陆续出台多项重要的教育计划，比较著名的有："苏格拉底计划"、"达·芬奇计划"、"伊拉斯谟高等教育合作项目"和"语言教学合作项目"等，[2] 每年斥资达 3000 万欧元。这些计划和项目的中心内容就是激励各成员国的外语教学和研究，培养专业外语师资，改善外语教学条件。

2)《欧洲语言共同参考框架：学习、教学、评估》(简称《共参框架》)

自 20 世纪 90 年代开始，特别是 1992 年欧洲联盟的诞生，欧洲政治经济一体化进程明显加快。欧盟要求通过推动学习欧洲各国的语言，加强欧洲意识，培养欧洲公民。欧盟的外语教育政策得以从先前的单纯注重教学方式方法转向重视语言教学的内容及其多样性，积极主张：

● **外语课程设置个性化**

即不再机械地按照学生年龄和学习年限设课分班，而是根据学生已达到的水平分级排课，每一级都有相应的证书。这样，学生可以自主地选择不同级别的外语课程。这有点类似我国目前流行的大学英语四、六级证书考试。

● **外语教学目标多层次化**

传统的外语教学总是强调听说读写四会能力同时全面发展，现今则根据情况分阶段、分时期地有所侧重。例如前面提到的欧洲外语等级证书，初级强调听说能力，高级主要指读写水平。

● **外语教学内容专业化**

鉴于欧盟绝大多数成员国的高中都分文理科班，所以这一阶段的外语教学除了普通语言和文化外，应与学生所选专业相结合，具有一定的外语专业倾向。

● **外语教学方法多样化**

即根据学生的自身素质、学习习惯、语言水准、学习动因、学习兴趣、学习需求和目标等因人施教。

上述观念集中反映了欧盟外语政策崭新的主导思想，那就是以学习

---

1 他们是：旅游者、移民劳工及其家属、专业技术人员、中小学学生，以及在校学习的青年人。

2 关于这些项目的详情，可查阅 http://europa.eu.int/education/fr 和 http://europa.eu.int/education/langages/fr。

和学生为中心。这实际上是对发端于 20 世纪 80 年代的交际法的积极回应。

在这同一时期，欧洲理事会及其所属语言政策司专门成立了"语言学习与欧洲公民资格"项目组，倾力 10 年，终于在 2001 年正式出版发行了《共参框架》。

(1)《共参框架》出台背景

1991 年底，在瑞士联邦政府的倡导下，欧洲各国在瑞士召开了一次政府间专题会议，主题是："欧洲外语教学的透明度与协调性：目标、评估与证书"。与会各国达成如下共识：

① 应当继续加强各成员国的外语教学，以利更广泛的人员流动和更有效的国际交流，尊重各自的民族特性及其文化的多样性，促进人际交往和相互理解，更好地互通信息，改善工作条件。

② 为了实现上述目标，必须坚持终身学习外语。

③ 制定一个适用于各个层次外语教学的欧洲框架性标准，以便：

—促进并方便各国教育机构的合作；

—为建立各成员国间外语资质相互承认的机制奠定坚实的基础；

—帮助学习者、教师、教材编写者、学业证书管理单位和教学行政部门协调一致，形成合力。

(2)《共参框架》的意义和价值

《共参框架》是全欧洲外语教学与评估的一个共同参照基础，适用于制定现代外语教学大纲和考试大纲，也可用于设计外语能力评估体系表，还是编写外语教材的指南。这是因为：

①《共参框架》全面介绍了外语学习者使用外语实现交际所必须学习的内容，详细列数了外语学习者具备有效的言语行为所必须掌握的知识和能力，其中包括支撑语言的文化因素。

②《共参框架》为外语水平规定了等级，便于学习者在每一个学习阶段和终身随时检测自己的外语学习进度与水平。

③《共参框架》就外语教学目标、教学内容和教学方法做了统一的、明确的规范描述，这将增加全欧洲外语课程、教学大纲和结业证书的透明度，有利于在现代外语教育领域开展国际合作。制定评估语言能力的客观标准还将便于相互承认在不同学习环境下所取得的结业证书，因此，这与促进全欧洲人员流动自由的主旨方向相一致。

④《共参框架》有利于帮助学习者建立自主学习体系，也就是培养学习者准确定位自己的应知应会能力，善于确立有价值和务实的学习目

标，懂得选择学习材料，学会自我评估等。

（3）《共参框架》的主要内容

第 1 章以欧洲委员会的总体语言政策，即语言多元化政策为指针，阐述《共参框架》的目的、目标和功能。

第 2 章重在阐释"面向行动"的外语教学理念，其含义在于把语言使用者和学习者首先定性为社会人，他们需要在某一具体的社会行动范围内，根据特定的条件和环境，完成包括语言活动在内的各项任务。所以，"面向行动"的教学法理念也会重视作为社会人的学习者所拥有并运用的认知力、情商和意志力。

第 3 章为语言能力评估量表。根据量表中系列的动态性功能标准及其参数，语言学习者和使用者的语言能力可分为初、中、高三等 6 个级别。

第 4 章详细介绍评估语言学习者和使用者语言能力的各个等级及其各方面的相关参数，包括语言使用的领域和环境、任务、交际目的与主题、语言活动、策略、交际行为和文本等，特别是它们与语言活动及其载体的关系。

第 5 章具体测评学习者基本语言能力和交际能力。

第 6 章讨论语言学习和教学进程、语言学习和语言习得的关系、多元语言能力的性质及其发展。

第 7 章论述任务在语言学习和教学中的作用。

第 8 章论述语言多样化对建构语言学习和教学模式的影响，主要论点包括语言多元化与文化多元化、个性化的学习目标、建构语言学习和教学模式的原则、语言学习和教学模式的建构过程、语言的不间断学习、模块化的和偏科型的语言能力等。

第 9 章介绍测评的目的和类型，以及测评的原则。

2. 致力于建设多元化的语言欧洲

以《共参框架》为标志，欧洲联盟的语言政策自 20 世纪 90 年代开始发生转折性的改变。一言以蔽之，就是在继续努力探索标准化和规范化的外语教育模式，以便最终构建欧洲的外语教学及其评估体系的同时，欧盟越来越意识到，外语教育必须跳出工具化的传统理念，应该也能够担负起教书育人的职责与使命。外国语言文化的教育由此被提升到培养具有民主、开放意识的欧洲公民的高度，提升到外语学习是终身教育的高度，而其中最核心的思想就是建设一个多元化的语言欧洲。从这个意义上说，《共参框架》的问世可以视为欧洲外语教育史上具有划时代、里程碑式的重要事件，因为《共参框架》中阐释的许多教育理念已成为当代欧洲语言政策的指导思想和理论基石。

1）关于"语言多元化"和"多语言化"的辨析[1]

法国学者克斯特（D. Coste）和扎拉特（G. Zarate）于 1979 年最先提出"语言多元化能力"的概念。但在这之后的很长一段时间里，不论是欧盟教育职能部门，还是专家学者，或者是普通民众，都将"语言多元化"和"多语言化"混为一谈，以为是可以互换的两个同义词。[2] 结果 1995 年，欧盟提出"在校学生必须学习 2 门欧洲国家的语言"[3] 后，90% 的学生首选英语，其次分别为德语（40%）、法语（40%）和西班牙语（10%）。[4] 这种状况应该属于"多语言化"，而且成了事实上的英语化。更为严重的负面影响是，越来越多的青年人会认为没有必要再学其他语言了。这里，问题的关键不在于简单地支持或者反对英语化，而在于要告诉世人，语言学习绝无任何排他性，要让人们充分意识到，建设今天的欧洲不可再像 19 世纪那样，以共同的语言为单位，组成民族－国家。实现"多语言化"不难，比如，学校可多开设语种，或者在某一特定的学制下规定多学几门外语，甚至包括在国际交往中以"多语言化"的名义限制英语的主导地位等等。而"语言多元化"则是一种理念、一种能力、一种素质。它强调，"每学会一种语言，以及学习语言的每一次经历都在促进个人交际能力的建构。在这样的交际能力里，学会的各种语言相互关联，相互作用"[5]。

法国外语教学法专家、《共参框架》的主笔之一，让－克洛德·贝阿科教授（Jean-Claude Beacco）认为，"语言多元化"应该成为欧洲的共同价值观，它包含下面 3 个内容：

（1）语言多元化是一种能力，人皆有之。换句话说，我们每个人都有可能或者说实际就是会讲多种语言的人。教育的职责就是要和谐地发展人的语言多元化能力，这与发展人的体育能力、认知能力和创造力同等重要。

（2）人的语言多元化能力是指人既掌握了孩提时代就已习得的语言，

---

1 法文分别是 le plurilinguisme 和 le multilinguisme。

2 这一点汉语表达似乎比法语更清楚。

3 Blanc, Livre (1995) *Enseigner et apprendre*. D.G. XXII. pp. 70-71.

4 www.eurydice.org: Chiffres clés de l'enseignement des langues à l'école en Europe.2005.

5 《欧洲语言共同参考框架：学习、教学、评估》（2001）。巴黎：法国迪迪埃出版社（Didier），第 11 页。

也掌握了日后经过在校学习或者自学习得的语言。但它们的语言水平是不一样的，有的可用于会话，有的则用于阅读。它们的应用功能也不相同，有的只用于家庭交际，有的用于社会交往，还有的用于工作，等等。不过，在特定的社会和政治环境中，这些语言的地位可能千差万别。国家和政府的职责在于以民主的方式，保证这些不同的语言均衡发展。

（3）发展每个人的语言多元化能力是未来的欧洲建设的重要内容，这将有助于全体欧洲公民深刻认识到，欧洲不仅仅是一个经济和行政的实体，她还是一个语言多样、文化多元的区域。弘扬语言多元化精神，就是在进行跨文化教育，就是在培养对他者语言和文化的包容、接纳和开放的心态。外语教育，尤其是主要语种的外语教育应该引导学生将发展语言多元化的能力视为他们个人奋斗的终极目标，视为民主的欧洲公民在忠实地履行自己的职责。

可以预见，从语言多元化的理念出发，欧盟的语言政策正面临深刻的变革，它将不再是简单地决定学校应该教授多少语言和哪些语言，而是将外语教育看成是建设民主、宽容和开放欧洲的重要手段；外语教学也不应该简单地局限于教会学生一二门，甚至三门语言，而是着重培养学生综合的语言和文化交际能力。

2）语言学习者和使用者的语言文化能力

欧洲委员会和欧洲联盟通过他们制定的《共参框架》，系统地阐释了自交际法问世以来就已公认的语言交际能力的内涵，它包括语言能力、社会语言能力和语用能力三个层面，每种能力都由知识、能力和技能等要素构成。

- 语言能力：系指语音、词汇、句法，以及语言系统的其他应知应会的知识与技能，也就是语言形式结构本身的操作能力，独立于社会语言学和语用学功能的纯语言能力。作为语言交际能力的组成部分，语言能力不仅指交际者掌握语言知识的广度和深度，而且包括交际者对语言知识的认知组织能力和记忆储存能力，还包括调动、提醒和激活头脑中已有语言知识的能力。
- 社会语言能力：即语言使用中的社会文化因素。社会语言能力对社会规约相当敏感，所以强有力地影响着代表各种文化背景者之间的语言交际。所谓社会规约，亦即是社会日常运转中通过语言实现的许多基本规范，涉及人的言谈举止、礼仪、辈分、男女性别、身份、社会团体等。
- 语用能力：系指根据互动式交流进程和语境，功能化使用语言的

能力，也就是语言形式结构置于情景中运用的能力，包括语言形
式结构置于语篇中运用的能力。和语言能力相比，语用能力的建
构显然更受交际双方的互动及其文化环境的影响。

3）折衷主义教学法

这可以说是当前欧盟语言政策的一个重要导向，其实也是外语教学
界，特别是长期工作在外语教学一线的广大教师对各类外语教学法理论
及其流派的感性认识和理性认识普遍提高之后得到的一个广泛共识。

我们知道，从 20 世纪初的直接法，到 40 年代的听说法，再到五六
十年代的视听法，人们一直在上下求索，希冀或者以为找到了最理想的
教学法。直至 20 世纪 70 年代，我们才终于开始认识到，外语教学问题
不是一系列具体问题的算术叠加，不可能一对一地找到一种"完美无缺
的、举世无双的、一劳永逸的和放之四海而皆准"的万能教学法。[1] 恰恰
相反，外语教学是一个内涵深刻、外延广阔、相互关联的复杂系统工程，
其中每一个问题的答案常常是"非唯一的、非完美的、特定的和临时
的"。[2] 同理，任何一种教学法的运用都应该充分考虑本国本地区特定的历
史条件和社会环境，根据本国国情、省情、校情，乃至班级情况做相应的
调整、充实和取舍。法国学者加利松和克里斯蒂安·波伦（Christian
Puren）将这一过程叫做外语教学法"本土化"（contextualisation）[3]，并认
为这是从事外语教学与研究不可逾越的阶段。1983 年，法国出版的对外
法语教材《交际法语教程》（Intercodes）教师用书的前言写道："我们想
特别强调指出，本教参书设计的教学法不是唯一的教学法，应根据力求
达到的学习目标、教学条件、学生的母语水平和他们的社会文化方面的
特殊性对本教参中的一些教学安排做相应的调整。"[4] 另一个经典例子是交
际法的问世：理论上，它不像先前的直接法仅仅借助于联想心理学和实
验语音学，或者像听说法和视听法单纯依赖结构主义语言学和行为主义
心理学，而是建立在没有主导或核心理论体系、但语言学、语用学、符
号学、社会语言学、心理学、认知心理学、教育学和社会学等兼而有之
的跨学科理论基础之上。所以法国教学法专家波伦称交际法开启了折衷
主义教学法新纪元。

---

1 Robert Galisson 和 Christian Puren 先生的常用语，法文依次为 (des solutions ou des réponses)
 parfaites, uniques, définitives et universelles。

2 同上。法文依次为（des solutions ou des réponses）*plurielles, imparfaites, locales et provisoires*。

3 Galisson, Robert et Puren, Christian (1997) *La formation en questions*. Paris: CLE International. p.77.

4 *Intercodes*, Larousse, 1983, p.V.

《共参框架》在其第 4 页就开宗明义地申明，制定本标准的目的一不是要对教师指手画脚，让他们句句照办，二不是要规定或者推荐某一种新的教学法，而是提供一个思考、讨论、选择的平台。欧洲理事会奉行的基本原则是，"根据特定社会环境中学习者的具体情况，为实现既定目标而采用的教与学及其研究方法就是最有效的方法"[1]。

六、结语

我们相信：第一，欧盟必将继续坚定地奉行语言多元主义，因为这是欧洲的历史，也是欧洲的现实，更是欧盟的战略决策。"明天的欧洲恰恰是因为她更高地举起多样性的旗帜而可能变得更加团结一致。"[2] 第二，从长远看，欧盟必将加大语言多元化政策的力度，采取具体措施推动整个欧盟的外语教学在目标、内容、手段，以及教学评估等方面朝着规范化方向迈进，并且不排除最终设立统一的欧洲外语文凭的可能性。

深入了解并认真研究欧盟语言多元化政策的由来及其演变，将有助于改革我国目前的外语教育体制，有助于国家"十二五"期间制订出既符合当前我国社会、经济和文化发展需要，又符合外语教育特点和教育规律的语言政策，最终推动我国外语教育水平和质量的整体提升。

外语教育显然已不单是语言学科或教育学科的问题，而是与国家或地区的政治、经济、文化、外交、教育甚至国家安全等密切相关的大事。从欧盟的外语教育可以反省我国的外语教育战略和策略。

参考文献

1. 傅荣（2010）《欧洲语言共同参考框架：学习、教学、评估》要点述评及其对我国高等学校专业外语教育的借鉴意义，《中国外语教育》，2009 年第 3 期。
2. 傅荣、王克非（2008）欧盟语言多元化政策及相关外语教育政策分析，《外语教学与研究》，2008 年第 1 期。
3. 刘海涛（2006）欧洲联盟语言状况及语言政策，《中国语言生活状况报告（2005）》，李宇明主编。北京：商务印书馆。

---

1 《欧洲语言共同参考框架：学习、教学、评估》（2001）。巴黎：法国迪迪埃出版社（Didier），第 110 页。

2 Deth, Jean-Pierre Van..(1979) *L'enseignement scolaire des langues vivantes dans les pays membres de la Communauté européenne. Bilan. réflexions et proposition.* Bruxelles: AIMAV-Didier. p.28.

4. 欧洲委员会（2008）《欧洲语言共同参考框架：学习、教学、评估》，（原版，巴黎：迪迪埃出版社，2001）傅荣等译，北京：外语教学与研究出版社。

5. 蒲志鸿（2008）"行动"与外语教学——欧洲语言教学理念的转变及其启示，《四川外语学院学报》，2008 年第 1 期。

6. 王克非、傅荣（2007）欧盟的外语和外语教育，《中国英语教育》，2007 年第 2 期。

7. Beacco, J. et M. Byram (2003) *Guide Pour L'élaboration des Politiques Linguistiques Éducatives en Europe*. De la Diversité Linguistique à L'éducation Plurilingue. Projet 1 (rév.). Divisions des Politiques Linguistiques. Conseil de l'Europe. Strasbourg.

8. Herras, J. De (2001) l'apprentissage à la maîtrise des langues étrangères en Europe. *ELA*. pp. 313-323.

9. Isaac, G. (1998) *Droit Communautaire* (6e édition). Paris: Dalloz.

10. Puren, C. (1999). Politiques et stratégies linguistiques dans l'enseignement des langues en France. *Les Langues Modernes*. (2): pp. 66-74.

11. Rosen, E. (2007). *Le point sur le Cadre européen commun de référence pour les langues*. Paris: CLE International.

12. http://europa.eu.int/education/langages/fr.

13. http://www.eurydice.org.

第三章
法国的外语教育与社会发展[1]

戴冬梅

一、导言：文化大国的新课题

法国是一个文化历史悠久的国家，对她来说，大众外语教育是一个比较新的话题。虽然有些机构，如国立东方语言文化学院（INALCO）[2]，早在两个多世纪前就设立了外语教学职位，从事外语教育工作，但仅局限于知识分子精英圈子，为人文社科学术研究需要服务。大规模的学校外语教育是比较新的事物，是随着经济全球化的发展而逐渐受到重视和得到普及的。

二、外语教育大环境

在深入考察法国外语教育之前，我们有必要简要了解一下法国的地理、政治、经济和社会，尤其是教育体制的总体情况。因为从社会综合发展来看，法国是一个处于不断变革中的世界大国，而其外语教育与同时期的经济、社会情况息息相关。后者既是前者的大环境又是直接动因。

---

1 文中"法国外语教育"指法国教育机构、尤其是公立中小学的外语教学规划和实践，原则上不包括其大学专业外语教学和针对外国人的对外法语教学。

2 法文全名为 Institut National des Langues et Civilisations Orientales，又简称为 Langues O。

1. 地理环境

法国位于西欧，面积 55 万平方公里，人口 6 千多万。其版图是一个比较规则的六边形，每边长不超过 1,000 公里，有 6 个陆上邻国。[1] 法国境内气候温和、地貌丰富、风景优美，且各地区都拥有丰富的文化遗产，旅游业非常发达。[2] 有利的地理位置、绵长的海岸线和出色的交通设施使它成为欧洲各国往来的十字路口。法国因此同其他国家的交流非常广泛。另外，法国有接受外国移民的传统，其人口约四分之一有外国血统。不同语言之间的接触十分频繁，客观上形成了外语教育比较大的需求。

2. 政治概貌

法国政治生活基本继承了 1789 年大革命以来的中央集权传统，实行四级行政机构：国家、大区（22 个）、省（100 个）和市镇（36,500 个）[3]。虽然中央权力下放是 20 世纪 80 年代以来法国政治积极倡导的趋势，但是效果并没有预期的理想。法国人关心政治，全国或地方选举及公民投票都是公民生活中的大事。

法兰西第五共和国的外交积极寻求国际团结，但一直恪守戴高乐将军提出的独立自主原则。比较典型的例子有退出北约军事组织、成为第一个与中国建立外交关系的西方国家，以及在伊拉克战争问题上同美国唱反调。不过，法国近来向阿富汗增兵，以及在北约 60 周年之际重返其军事组织意味着萨科奇领导下的法国，其政策有所改变，出现了"亲美"趋势。

法国是欧盟创始国之一，并在欧洲一体化进程中起着举足轻重的作用。法国自诩为"言论自由"、高度重视"人权"保护的民主国家，在国外也积极参与联合国维和行动和人道主义行动。

3. 经济近况

法国是经济发达国家之一，按照经济总量计算，2010 年它排名世界第五。法国重视技术革新，在核电、航空航天、高速铁路研发应用等方面具有世界领先水平。它的农业比例比其他发达国家高，但同时它全面

---

1 法国北部与比利时、卢森堡接壤，东部毗邻德国、瑞士，东南邻意大利，西南接西班牙。另外，法国西北部与英国隔海相望。

2 法国是世界上接待外国游客最多的国家，其每年接待外国游客数达 7 千 5 百万，远超其本国的人口总数。

3 由于历史的原因，法国除了本土之外，还拥有一些海外省和海外领地，分布在世界各大洲。

参与全球化运动，经济的国际化程度很高，出口额占国内生产总值的五分之一以上，在国外的投资及吸引外资都在世界上名列前茅。

近年来，法国国内经济形势不容乐观。其失业率在 10% 左右徘徊良久，通货膨胀和购买力持续下降，社会福利保障制度赤字几创新高，使国人对其国家的前途产生了悲观情绪。普通民众对时政不满导致了 2005 年底法国严重的郊区骚乱。2006 年春，由于政府推出的旨在提高就业率的"首次雇佣合同"不得民心，在全法还爆发了 40 年不遇的大规模学潮，迫使总理和总统收回了该法案。[1] 更加积极有效地参与国际竞争，使经济完全进入全球化轨道业已成为法国摆脱困境保持优势的必由之路，其中外语教育成为必不可少的环节。

4. 社会文化

在人们的心目中，法国历来就是一个十分钟爱母语的民族。法语被视为世界上最美丽的语言。由于历史上长期与英格兰人为敌，法国人对英语不屑一顾，这种现象在当今的法国社会还能观察得到。法国人的母语情结和对英语的鄙视影响了外语教育的长足发展。然而，二战以来，尤其是"荣耀的三十年"[2] 期间经济的发展、技术的进步使法国社会发生了深刻的变化。从 20 世纪中叶开始，法国进入了一个消费、休闲的时代。法国人每年可享受长达 5 周的带薪假。度假、健身、运动成为法国人消费的时尚。美国的生活方式对法国人产生了很大影响，尤其是年轻一代。麦当劳、可口可乐、流行音乐、好莱坞大片成为法国年轻人生活的重要部分，英语在法国人心目中的地位逐渐上升，这是法国近年来英语教育发展比较好的重要缘由之一。

5. 教育体制[3]

1）教学体系

《法兰西第五共和国宪法》前言中规定了国家保证儿童及成年人平等

---

1 从此可以看出，习惯于高福利社会模式的法国人难以承受改革带来的阵痛。

2 指从二战结束到 20 世纪 70 年代中期的 30 年。其间，法国经济迅速发展，实现了现代化。

3 本部分内容主要参照法国外交部网站提供的 2001 年 1 月更新的数字和资料，参见 http://www.diplomatie.gouv.fr/fr/france_829/decouvrir-france_4177/france-a-z_2259/education_2621/colonne-droite_3254/sur-theme-..._3256/enseignement-france-systeme-scolaire_8406.html，2006 年 5 月 16 日查阅。幼儿园部分参考《在幼儿学校学什么——幼儿学校教学大纲》，法国国民教育部，巴黎：法国国家教学资料中心，XO 出版社，2002 年。法国国民教育部幼儿学校资料网站地址：http://www.education.gouv.fr/bo/2002/hs1/maternelle.htm，2006 年 5 月 16 日查阅。

享有教育、职业和文化培训的权利。其学校教育的总原则是办学自由、中立、无政治倾向、无宗教性，并实行免费的义务教育。法国从 20 世纪六七十年代逐渐建立起"大一统"的公立教育体系。法国也有少量私立学校，在校学生只占学龄儿童总人数的 17%。[1] 这一比例在最近 10 年比较稳定。

法国的学校分为幼儿学校 3 年（年龄阶段相当于我国的幼儿园，3-5 岁，分为小、中、大班）、小学 5 年（6-11 岁）、初中 4 年（12-15 岁）、高中 3 年（16-19 岁）和大学教育。从 1967 年以来，小学和初中（6-16 岁）被列为义务教育阶段。

从 20 世纪 70 年代以来，诞生于 19 世纪 80 年代的法国幼儿学校得到较快发展。3 岁的孩子几乎百分之百进入幼儿学校学习。虽然从孩子的年龄上讲，法国学前教育阶段相当于我国的幼儿园，但是法国的幼儿学校，正如它的名字所提示的，是完整意义上的"学校"了。虽然课程并不紧张，但是有全国统一的教学大纲和详细的教学目标描述。孩子们在那里训练语言表达和动手能力，初步接触音乐和绘画，学会在集体中生活，常常可以接触到第一门外语，为进入小学做准备。法国小学的 5 年分为 3 个时期，其中预备课程 1 年（相当于我国的小学 1 年级）、初级课程两年（初级课程第一年和第二年，分别相当于我国小学 2、3 年级）、中级课程两年（中级课程第一年和第二年，相当于我国小学 4、5 年级）。

2008 年初，新政府的教育部长提出了小学教育改革计划。其主旨是回归基础知识，强调记忆力的应用、语言学习的加强，并重设思想教育课。

初中历时 4 年，从低到高分别被称为 6 年级、5 年级、4 年级和 3 年级（分别对应我国的初一、初二、初三和初四）。在初四结束时，学生在学校和家长的指导、帮助下进行"职业发展分流"。考虑学生自己的志趣和情况，他们将进入普通高中、技术高中或职业高中。

高中历时 3 年。无论哪种高中，学生一般在 18 岁或 19 岁时参加高中毕业会考，并获得本专业的业士学位（baccalauréat）[2]。法国高中毕业文凭经历了多样化的过程。普通高中毕业生可以获得理工、文学、经济社会等方向的业士，技术高中毕业生可以获得技术业士（1969 年设立），

---

[1] 小学阶段私立学校学生比例为 15%，中学阶段为 20%。

[2] 法国高中毕业考试及其所获学位由拿破仑于 1808 年创立，1809 年进行了第一次考试，从 1861 年起开始接受女生参加考试。

其专业方向有 8 大类。同普通高中毕业生一样，技术高中毕业生往往会
选择高等教育。职业高中的毕业生可获得 63 个专业的职业业士（1986 年
设立），高中学习其间可以获得职业技能证书（CAP)[1] 或职业学习文凭
(BEP)[2]。由于所学实用性强，职高毕业生一般直接就业。法国的职业教
育积累了很多成功经验。

法国高中教育的长足发展始于 20 世纪 60 至 70 年代，业士文凭逐渐
普及。1960 年，获得高中业士学位的人数为 5 万 9 千，1970 年为 13 万 9
千，增长了一倍还多。从 1984 到 1995 年，适龄青年获得该学位的比例
由 35% 猛增到 70%[3]，2007 年更是达到了 83.3%[4]。

法国高等教育机构林林总总共计 3,500 所，主体部分包括公立的、
侧重大众教育、重视科学研究的普通大学和公私兼有、着重培养专业应
用型人才、重实用教育的"大学校"（包括工程院校和商校）。前者基本
类似于我国的综合性大学，后者则是培养高级工程师、企业高级管理人
才或高级专门人才的"精英"学校。法国目前有普通大学 83 所，"大学
校"400 多所。

获得业士学位的高中毕业生即有注册普通大学的资格。绝大多数高
中毕业生会按照大学要求组织个人材料，直接向理想学校提出申请。学
校将视学生的成绩及其他个人条件择优录取。普通大学录取比例很高。
但如果注册"大学校"，通常需要上两到三年的预科班[5] 来通过其入学选
拔考试。每一所"大学校"都有自己的入学考试，竞争激烈、录取率低。
然而，"大学校"教学实用性强、质量高，尤其是毕业生就业前景好、薪
资高。

由于就业需要，人们在校园里呆的时间越来越长，[6] 法国的大学教育
变化趋势明显：普通大学注册人数减少，年轻人越来越多地选择就业无
忧的"大学校"或高等职业教育。

法国的高等教育学位学制原先比较特别，但从 2003 年开始至 2005

---

1 CAP 法文全称为 Certificat d'Aptitude Professionnelle，强调掌握职业技能。
2 BEP 法文全称为 Brevet d'Etudes Professionnelles，强调职业理论学习。
3 欧杜克和巴雅尔 - 皮埃尔乐（Jean-Louis Auduc et Jacqueline Bayard-Pierlot）(2001)《法国教育
体制》，尚皮尼上马恩省：克雷岱尔学区出版社，第 10 页。
4 法国《早间新闻快车报》(Directmatin)，2008 年 3 月 17 日 230 期，第 8 版。
5 该类预科班属于高等教育，但是由中学举办。
6 根据法国国家经济统计局（INSEE）的一项研究结果，出生在 1900 至 1935 年的人上学到 14
岁；而出生在 20 世纪四五十年代的人，平均到 17 岁结束学业；70 年代出生的人群平均上学至
21 岁，来源同本页注 3。

年结束，法国高校全面实行了欧盟统一学制，[1] 即学士3年、硕士5年、博士8年，俗称"学硕博"或"三五八"学制。

2）管理机制

法国高中毕业前的教育体系归口国民教育部管理，高等教育和科研部则主管高等教育和科研。国民教育部实行的教育管理制度主要包括学区、督学制度和国家各类教育咨询、管理机构。

法国共分为30个学区。4个海外省各自构成1个学区，法国本土的学区规划基本等同于法国的大区（22个），只有3个大区例外：巴黎大区（分为巴黎、克雷岱尔和凡尔赛3个学区）、罗纳阿尔卑斯大区（分为里昂和格雷诺布尔两个学区）和普罗旺斯阿尔卑斯蔚蓝海岸大区（分为埃克斯马赛和尼斯两个学区）。学区主席是国民教育部长的代表，是学区内学校的总负责人。他在国家规定的范围内，确定学区内中小学教学内容、组织教学并管理学校工作人员。教育部有四个督学体系，根据级别可分为国家级、地区级，根据工作领域，可以分为教学督学和行政督学。国民教育督学总署主要负责教学的评估，包括评估教学科目、教学内容、教学大纲、教学方法和实施的程序与手段。总署参与督学、学校领导、教学人员、教辅人员和学生分流委员会成员的聘任、培训、评估和监督。它还联手学区管理机构，协调各位教学督学的行动。督学总署在其职权范围内，负责向教育部长提交关于教育政策实施的意见和建议。国民教育行政督学总署在行政、财政等领域，负责审查、监督所有公立学校和教育部参与和合办的私立学校、学区的管理人员。他们进行教育体制研究并参加教育部组织的各种培训工作。大区教学督学和学区教学督学分为学科督学、学校生活督学和行政职位督学几部分。国家督学评估教学机构和人员、检查大纲执行情况和考试情况、推动项目实施、培训人员，并对教师提供咨询（涉及其所教学科、个人发展方向和教学技术应用等层面）。

法国还有一些其他机构肩负教育行政管理的职责。这些国家机构可以分为对教育部长进行建议的咨询机构和国家公共研究或管理机构。前者包括：国家教学大纲委员会（成员由部长选定）、教育高等委员会、国家高等教育和科研委员会、职业咨询委员会、国家革新教育促进学习成功委员会、高等评估委员会等机构，后者包括教育及职业信息办公室、

---

1 欧盟实行统一学制的目的是为了加强欧洲各个国家高校间学生和教师的交流以及增强欧洲高校在"世界教育市场"上的竞争力。

国家教育研究学院、国家远程教育中心、国家教学法资料中心和学生服务管理中心。

　　概言之，无论是从教学体系还是行政管理体系看，法国的教育体制基本属于中央集权的典型。虽然教育机构庞大、错综复杂，但只有一个中心，即国民教育部长。国家通过教育部长做出的任何一项教育政策都可以起到"牵一发而动全身"的效果。

三、外语教育与政策

　　作为欧洲一体化进程的"领头羊"，法国的外语教育与政策是欧盟语言政策制定的灵感来源之一，是颇引人注目并具研究价值的。法国外语教育政策新颖，外语教育与语言政策关系紧密。

1. 外语教育政策理念

　　作为欧盟建设的重要推动者，法国主张文化多元，并把"外语教学多元化"视为保护文化多元政策的重要组成部分。这种形势基本是从1989 年开始逐渐形成的。从那时起，法国历届政府的国民教育部顺应欧洲一体化趋势，公布了一系列顺应欧盟语言政策的法律、法令和通报，确定了外语在学校教育中的学科地位。

　　20 世纪世纪 90 年代中叶，英语在法国外语教育中的霸主地位日渐明显。法国的传统外语——主要是欧盟成员国语言、尤其是法国邻国的语言——有的地位下降明显，如德语、意大利语，有的处于边缘化状态。世界其他大语种，如汉语、俄语、日语，则占了非常有限的份额。鉴于这种形势，法国参议院文化事务委员会于 1994 年 11 月成立了调研组，对于法国外语教育的情况进行全面了解和建议工作。调研组在总结报告中一致认为，在"全球化"的大环境下，学习外语要从"娃娃"抓起。不仅是由于科学研究一再证明了早学外语更加有效的理论，更是因为掌握外语已经成为进入世界市场的有效工具。相反，只懂一门语言，就好像一条腿走路。为了宣传语言多元的观点，法国积极响应并参与了欧盟和欧洲委员会 2001 年举办了"欧洲语言年"的活动。

　　另外，法国认为工作重点是坚持不懈地走国家政策干预的道路，不断改革学校机制，采取有效措施和手段实现语言学习多元化。他们认为，"语种多元"是使方言、小语种和通用语种的生命力得以延续的必经之路。

2001 年，当时的国民教育部长雅克·朗（Jacques Lang）把提高在校学生掌握多门外语的水平和学校教授语言的种类作为教育部的工作重点。他实行的主要措施是使外语进入小学，以及中学至少学习两门外语。经过几年的努力，外语教育终于通过实验阶段而成为学生的必修科目。而学生可选语种多样化[1] 及在校生必须选择两门外语等措施被法国的研究人员视为法国对欧盟外语教育政策制定的贡献。[2]

2004 年，参议院外语教育专题报告回顾了 1994 年 11 月调查报告提出的外语教育的两个发展大方向、4 个目标和 50 项具体的措施[3]，充分解析并总结了法国外语教育的指导思想。两个发展大方向：一是保证外语教育的多元化；二是保障外语教育的有效性。4 个目标：第一，保证所有年轻人在母语之外至少掌握两门外语；第二，向其他的文化开放；第三，发掘国内地方语言宝库；第四，外语学习应把口语表达能力放在第一位，并注重适应企业对人才的需要。围绕这 4 个目标，1994 年调研报告还提出了 10 项具体行动计划：

第一，外语语种多元化。在条件成熟的情况下，要求学生从初一开始必修两门外语，鼓励学习第三门外语；消除第一外语和第二外语的差别；改革总学时，为"小语种"[4]的学习设置专门学时；

第二，对所有家庭、所有学生一视同仁、广而告之；

第三，在小学实行早期外语教育，同时注意培训外语教学师资以及小学和初中外语教学的衔接；

第四，考虑地区特色，根据每个学区语言潜力调查结果制定并实行各学区外语多元化政策，顾及学区所拥有的外国移民团体的情况，或地处边境附近、同邻国交流方便等地区特点，或同国外相关地区结为"友好城市"或"友好大区"等因素；

第五，实行"浸入"式教学，使用外语进行某个学科的学习、创建双语学校、聘用外籍教师、组织学生去国外"游学"以及在欧盟范围内

---

1 义务教育阶段法国学生可选语种达到 23 种，其中包括 13 门外语和 10 门方言，居欧盟成员国前列。

2 弗朗西斯·古力耶（Francis Goullier）（2007）《法国教育体制对欧盟外语教学政策的贡献》，见《督学总署杂志》第 3 期第 42-48 页，参见法国教育部网站 http://media.education.gouv.fr/file/37/4/3374.pdf。

3 雅克·雷让德尔（Jacques Légendre）（2006）《法国的外语教学》（*L'Enseignement des Langues étrangères en France*），法国参议院文化事务委员会 2003 至 2004 年度调研报告第 63 号，2003 年 11 月 12 日提交，参见 www.senat.fr/rap/r03-063/r03-063.html。

4 指选修学生人数较少或使用人数较少的外语。

大规模组织教师交换等；

第六，通过宣传和选拔合格的教师等方式给"小语种"教学注入新的活力；

第七，使外语教学法适应新的教学要求，突出外语口语训练、增加文化内容；

第八，通过经常到国外进行短期语言培训等方式培养外语教师；

第九，增强国际合作，尤其是扩大欧洲范围内的语言交流项目，重新激活同德国之间的双边协议；

第十，重新修订语言政策，设立隶属教育部的全国外语教学常务委员会，由教育部门、高校、领事部门、相关地方政府、议会、经济社会委员会、外语教师工会共同组建，常委会将主要负责研究社会语种需要和制定外语教师聘用政策等方面的工作。

综上所述，法国政府在外语的重要性上取得了共识，确立了外语教育政策的基本理念，并相应地采取了措施。

2. 外语教育法律法规

法国教育部为了提高外语教育水平，已经出台了一系列外语教育方面的法律法规。法国学校外语教学体系、评估体系的建立都是以这些官方文件为基础的。

目前适用的外语教学方面的政策法规文件主要有三类：制定大政方针的《教育法》，制定该领域具体规定的教育部法令和教育部制定的各阶段的教学大纲。

法国的《教育法》对于外语教育有明确的规定。该法第 121-123 条第 1 款明确规定："掌握法语以及学习另外两门语言是教学基本目标的组成部分。"[1]

在法国，几乎每个初三以上的学生（99%）都学习至少一门外语，全国各种学校都算在内，学习两门外语的学生占学生总数的 77%。[2] 但不同学校的情况并不平衡，比如职业学校的外语教育相对较弱：其学生比例虽然每年都有提高，但是仅有 9.5% 的学生学习两门外语。

---

[1]《教育法》，参见法国政府法律法规官方网站 http://www.legifrance.gouv.fr，2007 年 9 月 3 日查阅。

[2] 雅克·雷让德尔（Jacques Légendre）（2007）《法国的外语教学》，法国参议院文化事务委员 2003 至 2004 年度调研报告第 63 号，2003 年 11 月 12 日提交，www.senat.fr/rap/r03-063/r03-063.html。

　　法国学生对于外语的选择余地很大。小学生可以在 8 门外语[1] 和 7 种方言中选择自己的外语，初中生可在 16 门外语和 11 种方言之间选择。这些数字还在随着教学实践的需要不断增长[2]。学生参加高中毕业考试可以在 44 门外语中选择进行考试。法国是欧洲外语教育可供选择语言种类最多的国家之一，[3] 大多数欧洲国家外语教育可供学生选择的外语在 6 门左右，在这方面，只有英国超过法国，可供选择的第一外语种类达到 19 种。

　　法国政府和教育部发布的、目前正在实施的中小学外语教学专项法令主要有以下两部：

　　1）2005 年 8 月 25 日，法国《政府公报》（*Journal Officiel*）发布了总理和国民教育部长共同签署的《教育部关于外语教学组织的政府法令》[4]，主要包括学校"外语教学的组织"（第一部分）和"外语教学学区委员会"（第二部分）两部分内容。该法令的第一部分，于 2007 至 2008 学年实施，第二部分则已经于 2005 至 2006 年度到位。该法令第一章确定了欧洲委员会制定的《欧洲语言共同参考框架：学习、教学、评估》[5]在法国公立和签约私立中小学外语教学中的"标尺"作用，并在第一条写明了各个阶段外语教学应该达到的相应的《欧洲语言共同参考框架：学习、教学、评估》等级。

　　2）2006 年 5 月 31 日教育部发布的《关于中小学外语教学改革的通报》[6]。这份文件以 2005 年 8 月 25 日的法令为基础，比较全面地介绍了法国中小学外语教学的改革思路和实施办法，目的是适应新时期外语教学的需要，保证达到在母语之外掌握两门外语的目标，使学生们能够为

1　这 8 门语言分别是英语、德语、西班牙语、意大利语、葡萄牙语、俄语、汉语和阿拉伯语。

2　这是 2007 学年数字。参见 http://eduscol.education.fr/D0067/college-dispositifgeneral.htm，2008 年 9 月 12 日查阅。16 门外语分别为英语、西班牙语、德语、意大利语、汉语、葡萄牙语、俄语、希伯来语、日语、阿拉伯语、荷兰语、亚美尼亚语、土耳其语、越南语、泰米尔语和波兰语；11 种方言包括布列塔尼语、科西嘉语、卡塔卢尼亚语、阿尔萨斯语等主要方言，但是选修方言人数很少，且往往持续时间不长。2007 年的最新统计。

3　但根据雅克·雷让德尔的观点，法国学校中语种选择"雷声大，雨点小"，现实情况远不尽人意。我们在本文第三部分将详细涉及。

4　参见法国政府法律法规官方网站 http://www.legifrance.gouv.fr/WAspad/Visu?cid=737378&indice=12&table=JORF&ligneDeb=1，2007 年 9 月 18 日查阅。

5　法国在语言教学、评估中已经全面使用欧洲委员会《欧洲语言共同参考框架：学习、教学、评估》（*Cadre européen commun de référence pour les langues*）。该标准将外语学习阶段从入门至熟练掌握分为 A1、A2、B1、B2、C1 和 C2 六个递进的水平。其中 A1 和 A2 为初级阶段，B1 和 B2 为独立阶段，C1 和 C2 为熟练阶段。该标准对 6 种外语语言水平均有详细的描述。

6　参见法国教育部网站 http://www.education.gouv.fr/bo/2006/23/MENE0601048C.htm，2007 年 9 月 4 日查阅。

国际交流和国外留学做好准备。该法令不仅涉及外语教学组织方式和教学内容，还明确了学校外语教学的重点是提高口语。

该法令分为正文和附录两大部分。正文主要涉及新的教学模式、语言水平考级、教师培训和教学大纲四部分内容。其中新的教学模式详细介绍了外语教学中引进的改革具体措施，包括进行能力分组、建立可变的教学节奏、高三语言课要减少每班学生人数（维持在每班 20 个学生左右）、鼓励学生自学并实践所学外语、聘请外语助教以及组织初高中外语教师进行团队合作六部分内容，在下文"教学组织方式"中我们将进行详细介绍。

除了《教育法》和外语教学专项法令，各个学校教育阶段的外语教学大纲也是教育部颁布的、公立学校要执行的行政法规。

现行的教学大纲有：

2002 年 6 月 28 日法令发布的《小学外语和方言教学大纲》（2002 年 8 月 29 日《教育部公报》（*Bulletin Officiel*）专刊第 4 期）[1]；

2002 年 7 月 30 日法令发布的《普通高中和技术高中高一外语教学大纲》（2002 年 10 月 3 日《教育部公报》专刊第 7 期）[2]；

2003 年 7 月 8 日法令发布的《职业技能证书外语教学大纲》（2003 年 7 月 24 日《教育部公报》专刊第 4 期）[3]；

2003 年 7 月 15 日法令发布的《高二外语教学大纲》（2003 年 8 月 28 日《教育部公报》专刊第 7 期）[4]；

2004 年 7 月 6 日法令发布的《高三毕业班外语教学大纲》（2004 年 9 月 9 日《教育部公报》专刊第 5 期）[5]。

2007 年 4 月 17 日发布的《初中外语教学大纲》（2007 年 4 月 26 日《教育部公报》专刊第 7 期）[6]。

---

1 参见法国教育部网站 http://www.education.gouv.fr/bo/2002/hs4/default.htm，2007 年 9 月 18 日查阅。

2 参见法国教育部网站 http://www.education.gouv.fr/botexte/hs07021003/MENE0201716A.htm，2008 年 9 月 13 日查阅。本文提到的高中大纲涉及主要外语，包括德语、英语、阿拉伯语、汉语、西班牙语、现代希伯来语、意大利语、葡萄牙语、俄语，而其他语种如丹麦语、希腊语、日语、荷兰语、波兰语和土耳其语则分别有各自的大纲。

3 参见法国教育部网站 http://www.education.gouv.fr/bo/2003/hs4/MENE0301433A.htm，2007 年 9 月 18 日查阅。

4 参见法国教育部网站 http://www.education.gouv.fr/bo/2003/hs7/default.htm，2007 年 9 月 18 日查阅。

5 参见法国教育部网站 http://www.education.gouv.fr/bo/2004/hs5/MENE0401475A.htm，2007 年 9 月 18 日查阅。

6 《教育法》，参见 http://www.legifrance.gouv.fr/WAspad/UnArticleDeCode?commun=CEDUCA&art=D312-16，法国政府法律法规官方查阅网站，2007 年 9 月 3 日查阅。

3. 外语教育

1）培养模式

为了提高外语教学质量和学生的外语水平，促进教育机会均等，鼓励深造和国外留学以及适应劳动力市场，法国学校外语教学改革从 2005 年开始，以 2005 年 8 月 22 日法令和 2006 年 5 月 31 日通报为标志性文件，确定了学校外语教育的发展方向、教育目标和培养模式。

从 2005 年 8 月开始，欧洲委员会《欧洲语言共同参考框架：学习、教学、评估》正式成为法国学校外语教学唯一的、至关重要的参考体系和衡量标准。关于学校的外语教学，2005 年 8 月 22 日关于外语教学组织的法令在第一条重申了法国《教育法》第 D312-316 条[1] 的规定："公立或同国家签约的私立小学、初中和高中学生的外语水平 [……] 根据以下标准确定：

a）小学毕业时，外语达到欧洲委员会 A1 标准；

b）在义务教育阶段结束时，第一外语应该达到欧洲委员会 B1 标准，第二外语达到 A2 标准；

c）中学毕业时，第一外语应该达到欧洲委员会 B2 标准，第二外语达到 B1 标准。

外语教学大纲和教学方法根据以上目标制定"。

《共参框架》在法国学校外语教学及评估中的中心地位至此已经十分明确。由于《共参框架》的影响，法国外语教学强调外语学习包括听说读写和互动等各个方面，但是同时明确指出，从小学到初中，提高口头的实践能力是外语教学的重点。另外，法国还强调文化是语言学习的重要切入点。文化知识的学习在外语学习中占有不可或缺的地位。

2005 年 8 月 22 日的法令规定设立"外语教学学术委员会"。各学区区长可以就外语教学问题咨询该委员会，后者也可以对本学区外语教学的方方面面发表意见和看法。

为了保证教学目标的实现，法国除了确定外语教学的评价体系、外语能力培养及其重点之外，更是配合新标准出台了新大纲，尤其是初中阶段外语教学大纲格外令人瞩目。政府还要逐渐建立起外语学科免费的、国家承认的评估考级体系。另外，为了拥有更多合格的教师，2006 年，外语口语已成为外语教师资格考试的必考项目。还有，学校外语教学除

---

1 《教育法》，参见 http://www.legifrance.gouv.fr/WAspad/UnArticleDeCode?commun=CEDUCA&art= D312-316，法国政府法律法规官方查阅网站，2007 年 9 月 3 日查阅。

了巩固德语等传统语种的"地盘"以外，还扩大了所提供的外语语种数目，并致力于向需要的地区和学校输入能够改善学习者社会和职业状况的"新兴语种"。[1]

除了正常的外语教学体系，双语、三语、多语教育和"浸入式教学"[2]的理念在法国已经提出并从 20 世纪 80 年代以来有一定发展。

从规范的法律用词来看，法语的"双语教学"包括"法语＋外语"和"法语＋方言"两种模式，因为方言和外语在学校语言教育体制中基本拥有同样的法律地位。法语中严格意义上的"双语浸入式语言教学"在法国只指"法语＋方言"的组合方式。2002 年 5 月 9 日，法国教育部发布了 2002 年 4 月 19 日出台的关于在小学、中学开设方言浸入式教学的法令和同年 4 月 30 日发布的法令实施细则。"法语＋方言"的双语学校主要涉及不列塔尼、科西嘉等方言列入语言选择的地区。

重视外语课时、以至于用外语开设某些相关教育课程，甚至法语和外语在教学中平分秋色的"法语＋外语"的双语组合方式在法国通常叫做双语（三语）教学，通常由专门的国际语言部、欧洲语言部、东方语言部等教学机构组织实施。

国际语言部只涉及为数不多的几所学校。通常此类学校是由法国教育部和相关国家签署协议后开办的。一方面，国际学校可以接收外国学生，开设短期培训课程，帮助他们适应法国学校的教育。另一方面，为法国学生开设外语培训课程，从小就开始强化外语学习，培养他们的国际视野和竞争力。国际学校小学要保证每周 3 小时外语教学，初中和高中阶段国际学校（或国际部）加强语言和文学的教学。除了正常外语学习，每周一般设 4 小时用外语讲授外国语言文学及历史地理[3]的一半课时，即每周两课时用法语以外的相应外语教授。国际学校可以颁发法国和所学语言国家同时承认的国际方向业士学位（OIB）。2007 年，法国共有 1,316 人获得该业士学位。2008 年，类似的国际学校新增 12 所。

---

1 汉语即"新兴语种"之一。根据 2006 年 6 月 19 日的教育部法令，汉语在 2007 年正式成为法国高中毕业会考项目。参见法国教育部网站 http://www.education.gouv.fr/cid206/plan-en-faveur-d-une-meilleure-maitrise-des-langues.html 的介绍，2007 年 9 月 4 日查阅。对于法国汉语教学情况，我们将在后文详细分析。

2 本节部分参考了维基百科，参见 http://fr.wikipedia.org/wiki/LV1，以及法国学校教育网站：http://eduscol.education.fr/D0128/description_s-internationale.htm（国际语言部），http://eduscol.education.fr/D0121/accueil.htm（欧洲语言部）和 http://eduscol.education.fr/D0201/accueil.htm（法德学校），2008 年 9 月 12 日查阅。

3 法国的"历史地理"是一门课。

欧洲语言和东方语言部从 1992 年开始在初中、普通高中和技术高中设立，2001 年扩展到职业高中。2005 年 4 月出台的学校规划法附录中预计 2010 年该项目学生人数增长 20%。其双语教学通常从初一或初三开始，也有个别从高一开始的。一般来说，先是在两年里加强外语学习，比如每周课时增加 1 到 2 个学时。随后一门或几门学科用该外语教授。另外，学生对于外语相关国家的文化要有深入了解。学习结束通过考试者可以获得注明欧洲（或东方）语言语种的业士学位。目前，相关的欧洲语言有德、英、西、意、葡、俄、荷兰语，东方语言有阿、日、汉语。在此类学校中，由于政府的推动，"法语 + 德语"的组合比较成熟，如 1972 年开始设立的法德中学以及 1987 年法德联谊高中[1]。

除了国际语言部和欧洲（或东方）语言部的外语教育，"普通加强型"双语或三语教育在法国有广泛流行的趋势。在阿尔萨斯的某些公立学校，法语和德语从幼儿学校开始在教学中占有同样比重，即法语和德语各占教学时间的一半，同为 13 个学时。还是在阿尔萨斯，法语、德语、英语三语教学学校方兴未艾。其他地区和学校对外语教学的加强也在慢慢"升温"。一些学校采取诸如基本取消第一和第二外语的区别[2]、从初三开始开设第三外语等措施加强外语教学。

同时，由于各地区社会经济需要和语言资源背景不同，外语的语种选择和教学安排也带有明显的地区色彩。在阿尔萨斯地区，由于德语同该地区方言相近，德国近在咫尺并且生活、工作中德语用途广泛，德语教学在大部分的学校受到相应的重视。如在斯特拉斯堡的小学里，每周一般有 3 节德语课。在摩泽尔地区，孩子们从幼儿园开始即每周上 3 小时德语。从小学 3 年级开始，学生们被分为两组，每周分别上 4 小时和 6 小时的课程。这种对德语的偏重是其他地区所不可企及的。法国南方的西班牙语、地中海沿岸的意大利语都是在相应地区有较多"信徒"的语种，且相应的双语教学相对其他地区比较成功。下表反映的是法国各地区外语语种选择的偏重情况：[3]

---

1 又称为 Abibac 项目，该词由"业士"一词的德语（Abitur）和法语（bac）组合构成。学生可以获得法德两国业士，从而有资格注册两国的大学。

2 通常的做法是把法语、第一外语、数学或体育减少一节，补到第二外语上。这样一来，第一外语每周 3 至 4 课时，而第二外语则达到 2 至 4 课时，基本持平。

3 参见维基百科 http://fr.wikipedia.org/wiki/LV1，2008 年 9 月 12 日查阅。

表 1　法国地区与外语语种选择

地区	东部	西部	南部	北部	中部及巴黎	地中海沿岸
偏重语种	德语	英语	西班牙语	英语、荷兰语、德语	所有大语种及"小语种"：俄语、希伯来语、汉语、日语、波兰语……	意大利语、西班牙语、阿拉伯语

我们注意到，除了巴黎，地理临近因素深度影响了法国各地区的语种选择。首先，邻国语言一般是边境地区的首选。另外，同样由于地理位置近，导致北非移民聚居地中海沿岸。外来语言团体也影响了当地的外语学习。

2）教学改革

2005 至 2006 学年法国学校外语教学改革的重要内容是推行教学方式的改革。其指导思想是结合学生实际情况教学、在推进学生语言能力全面进步的同时突出口语教学和实践，另外鼓励学生在课外多实践所学语言。

2005 年 8 月 22 日法令第 2 条明文规定："外语教学可以分为能力组进行，能力组独立于学校分班；能力组的组成原则可在学校计划范围内，由教师会议提议，并由咨询委员会通过，或在机构计划范围内由董事会决定。"[1] 能力组可以顺应教师教学安排，或根据学生的已有水平和各自需求进行编排。这种方式不仅涉及到教师的教学，也涉及学校的组织。能力组的教学有以下特点：一是以某种语言能力为中心。虽然语言学习包括听、说、读、写和互动几个方面，但在每个能力组、一定时间内，在兼顾全面发展语言能力的基础上，要根据学生已有水平、学生的愿望和教师的教学安排来选择某一种语言能力作为学习的中心。二是可以打破班级界限。围绕某一种语言能力组织教学，学生可以来自不同班级，但他们应具有大致同样的水平和学习需求。欧洲委员会《欧洲语言共同参考框架：学习、教学、评估》的测评表可以帮助教师了解学生的需求，并根据相关语言能力要求及学生现有水平等情况，建立教学进度。这样，任课教师的教学能够更好地适应学生需要和他们的水平。我们可以看出，教师在学校允许的范围内，对于能力组的教学是负有相当大的责任，同时也享有很多自主权。其实，打破班级界限不是绝对的。比如在小学外

[1] 参见法国政府官方法律法规网站 http://www.legifrance.gouv.fr/WAspad/Visu?cid=737378&indice=1&table=JORF&ligneDeb=1，2007 年 9 月 13 日查询。

语初学阶段，学生可以基本按照班级的编排进行能力组学习。初中和高中的学生同班学生外语水平差别明显，能力组编排与班级出入则会相对大些。另外，在初中或高中，学生们可以根据他们的进步情况和个人需求，在能力评估的基础上，从一个能力组换到另一个。同一语种教学安排在同一时间段的组织方式可以方便这种调换。

学校可以根据需要，在一段时间内实行可变的教学节奏。也就是在遵守规定的课时数的前提下，有时可以进行强化教学，以便使同学能够在短时间内迅速进步。关于可变教学节奏的具体的做法应该由教师会议提出，并在学校规划中确定下来。

在某些高三毕业班，外语课人数达到 35 名。这样一来，由于学生水平相差较大，而每个人练习的机会又很少，因此教学效果不能够满足学生毕业会考和升学的需要。语言课堂人数安排在 20 名左右可以保证每个学生有更多的发言时间，能更好地练习口语。

要真正地学好外语，应该经常接触外语并进行练习。课堂教学远远不够。法国学校鼓励学生在课堂以外自主学习。为此，学校可以安装多媒体学习设备。[1] 学生可以自学，也可以进行自我评估。

增加和讲母语的外国人接触的机会，有助于学生提高语言交流能力和跨文化交际能力。外国助教可以被安排在外语课、外国文化研究课或是特定的文化、语言项目。当然，这项措施主要看中的是外国助教的口语表达能力。

在小学阶段，外国助教的任务主要有辅导和教学两种；在中学，则重点辅助主要任课老师的工作；在教师培训学院，外国助教可帮助未来的外语教师提高语言水平，也可同时在小学或中学任教。

法国国家鼓励中学重视外语教学，并采取措施保证外语教学的质量，如成立外语教学部。由于进行能力组教学，教师之间的合作更显得必要。国家鼓励外语教师发扬团队精神、协调课程和评估。另外，学校应积极同国外的同类单位进行交流，比如举办找"语伴"、"笔友"、"外语夏令营"和外语对应国家的"游学"等活动。

3）中小学外语教育

在法国，外语学科已被视为学校教育的基础学科。政府近年来也采取措施大力提高外语教学的地位：2002 年 1 月 25 日出台的小学教学大纲

---

[1] 据笔者了解，法国拥有多媒体教学或评估设备的学校并不在多数。

中将外语列为正式学科；[1] 2005 年，小学三年级学习外语的制度已经由实验阶段转为普及阶段；2006 年，教师资格考试第一次加入了外语的考试。

在中小学的不同阶段，外语教学都有相应的教学大纲和教学安排。[2]

相对于中学和大学，法国小学的外语教学一直是国家外语改革的重点。欧盟的外语教学目标的三大重点[3]之一是强调早学外语，这一点与小学外语教育密切相关。在现行的教学大纲中，小学的外语教学大纲也是最早制定的。法国重视小学外语教育，接二连三地出台了一系列文件，推动教学改革，甚至出现了前面的制度还没有落实，后面又出台了新的体系的情况。1960 年，法国提出外语早期教育的理念。1989 年，开始集中致力于从小学、乃至学前班推广第一外语教学的"外语启蒙教学"实验。从 1995 年起，小学二年级的学生每天安排 15 分钟，对一门外语进行视听训练。教师可以自由选择语言种类。2002 年，外语成为小学必修课，以交流为目的。一般而言，大多数小学从四年级即由有教学经验的教师开始进行正规一些的外语教学。但经历了不同阶段外语试验教学的学生在小学四年级汇合，学生学习背景的差异给之后的教学带来了困难。

实际上，法国小学开设外语课的历史不长。根据一份关于巴黎公立小学外语教学的报告，巴黎公立小学中，截止到 2005 至 2006 学年，22% 的在 5 年内开设了外语课，28% 已经开设了 5-10 年，而只有 5% 的学校开设外语教学的历史在 10 年以上[4]。

外语课理论上已经成为一门完整的课程，目前约占小学总学时的10%。巴黎地区 93% 的公立小学生有外语作业本，64% 有外语作业。一般小学三年级为入门教学，五年级才真正地进行外语学习。但根据该报告，即使是在小学五年级，也就是法国小学的最后一年，巴黎小学外语课开设率也达不到 100%（大约有 95%），主要是由于教师缺乏。[5] 经过法国本土教学组织模式的不断磨合，以及向欧盟外语政策和欧洲委员会教

---

1 《小学外语教学大纲》，参见法国教育部网站 http://www.education.gouv.fr/bo/2002/hs1/default. htm，2007 年 9 月 18 日查阅。

2 本部分内容参见 2001 年 2 月法国国民教育督学总署报告《小学的外语教学》，法国教育部网站 http://media.education.gouv.fr/file/11/3/6113.pdf，2007 年 9 月 17 日查阅。

3 即早学外语、供选择语种多样化和在母语之外掌握两门语言的目标。

4 《巴黎公立小学的外语教学》（2006）应实行质量教育委员会要求进行的调查报告（*L'enseignement des langues étrangères dans les écoles élémentaires publiques de Paris*, Rapport établi à la demande de la division pour la promotion d'une éducation de qualité），法国国际教学研究中心，p 8。

5 《巴黎公立小学的外语教学》，同上，第 9 页。

学标准的靠拢，法国终于在 2005 年开学之际实现了全国统一在小学三年级正式开始第一门外语教学。当然，在有条件的地区和学校，幼儿园大班就开始学习第一门外语了。

关于小学外语教学的具体学时，2002 年 1 月 25 日发布、2007 年 4 月 4 日修改的《小学及幼儿学校教学课时法令》规定，第二阶段（幼儿园大班和小学一二年级）和第三阶段（小学三年级至五年级）的外语学时数分别为 1 至 2 小时和 1.5 至 2 小时，而两个阶段的各科总课时数都是每周 26 个小时。这项法令的实际执行情况同法令的规定有差距。例如，在 2004 年秋季开学的时候，86% 的学校根据法令在第三阶段保证了相应的外语课时数（80% 为 1.5 小时，6% 超过了 1.5 小时），但是仍有 14% 的学校低于该标准。[1] 除了 2 节 45 分钟的课，按照法规规定还应该安排半小时的辅导课或复习课。

在教学语种选择上，英语的绝对优势地位得以保持。以下为巴黎地区公立小学外语教学语种[2]：

表 2　巴黎地区公立小学所授外语语种

英语	德语	意大利语	西班牙语	葡萄牙语	汉语
90.2%	29.5%	8.7%	7.5%	2%	1.2%

以上数字相加超过 100%，因为在三分之一的学校里所教的外语不止一门（其中 3% 为三门）。大约 90% 的巴黎小学教授英语。对于第二门外语，学生们一般没有选择，所授语种决定于学校拥有的师资情况。除了英语，29% 的学校教授德语，8% 为意大利语，7% 为西班牙语，2% 为葡萄牙语，1% 为汉语（有 0.6% 的学校只教汉语）。英语的绝对优势主要是学生家长的作用。由于英语在国际上的地位和在就业市场的巨大作用，家长们都以英语学习为首要选择。希望教授其他语种的学校有时会因为家长的反对而放弃原来的教学计划。[3]

在教学方法上，教学课本和磁带广泛应用，少数学校有多媒体设备。

---

1 参见法国教育督学总署报告，热纳维埃夫·加亚尔（Geneviève Gaillard）等著，《语言分布的指导与协调》（Pilotage et cohérence de la carte des langues），参见法国教育部网站资料 ftp://trf.education.gouv.fr/pub/edutel/syst/igaen/rapports/pilotage_langue_2005.pdf，2007 年 9 月 20 日查阅。

2 《巴黎公立小学的外语教学》，第 12 页。

3 在法国的学校体制中，家长是有一席之地的。"家长协会"的活动能力有时比较强。校长的计划如果得不到家长的支持，那基本就做不成了。

另外，即使在巴黎，小学很少有专门的外语教学资料室或资料库。有人认为，这是由于巴黎市政府的小学生外语课补助太少，仅为每年每生1.35 欧元。当然，有的学校得到家长协会的财政支持，可以定时组织旨在提高外语水平的旅行和其他课余活动（如俱乐部、外语角、所学语言国家文化展等），提高学生学习外语的兴趣和积极性。

在师资方面，如同上文已经提到的，专业教师的缺乏是长期以来困扰法国小学外语教学的问题。各个学区为了保证教学岗位，实行了不同的教师录取手段。有的通过组织短期培训（1 到 6 周），有些学校聘用操母语者或外国助教授课，但是这种做法受到了很多专家的质疑。他们认为，没有经过专业的教学法训练和缺乏教学经验的人无法胜任小学外语教学。根据《巴黎公立小学外语教学调查报告》，巴黎小学有教师资格的外语教师比例仅为 41.4%，英语最高为 43.8%，汉语和意大利语仅有四分之一左右。越小的语种就越依靠外来的、临时的人员授课，有时后者可以达到教师人员总数的 50%。法国政府计划在未来几年增加法国国籍教师比重，以加强师资的稳定性、延续性。[1]

师资缺乏带来的问题：第一是师资来源多样化，课堂安排随意，从而不能保证教学质量；第二，在岗的教师课务太重，有时要在几所学校间奔波；第三，在岗教师的培训机会少，工作繁重又没有个人提高的机会，影响教师的工作积极性和工作效率。

小学外语教学中以交际能力，尤其是情景口语交际能力为中心。但在教学效果方面，小学毕业生的外语水平有限，虽然能较好地理解简单文本，但是相应的表达能力比较差。还有，对于孤立词语的理解尚可，但是缺乏在新的语境中进行重新应用的能力。

对于教学的监督，主要靠督学和师资培训教师。但限于时间、人力、物力，监督的机制并不完善。

综上所述，我们可以看出，虽然法国重视小学的外语教学，但是教学现状位于所设立的目标之下。其实践同教学理念有差距，从而无法保证教学效果。

从 20 世纪末，法国政府在进行小学外语教学实验的同时，也多次重申了外语教学的"延续性"，强调外语教学应从小学一直延续到初中、高中，建立一整套教学体系，以避免因为教学体制不同而发生重复学习或中断学习的情况以及因此造成的人力、物力和教育资源的浪费。但是，

---

1 参见附录表 6。

不同阶段的教学衔接并不理想。如有的小学实行英语之外的双语教学，却难以找到能够使学生们继续深造该语种的"对口"初中。

初中同小学一样属于义务教育阶段。外语教科书是免费发给学生的。学生使用完毕需交回学校以进行重复使用。在法国，初中的外语教学所受到的政府重视程度，是排在小学之后、高中之前的。初中是实现多语种教学和保证母语之外两门外语学习的重要阶段。初中外语教学的多样化反映在很多方面：一是所提供选择的语种多；二是语言的地位多样化，有第一外语、第二外语、第三外语，其相应的教学方式、考核方式也有不同。

值得注意的是，同小学和高中的比较而言，初中阶段的外语教学大纲是比较新的（2007 年 4 月 17 日出台），也是彻底贯彻了欧洲委员会《共参框架》的教学大纲。该大纲分别介绍了初中的外语教学阶段，每部分又分为引言和具体语言教学大纲。引言中主要介绍了初中外语教学的意义和所要达到的能力目标。

在初中阶段外语教学大纲的引言中，初中阶段的外语教学被赋予了很深刻的意义。该大纲认为，初中是培养学生批判精神的重要阶段。在学习语言的同时了解不同的文化，可以使学生们了解不同的世界观和方法论，扩大视野，从而成长为思想开放的、能接受差异的、负责任的公民。

初中的外语教学被分为两个阶段。第一阶段的目标是达到《共参框架》的 A2 标准，第二阶段的目标又分为两个部分，对于小学开始学习的第一外语需要达到 B1 标准，而对于初中开始的第二外语需要达到 A2 标准。

初中外语学习的内容重点依然在于完成语言交流的活动，并且也如《共参框架》中强调的那样把语言教学的重点锁定在情境教学和提高口语交际，即听说能力。大纲强调通过经常练习和记忆力的锻炼来获得更高的语言水平。除此之外，大纲还包括学生文化能力和语言思考能力的培养标准。也就是说，大纲除了对语言交流能力根据《共参框架》制定了听说读写的详细标准之外，也描述了文化能力和语言思考能力培养应达到的目标和应该避免的情况。在语言思考能力中，还特别指出了语法的教学是为交际和文化能力服务的，教学中不可过分强调。除了口头语言能力要求，笔头理解和表达训练也提上日程。初中学生需要读懂简短的文章，并写出简单的语句。

初中每周外语课时参见附录表 10。

相对于小学和初中的外语教育，法国高中阶段的外语教育受重视程度低于前两者。高中外语教育的重点是保证学生持续学习外语，在学习新内容基础上巩固口、笔语的理解和表达能力，切实达到掌握母语以外两门外语的目标，使学生具有使用多种语言进行顺畅交流的能力。为此，除了课堂上重视教学效果，法国更加注重推动学校进行国际交流活动，以便使学生在外语应用中加强对外语的掌握。除此之外，高中阶段也加强了语言水平的评估。

我们注意到，课堂和实践相结合、语言能力同文化相结合、学习和评估相辅助是高中外语教学的重要特点。以现行普通与技术高中高一外语教学大纲为例，其前言中明确说明，高中的外语教学应该使学生达到以下水平：[1]

能够参加两个人或几个人进行的对话；

能够抓住以现代语言形式表达的、结构严密的口头辩论或笔头文章的大意；

能够理解字里行间或影射的含义；

能够条理清楚地对文章进行介绍、解释或评论；

能够为某个观点辩护、进行议论。

我们从中可以看出，从理论上讲，高中生应该已经掌握了所学的外语。他们将成长为视野开阔、有责任心及能同世界进行交流的合格公民。但实践与理论目标的差距仍旧存在。为此，高中在外语教学组织上提高教学质量的措施主要有：学校的教研组在规定的课时内有一定的自主能力；在一些高中实行取消第一外语、第二外语的区分，而是完全按能力组进行教学；争取扩大教授语种数目，不轻易取消小语种的教师岗位……国家设立机构，帮助学校联系，鼓励高一的同学到所学语言国家进行6星期的"游学"。

由于法国有很多外国移民，在中小学里除了普通外语教学，法国政府还开设了针对专门人群的外语课。发展外语教育被法国政府视为促进移民融入社会、促进社会和谐发展的一种手段。2005年年末法国郊区骚乱之后更是如此。他们注意到，掌握语言是移民进入就业市场的敲门砖，相反，语言不通是移民融入法国社会的重大阻碍，语言能力成为新的社会不公的指标之一。另外，与自己的本源文化割断联系不合移民情感，

1 参见《普通与技术高中高一外语学科大纲前言》，法国教育部网站 http://www.education.gouv. fr/bo/2002/hs7/default.htm，2007 年 9 月 20 日查阅。

容易引发身份冲突。为了帮助移民改善处境，一方面，法国政府在学校里，设立了"外国学生法语入门课程"，帮助法语不是母语的移民孩子解决语言问题，法语提高了可以提高其他课业成绩，从而促进移民孩子融入社会。另一方面，从 20 世纪 70 年代开始，"本族语言文化教学"使移民的孩子可以同本族或父母的文化保持联系。法国同移民的主要来源国签署协议，[1] 由对方派遣教师，帮助本族移民子女了解自己的文化和语言。起初该项目属于课内任务时影响较大，后来成为课外活动内容后人员大量减少，1994 年以来减少了 25%，到 2003 年约涉及 7 万 5 千名学生。普通高中和技术高中每周外语课时数参见附录表 11。

4）大学外语教育

法国的大学在教学内容方面是自主的，所以，国家部委无法参与课程建设和设置。一般来说，对于大学的外语教学，专家学者主张提供多语种选择并鼓励学生自学和同学之间的互相帮助。这与文化多元的思想观念一致。在欧洲范围内，大学生的流动借欧洲一体化的东风有了长足进展，例如帮助欧盟学生在欧盟国家间流动的埃拉斯穆斯（Erasmus）项目在一定程度上促进了欧洲语言的教学。[2]

普遍来说，经济条件好的"大学校"，由于其目的在于培养有国际视野的高级管理人才，所以非常重视外语教学，并且学生外语水平不错。首先，学校外语师资丰富。不仅有财政能力请到高素质的教师（比如所教语言是他们的母语、且具备法国教师资格的外语教师），还能提供多种语言选择；第二，语言学习设备和设施齐全；第三，学生本身的语言能力较高。有的学生家庭富裕，通常有国外游学经历；有的学生父母为跨国婚姻，所以孩子在法语之外讲一口流利的西班牙语或英语是比较常见的事情。

在普通的大学里，外语相对"大学校"而言不受重视。另外，学习条件有限，所以教学水平和效果欠佳。

高等教育机构外语教学课时一般为每周 2-4 个学时。有些学校也为学生开设零起点的外语课，以帮助学生扩大视野。

5）评估体系

外语教学评估包括对教师的评估和对学生的评估两个方面，二者在

---

1 法国同以下国家签署了该种协议：葡萄牙（1973）、意大利、土耳其（1974）、西班牙、摩洛哥（1975）、南斯拉夫（1977）、土耳其（1978）和阿尔及利亚（1981）。
2 最近该项目也开始接受欧洲之外第三国学生的奖学金申请。

理论上被视为同等重要。法国希望推行小学外语教学的课堂评估。督学一般只限于查课程表、教学日志、学生作业本和教师对学生的评语，但听课几率较低，对课堂教学评估少。国家督学总署希望解决这个问题，如建议在学区内展开教师课堂评估，并加强语言教师的教学法培训。

对于学生语言能力的评估，在证书评估、学校考试评估、自我评估中，法国越来越倾向于证书评估。现在依据的标准是欧洲委员会的《共参框架》。不同教学阶段需要达到不同标准。根据 2005 年 8 月 22 日的教育部法令，学校教育期间的外语水平根据《共参框架》进行考核，并由教育部发放证书。证书考试由教育部组织。如果条件成熟，教育部将和已同法国国家签约的、国际公认的外语水平评估机构共同颁发语言水平证书。

法国学校本身的语言考试及高中业士会考，由于受学校教学安排的限制和只测试笔头能力等原因，无法对学生语言水平进行全面、客观、层次分明的反应。

4. 外语教育师资队伍

外语教师的培养同一般教师的培养属于同一体制。从总体情况看，法国教师职业近年来发生了重要变化。其中包括：越来越注重团队工作，重视职业培训和评估，教师关注学生的课后发展和走向，而如何处理同"困难学生"或身体残疾学生的关系成为教师常常讨论的话题。

1）师资培养

在法国，教师属于公务员。要成为教师，无论哪门学科，都要具备一定文凭条件并通过资格考试。法国《教育法》对于所有教师的培养方式、机构和选拔方式都有明文规定。它确定教师培训高等学院（Institut Universitaire de Formation des Maîtres，法文简写为 IUFM，下文简称为"教师培训学院"）为法国培养教师的机构。教师培训学院既负责教师的基础培养，也组织教师的继续教育和培训。它原属于公立的高等教育机构，并在国家确定的目标框架内进行活动。2006 到 2008 年，教师培训学院进行了转制，它们从此隶属于大学和高等教育机构，成为后者内部的学校。法国每个学区设一个教师培训学院，全国共有 130 个培训点。[1]

大部分教师候选人都是通过注册教师培训学院而通过教师资格考试，也有少数候选人可以以自由候选人的身份通过国家远程教学中心准备和

---

1 参见教师培训学院官方网站：http://www.iufm.education.fr/connaitre-iufm/presentation.html。

参加考试。

教师的资格考试分为小学、中学两个层次。小学教师资格证书叫做学校教师资格证书（法文缩写为 CAPE）。中学教师资格则有七种不同的证书：

中学教师资格证书（法文缩写为 CAPES，适用于初、高中文、理、经济科教学；中学技术教师资格证书（法文缩写为 CAPET，适用于技术学科教学）；中学体育教师资格证书（法文缩写为 CAPEPS，适用于中学体育教学）；职业中学教师证书（法文缩写为 CAPLP，适用于职业中学教师）；中学心理咨询师（法文缩写为 COP）；中学教育顾问（法文缩写为 CPE）和高级教师资格证书（法文为 Agrégation，适用于初、高中教师，具有硕士文凭或同等学力的候选人才可以报考）。

另外，教师资格考试还分为外部考试和内部考试两种渠道。内部考试由已经在教育系统内工作的人报名。每年两种考试各有职位数若干。内部招工名额要少许多。两种考题不太一样，内部考试稍微容易些，但由于名额少，录取率却不一定高。因此有的内部人员更愿意报名外部考试。

以上各种考试均分为初试（笔试）和复试（口试）两部分。私立学校教师资格考试基本类似。通过教师资格考试后，候选人进入教师培训学院第二年的学习，同时具备实习教师资格。

按照规定，小学实习教师必须进行两种教学实习：两次"完全责任实习"和一次"陪伴实践实习"。前一种实习每次最少 4 周，实习教师完全担当教师的职责，指导教师[1] 定时同他见面并帮助他分析遇到的困难。后一种实习至少 3 周，一般在指导教师的班上进行，由教学顾问和校长帮助实习教师融入教师团队。随后，小学实习教师要参加综合培训和分科培训，并且撰写职业实习报告。

中学实习教师也必须进行以上两种实习。但完全责任实习历时一年，每周 4 到 6 个课时。实习教师在其所任学科内，负责 1 到数个班不等。教学顾问负责指导工作。陪伴实践实习约 40 课时左右，通常在老教师的班上进行。教授技术课的教师还要去企业实习。这样，实习教师可以扩大视野。在教师培训学院学习的第二年，中学教师要接受理论培训，学习自己学科的教学法、了解法国学校体系及其运行情况。

在教师培训学院的第二年学习终了，学术委员会将决定是否授予学

---

[1] 指导教师完成三分之二的教学任务，另外三分之一时间用于指导实习教师，他可以让实习教师听他的课，并且旁听实习教师的课。

员教师资格。获得教师资格的教师要根据法国各地的需要，进入全国的中小学教师调动体系。

2）中小学外语教师队伍的特点

法国中小学外语教师队伍的特点有以下几点。第一，外语教师中女性占绝大多数。截止到 2007 年 1 月 31 日，小学教师中女性占 80% 左右，[1] 而中学外语教师的女性比例略高于此，在同一时期达到 81.8%。[2]

第二，要获得教师资格并不容易。候选者众多，但职位有限，所以资格考试竞争激烈，成功率不高，中学高级教师资格尤其如此。根据法国教育部 2006 年中学教师资格考试的统计可见一斑：[3]

表 3 法国教育部 2006 年中学教师资格考试录取率

考试 / 语种	总录取率（%）	英语（%）	西班牙语（%）	德语（%）
中学高级教师资格考试	6.0	5.4	4.9	11.5
中学教师资格考试	7.9	10.6	5.2	（原数据缺失）

3）外籍助教

在法国外语教育中，聘请外国助教历史悠久，近年来更是已经渐渐形成系统。校外助教包括在本地聘任的本国人、讲母语的外国人、外语专业毕业生和在国外长期生活过的国人。聘任外教时，一般要对其能力进行考核。对于学校，他们属于"志愿者"，其基本生活费用和旅费常由法国政府或派遣国政府承担。他们辅助主要教师工作，参与有关外语教学的活动。根据所在机构不同，外国助教肩负不同的任务。在前文中，我们已经提到外教在小学中有辅导和教学两种角色。做辅导的外教通常合同为 7 个月，进行教学的外教合同为 9 个月，后者承担真正意义上的教学任务。但他们教学时，该班的任课教师也要在场。[4] 2001 年，法国小学里的外语助教人数为 1,900 名。在中学，所有的外教都是 7 个月的合同（从 10 月 1 日至 4 月 30 日）。一般每周 12 课时。有时工作并不限于一所

---

1 法国教育部和高教及科研部（2007）《学校教育培训和科研年度统计数字》（*Repères et références statistiques, sur les enseignements, la formation et la recherche*），第 281 页。

2 同上，第 293 页。

3 同上，第 311 页。

4 这与法国政府努力增加本国国籍教师的比重的想法是一致的。公立学校教师都必须有法国或欧盟成员国国籍。

学校。另外，由于多数外教是政府出资聘请，聘请外教的学校被要求充分利用，如必须开展外语学习的语言文化主题活动等。每个助教的职位，根据国家的规定，都需要学校进行规划，学校还必须指定相应的教师负责监督。法国教育部于 2003 年出台了关于更好地接待外国助教、提高教学效果的通知。

四、社会发展与外语教育

法国的外语教育同其他国家外语教育一样，与其国家乃至世界的经济、政治、科技和社会文化发展息息相关。一方面，世界和国家发展状况影响外语教育。首先，由于全球化的发展，法国对外联系日益频繁，外语在教育体制中的地位提高了，从不受重视而逐渐"转正"，成为学校教育的正式学科。其次，随着欧洲一体化进程的深入，欧盟的外语政策全面影响着法国的外语教育政策走向。再次，经济因素影响语种的选择。由于英语国家尤其是美国在世界经济中的"霸主"作用，英语成为法国学习人数最多的外语语种；而新兴国家在国际舞台上的崛起，给法国带来了新的就业机会，也促使这些国家的语言在法国"人气兴旺"。最后，技术因素影响外语教学。新时代的科技成果，如音像设备和因特网等不断在外语教学中得到应用，给外语教学手段和学习方法带来了革新。

另一方面，外语教学的发展也对国家的方方面面产生了影响。比如，公众的外语学习需求、语种选择也从不同角度影响着国家政策的制定。当英语以近乎百分之百的学习率成为当之无愧的法国第一大外语，国家必须接受现实，培养、选拔相应的师资以满足需要。而法国的"老牌"外语——德语教学则受到了很大的冲击，以至于德语教师"无生可教"时或被迫转行时，国家出台专门政策来重振德语"雄风"。

综上所述，我们可以说外语学习尤其是学习语种的变迁是国家和世界经济社会发展的一种晴雨表。留心法国外语教育中语种"沉浮"的情况，就基本可以为法国社会把脉，抓住其关心的经济、政治方面的热门话题。

1. 外语语种的变化

法国学校所教授的各外语语种，其学习人数常随着时间变化会有一定变化。由于法国外语教学语种数目众多，我们选取有突出代表性的英语、西语、德语、汉语、阿拉伯语的变迁为例加以说明。

1) 法国外语教育主要语种

法国外语教育的主要语种有三个：英语、西班牙语和德语。每年教师资格考试的岗位数基本可以反映出法国学校外语教育的需求，尤其是几种语言的"力量对比"情况。根据 2007 版法国教育部年度统计数字，2006 年中学外语教师岗位数如下：

表4　法国 2006 年高级外语教师岗位数及主要外语语种比例

	外部考试				内部考试			
总职位数	263				118			
语种	英语	西语	德语	英德西总计	英语	西语	德语	英德西总计
职位数	145	55	40	240	56	30	25	111
占总职位数比例	55%	21%	15%	91%	47%	26%	21%	94%

表5　法国 2006 年中学外语教师岗位数及主要外语语种比例

	外部考试				内部考试			
总职位数	1662				214			
语种	英语	西语	德语	英德西	英语	西语	德语	英西总计
职位数	1034	410	125	总计 1569	142	53	（原数字缺失）	
占总职位数比例	62%	25%	8%	95%	66%	25%		91%

从以上两个表格可以看出，无论是高级外语教师资格考试，还是中学外语教师资格考试，无论是外部考试、还是内部考试，英语、西班牙语、德语三门语言合起来的比重都达到了很高的比例（91% 至 95%），这种局面并不是新出现的，而且短时间内估计改变的可能性不大。

通过上述二表，我们也可以看出，英语第一的位置是难以撼动的。它独自占有近一半或接近三分之二的比重。从学生和家长的角度，我们在上文也已经多次提到了英语的绝对优势地位，无论在小学还是在中学，英语的选择人数也是其他语种不能比拟的。当然，岗位数只能部分反应该语种的情况，因为小语种在岗教师中拥有高级教师资格证书或中学师资合格证书的比例较小。

虽然法国政治文化界对于文化多元、外语学习多元的呼声一浪高过一浪，但是，英语作为"世界语"的地位却是愈来愈明显。政治家的意愿和学校外语教学实际的差距，反映了外语教学领域理想与现实、理论与实践的巨大差距。

西班牙语在法国的兴盛原因很多。第一，地理的原因不可忽视。西班牙是法国的邻国，两国官方和民间的交往均很频繁。第二，经济的原因很重要。在经济全球化和法国重视同南美国家的经贸往来的背景下，用途广泛的西班牙语使就业机会增多。讲西语的国家数目远超于说德语的德国、奥地利和瑞士等，西班牙语在美国的用途也很广泛。第三，西语文化流行法国。拉美音乐和舞蹈、西班牙人快乐的生活方式和那里的阳光都对法国人是一种吸引。第四，法国民众对西语的传统看法起到了作用。法国人喜爱西班牙语本身具有的音乐节奏感。不少法国人还认为，由于西班牙语与法语属于同一语族，相似点多因此容易学也起到了提高学习者数量的作用。[1]

在法国，德语曾经"一度辉煌"。尽管历史上法国与德国有过三次影响巨大的战争，结有"世仇"，但是德国和法国的联系无法不紧密。从地理上说，它们是近邻；从政治上，它们同是欧盟一体化进程的"火车头"；从文化上，法德互相吸引。尽管表面有时互相嘲讽，但实际上法国人欣赏德国人缜密的思维和严谨的科学态度，德国人羡慕法国人有情调的风景与生活。在法国，德语长时间同社会精英的概念联系在一起。二三十年前，德语是众人心仪的外语。往往只有最聪明、最优秀的学生才能选择学习德语，而外语为德语的班级往往配备有最棒的各科教师。德语教师从而也像拥有不同寻常的权力，仿佛法国社会的分层从他们确定德语课名单的时候就确定了。

但随着英语霸主地位的不断加固和其他外语语种选择的多样化，德语的辉煌不再。学校中德语课学生人数锐减，德语老师的岗位需求下降。虽然德语老师有时想尽办法，如宣传德语文化，强调德语是科学的语言、哲学家的语言，但是德语教师没有学生可教或转行教其他学科（如英语）的情况近年来不断出现。从附录中的表7我们可以看出，从1994到2006的十几年，德语的高级教师岗位逐年缩减。中学教师资格考试也有同样的趋势。虽然英语和西班牙语也有同样的现象[2]（参考附录表8和表9），但是德语的下降幅度是三种语言中最大的。根据法国参议院的报告，法国中小学把德语作为第一外语的从20世纪70年代的14%下降到21世纪初的8%，把德语作为第二语言的从70年代的36%降至1995年的

---

1 语言专家和西语教师常常不认同这一点。
2 由于法国的公务员系统的"瘦身"改革，新聘任的教师数目常常少于退休教师的数目。

20%，2001 年则为 13.5%，德语为第三语言的从 18% 下降至 1999 年的 7.4%。[1] 从质量层面而言，以前学习两门外语的法国学生选择最多的外语组合"英语＋德语"也逐渐被新组合"英语＋西语"所替代。

值得一提的是，德语近一两年稍有复苏的迹象。一是出于政治原因，法国政府努力推动德语教育；二是娱乐界的影响，歌星的魅力促使一部分青少年对德语产生兴趣。实际上，由于德语的学习人数下降有目共睹（以至于有人称德语正在变成"小语种"），而这与法德双方的政治、经济关系是极不相称的。从 2004 年开始，法国政府连同德国采取措施鼓励双方中小学生学习对方语言。比如建立法德中学，鼓励法德学校建立友好交流关系，方便学生（如高一）到对方国交换一年等。德国一个摇滚乐演唱组"东京饭店（Tokio Hotel）"风靡法国，青少年们为了追星的需要而重新发现了德语的魅力。但是这种复苏幅度有限，另外能够持续多久也是难以预料的事情。

2）崛起的语种：汉语

汉语教学在法国历史悠久。法国是西方汉学的发源地。1814 年，法兰西学院汉语讲坛的设立标志着汉学在西方的诞生。1843 年，巴黎东方语言学院第一个开设了现代汉语课。1913 年，在里昂，法国高校有了第一个汉语系。1958 年，西方国家的第一门中学汉语课诞生在法国蒙志农中学（Montgeron）。[2] 1964 年法国举行了第一届汉语中学教师资格考试，1967 年举行了第二届，后中断多年，于 1974 年得以恢复。1999 年则诞生了第一批汉语高级教师。由于受中国文化和其经济发展吸引，汉语已连超希伯来语、俄语、阿拉伯语和葡萄牙语，成为法国中小学的第五大外语。这一趋势的直接后果是，现在法国每年有 12 个汉语中学教师资格名额，教育部于 2006 年任命了第一个汉语总督学，即著名的汉学家白乐桑。

白乐桑本人称汉语为"崛起的（或新兴的）语言"。确实，在法国，无论汉语教学的数量和质量都在大踏步前进。从汉语课的数量看：据法国教育部 2006 年 3 月的统计，[3] 1 万 2 千多名中小学生正在学习汉语（10 年前只有 2,500 名），共涉及 12 所小学（15 名汉语教师，是 5 年前的三倍）、194 所中学（194 名教师）、30 个学区中的 26 个（几年前，仅有半

---

1 雅克·雷让德尔（2008）《法国的外语教学》，法国参议院文化事务委员会 2003 至 2004 年度调研报告第 63 号，2003 年 11 月 12 日提交，http://www.senat.fr/rap/r03-063/r03-063.html。

2 第一年就有 135 名学生报名。

3 参见法国教育部网站 http://www.education.gouv.fr/cid867/developpement-de-l-enseignement-du-chinois.html，2008 年 3 月 7 日查阅。

数左右的学区开设汉语）。从外国助教数量看，2005 年法国高中共有 15
名汉语助教（1998 年只有 5 名）；2005 年秋季开学之际，中国教育部还
第一次派去了汉语教师志愿者。法国有 14 所大学设有汉语专业，2004 至
2005 学年共培养了 3,750 名学生。同时，110 所高等教育机构开设公共汉
语课，在"大学校"的预科班也增加了汉语教学。

从汉语课的质量看，2002 年，法国颁发了第一个小学汉语教学大
纲；中学任教的汉语教师中半数有教师资格；在 20 世纪 80 年代，汉语
是学生的第三外语或选学语言的情况占汉语学习总数的 80-90%，如今，
40% 的学习者把汉语作为第一或第二外语，这个比例在东方语言中占第
一位；还有，近三分之一开设汉语课的学校同中国或新加坡的学校建立
了友好往来关系。

法国的汉语热主要有以下几个原因。一是中法政治经济关系良好，
法国官方重视同中国的关系，从而重视汉语教学。在法国教育部的网站
上，汉语被介绍为实现"教育机会均等"、防止城市郊区人群边缘化、社
会发生断裂的措施。他们认为，汉语锻炼记忆力、严密思维和组合能
力；汉语可以促使学生更好地掌握法语，从而建立牢固的知识基础。在
1993 至 2003 年间学习汉语的人数增幅达 172%，是郊区学校最想学的语
言。汉语是未来职场中的利器，是改变现状、实现社会"升迁"的语
言。[1] 第二，法国媒体对中国的宣传报道十分频繁，改变了大众的眼光。
法国的报纸、电台和电视台几乎没有一天不谈中国。无论从哪个角度，
中国是媒体的热门话题。除了传统的政治批判，正面、具体和近距离的
报道愈见增多。第三，中国在国际舞台上的崛起给了法国人想象未来的空
间。中国经济飞速发展，与法国境况不如从前形成鲜明对比。法国就业
形势严峻，法国家长纷纷寄希望于汉语，希望它为子女未来找到好工作
提供便利。第四，中国文化的感召力长年不衰。几千年的文化、神秘的
异国情调等足以让好奇的法国人关注中国。第五，中国的开放也给了法
国了解中国的机会。一方面，中国官方注意对外宣传、中国文化年在法
举办和中国文化中心在巴黎的建立对汉语在法国的发展也起到了一定的
促进作用，而另一方面，中国地方政府、民间机构的对法交往便利、频
繁，也起到了为法国汉语学习加温的作用。

---

1 法国教育部提出的论据是：一方面中国人出境游人数以几何倍数大幅增加，而法国又是中国人
旅游的首选地之一，法国需要懂汉语的人在法国进行接待；另一方面，法国企业需要派懂汉
语的年轻人去中国工作。接待行业中汉语的地位提高的证明之一，是笔者最近的 6 个月旅法行
程中，经常遇到法国的服务人员用汉语打招呼的情况。

但我们也不必夸大汉语在法国学校中的崛起。首先，法国的汉语热并不是个案，欧美其他地区也有相似的现象出现。其次，汉语也不是东方语言的个案。近些年来，亚洲文化在法国是一种很时髦的文化，日本和韩国的语言文化也被越来越多的法国人追捧。再次，汉语在法国赶超小语种是相对容易的事情，要想撼动名列前茅的几门西方语言就很难了。最后，虽然注册人数众多，但是真正坚持学习、达到较高水平的人数相对较少。有的学生因升学时新学校没有汉语课而被迫放弃汉语，更多的是自己无法继续坚持。比如，巴黎国立东方语言文化学院的汉语课在学年初始总是人满为患。随着时间的推移，尤其是年级的升高，学生数急剧下降[1]。还有一点，"汉语热"能够持续多长时间是个未知数。虽然有的专家曾说，汉语水平考试（HSK）最初 10 年的发展曲线与英语托福考试的头十年发展相似。但是，这并不能保证之后的发展也是一样的。所以，汉语能否继续"飞跃"，还是停留在老五的位置甚至后退，我们还不能妄下结论。

3）移民的语言：阿拉伯语

阿拉伯语是被法国乃至欧盟外语教育忽视的、政治地位与应有地位距离很大的一种语言。在欧盟成员国中，讲阿拉伯语的人数已经相当可观（尤其在法国和比利时），以至于超过了某些欧盟官方语言。但是阿拉伯语目前既不是大力宣扬语言多元的欧盟的官方语言，也不是法国外语教育中的热门语言。在法国，学习阿拉伯语的常常只限于北非马格里布地区移民的后裔。造成这一尴尬局面的原因首先是政策制定者的漠不关心。其次，阿拉伯语同被西方媒体"妖魔化"的伊斯兰教和恐怖主义的联系也是其中一个不可忽视的因素。

2. 多样化的语言培训学校

除了中小学校，法国人要想学习外语还可以去各种语言培训学校。这是新时期社会发展的产物。

1）官方或半官方机构

在法国有不少国外的、以传播自己语言文化为目的的官方或半官方的机构，比如各国文化中心和文化学院。要学习德语可以去歌德学院，

---

1 汉语在法国人的眼中是一种难学的语言，法语中表达难懂的文字或表述，通常会说"这是汉语"，与汉语的"这是天书"同义。客观来说，学习汉语需要时间、学习条件，尤其是优秀的师资，法国中小学外语教师普遍不如人意，汉语更是如此。这是法国政府亟待解决的问题，当然也为中法教育合作提供了很好的契机。

学汉语可以去中国文化中心，西班牙语则有塞万提斯学院等。这同中国情况有点相似，不过，巴黎的外国文化中心、学院的数目远超中国。

2）企业化教学机构

在法国，专门以语言培训、教学为服务项目的国际连锁学校的广告随处可见，如专营英语教学的华尔街英语（Wall Street English）[1] 和涉及多种语言教学的贝立兹培训中心（Berlitz）[2] 等。前者在法国设有 60 个培训中心，后者在 19 座大城市有分部。同在中国一样，这些文化企业可以为个人（包括成人和儿童）或企业进行语言培训。

国外文化机构和企业教学机构的外语课通常是小班或小组授课，市场定价，收费较高。学习者如果阮囊羞涩，或者只是学习，只是为了丰富个人志趣，则有更好的选择，那就是报名参加语言兴趣班。

3）语言兴趣班

这里所说的兴趣班，是指一些大学的夜校、大城市市政府的语言培训班或多如牛毛的各类社团的语言培训班。比如，国立东方语言文化学院的夜校是学习汉语的好选择。一方面，教学正规、考核严格。另一方面，收费比较便宜。但是弊端是有的老师不认真，另外由于该校校外培训往往要借用其他大学的教室，还要满足上班族的要求，因此上课的时间安排得不好。

大城市市、区政府的语言兴趣班是人们为了丰富业余生活而趋之若鹜的地方。比如在巴黎，除了语言培训，其他如普通教育班、扫盲班、各种职业培训、技术培训、手工课、艺术课等等应有尽有。市、区政府语言培训种类多样（巴黎市政府目前有 9 种语言的培训课）[3] 收费便宜（如巴黎市政府的西班牙语 30 小时培训 110 欧元，汉语 60 小时 80 欧元）[4]、培训形式多样（从时间长短，有短期、学期和学年培训；对于大语种，有专业主题培训，如"英语报刊课"之类）、时间一般为下班以后，要求较严格（如要求出勤率）。问题是位置有限，热门的语言报名很困难。这种班往往在一天内发完报名表，而学员必须当天准备好所有的材料通过邮局寄出争取机会。即便这样，也免不了报不上名的"厄运"。

---

1 参见其网站 http://www.wallstreetinstitute.fr/Cours-Anglais-Centres/，2008 年 3 月查阅。

2 参见 http://www.berlitz.fr，2008 年 3 月查阅。

3 分别是英语、德语、西班牙语、葡萄牙语、意大利语、阿拉伯语、汉语、俄语和日语，2008 年 3 月查阅。

4 参见 http://www.cours-municipal-d-adultes-cma.cma-paris.org/formation/langues，2008 年 3 月 8 日查询。

　　法国鼓励民间社团活动。[1] 成立社团是很简单的事情。只要有两三个人志趣相投、确定办公地点（可以在家里）、设立账目管理，就可以在警察署注册某一项事业的社团。市区政府有时专设社团活动大楼。这些社团是非营利的、公益的、范围可大可小。他们的语言教学比较随意、气氛好、收费不高，但水平基本限于入门阶段。

五、结语

　　法国的外语教育从校内到校外，从小学到大学，情况繁杂、设置丰富，我们从中可以看到，社会发展给外语教育带来了新课题，而外语教育也促进了社会生活的繁荣。

　　法国从政治上重视外语教育。国家努力争取在大纲制定、教学组织和师资培训方面适应新要求，从而使外语教育与欧盟的目标保持一致。法国学校外语语种选择多样，强调在母语之外掌握两门外语的目标。不同外语语种在法国有着不同的发展路线。虽然英语的霸主地位已经被政治家和大众所接受，但是法国仍然重视发展文化和语言多元。从宏观看，法国外语教育政策和国家的大政方针相一致，"语言多元"同"文化多元"联系紧密。从微观角度，法国教育部关于外语教育的信息库、相关法律文本的网络版都做得很好，大众宣传持久、全面，这是首先值得我们学习的。但法国外语教育政策仍属于发展时期。不断出台的新政策、新法规使得中小学外语教学处于不断调整的阶段，其短期效果不佳，长期效果亦不甚明了。我们在学习其经验的时候要谨慎。

参考文献

1.《巴黎公立小学外语教学》（2006）。巴黎：法国国家教学研究中心。

2.《法国教育部和高教科研部教学培训研究年度统计数字》（1995 至 2007 年）。博姆雷达姆：东部现代出版社。

3. 法国教学研究中心（2006）《中国的教育制度、教育合作和法语教学》。巴黎：法国教学研究中心。

4. 法国教育部学校教育司教师继续教育处（2005）《教汉语》，2004 年 3 月 26 至 27 日汉语教学研讨会发言。巴黎：教育部学校教育司教师继续教育处。

---

1 法国人常说的"1901 年法律规定的社团"。

5. 路易·波谢尔（Louis Porcher）（2006）《外语教学》，巴黎：阿谢特出版社。

6. 欧杜克和巴雅尔 - 皮埃尔乐（Jean-Louis Auduc et Jacqueline Bayard-Pierlot）（2001）《法国教育体制》，尚皮尼上马恩省（Champigny-sur-Marne）：克雷岱尔学区出版社。

7. 热纳维埃夫·加亚尔（Geneviève Gaillard）等（2007）《语言分布的指导与协调》（*Pilotage et cohérence de la carte des langues*），参见法国教育部网站资料 ftp://trf.education.gouv.fr/pub/edutel/syst/igaen/rapports/pilotage_langue_2005.pdf。

参考网站

1. http://www.ciep.fr（法国国家教学研究中心）。
2. http://www.cndp.fr/lesScripts/bandeau/bandeau.asp?bas=http://www.sceren.fr/Produits/pubadmin/peda.htm（法国国家教学法资料中心）。
3. http://www.diplomatie.gouv.fr（法国外交部网站）。
4. http://www.education.gouv.fr（法国教育部网站）。
5. http://www.education.gouv.fr/bo（法国教育部公报）。
6. http://www.edusol.education.fr（法国学校教育网站）。
7. http://www.elysee.fr（法国总统府网站）。
8. http://www.legifrance.gouv.fr（法国政府法律法规网站）。
9. http://www.senat.fr/rap/r03-063/r03-063_mono.html（法国参议院报告第 63 号）。

附录[1]

表 6 巴黎公立小学外语教师情况统计[2]

	外来人员 (%)	助教 (%)	具有小学教师资格者 (%)	具有中学教师资格者 (%)
总计	24.1	17.1	41.4	17.5
英语	23.6	16.8	43.8	15.9

（待续）

---

1 附录表 6-8 根据法国教育部年度统计资料（Repères références statistiques）整理，1995 年版至 2007 年版。

2 《巴黎公立小学的外语教学》（2006）应"实行质量教育委员会"要求进行的调查报告（*L'enseignement des langues étrangères dans les écoles élémentaires publiques de Paris*, Rapport établi à la demande de la division pour la promotion d'une éducation de qualité），法国国际教学研究中心，第 16 页。

（续上表）

	外来人员 （%）	助教 （%）	具有小学教师资格者 （%）	具有中学教师资格者 （%）
德语	21.4	16.5	36.9	25.2
西班牙语	12.5	33.3	45.8	8.3
意大利语	57.1	14.3	23.8	4.8
葡萄牙语	44.4	0	44.4	11.1
汉语	50	0	25	25

表 7　法国德语高级教师资格考试统计数字（1994-2006）

德语	外部考试			内部考试		
年份	职位数	录取数	录取率 %	职位数	录取数	录取率 %
1994	92	60	14.5	80	52	26.8
1995	92	65	14.4	80	49	26.8
1996	92	67	17.6	75	43	19.3
1997	82	66	14.0	57	42	21.2
1998	70	70	17.0	50	50	22.3
1999	67	67	16.6	43	43	17.6
2000	53	53	15.8	32	32	15.9
2001	53	53	15.7	31	31	15.0
2002	53	53	18.0	31	31	14.9
2003	53	53	20.2	31	31	13.7
2004	39	39	13.5	31	31	15.0
2005	43	43	18.9	31	31	12.9
2006	40	40	16.8	25	25	11.5

表 8　法国英语高级教师资格考试统计数字（1994-2006）

英语	外部考试			内部考试		
年份	职位数	录取数	录取率 %	职位数	录取数	录取率 %
1994	235	128	8.9	200	91	14.6
1995	235	167	11.9	205	80	14.1
1996	235	187	13.7	219	53	9.7

（待续）

（续上表）

英语	外部考试			内部考试		
年份	职位数	录取数	录取率 %	职位数	录取数	录取率 %
1997	195	195	17.2	168	61	9.2
1998	160	160	12.5	158	84	13.5
1999	155	155	13.0	95	58	7.5
2000	145	145	13.6	62	62	8.5
2001	150	150	12.8	62	62	7.4
2002	158	158	13.9	64	64	7.3
2003	158	158	13.3	64	64	6.9
2004	130	130	11.8	64	64	6.3
2005	145	145	14.5	68	68	6.3
2006	145	145	12.8	56	56	5.4

表 9 法国西班牙语高级教师资格考试统计数字（1994-2006）

西班牙语	外部考试			内部考试		
年份	职位数	录取数	录取率 %	职位数	录取数	录取率 %
1994	72	72	14.3	50	36	13.5
1995	72	72	16.8	50	50	19.9
1996	72	72	15.1	71	50	18.9
1997	58	58	12.4	56	36	12.6
1998	68	68	15.1	56	38	12.6
1999	70	70	15.9	46	40	10.9
2000	75	75	15.3	36	36	9.6
2001	77	77	14.5	36	36	7.8
2002	83	83	16.3	36	36	7.4
2003	83	83	14.1	36	36	7.5
2004	55	55	8.9	36	36	8.0
2005	55	55	9.2	37	37	7.4
2006	55	55	9.8	30	30	4.9

表 10 初中每周外语课时[1]

	第一外语	第二外语 （外语或方言）	
六年级（初一）	4 学时		
五年级（初二）	3 学时		
四年级（初三）	3 学时	3 学时（必修） 外语或方言	如第二外语必修则选 3 小时方言（选修）
三年级（初四）	3 学时	3 学时（必修） 外语或方言 或 如果设有职业探索模块 6 学时则没有第二外语	如第二方言必修则选 3 小时外语（选修）

注：在设有两门外语（或方言）的双语教学中，每门语言也设 3 学时学习时间。

表 11 普通高中和技术高中每周外语课时[2]（单位：学时）

班 级		第一外语	第二外语	第三外语	外语补习课
高一	学时	2＋（1 个模块）	2＋（0.5）	2＋（0.5）	
	性质	必修	可选课	可选课	
经济社会 方向	学时	高二：1.5＋（1） 毕业班：1＋（1）	高二：1＋（1）	3	高二或毕业 班：2 或 3[3]
	性质	必修	必修	选修	可选必修 （高二） 专业（毕业班）
文学方向	学时	高二：2.5＋（1） 毕业班：2＋（1）	高二：1＋（1）	高二和毕业班： 3	高二或毕业 班：2 或 3[4]
	性质	必修	可选必修	可选必修 （高二） 专业（毕业班） 选修（高二和 毕业班）	可选必修 （高二） 专业（毕业班）

（待续）

---

1 参见法国学校教育网站 http://eduscol.education.fr/D0067/college-dispositifgeneral.htm，2008 年 9 月 12 日查阅。

2 参见法国教育网站，http://eduscol.education.fr/D0056/langues_vivantes_lycee.htm?rub=14，2008 年 9 月 13 日查阅。

3 第一外语为 2 学时，第二外语为 3 学时。

4 同上。

（续上表）

班级		第一外语	第二外语	第三外语	外语补习课
自然科学方向	学时	高二和毕业班：1 +（1）	高二和毕业班：1 +（1）	3	
	性质	必修	必修	选修	
管理科学与技术方向	学时	高二：第一或第二外语共 5 学时 [1] 毕业班：5 或 6 [3]	高二：第一或第二外语共 5 学时 [2] 毕业班：5 或 6 [4]		
	性质	必修	必修		
工程科学与技术方向 实验室科学与技术方向 医疗社会科学与技术方向	学时	高二和毕业班：2	高二和毕业班：2		

---

1 第一外语和第二外语的总课时，从 2006 年秋季开学开始实行。

2 根据专业确定。

3 第一外语和第二外语的总课时，从 2006 年秋季开学开始实行。

4 根据专业确定。

第四章
德国外语教育的特色

张建伟 等

德国是一个崇尚教育的国家,在现代教育方面,有不少第一。比如,德国建立了世界上第一所幼儿园、第一所文科中学,开创了义务教育先河,创办了现代高等教育体系等。同样,德国是世界上最先在中学开设了现代外语课程的国家。德国的外语教育历史悠久,是值得人们关注和研究的课题。

一、德国的教育体制

1. 教育组织机构

依据《德国联邦基本法》,各个联邦州享有文化教育的立法权和行政管理权,州教育部是州最高的教育行政、检查和监督机关。州教育法规由州议会制定,再由州教育部颁布实施。各州在发展教育事业上能够充分考虑各自具体特点和需要,提出改革设想,制订改革方案,实施改革措施,不断完善教育体制,提高教育水平。

为了适应社会的发展和时代的要求,德国议会在对基本法作了几次修改之后,扩大了联邦政府在教育上的管理权限,形成了合作性的文化教育联邦制模式:一方面各州教育高度自治;另一方面联邦政府可以利用一定的权限,建立协调机构参与教育的决策。

德国政府参与协调的教育组织机构有三个:1)联邦教育与研究部(Bundesministerium für Bildung und Forschung,简称 BMBF);2)联邦州文化教育部长联席会议（Kultusministerkonferenz der Länder，简称 KMK）；
3）联邦与州教育规划与促进委员会（Bund—Länder—Kommission für
Bildungsplanung und Forschungsförderung，简称 BLK）。联邦教育与研究
部的前身是 1969 年 10 月成立的联邦政府的最高教育行政机关——联邦
教育与科学部，1994 年联邦教育与科学部和联邦研究与技术部合并，成
为联邦教育、科学、研究和技术部，现名为联邦教育与研究部。其主要
职责是：进行教育规划和学校教育研究；管理普通教育以外的职业教育
领域，促进职业教育的发展；制定指导性的高等教育总法，规划和管理
高等院校基本建设；促进联邦科学技术的发展。颁布了《联邦高等教育
总法》、《联邦职业教育法》和《联邦学习促进法》等法律文件，以此促
进教育的发展和人才的培养，并推动职业教育和高等教育的改革和发展。

在民主德国和联邦德国建立之前的 1948 年 2 月 19-20 日在斯图加
特－霍恩海姆（Stuttgart-Hohenheim）召开了当时 17 个州的"德国教育
部长会议"（Konferenz der deutschen Erziehungsminister），以协调当时东
部和西部地区教育的发展。这就是最初的联邦州文化教育部长联席会议
（KMK），后来由于德国一分为二，民主德国各州教育部长不再参与会
议，但联邦德国各州教育部长仍然继续参与联席会议，签订各种有关学
校教育的协议，指导和协调各州教育事业。KMK 虽然只是一个教育协调
机构，但它所做出的决议对联邦德国普通教育和文化事业的发展起到了
非常重要的作用。因为 KMK 的任务就是"讨论跨地区的具有重要意义
的文化教育政策事务，旨在形成共同的意志和代表共同的愿望"。各州议
会和教育部都是以 KMK 的决议和建议为基础制定和颁布教育法规，以
进一步完善其普通教育的体系、课程设置和教学安排。

1970 年 6 月 25 日联邦政府与州依据 1969 年修改后的《联邦基本法》
签订了《联邦——州行政管理协定》，成立了联邦与州教育规划与促进委
员会（BLK），下设教育规划委员会和研究促进委员会，主要是研究联邦
与州在教育和科学方面的协调和合作，以促进联邦与州在教育规划上进
行合作。BLK 制定的《综合教育计划》对教育改革起到过一定的影响。

上述三个联邦教育机构对联邦教育各个方面的发展做出了不同的贡
献，这主要源于它们各自所承担的不同职责。由各州教育部长组成的
KMK 承担着协调各州文化教育事业发展的职责，因而所签订的协议、提
出的建议主要涉及到教育、科技和文化政策，具体到学校教育的方方面
面，包括外语课程的设置。因此，KMK 对外语政策的制定同样起到非常
大的作用。随着社会政治经济形式的不断变化，KMK 的工作重点在 20

世纪不同的年代也有所变化：50 年代关注教育系统重建和统一，60 年代注重教育规划和改革，70 年代进行教育发展，80 年代巩固教育过渡期，90 年代实施新教育体制改革，到了 21 世纪初实行欧盟教育一体化。下面我们就来了解和分析 KMK 所做出的有关外语政策的几个主要决议。

2. 中学教育体系

德国主要有四种类型的中学：普通中学（Hauptschule）、实科中学（Realschule）、文理中学（Gymnasium）和综合中学（Gesamtschule）。由于这四类中学培养目标有别，课程设置有差异，学制长短不一，进入哪一类中学学习，并非取决于孩子的兴趣，在大多数联邦州，是依据学生的成绩、家长的意愿、小学的推荐和中学的意见而定。为了避免过早地为孩子选定就读的中学类型，影响孩子的学业和发展，小学之后，孩子就进入到定向学习阶段，也就是五年级和六年级，定向学习阶段在柏林等地属于小学，在其他联邦州一般归于中学，有的联邦州专门设置为定向学校，定向学习期间的课程设置完全一样，经过 2 年的学习，然后综合各方面的意见，确定适合孩子就读的那一类中学。

普通中学一般从五年级到九 / 十年级，有的是从定向阶段之后的七年级到九 / 十年级，由于柏林、不来梅、勃兰登堡州和北莱茵－威斯特法伦州实行 10 年制义务教育，所以普通中学的学制也延续到十年级。其余大部分为 9 年制。普通中学毕业后，大部分学生接受双元制职业培训，即在企业接受实践培训的同时，还必须在职业学校学习普通教育的课程和相应的理论知识，为以后在工业界和手工业界成为技术工人做好准备。

实科中学学制通常从五 / 七年级到十年级，相当于初级中等教育程度，学生毕业后可以进入文理中学高级阶段学习，或进入 4 种职业培训领域学习：1）双元制的职业教育学校；2）职业专科学习；3）职业预科学校；4）公务员职业培训领域，也可以成为企业或国家公共机关的中级职员。

文理中学是德国的传统高级中学，其学制从五 / 七年级到十三年级，其中十一至十三年级为高级阶段，有四个州是十 / 十一、十二年级，相当于我国的高中阶段，此阶段用课程制取代了班级组织制，就是用讲座形式的授课取代班级制教学，学生可以依据自己的兴趣选择课程，这有利于学生从中学阶段学习过渡到大学学习。文理中学毕业生原则上既可以直接进入大学学习，也可以进入职业培训领域学习，由于德国大学某些专业，如医学和生物学都实行名额限制，所以并非文理中学的每个毕业生都能选择自己喜欢的专业开始大学学习。

综合中学也称为综合学校，是德国受到国际教育改革的影响而设置的一种新型中学体制，整个德国除萨克森州和萨克森－安哈特州之外其余各州均设置综合中学。这类学校综合了普通中学、实科中学和文理中学三种学校的特点，兼有各类中学的教学形式、职能和内容，有利于各类学校学生依据自己的学业情况在不同类型学校之间进行转换，以适应不同类型人才的培养需求。综合中学的毕业证书依据 1985 年 5 月 KMK 签订的协议在各联邦州都得到承认。

这四类中学课程的设置依据各自的培养目标而定，外语课程的设置与安排同样围绕着不同的培养目标和教学特色。

二、德国的外语教育

1. 中学外语教育

1964 年，德国联邦州文化教育部长联席会议签订了《汉堡协定》(Hamburger Abkommen)，规定英语课程在中学为必修课。各类学校在定向学习阶段开始的五年级开设外语课，一般为英语、法语或拉丁语，每周 4-5 课时，六年级外语课周课时数仍为 4-5 学时。从七年级到十年级为外语学习的初级阶段，各类学校外语学习的共同点是注重语言技能、语言知识、话题内容和学习方法这四个方面的训练，以便培养学生听力、阅读、口头和笔头表达能力；培养学生了解英语国家人们的生活、文化和风俗习惯的能力；培养学生学习和掌握英语词汇和语法，特别是英语习惯用法和表达方式的能力，以便了解德语和英语之间的差异，理解和尊重英语国家的语言行为；同时让学生去使用有助于学习和巩固英语知识的各种技术辅助手段，学习一些外语学习的技巧，对外语学习产生兴趣，以便主动参加校内外英语活动，锻炼听说能力。其目的是使学生通过英语学习理解人们用英语所表达的内容，并能用英语进行简单的对话交流。

除了上述外语教学的共同点之外，各类中学还有其侧重点，普通中学和实科中学注重英语学习的实用性和应用性，课文内容大多来自现实生活，强调掌握基本的语言技能。

听力课在外语学习中占有很大的比重。七八年级的听力内容主要选自日常生活，如请求、询问、回答、火车站和飞机场的广播通知、天气预报等；听力速度为正常语速，语言为标准德语，听力训练只要求理解课文的大致内容。从八年级开始听力训练与口语训练相结合，要求学生在听别人表达的同时，自己要发表意见，从单纯的听力训练变为听说训练，以训练学生的理解、反应和表达能力，从而达到交际的目的；九年级的听力内容包括日常生活对话、社会现象描述和文化介绍，以及简单的歌谣等。

阅读训练从七年级开始，并与听力训练相结合，让学生学会将听到的内容用文字记述下来；八年级阅读与口语训练相结合，让学生将所读到的内容立即口述出来。泛读文章的篇幅稍长，其语言和内容较简单，有故事性、描述性、报道性文章；还有一些消息性或信息性文章，要求理解主要内容。同样要求读懂用简洁语言写成的广告、时刻表、节目单、菜谱、使用说明书、旅馆指南和事故报告等。九年级阅读简单的文学作品。

教师利用图片、电视画面在课堂对学生进行提问，以训练学生的口头表达能力。七年级口语训练的内容有日常事物、社会常识和地理知识；八年级添加时事内容；九年级涉及文化现象，教师让学生就日常事物谈论个人的经验，叙述事情的经过等。口语训练还包括讲演、朗诵、学习简单的诗歌，让学生学会简单地表达自己的意向，如请求或提供帮助、打听消息、表示感谢或道歉等。

笔头表达能力的训练包括填写表格、书写实用性和应用性短文，如工作报告、预订旅馆信函、明信片、通知、邀请信等。

实科中学从七年级开始，在补选课程中还增加了英语或法语作为第二外语，这使那些在学习上有潜力并有兴趣的学生可以多学习一门外语，以适应与欧洲各国的交流与合作；同时又为毕业后进入到文理中学高中阶段（十一至十三年级）学习创造条件。

文理中学和综合中学外语学习的要求比普通中学和实科中学要高，七至十年级初级阶段的英语学习除了强调学习英语的应用知识，同时注重学习和掌握英语的基础知识。

文理中学五年级就开设作为必修课的第一外语，七年级开始第二外语；九年级作为语言学定向学科的学生学习第三外语；而自然学科定向的学生自由参加。在九年级，三门外语的学习时间每周达到 13 学时，由此可见，文理中学特别强调外语学习，鼓励学生学习多门外语，以适应欧洲统一对多种语言的需求。与普通中学和实科中学相比，文理中学从八年级开始，外语话题范围更广，话题难度加大，其重点由日常生活转为社会、历史和文化；要求学生九年级使用原文字典，学习查阅语法书，记录或复述听力课文的主要内容，划分阅读课文的段落，找出每段的关键词，添加小标题，写出段落大意和课文的中心思想，使外语学习落实到听说读写基本功的训练上来，以利于外语在实际生活中的准确应用。

十年级结束时，学生除了完成 2-3 门外语教学计划要求掌握的词汇和语法知识外，还要扩大知识面，以便能继续完成高中阶段的学习。

表 1 各类中学各年级德语、数学和外语课程每周课时安排

学校 / 课程	年级 / 课时	五年级	六年级	七年级	八年级	九年级	十年级	十一年级
普通中学	德语	5	5	5	4	5	5	
	数学	4	5	3	5	5	5	
	英语	5	4	3	5	5	5	
实科中学	德语	5	5	4	3	4	4	
	数学	4	5	3	3	3	4	
	英语 / 法语	5	5	4	4	4	4	
	第二外语（补选）			3	3	3	3	
文理中学	德语	5	5	4	4	3	3	4
	数学	4	5	3	5	4	4	4
	第一外语	5	5	4	4	3	3	3
	第二外语			4	5	4	4	3
	第三外语（选修）					5	4	5
综合中学	德语	5	5	4	3	3	3	4
	数学	4	5	3	3	4	4	4
	第一外语	5	5	4	4	3	3	3
	第二外语			4	5	4	4	3

资料时间：2009 年 1 月　资料来源：KMK，www.kmk.de

高中阶段十一至十三年级英语教学分为基础课程和加强课程，学习内容包括四个方面：语言、人文和自然科学、文学、学习方法与技巧。两种课程除传授共同的基础知识外，加强课程增加了知识的深度和难度，技能和方法训练的要求也要高一些。

语言学习包括语言技能和语言知识，基础和加强课程均通过积极的语言训练，要求学生进行口、笔头表达时正确运用各种类型词汇和复杂的语法结构，语言流畅，内容广泛，并重视交流时的表情和动作；加强

课程要求高于基础课程。

人文和自然科学内容包括社会、政治、经济、教育、宗教、自然科学和时事。加强课程增加一些重要的历史事件、政治文献，当前重要的政治、社会、文化现象和问题，重要的思想、社会和文化发展。

文学着重学习一些选自不同形式、不同种类的文学代表作或章节。加强课程让学生了解英语国家的经典作品、重要的文学流派和作家。

学习方法与技巧强调学会使用原文和双语词典，以及语法书籍。学习阅读技巧，学习分析和解释课文的方法。

高中阶段的英语学习，在注重实用性之时，更强调学术性训练，采用研讨课的教学方式，增强学生在外语学习中独立思考的能力，使学生能发现外语学习中的问题，并加以解决，通过向学生传授语言知识和技能，以及经验，让学生学习和掌握英语国家的社会、文化和文学知识，提高其外语口头和笔头的交际能力，同时获得学习外语知识的技巧和方法，为进一步学习外语打好坚实的基础，并为进入大学做好准备，以便更好地适应一些大学专业课程用英语进行教学的授课方式。

高中毕业生进入大学学习主专业的同时，还必须学习一个副专业，学习的课程依据主专业和副专业的方向而定。是否选择外语课，取决于你学习的专业对课程的要求，或是你的兴趣爱好。外语只是作为一门普通的课程而已，并非是每个大学生的必修课程。现在为了适应全球化的发展和需求，德国高校的许多专业采用英语教学，这有利于在专业课堂教学中训练学生的英语技能。当然，另一方面也增加了学生对专业知识理解的难度，同时对专业教师也提出了更高的要求：必须用流利的英语来讲解专业知识，这也不是每个专业教师能轻松做到的，因为用外语教学并非像用母语那样得心应手，讲得透彻明了。在德国，没有相应的国家考试去检验大学生的外语水平。

2. 小学外语教学

KMK 不只是重视中学，特别是文理中学高中的外语教学，同样重视小学的外语教学，因为外语教学的基础在小学，小学开设外语课的时间虽然晚于中学，但外语教学的组织和安排一点也不比中学逊色。下面我们就通过 KMK 于 2005 年 2 月 10 日对《2004 年小学外语教学状况和方案》（Fremdsprachen in der Grundschule-Sachstand und Konzeptionen 2004）的报告来了解小学外语教学情况。

报告认为，《汉堡协议》早就提出了外语教学，1970 年的"对小学工作的建议"（Empfehlungen zur Arbeit in der Grundschule）非常强烈地提出了小学外语课程；1994 年关于小学外语教学是这样描述的："小学三四年级的外语传播有独特的教学法，有独特的方式"，"采用游戏的学习方式是它的特征，使个人能够在学习上取得进步。其他特征还有，外语课和其他课程的内容和方法紧密结合，口语优先，注重所有学生的参与，放弃以成绩为评价标准。"

目前的发展状况表明，所有州都很明显地扩大了小学阶段的外语课。首先是在小学三四年级，有些州甚至在小学一二年级开始了外语课。

报告分析了其原因，认为各州在小学课堂中加入外语教学主要归因于生活现状发生了改变，以及这个年龄段的儿童所具有的外语学习的有利前提条件；和移民的共同生活，不断增强的流动性（职业方面、旅行）；日益增加的国际接触（特别是在边境地区）；欧洲一体化进程、媒体、商品生产和日常文化生活的国际化，这一切都导致了德国越来越多的孩子生活在一个多语的环境里，接触的是大量的外语元素。很明显，这种发展趋势提高了孩子们在生活中学习外语的意义，并促使他们在不同的文化氛围中从小学会宽容和互相理解。

小学阶段的孩子学习外语的条件非常有利，这个年龄段的孩子有强烈的表达欲望和需求，有极强的模仿能力，可以自发地、无所顾忌地与陌生的人和事打交道。

报告指出了小学一至四年级外语学习的目标和内容如下：

1）唤起和加强学习外语的兴趣和动力；

2）对不同语言间的共性和差别有所了解；

3）促进对待其他语言和文化共同体的开放式心态和行为，使偏见不复存在；

4）发展以听力理解为基础的基本外语能力，学习了解其他国家的生活方式；

5）到四年级末的时候达到一定的学习水平，为中学阶段的课程学习打好基础。

听力理解能力和语言能力构成了最初交际能力的基础，即在日常生活环境中能够理解简单用外语传递的信息内容，以及做出适当的反映。

报告总结了小学外语的教学法和方法论：小学一到四年级的外语学习进程从孩子的具体的生活经验出发，实行有小学特色的学习形式，包括图画书、儿童读物、歌曲、舞蹈、诗歌、游戏等学习资料。外语不仅是学习的对象，而且是与跨专业内容打交道时的理解手段。所以要努力推行双语沟通原则，把外语作为沟通的媒介。听力理解和口语优先，阅读和写作发挥基本的支撑作用。写作指的是与熟悉的单词和用法打交道，鼓励学生进行写作。

各州可供选择的外语主要是英语、法语，在边境地区主要是邻国的语言，如波兰语、捷克语、丹麦语、荷兰语，以及当地少数民族的语言。

所有州都已经在小学三四年级把外语课作为必修课或者最迟到2004/2005年度执行。此外还有很多州在小学一二年级把外语课作为口语课，称为"相遇交际语"（Begegungssprache）（如汉堡、北威州），选修课，小组学习活动课（如汉堡，斯图加特），甚至必修课（巴符州、莱茵兰 - 普法尔茨）。

小学一到四年级的外语课一般每周有 1-3 个学时，分为几次教学。大多数州的小学引入外语课后都增加了学时。学生都应上外语课，没有任何附加条件。一般来说都会在成绩单上注明参加外语课的学习，有时候还会加上评语，没有哪个州把外语成绩作为将来进入中学学习的决定性因素。

所有州都在实施或者在计划，把中学的外语课或者六年制小学五六年级的外语课与小学一到四年级的外语课衔接起来。大多数州都规定，不仅在教学法上，而且在结构上继续小学阶段引入的外语，小学所学外语属于中学外语的基本语种。对于那些五年级以后才开设的个别语种（如拉丁语），有些州相应地规定了一般为每周三学时的过渡课程。

报告认为所有的州都非常重视承担这部分课程的教师的特殊素质。越来越多的州可以在小学教师培训的框架内进行英语或法语培训（图林根还提供俄语培训）。长期来看将把小学外语教师的培训固定在教师培训的框架内。

KMK 不仅对德国 2004 年小学外语教学状况和方案从原因、目标和内容、教学法和方法论、组织框架、成绩期待和评价、中学阶段的继续学习和教师素质等各个方面进行了简要的分析和总结，而且将每个联邦州的小学外语教学状况和方案都一一列表，给人一目了然之感，同时又可以让人了解每个州的一些差异。下面是巴登 - 符腾堡州小学外语教学状况和方案一览表。

表 2 巴登－符腾堡州小学外语教学状况和方案一览表

状况	年级	语言	周学时	涉及学校总数	部里计划	教师培训进修	与中学第 I 阶段的连贯性
必修课	1-4年级	英语法语	2学时	2003/2004学年开始：在大约2,500所小学从一年级开始实施	教育计划；指导	欧洲教学委员会；小学教学委员会，英语和法语；地区和中央培训	<u>普通中学</u>： a) 一外英语：继续作为必修外语 b) 可选择的第二外语：法语 <u>实科中学</u>： a) 一外英语：继续作为必修外语 b) 一外法语：把法语作为必修外语、英语作为选修外语的学校
"学习邻国语言"方案	3-4年级	法语	2学时	大约500所学校	指导		c) 一外法语：在五六年级作为过渡课程（每周3学时），从七年级开始法语成为选修外语 <u>文理中学</u>： 2007年以前六年级开始第二外语，八年级开始第三外语； 2007年以后五年级继续学习小学的外语，同时五年级开始第二外语，七年级开始第三外语。

资料时间：2004 年 10 月　　资料来源：KMK

　　在北莱茵－威斯特法伦州（简称北威州），在 2003/2004 学年小学三四年级必须开设英语为第一外语的初级课程；同时在一二年级采用"相遇交际语"教材（Ritterbach 出版社），除了英语外还有邻国语（如荷兰语）或环境语（如土耳其语）可供选择；北威州从 20 世纪 80 年代中期就推行"相遇交际语"，通过英语、法语、荷兰语、意大利语和土耳其语的歌谣、谜语、诗歌使孩子对外语有一定的感性认识；小学藉此把重点放在多外语性（Mehrsprachigkeit）的教育上，让学生了解欧洲语言和文化的多样性。

在北威州小学三四年级的学生学习英语的目的是掌握基本的外语能力，提高用外语交际时的能力和技能，扩大知识面，增长见识。这同样对师资力量的能力提出了特别的要求。

让小学生在游戏、活动和交际中学习外语，主要是口语，训练学生用外语进行简单的对话，培养孩子从小说外语的意识，以便养成开口说外语的习惯，同时，教学生正确的书写外语字母、单词和句子，这些都为小学生进入中学更好地学习外语打下了最初的良好的基础。

3. 汉语教育

由于汉语教育在德国学校外语教育中的特殊地位，有必要专门列出一点加以讨论。

汉字在不少德国人眼里似乎还是象形文字，但随着中国经济的迅速崛起，中华民族文化的强势复兴，KMK 开始注重在德国开设汉语课，并于 2008 年编写出版了《汉语在德国学校》(*Chinesisch an Schulen in Deutschland*) 一书，全面介绍汉语教学在德国中小学的情况。该书首页特地刊登了中国教育部原部长周济博士的贺信，周济表示："为了培养既掌握本民族语言，又理解其他民族语言和文化的和平使者，而积极推动外语教学，是两国对教育负责之士的共同职责。我深信，《汉语在德国学校》一书的出版将有利于汉语教学在德国学校的发展，将促进中德中小学生的相互理解和交流，将为巩固两国人们的友谊做出重大贡献。"

KMK 主席安妮格莱特·克拉普－卡仁鲍尔（Annegret Kramp-Karrenbauer）女士在随后的贺信中认为："决定学习汉语的中小学生不只是去了解具有丰富文学和哲学传统的亚洲文化。其语言知识对于未来职业而言可能就是一把打开在文化、经济或政治领域与中国交往的钥匙。"

德国教育与研究部部长安内特·沙温博士（Dr. Annette Schavan）的贺信头一句就是："中国经济力量的提升毫无停顿地一直向上。因此进一步扩展和深化与中国的现有关系，尤其是德国的特别利益所在。"最后表示："值得高兴的是，依据基本法负责普通学校教育的联邦州支持开设汉语课，在未来继续扩大汉语教学，通过教学大纲保证课堂教学质量。在这样一个更加广阔的平台上提出了与中国的交流与合作。"两位女士的贺信都不约而同地将汉语学习与经济文化的交流联系在一起，说明德国教育部门的高层人士积极支持开设汉语课，想到的并不只是一门外语课——汉语教学这件事情本身，而是想到了通过掌握汉语知识的青少年架起一座两国在经济、政治、文化和体育等各个领域相互交流与合作的桥梁。这的确是一种高瞻远瞩的教育策略。

早在 1993 年，北莱茵－威斯特法伦州就在德国率先举起了讲解汉语拼音的教鞭，巴伐利亚州紧随其后，于 1995 年在德国学校的讲台上传授汉语。如今已有 164 所德国中小学将汉语作为选修课、或是小组学习课，作为必修课、或是高中毕业考试科目。特别是 2000 年以后，开设汉语课的学校迅速多了起来。其中有 35 所学校与中国学校结成姊妹学校，与中国同龄学生面对面地直接交流，更有助于激发德国学生学习汉语的热情。德国还成立了"汉语专业协会"（Fachverband Chinesisch），负责协调德国的汉语教学、汉语教材、汉语测试和教师培训等工作。从下面的表中可以了解开设汉语课的德国学校的数量情况。孔子学院在德国的建立将更有助于汉语和中国文化在德国各个地区的传播。

表 3　开设汉语课的德国中小学数量

学校类型	课堂教学或小组学习的学校数量	与中国学校结成姊妹学校的数量
小学	6	—
普通学校和实科中学	3	—
文理中学	135	23
综合中学	10	2
职业学校	5	2
其他类型学校	5	—
共计	164	35

资料时间：2007 年秋季

资料来源：《汉语在德国学校》，第 23 页，KMK 出版，2008 年 5 月，波恩，(www.kmk.org)

4. 外语师资培养

德国中小学外语教师都是在高等师范学校和大学里培养出来的。要想成为一名教师必须经过两个阶段的学习。

第一个阶段是大学的理论学习阶段，学习结束时必须通过第一次国家考试毕业。考试科目除了执教学科外，还要考教育学、心理学和学科教学法，考试包括笔试、口试和一篇学术论文，只有通过第一次国家考试才能进入第二阶段学习，并获得参加第二次国家考试的资格。

第二个阶段学习是在学校教学活动中接受教学实践训练，亦称教师预备期。其目的是在进一步学习理论知识的基础上，进行教学实践，学会组织课堂教学，将知识传授给学生，使自己成为一名合格的教师。从 1990 年开始，依据德国联邦州文化教育部长联席会议决定，不管是什么类别学校的见习教师，其见习期限统一为两年。见习期间的主要教学实践活动是听课和试教。见习期结束后，见习师范生必须参加第二次国家考试，此次国家考试由州政府文化教育部门的官员、高等学校的教授和见习学校教师组成考试委员会，在书面论文、试教和口试三个方面对见习师范生进行测试，考试通过者就能获得教师资格，应聘成为一名教师。

外语教师和其他学科教师一样都必须先后通过上述两次国家考试，这两次严格的国家考试，检验了未来教师所具有的科学素养、学识水平、实践能力和教学潜能，从而保证了优秀师资的来源，保证了其课堂的教学质量。各联邦州外语课程的设置、内容和实施都特别强调语言技能和能力的培养，强调学术性和教学法的训练，要求学以致用，有利于学生今后在大学或是在工作中的继续学习。

三、德国的外语教育政策

1.《杜塞尔多夫协议》、《汉堡协议》

联邦州文化教育部长联席会议于 1955 年 2 月 17 日在杜塞尔多夫通过了《联邦德国州教育事业一体化杜塞尔多夫协议》(*Düsseldorfer Abkommen zwischen den Ländern der Bundesrepublik zur Vereinheitlichung auf dem Gebiete des Schulwesens*)，简称《杜塞尔多夫协议》(*Düsseldorfer Abkommen*)，这是 1964 年的《汉堡协议》(*Hamburger Abkommen*) 的前身。这一协议设定了普及教育的范围，确定了课程设置、开学时间、假期长度等一些学校制度的细节，提出在中学开设现代外语课，这是第一次以协议的形式在各个联邦州中学设置现代外语课，从而开创了在中学进行现代外语教学的先河，翻开了中学课程设置新的一页，开设现代外语课不只是丰富了中学课程的种类和数量，更是传递出一种信息：现代外语知识同样是中学生应该学习的一门基础知识。在学校让学生开始现代外语学习，同时也是在社会上让人们关注现代外语学习。依据此协议，各州教育部在不同类型的学校开设了现代外语课程，一般是英语，也有法语。《杜塞尔多夫协议》虽然内容众多，并非只是提出了开设现代外语课，但它却是关于现代外语教学的第一份协议，对于中学外语教育而言，它具有里程碑的意义。正是从 1957 年 4 月 1 日该协议正式实施之后，各州中学才逐步在各个年级开设现代外语课，使外语成为中学教学的一门基础课程。

1964 年 3 月 5-6 日，MKM 在柏林召开的第 100 次会议和同年 6 月 25-26 日在科隆的 102 次会议上，确定了对文化教育领域的各项需求。第 100 次全会通过了《柏林宣言》(*Berliner Erklärung*)，明确指出德国文化教育政策进入一个新的阶段，当时不断增强的欧洲一体化以及各国进入现代化工业社会的迫切需求都是学校制度继续发展的强大动力，同时证明开设外语课正是适应了这种需求。102 次全会一致认为，只有实现全面的教育规划才能使柏林宣言落到实处；并对 1955 年的《杜塞尔多夫协议》进行了补充修订，其中强调了外语课的重要性，明确了外语课作为基础课程的发展方向。

2.《汉堡协议》

KMK 于 1964 年 10 月 28 日在汉堡通过了《联邦德国州教育事业一体化协议修订稿》(*Neufassung des Abkommens zwischen den Ländern der Bundesrepublik Deutschland zur Vereinheitlichung auf dem Gebiet des Schulwesens*)，即《汉堡协议》，其中采纳了德国教育委员会《关于普通教育的改革和统一的总纲计划》(1959 年) 和德国教师联合会《不来梅计划》(1960 年) 的基本建议。《汉堡协议》适应了新的教育管理和发展的需要，推动了教育现代化的发展，推动了外语教育的发展。《汉堡协议》将近有 3/7 的篇幅是关于外语课程的设置，由此可见对外语教学的重视。协议详细地规定了在实科中学、普通中学、专科高中和文理中学的不同年级开设外语课的各种情况，要求将第一外语作为必修课，一般为英语；规定了开设第二外语作为选修课或必修课的学校类型和情况，第二外语一般选择英语、拉丁语或法语；还规定了开设第三外语为选修课的学校类型和情况。《汉堡协议》明确地告诉人们：学外语与学德语、学数学同等重要，外语与德语和数学一样属于中学最主要的基础课程。协议将外语学习提升到了一个新的高度，这同时在告诉学生：在中学不只是要学习一门外语，而是必须学好一门外语，甚至要学好第二门、第三门外语。因为外语学习是社会发展的需要，是欧洲文化交往的需要，《汉堡协议》顺应了当时德国工农业生产高速发展对各种外语人才的需求的历史潮流，同时满足了家长希望孩子学到更多外语知识的要求。

KMK 在 1971 年、1994 年、1999 年和 2001 年多次对此协议修订补充，1971 年 7 月 2 日和 1994 年 5 月 6 日增加了在小学开设外语课的内容；1999 年增加了在文理中学 6 年级可以学第二外语和 8 年级可以学第三外语的规定；2001 年 5 月 20 日又添加了两条：一是移民学生可以将原来国家的语言或俄语作为必修外语；二是外国学生可以将母语作为第二外语，在某些州可以将其他的外语，如：俄语、意大利语、西班牙语、土耳其语、古希腊语和希伯来语作为第二外语。从中可以看出，条例的修订补充，都是与当时的现实情况有关，例如 2001 年之所以增加了针对移民学生和外国学生的条例，原因有两个：一是因为 2001 年欧元开始使用，欧元区开始建立，并实施欧洲一体化进程，有大量的移民和外国侨民的子女随着父母来到德国上学，为了这类孩子能在德国受到良好的教育，跟上班级教学进度，德国 KMK 便想到将其来源国的语言或母语作为必修外语或第二外语，这一方面减轻了这些外来学生的学习负担，让他们树立学习的自信心；另一方面让他们学好自己祖辈的语言或母语，以利于今后从事双边的经贸和文化教育的交流工作。二是因为 2001 年是"欧洲语言年"，语言打开门户是其主题，宣传语言多样化和语言学习在欧洲主要意味着学习除英语以外的语言，目标是让所有的欧洲人在母语之外再学习两门其他语言。"母语 + 2 门外语"成为这一年的中心口号。对移民学生来源国语言和母语的认可，不仅与语言年的主题相吻合，而且使语言教育的两大要素——母语与外语教育和谐地融为一体。

《汉堡协议》就是这样随着时代的变化，一次又一次地不断修订、补充，以适应社会经济发展的需要，直至今天这一协议仍然是德国教育体系的基础。

3.《统一的高中毕业考试要求》

KMK 在完善《汉堡协议》的同时，又在制定各个外语学科统一的考试要求，以规范考试。1980 年 2 月首先制定了《统一的高中毕业考试要求：希腊语》（*Einheitliche Prüfungsanforderungen in der Abiturprüfung: Griechisch*）作为一个尝试，以便制定其他学科的考试要求时参考借鉴，在听取各方面对《统一的考试要求》的意见之后，开始着手起草其他学科统一的考试要求，然后对初稿进行一次次地讨论和修改，直至定稿，最后于 1989 年 12 月 1 日同时颁布了英语、德语、数学、法语、意大利语、西班牙语和俄语等学科统一的考试要求；又在 1998 年 4 月 14 日和 1999 年 3 月 1 日颁布了汉语和日语统一的考试要求。虽说是统一的考试要求，也就是考试大纲，但包括的范围很广，几乎涵盖了所学内容的要点，从另一个角度来看，可以说是教学大纲，因为考试的范围，就是教学的内容，考试正是要检验学生对所学过的知识掌握的情况。统一的考试要求的制定标志着各州都有了统一的各个语种的考试大纲，对各个语种教学的目的、内容、方法和测试都有了一致的评判标准，同样利于调动教师教学和学生学习的积极性，因为谁也不想考试成绩太差。统一的考试要求的实施，保证了各州在检验外语教学时可以用同一把尺子，同一个标准，这样可以检验出各州各语种的教学是否处在同一水平线上，以便新老各州的外语教学相互协调起来，逐步走向统一，以至于各州的外语教学可以同步进行，利于各州学校之间的相互交流和学习。从某种意义上讲，只有对各个语种所作出的《统一的高中毕业考试要求》才是 KMK 专门为外语制定的政策，因为整个篇幅都是关于外语，其他的决议只是涉及到或是关于外语教学，由于决议侧重点不同，外语在其中所占篇幅也就多少不一，因为外语毕竟只是中小学三门主要基础课之一。

对于各个语种而言，《统一的高中毕业考要求》并不低，就拿大家熟悉的汉语来说吧，统一的考试要求一共有 33 页，分为四个部分，1）对汉语知识的要求，包括语言知识、概况、文学和相关专业知识；2）书面考试，包括细化的评分标准；3）口语考试，包括细化的评分标准；4）笔试题型说明，包括解释、样题和分值。样题附有两套，其中一套阅读的文章是老舍的《养花》，问题有 7 个，而且比较细致深刻，如果对文章没有理解透彻，很难回答正确。整套试题具有相当的难度。

4.《萨尔布吕肯框架协议》

不管是《汉堡协议》还是和统一的考试要求所涉及到的都是学校外语教学的整体，对各类学校外语课程的设置和安排起到了纲领性和指示性作用。KMK 尤其重视文理中学高中阶段的教学，因为这关系到高中毕业生是否具备进入高校学习的能力和资格，所以对文理中学高中阶段的教学多次制定协议，其中包括外语教学。

1960 年 9 月 29 日 KMK 在萨尔布吕肯通过了《文理中学高年级课程规则框架协议》（*Rahmenvereinbarung zur Ordnung des Unterrichts auf der Oberstufe der Gymnasien*），简称《萨尔布吕肯框架协议》（*Saarbrücker Rahmenvereinbarung*），此协议开始了在文理中学高中实施课程改革的第一步，其中对设置第一外语作为必修课的年级，开设第二外语作为必修课或选修课的年级，开设第三外语的情况做出了规定。为对外语学习感兴趣的学生提供了学习多种外语的机会。

5.《波恩协议》

KMK 于 1972 年 7 月 7 日在波恩签订了《构造中等教育第二阶段的文理中学高级阶段协议》(*Die Vereinbarung zur Gestaltung der gymnasialen Oberstufe in der Sekundarstufe II*)，简称《波恩协议》，此协议对文理中学的教学和考试进行了改革，除了 5-6 年级的定向阶段外，将教学分为两个阶段：一是 7-10 年级为必修课阶段，即初级阶段，也就是初中，注重基础课的教学；二是 11-13 年级为选修课阶段，即高级阶段，也就是高中，扩大了选修课的范围，但仍对选修德语、外语和数学三门基础课程提出了要求。第一、第二和第三外语作为必修课或选修课的教学安排也相应有所变化，对外语教学产生了一定的影响。

1987 年 10 月在波恩举行的特别会议上，KMK 通过了关于文理中学高年级新制度的协议，文理中学面临再次进行改革；1988 年 4 月颁布了对《波恩协议》的修订版《关于重新构造文理中学高级阶段协议的修订版》(*Neufassung der Vereinbarung über die neugestaltete gymnasiale Oberstufe*)。协议取消了文理中学高中阶段以班级为主的教学形式，而采取了以课程为主的教学形式，进一步扩大了选修课；将整个的教学课程分为三个课程领域：1) 语言、文学和艺术；2) 社会科学；3) 数学、自然科学和技术。三个课程领域的课程仍然分为必修和选修，第一课程领域中的外语、德语、文学或艺术为必修课程。协议对外语教育也产生了很大的影响。如果学生的第一外语是拉丁语，那么每周增加 1 学时；第三外语对于定向为自然学科的学生是自由参加，对于语言学科的学生是必须参加。

德国统一后，为了实现教育的统一，16 个新老联邦州的文化教育部长力图在分裂 40 余年后的今天重新携手共同制定统一的教育、科学和文化政策，为德国教育、科学、文化和体育事业共同发展做出贡献，尽力支持在新的联邦州建立新的教育结构和保持文化事业的发展，加强在教育、科学和文化领域与欧洲各国的联系。2000 年 6 月 16 日和 2008 年 10 月 24 日 KMK 又先后两次对《波恩协议》进行了修订，更加简洁、明确地规定了对外语课程的教学、考核和毕业考试的要求，强调外语教学与德语和数学教学一样每周不得少于 3 学时，进一步阐述了在语言、文学和艺术课程领域对外语课堂教学的基本要求。根据协议修订版，学生应掌握至少一门外语知识，并进一步扩展对语言结构的认识能力和在注重语言交流的各个层面上对语言表达的区分能力。处在国际合作与全球竞争环境中的欧洲政治、文化和经济对外语教学，特别是对文理中学高中的英语教学提出了进一步的高要求。英语在各个领域作为主要的全球性交际语言的特殊地位和由此所带来的对英语教学不断变化的社会期望，使运用所掌握的语言技能和展示跨文化交际的行为能力成为人们关注的中心。

KMK 所通过的决议，各州教育部一般都相应执行，有时依据本州的情况加以补充说明，或再制定出具体详细的计划，以便及时有效地实施决议。协议一经颁布，就得执行，但并不是一成不变的，随着时代的发展，协议还需要不断地修改完善，以满足社会的需求，但修改是在原有基础上进行，以保持协议的完整性和延续性，利于教学的稳定进行，同时增加新内容，做到与时俱进。《汉堡协议》前后修订 5 次，就是一个很好的证明。除非对课程设置进行大的改革，才制定新的新的协议，《波恩协议》就是这样制定的。

四、欧盟的语言政策与德国的外语教育

由于德国如同法国一样是欧盟的主要推动国，欧盟的语言政策直接影响到德国的外语教育及其政策。欧盟推行积极的保护语言多样化的政策，多语教育成为德国外语教育的基本特征。因此，讨论德国的外语教育，需要分析德国国内的语言政策，也需要研究欧洲的语言政策。

1. 2001 年"欧洲语言年"——"语言打开门户"

2001 年 2 月 6 日联邦教育和研究部部长艾德尔嘉特·布尔曼（Edelgard Bulmahn）在柏林宣布欧洲语言年活动以"语言打开门户"为主题开幕时的致词中指出：

> 越来越多的移民和人口流动现象，欧盟的统一和国际化要求公民们接受来自其他文化的民众并愿意学说外语。
> 语言学习和多语现象在德国的很多场合成为重要主题：从关于是否应该接纳外来移民的辩论到关于自然科学术语"英语化"的争论。……语言让人相互理解而且构成文化归属感。语言联系起人类——在欧洲乃至全世界。欧洲对多语现象的意识和接受正显示出我们建立在民主、宽容以及和谐共处基础上的共同价值观。
> 有一点是肯定的：德国将作出自己的努力，使 2001 欧洲语言年不是昙花一现，而是使这个广泛促进语言学习的成功倡议在今后德国联邦政府制定的政策中发挥更大的作用。

　　"语言打开门户"是由欧洲委员会（Europarat）第656次部长理事会于1999年1月19日和欧盟（Europäische Union）于2000年7月17日先后倡议和共同计划的2001欧洲语言年的主题。这项倡议在德国得到了积极的响应，在各级教育部门的协助下德国境内大约举办了2,900项活动来庆祝欧洲的语言多样化，宣传语言学习，将语言学习融入到终身学习中去。

　　宣传语言多样化和语言学习在欧洲主要意味着学习除英语以外的语言。一个大胆的目标是让所有的欧洲人在母语之外再学习两门其他语言。"母语＋2门外语"成为中心口号，使母语和外语教育这两大语言教育的要素和谐地统一起来了。

　　按照欧洲议会和欧洲委员会的关于欧洲语言年的决议，促进外语学习的大目标被具体化为五个小目标：

　　1）让人们深入地意识到欧盟各国语言和文化的多样性意味着巨大的财富和价值，承认所有语言具有同样的文化价值和同等的尊严；

　　2）促进人们掌握多种语言；

　　3）让尽可能多的人认识到掌握多种语言的优势：促进个人和职业发展，增强经济和社会的潜力。

　　4）鼓励所有成员国居民，在可能的情况下终身学习语言知识和技能。

　　5）收集和传播关于语言课程和外语学习的信息，普及对促进不同母语者交流有用的技能、方法和工具。

　　在德国，联邦教育和研究部经过与联邦州文化部长联席会协商，委托联邦职业教育研究所的"欧洲教育代办处"负责本活动在全国的开展，各州提名一位负责本州欧洲语言年事务的协调员。联邦教育和研究部及州文化部长联席会各提名一位负责与欧盟指挥机构联系的协调员。联邦教育和科研部还为欧洲语言年事务设立了一个由学者、高校、协会以及联邦和各州部委代表组成的国家咨询委员会，对活动内容进行指导。欧洲语言年活动在德国的赞助商是西门子公司和德国铁路公司。

　　2001年2月18到20日，"欧洲语言年"在瑞典隆德隆重开幕，2001年12月7到8日在布鲁塞尔落幕。欧洲语言年信息工作的重点在于普及欧洲理事会为促进语言学习制作的两项工具：

　　第一，《欧洲语言共同参考框架：学习、教学、评估》（Gemeinsame europäische Referenzrahmen für Sprachen）是欧洲各种外语教学与评估的参考标准，为在整个欧洲制定各种语言的教学计划、课程内容、考试等级、教材编写提供了一个共同的参照基准。参考标准定义了能力等级，使学习者能够在各个学习阶段测试取得的成绩；使语言能力划分变得简单明了，极大地便利了教育系统之间和欧洲各国间的相互承认。

各种语言证书越来越多地采用共同参考标准提供的分级标准。这一点在德国工商会、德国私立学校和继续教育测试系统协会共同出版的书刊《欧洲工作岗位：语言能力可以测试》和国民大学小册子《系统化的能力》中得到印证。

《共参框架》将语言运用分为三个参考等级：初步的语言运用（A1、A2）、独立的语言运用（B1、B2）和熟练的语言运用（C1、C2）。对每个等级语言运用的能力都给出了相应的评判标准，便于学习者检测自己达到的外语水平。

第二，《欧洲语言水平文档》（*Europäische Portfolio der Sprachen*）（简称《语言文档》）是一个记载人们在欧洲多语种环境下语言交流能力的文档，欧洲各国都予以承认。《语言文档》包括三个部分：语言护照、语言简历和语言档案。

语言护照记录了持有者按照参考标准所具有的语言能力，包括语言证书、语言学习方式和年限、国外经历。语言简历描述了持有者在何处和怎样获得了语言能力，取得了何种成就。《语言文档》由个人保存，可根据实际情况更新内容，收录持有者能证明自己外语能力的各种形式的材料，目的是为了促进终身学习外语。

在 2001 年 6 月 11 至 12 日在汉堡举行的"联邦州语言会议"上，来自德国各州、欧盟和欧洲委员会的专家们讨论了《共参框架》和《语言文档》对德国和欧洲各国的意义和影响。该年的这些计划并不是瞬间的火花，带来了接连不断的创意。欧洲语言年活动引起了一系列语言和教育政策方面的决议和倡议，如欧洲语言年咨询委员会起草的文件《促进语言学习：行动方案的十个主题》（*Sprachenlernen fördern: Zehn Thesen für ein Handlungskonzept*）、联邦州提出的语言方案和德语研究所格哈德·施蒂克尔教授提出的德语语言备忘录政策。在这些倡议的背后隐藏着在英语大行其道的形式下对欧洲多语种文化未来的担忧，认为欧洲各种标准语的地位应该得到保证，但不应该取代英语而是与之分享科学通用语的功能，欧洲语言的多样性应在欧洲各个机构中得到保存，外来移民的母语课和外语课都应得到加强，欧洲语言多样性在学校和校外开设的外语课中应得到体现等等。所有的这些方案都有一个共同的目标：结合创新性的方法努力实现欧洲语言多样化和"母语＋2 门外语"的目标。

德国非常重视欧洲委员会的倡议，特别是《共参框架》和《语言文档》。歌德学院还编写出版了《共参框架》的德语版。虽然这两个项目的推广并不一定要借助 2001 欧洲语言年的活动，但无疑欧洲语言年活动扩大了它们的影响。特别是《共参框架》对开发新的外语课程有着重大的意义，这一点特别体现在学业结业时和各年级考核时对能力程度的描述上，此标准成为了一个教学双方信息透明和控制质量的工具。它也为实施 1998 年 KMK 通过的《在职业教育中的外语能力认证的框架协议》奠定了基础。

欧洲语言年的很多活动从一开始就着眼于长远影响：为保证欧洲语言年的目标和持久性，欧盟教育部长理事会在 2002 年 1 月 10 日通过了决议成立"促进语言多样化和语言习得理事会"，以便 2001 欧洲语言年的目标得到实现。在 2001 年 12 月 13 日欧洲议会就已经接受了关于方言和较生僻语言的决议。欧洲委员会和欧盟委员会在 2002 年 2 月 14 日接受了一份详细的实现欧洲普通和职业教育系统目标的工作计划，其中也包括促进外语学习的目标。

在德国由于欧洲语言年活动形成的教育界跨系统的合作能够决定性地促进语言学习新构想的实现。不论是作为一个整体还是以按专题划分的工作组的形式，由联邦教育和科研部召集的欧洲语言年咨询委员会在今后也将继续为实现意见书提出的目标而努力。联邦教育和科研部还委托一个课题组对欧洲语言年进行 2 年跟踪调查研究，以便通过对具体数据的分析来评价语言年的效果，再制订具体的措施，保持语言年的长远影响。

《语言文档》对外来移民的语言训练也会有意义，因为它既记载他们学到的德语知识，又记录他们已有的母语水平和其他语言能力及跨文化交际能力。这样，《语言文档》就有利于实现机会均等和促进个人化的语言发展。

正如阿尔伯特·劳什（Albert Rausch）在"2001 欧洲语言年——语言政治年"所言：语言政策不仅仅只是政治家和专家的事情。恰恰相反：在 2001 年欧洲语言年中首创性地提出了"母语 + 2 门外语"，就是要求每个欧洲公民除母语外还要掌握两门欧盟国家的语言，这可以理解为"从整体到局部"政策。这是本次欧洲语言年的一个闪光点，甚至可以说是它的成功之所在。语言政策甚至可以成为社会民主化一个典型的过程。其后续影响在 2001 年的无数个创新中都有体现，这种影响达到了一种短时间内无法被超越的程度，以至于人们一方面要为一些可能出现的后退现象有所准备；另一方面要面临在继续实施和调整这些有趣项目时所出现的挑战。所有这些都是语言政策为欧洲已经做出和将要做出的贡献。

"欧洲语言年"这个概念的使用不能仅仅局限于 2001 年这个时间段之内；所有这些已经成功的并且持续地促进了外语学习的活动、项目和措施，都必须在整个欧洲紧密合作这个大的框架下互相交流，继续发展。

决定语言年活动是否能够继续保持影响力的决定性因素是拓展跨领域的合作，将成功的项目融入到现有的结构中来，必须让个人和机构高涨的热情融入到联邦州和地区现有的教育体系中去。

《南德意志报》在 2001 年 2 月 13 日刊登了汉斯－哈波特荷扎马的文章"只有英语是远远不够的"，标题引用了德国"欧洲语言年"的组织者英格伯格·克里斯特女士所说的一句话："只会英语和拉丁语远远不够。凡是有语言学习机会的人，就应该选择两门外语进行学习。"拉丁语是补充性的学习资源同时也是大学里许多课程学习的前提条件。"但是为什么人们在高中就总是害怕学习法语呢？因为人们并不知道掌握这门语言其实是获得了一笔财富。"英格伯格·克里斯特想要证明的是：欧洲语言多样性具有非常重要的意义，同时让人们必须接受这样一个事实，那就是仅仅把英语作为国际交流语言就够了的想法是错误的。

2001 年 9 月 26 日是"欧洲语言日"，今后每一年的这一天都将成为欧洲语言日，这是欧洲委员会的决定。但不管在哪一天，人们希望的不是一个在语言上统一的欧洲，而是一个语言丰富多彩的欧洲，因为语言的多样化本身就是一种财富。

2. 关于"促进语言学习和语言多样性"行动计划执行情况的报告

语言处于欧洲建设事业的中心地位：它表达了欧洲不同的文化，同时给了人们互相理解的钥匙。欧盟委员会一项很明确的任务就是，支持和促进成员国语言的多样性，能够掌握多门语言的公民，可以充分享受在欧盟内自由迁徙的优势，更容易融入他们打算工作或学习的国家。在企业内对语言能力也有很大的需求，语言好的人更容易找到一份工作。语言是交际的中心手段，掌握多种语言打开了通往其他文化的大门，有助于不同文化之间的理解，不仅在欧洲以内，还有世界其他国家。

欧盟委员会和欧盟成员国对促进多语言化共同负责，欧盟各国已经采取了很多重要的行动，通过改革它们的教育政策确保大中学生更好地掌握语言知识。这是一个很重要的成果，它表明委员会和成员国在朝着共同的目标努力。

《关于"促进语言学习和语言多样性"行动计划执行情况的报告》（2007 年 11 月 15 日）（*Bericht über die Durchführung des Aktionsplans, Förderung des Sprachenlernens und der Sprachenvielfalt*）介绍了"促进语言学习和语言多样性 2004—2006"行动计划执行情况的主要成果。重点介绍目前为促进语言学习而推行的教育系统改革方面的一些趋势，以及过去三年取得的一些成果。这篇报告可以作为进一步制定多语言化政策的基础。

欧盟委员会长期以来致力于促进语言学习和语言多样性。早在 1989 年就制定了第一个全面的促进外语水平的语言（Lingua）方案，从此语言在欧洲普通教育和职业教育计划中就占据了中心地位。

2001 年欧洲语言年年底，欧洲议会要求欧盟委员会继续积极促进语言方面的工作。2002 年各国政府首脑在巴塞罗那峰会上承诺，通过外语课保证年轻人至少基本掌握两种语言。欧洲议会 2003 年提出一份提议报告，要求欧洲委员会在文化多元化的背景下多加关注区域性语言和流传得不那么广的语言。

"促进语言学习和语言多样性"行动计划是欧盟委员会对欧洲议会的敦促做出的反应，当时"促进增长和就业的里斯本战略"项目正处于初始阶段，改善外语课程项目"2010 普通教育和职业教育"规划到里斯本战略的框架里，建立在共同目标基础上的相应的长期规划和促使成员国保持紧密伙伴关系的公开协调方法拉开了语言政策方面合作的序幕。

一方面欧洲议会在 2006 年 12 月 18 日建议，把掌握外语的能力作为终身学习的八项关键能力之一；另一方面欧盟各成员国在语言工作组框架内取得了丰富的合作成果，各国负责语言政策的高级官员都属于这个工作组。工作组经常会商交换信息和方法。在国内层面，工作组的努力为贯彻行动计划起了非常重要的作用。

在欧盟委员会层面，事实表现了语言政策不断增长的意义，2005 年委员让·菲戈尔（Jan Figel）提出了多语言化倡议，接着导致了一项多语言战略，它既包括内部又包括外部的措施，委员会把它确定为"多语言化的框架战略"。同时委员会还制定语言能力的指标，用来测量学生在义务教育结束时两门外语达到的能力水平。2007 年 1 月雷纳德·奥尔邦（Leonard Orban）委员上任后，促进语言多样化成为了委员会的职责范围。目前这一工作范围已经超过了终身学习的范畴，扩大到语言在商务界这一主题，以及为 2008 年跨文化对话年服务。

在这个行动计划中，最重要的目标属于三个战略范围：1）终身语言学习；2）更优质的语言课；3）创造对语言友好的环境。语言政策的意义增长到欧洲和国家层面，在以"进步的框架"为标题的第四章里，讲的是欧洲层面和国家层面的语言政策共同发展的问题。

行动计划包括47个具体的建议措施，时间范围为2004年到2006年，以及2007年进行考核的标准。此外还要求各成员国参与这些目标的实现，尽管承认在三年内达到这些目标有一定的难度。

在方案层面，行动计划要求普通教育和职业教育方案的战略投入，使它们能最大地促进语言学习和语言多样性。通过规定优先权和呼吁专门的信息手段达到了显著的成果：在"苏格拉底方案"和"李奥纳多方案"框架内，2004年至2006年投资了大约1亿5千万欧元到语言学习上，与2000年至2002年时间段相比增加了66%。

在国家层面，行动计划作为一种行动框架。以"母语＋2门外语"原则改革教育体系的趋势已经在多个成员国里展开，但是也有几个国家报告说，行动计划影响到了他们改革的决定。行动计划在成员国层面的主要作用在于，他们在制定战略领域的政策方面沿着指明的道路前进。三年后有这样一种印象，各个国家的语言政策总的来说制定得更好。在一些基本问题上达成了一个普遍的共识：语言在终身学习方面作为核心能力的意义；在义务教育框架内教授两门外语的必要性；高质量的外语课和透明的评估的必要性。虽然各个国家的初始情况并不一样，前进的速度也不一样，但是总的来说各国的改革首先都集中在下面这些范围：

1）从终身语言学习的角度检查整个教学体系；
2）在小学提早开始外语学习，有些国家在幼儿园就已开始；
3）把CLIL（内容和与语言的一体化学习）纳入教学计划；
4）在小学高年级提供更多的外语学习的可能性；
5）加强对外语教师培训的投资；
6）检查教学计划、考试和成绩是否适合由欧洲参议会制定的欧洲语言共同参考标准；
7）利用欧洲委员会和理事会制定的欧洲方案和工具检查国内的教育体系，开发适当的外语课的教材和测试，资助外语教师在国外的进修以及与欧洲其他学校的合作。

在行动计划中提出了47条在委员会层面贯彻战略目标的行动建议，考虑到了委员会的权限能力以及它可支配的财务手段。委员会几乎圆满地完成了这些任务，47个行动计划中有41个在2007年底之前可以完成，有5个属于终身学习方案的框架内（2007-2013年），有一个计划被取消了，但是它的内容部分地转移到其他的计划中。

这些行动计划的执行直接导致了下列这些成果：

1）欧洲网页上语言栏的改版，专门面向成年学生和外语教师的论坛提供信息和语言资料，同时在国家层面开展信息运动促进语言学习和在国外的移动性。由于普遍都承认要让更广泛的公众意识到语言学习的优势的重要性，在终身学习计划的框架内建立了语言信息运动的一年预算。

2）13个关于欧洲外语教育的研究，如"外语师资力量培训的欧洲特征"，"欧洲特殊的教育需求——语言的教与学"，特别是"企业缺乏外语知识对欧洲经济的影响"课题迈出了适应经济需求推行多语言化政策的第一步。

3）6次关于语言的欧洲会议和讨论，包括2005年由卢森堡担任主持国的关于"内容和语言一体化学习"（CLIL）的欧洲会议，CLIL第一次引起人们注意；在关于教育领域宗教语言和少数民族语言的会议上，整个欧洲的代表聚在一起交流如何才能成功地给年轻人教授宗教语言和少数民族语言。

4）17次在欧洲方案的框架里改善促进语言学习的行动，其中主要是"苏格拉底"和"李奥纳多"方案；此外这些措施还会在将来产生持久影响，因为新一代的2007-2013方案（终身学习等）将会促进语言学习和语言的多样性。

5）让更多的民众认识到语言学习的优势，对于这一必要性已经获得普遍承认，语言信息运动的一年预算已经进入了终身学习的方案。

这些成果是鼓舞人心的。但是有些地方还可以进一步改进：比如为语言教师研发教材的项目数还没有很大的提高，参加中小学语言项目的学生和获得进修奖学金的语言教师的数目都比较少。最近的一项研究强调指出，Comenius项目的参与者虽然提高了语言知识，但是主要是英语知识，而且是以其他的语言为代价的。同样还有Comenius资助的重点是英语，不符合促进语言多样化的政策。

在过去四年中大多数成员国改革了小学教育，更早开设外语课，更早开设第二语言课程（外语或少数民族语言或第二官方语言），一般在小学1-3年级。具体落实这些改革时碰到的主要问题是缺少受过合适教育的语言教师。

为了促进提早开设外语课程的实施，委员会资助了一项关于"外语早期教育的重要教育学原则"的研究。研究结果认为，外语早期教育中师资力量起中心作用。

　　行动计划超越了外语课程的范围，囊括了所有欧洲使用的语言：官方语言、区域语言、少数民族语言，以及移民所讲的语言。为了使在教育领域从事区域语言和少数民族语言的代表走到一起，给他们提供交流经验的机会，2006 年举办了一次关于"教育系统的区域语言和少数民族语言"的欧洲会议。欧洲马赛克报告报道了 2004 年加入欧盟的国家的区域语言和少数民族语言的现状。

　　"企业缺乏外语知识对欧洲经济的影响"课题的结论是，缺乏外语知识经常导致交易无法实现。建议企业促进语言管理，给员工提供培训手段，允许外国学生或职员来公司实习，参与公司间的国际交流。要改善经济和教育事业之间的联系。除了促进移民儿童学习移民国家的语言外，还要更加重视和维护其现有的语言知识。

　　本行动计划取得了圆满的结果。委员会整体上是按期完成了它的任务。各成员国也努力实现了大量的既定目标。另外有一些任务需要长期的行动，所以没有确定固定的时间表。尽管整体的趋势较好，国家之间的差别还是很大，因为各国之间的初始情况和最初的战略理念不尽相同。各方还要继续努力，保持良好趋势的势头，巩固各国改革所取得的成果。

　　虽然各国采纳了很多行动计划的建议，但是对于有几个国家来说还是必须进一步努力，才能达到预期的效果，尤其应扩大所有教育途径的语言学习（包括职业教育和职业进修），提高授课语言的数量，促进有助于学习外语的气氛，利用成人教育和非正式教育的潜能，提高学习外语的积极性。

　　委员会将继续支持各成员国提高语言课程的质量，扩大授课语言的种类，建立有助于学习语言的校园。进一步采取措施，使人们认识到掌握多门外语的意义，鼓励中小学生、大学生、成人、特别是企业员工通过各种途径学外语。行动计划里提议的大部分措施都是关于中小学教育和相应的教师培训的，现在成人的外语学习可以上升到中心地位，通过媒体和文化活动把企业界、职业进修和非正式外语学习都纳入范围内。

　　在 2007-2013 年的新项目里将更强调多语言性，因为一方面语言学习和语言多样性有一个普遍的目标；另一方面有更多的方法用于和语言相关的措施。委员会将会关注它们的落实情况，使它们能够在有待努力的领域发挥战略性的作用。

　　这一报告对欧盟每一个成员国都产生了积极的作用，德国也不例外。

五、外语教育与社会经济发展

1. 知识密集型行业对外语教育的需求

　　《关于"促进语言学习和语言多样性"行动计划执行情况的报告》明确指出，要关注成人的外语学习，要将企业界的外语学习纳入到"促进语言学习和语言多样性"行动计划中来，目的是提高企业员工的外语水平和素养，利于在与外国企业交往中能较好地与对方沟通，以便促进贸易往来。外语知识作为一个人所必须具备的能力，在职场中发挥着极大的作用，特别是在知识密集型行业中外语能力尤为显得重要。德国联邦职业教育研究院（Bundesinstitut für Berufsbildung，简称 BIBB）在 2007年 2 月发表了一份调查报告《知识密集型职业中的能力和职业要求》（*Tätigkeiten und berufliche Anforderungen in wissensintensiven Berufen*），这份报告是针对德国 13 个不同知识领域被列入专业能力和跨专业能力的范围进行的调查。被调查者应该对每一个领域进行说明：在所从事的职业中是否需要这些知识，如果是，那么是需要基本知识还是专业知识。为了避免答案模式的出现，调查者对有关知识领域的提问是随机进行的。调查包括三个知识领域：技术性知识（如自然科学类，手工类，技术类知识）、服务性知识（如教育学知识，法律知识，医学及护理类知识）和跨专业知识。下列的知识、技巧和能力都是可以在多个领域运用的，不仅仅局限于某一特定领域；所涉及到的能力和知识包括 7 个方面：1）外语能力；2）个人计算机运用程序方面的知识；3）数学，专业计算，统计学等方面的知识；4）德语，书面表达，正确书写等方面的知识；5）项目管理方面的知识；6）美工设计，造型，形象化等方面的知识；7）商业知识或企业管理知识。对这些跨专业能力要求的分布情况可以从下面的表中获悉。

表 4　跨专业能力在知识密集型职业中的分布情况（单位：%）

专业知识	外语	个人计算机运用	项目管理	美工及形象化	数学及统计学	德语表达	商业知识及企业管理
知识密集型职业整体	31.0	48.0	29.6	17.7	34.6	57.9	24.7
研究密集型整体，其中	40.6	65.1	41.3	22.5	44.5	53.7	35.2
工程师	45.8	71.4	57.2	23.4	61.2	52.2	19.8
技术人员	23.7	60.7	26.0	16.0	53.6	38.8	15.0
IT- 核心职业	59.9	88.8	47.1	26.6	39.3	48.0	30.6

（待续）

（续上表）

专业知识	外语	个人计算机运用	项目管理	美工及形象化	数学及统计学	德语表达	商业知识及企业管理
科学家	51.8	50.1	37.9	61.1	45.1	59.6	18.8
企业领导及顾问	36.8	61.9	45.7	18.1	42.9	62.6	10.7
新闻类及艺术类职业	32.7	45.1	17.5	41.8	10.8	59.6	14.8
其他的知识密集型职业	20.7	29.7	17.2	12.6	24	62.4	13.4
其他职业	9.3	23.9	7.2	6.6	21.6	28.2	20.4
所有职业	16	40.8	14.1	10.1	25.6	37.4	21.7

数据来源：2006 年 BIBB/BAUA 的职业调查，加权平均数据。

对研究密集型职业来说，外语方面的专业知识是一种中心能力：40.6% 的从事研究密集型职业者，需要外语专业知识，特别是 59.9% 的从事 IT- 核心职业者，51.8% 的科学家和 45.8% 的工程师。而只有 20.7% 的从事其他知识密集型职业者及 9.3% 的从事其他职业者需要外语专业知识（参看上面表 4）。下面表 5 的第一栏是对表 4 所描述的专业知识的补充，它说明了：多少有职业者需要外语方面的专业知识或基础知识 这些数据显示了，外语在这期间有多高的地位：平均自两个有职业者中就有一人需要某一门外语的基础知识。而 16% 的有职业者需要外语方面的专业知识。在研究密集型职业中十人中就有八人需外语知识。

普通英语凭借有 90% 的使用率而位居第一，紧接着是法语 14.1%、西班牙语 5.1% 的使用率。特别是 20.6% 的科学家，16.4% 的企业领导及企业顾问和 28.1% 的从事新闻，艺术类职业者需要法语。

表 5 外语方面的基础知识或专业知识及外语类型的统计表（单位：%）

	外语知识	外语类型（多项列举）			
		英语	法语	西班牙语	其他语言
知识密集型职业总体	70.8	94.7	15.7	4.4	16.7
研究密集型职业，其中	78.4	98.9	14.1	5.1	9.3
工程师	84.6	99.3	12.9	5.8	8.7
技术人员	67.1	97.2	5.4	1.0	4.9
IT- 核心职业	94.3	99.9	8.4	2.5	3.7
科学家	83.0	99.3	20.6	6.0	10.9
企业领导及顾问	71.3	99.1	16.4	7.0	10.5

（待续）

（续上表）

	外语知识	外语类型（多项列举）			
		英语	法语	西班牙语	其他语言
新闻类、艺术类职业	79.1	97.6	28.1	8.7	21.4
其他知识密集型职业	62.6	89.0	17.9	3.4	19.8
其他职业	39.3	91.2	14.2	4.3	19.8
所有职业	49.0	92.7	14.9	4.4	18.4

数据来源：2006 年 BIBB/BAUA 的职业调查，加权平均数据。

外语方面的基础知识和专业知识是特别难区分的，因此对于使用最多的外语——英语，人们会继续提问：您需要掌握多好的英语？对您来说，基础知识就足够了，还是必须掌握英语的口头表达、书面表达或谈判能力？表 4 已经显示出：外语在研究密集型职业中比在其他职业中有更高的地位。同样的情况在英语掌握程度上有所体现（参看表 6）34.8%的从事研究密集型职业者必须掌握英语的口头或书面表达能力，20.5%的从事研究密集型职业者必须掌握英语的谈判能力。25.1%的科学家以及 18.3%的从事 IT- 核心职业者特别需要掌握英语谈判能力，而对 42.8%的科学家，58.7%的从事 IT- 核心职业者及 36.7%的科学家来说，英语书面表达或口头表达能力显得尤其重要。

表 6 知识密集型职业中对英语能力的要求（单位：%）

	不需要知识	基础知识	口头或书面表达能力	谈判能力
知识密集型职业总体	33.0	24.7	27.8	14.5
研究密集型职业，其中	22.5	22.2	34.8	20.5
工程师	16.0	22.2	36.7	25.1
技术人员	34.8	30.9	25.9	8.5
IT- 核心职业	5.9	17.1	58.7	18.3
科学家	17.9	15.7	42.8	23.6
企业领导及顾问	29.3	19.8	24.3	26.6
新闻类及艺术类职业	23.0	26.8	35.1	15.0
其他知识密集型职业	44.3	27.3	20.3	8.1
其他职业	64.2	21.5	10.5	3.8
所有职业	54.6	22.5	15.9	7.1

数据来源：2006 年 BIBB/BAUA 的职业调查，加权平均数值。

从上面 3 张表中可以了解到，从事知识密集型职业人员更需要掌握外语知识，因为他们的工作与外语有关，阅读外语专业书籍和杂志，查阅外语资料，书写外语信件，与外方谈判或交往，都必须具备外语基础知识和专业知识，同时要具备一定的口语交际能力和书面表达能力。在所列的 7 项能力中，外语能力排在第 4，只是位于德语表达能力、计算机运用能力和数学能力之后，说明外语知识是从事知识密集型职业人员注重的个人能力。虽然对于从事其他职业的人员，对工人而言，外语知识的需求远远小于技术人员，但这并不意味着一般工人就不需要外语知识，如果你使用的是进口机器，那么外语知识对你来说，就不是毫无关系，你只有能熟练地掌握了外语知识，才能清楚透彻地了解使用说明，了解机器的构造，以便更好地使用、保养和维修机器。对于一个涉外企业，外语知识就显得尤为重要，外语知识的缺乏将会给企业带来各种不良的后果。下面我们就通过一个报告来了解和分析外语知识的缺乏给企业产生的影响。

2. 企业外语知识的缺乏对欧洲经济所产生的影响

《企业外语知识的缺乏对欧洲经济所产生的影响》（*Auswirkungen mangelnder Fremdsprachenkenntnisse in den Unternehmen auf die europäische Wirtschaft*）研究项目是由欧洲教育与文化委员会 2005 年 12 月委托英国国家语言中心（CILT）与一个国际研究小组共同进行。其目的在于为欧洲委员会及欧共体成员国的决策者们提供有关中小企业的语言知识的应用及其对企业经营方面影响的实际信息和分析。这份报告虽然是针对整个欧洲企业的，但仍涵盖了德国许多领域的企业，这些企业在德国经济界仍有一定的代表性，所以这份报告所描述的一些现象、得出的一些数据和对此进行的分析仍适合于德国企业。

这项研究含有五个主题：

1）总结目前的工作，审查外语知识及文化与出口成果的关系。

2）在 29 个欧洲国家中询访了近 2,000 个中小出口企业，以便查清以下情况：外语、国际文化知识的应用；用多种语言交流的技巧；将来的出口计划及对语言方面的其他要求。

3）有影响的业内人士对其各国的教育、经济及政策方面进行分析。

4）调查了 30 个跨国企业，以确定他们的多种语言交流的计划及国际文化知识的能力与其他中小企业究竟有多少区别。

5）从中小企业的民意调查数据中进行了宏观经济方面的分析，以便能为出口企业做出在外语知识方面投资的经济效益，以及在欧洲的经济效益的结论。

对中小企业的调查显示，许多给欧洲企业的订单由于外语知识的缺乏而流失。在对 2,000 个企业的调查中，11% 的承认，由于缺少外语知识致使他们失去订单。许多企业不愿意透露失去的订单有多大，但在 37 家企业中失去订单的总价共计 8 至 13.5 百万欧元。另外 54 家企业潜在的订单价值在 16.5 至 25.3 百万欧元，至少有 10 家企业失去的订单超过 1 百万欧元。

很显然，只有知道自己确实失去了利益的企业才能得出如此结论。整个欧洲的中小企业由于缺少外语知识而失去订单所带来的经济损失总数肯定是一个令人吃惊的数字。

中小企业在经营方面不仅在语言方面，而且在文化方面还遇到了许多困难。46% 被调查的企业计划在近 3 年内开辟新的出口市场，这样一来，对外语知识的需求还会上升；另外，许多企业期待将来能掌握更多的国际文化知识。

29 个国家有 15 个被采访调查，至少有 50% 的人表明，他们使用了多种语言交流的方法。虽然在各国之间有很大的选择性，但是在抽查中发现平均有 48% 的企业实行了多种语言交流计划。在 22 个国家中 50% 多的企业将网页改成了外语，以适应欧盟一体化的需求。

聘用外语作为母语的人常常被视为语言管理的一种方式。值得注意的是，这种方式能满足从事出口贸易时对外语知识的需求。这不仅有利于员工在欧共体内流动，而且还可在世界范围内流动。

48% 的企业表示为其员工提供语言培训班，在此有 15 个国家达到了 50% 以上。但是当问及到这些企业是否在近三年内已经举办了语言学习班时，这时的百分数即呈下降状态。不管是大企业或是小企业都乐意聘用已经拥有外语知识的人才。这样他们就不必投资办语言学习班。

对大型企业的调查结果证实了对大部分的中小企业的调查结果：

1）聘用具有外语知识的员工已经成为普遍行为；

2）英语作为交流语言在大型企业中比中小型企业应用得更多，这反映出英语是许多跨国公司的工作语言；

3）为了便于企业内外的交流，英文常常作为工作语言，或作为合同条款的文字，甚至在本国语言在世界范围内广泛应用的国家也是如此，如法国。

鉴于商业秘密，一些企业仅在有限范围内对经营结果做了一些说明。然而，欧盟的抽查提供了足够的数据，通过对数据处理，外语知识对经济效果的影响实际上是可以测量出来的。

四个以不同方式相互联系并对出口产生正面影响的语言管理方面的因素是：多种语言交流计划的应用；聘用外语作为母语的人员；聘用具有外语知识的人员；及聘用笔译和口译人员。经过计算得出，一个在这四个方面投资的中小企业出口额可以提高 44.5%。出口可以带动生产率的获利，并可以带动内部经济。出口的总产率甚至可以比部门的平均值高出 3.7%。而来源于出口 3.7% 的产量可以表明，在语言方面投资的效果是可观的。

对中小企业的出口调查，确定了欧洲中小企业下列几点特殊需求：

1）由于缺乏外语及外国文化知识出现贸易障碍，甚至失去订单；

2）企业外语知识的水平、应用范围和频率；

3）实施和已计划的语言学习班的水平；

4）有关欧洲内外出口市场的将来计划。

中小企业通过出口来刺激本地及欧洲经济，并为此作出贡献，缩减了外贸赤字。所以，在企业中外语的使用对开拓国外市场有很大影响力。在外贸中外语的运用也是中小企业成功国际化的因素之一。

企业在重要的出口市场运用何种语言？英语在超过 20 个不同国家作为商贸用语，包括 4 个英语国家，德语应用在 15 个国家的外贸领域，俄语在波罗的海国家作为商贸用语，法语在 8 个国家作为商业用语。企业在特定的外贸国使用的语言比例为：英语 51%，德语 13%，法语 9%，等等。

英语并不如想象的运用广泛，可能是因为企业更倾向于使用出口国的语言，或是选择一种欧洲国家语言，如德语或法语。比利时企业运用多种语言，至少有英语、德语、法语和荷兰语。选择哪种语言取决于出口国对外语的敏感度，或者由地理上及文化上的认同感来决定。

企业优先以何种语言与国际客户、自己的子公司、配件供应厂以及合资伙伴交流？63% 的企业首选把英语作为客户语言，也作为中间语言使用；顾客自身的语言被 13% 的企业使用；大约 20% 首选语言组合。

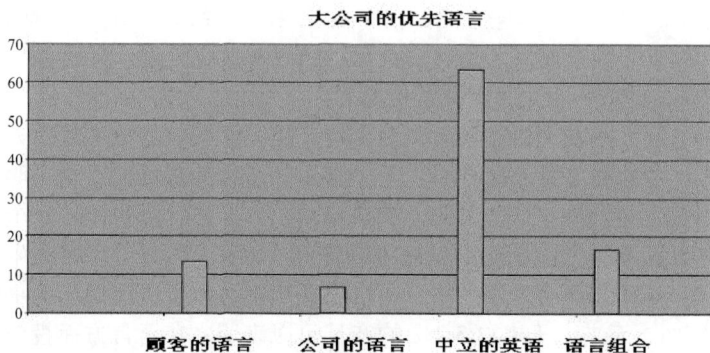

图 1 大公司的优先语言

资料来源：Europöische Kommission, 2005。

部分企业优先使用英语，但同时也运用其他语言与客户交流，满足其需求，既体现企业对顾客的尊重，同时又展现员工熟练驾驭不同的语言能力。为什么"中立的"英语使用频率远远高于顾客的语言？也许英语是世界商务语言而被大型企业视为工作语言，以树立企业形象，表明员工素质，显示企业的一种自信心。

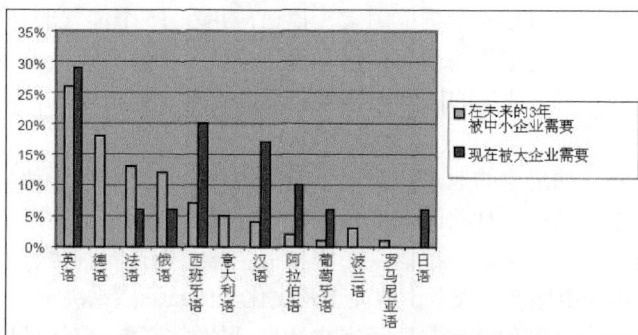

图 2 对比适合中小企业和适合大企业的外语需求

资料来源：Europöische Kommission, 2005。

图 2 表明中小企业首先需要欧洲语言，对德语和法语有较强的需求，与之相反，大企业对世界语言如西班牙语、汉语、阿拉伯语和葡萄牙语有更多的需求。意大利语和德语看起来完全不在大企业的需求中，但是

对中小企业来说德语是在英语之后最常使用的语言。不管是大企业，还是中小企业，都对英语有极高的需求，因为使用英语的国家最多。尽管这样，英语只占整个未来外语知识需求的29%，说明企业对多种语言的需求。

这些结果能反映这样的事实：中小企业注意周边的出口市场，而大企业是放眼全球。这可谓是制定外语教育规划和外语课程计划的重要指南。

大企业与中小企业相比有更大的资源基础和更广的操作领域，因而使用一系列更广的措施来进行国际交流。在需要利用外语资源时，企业大都雇用有外语知识的员工，或是通过开设语言班培训员工，或是聘请外语翻译。还采用其他一些办法来应对外语知识的需求。

外语培训或跨文化知识培训（见图3）：86%的企业举办语言课程（33%经常，53%偶尔），67%的开设跨文化课程，充分利用企业内部的外语人才，或是请外语教师对员工进行外语培训和外国风俗习惯讲座。一是利用最少的培训经费让大多数人受益，获取外语和外国文化知识；二是形成一种热衷学习外语知识的企业文化，有利于员工利用各种机会充实外语知识。

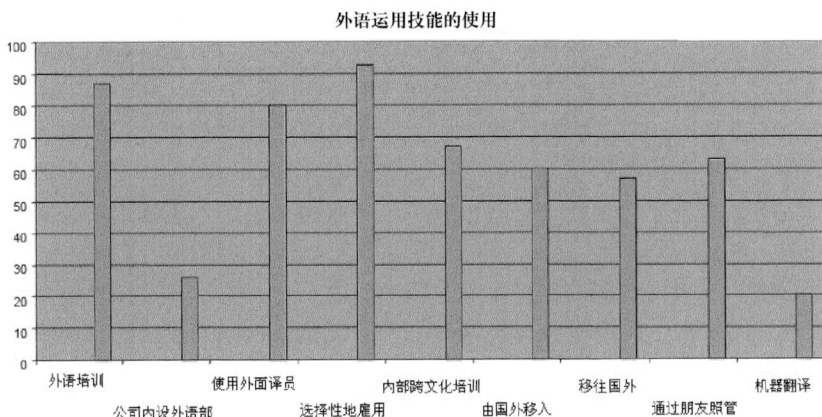

图3 外语运用技能的使用

资料来源：Europöische Kommission, 2005。

企业内部外语部：令人惊讶的是，27%企业拥有内部的外语服务。这也是利用企业内部的资源，当然，前提是企业有大量的外语需求，并且要经常对企业员工进行语言培训，不然这些外语人才就没有施展其外语才华的空间，作为一般员工使用就是一种浪费。

聘请外部译员：有 80% 的企业聘请外面的外语专家，其中 47% 定期聘请。这个数据远远超出中小企业的数据，在中小企业平均值为 45%。这让人们猜测，一些中小企业不愿意或者无力支付译员和文件的翻译费用，也许这些文件包含重要的市场需求的销售信息。

雇用有外语知识的员工：94% 的大企业表示有选择性地招聘具备必要的外语和专业知识的员工。招聘这类人才，企业必须要有吸引力，职业发展前景、薪资待遇、企业工作氛围都是这些高素质人才所要考虑的；中小企业雇用有外语知识的员工的数字只有 40%。对中小企业来说较低的数据反映出人力资源缺乏稳定性，或是对外语人才的需求相对较少。

外语朋友关照：有的企业将有外语知识的或者说母语者的员工安排与缺乏外语知识的员工一起工作，如果需要用到外语知识，那么懂外语者就可以帮忙其伙伴。这是较小规模的企业使用外语资源的方法。

使用机器或因特网上相应的翻译工具：只有二成的接受询问者认为其企业使用过机器或网上翻译软件进行文件翻译。这反映出人们对翻译软件技术的不信任，因为通过翻译软件译出的文稿可能出现可笑的错误，谁也不会相信这样的译文，所以说大部分企业放弃机器翻译，这非常正常。

通过对这份研究报告的分析我们可以进一步认识到外语知识对企业的作用，"外语可以使人更好的得到有关经营领域、产品、原材料、市场化以及贸易途径的新信息。"欧洲一些企业正是运用多语言交际计划，使用讲母语的或具备外语知识的员工，聘请专业翻译，在出口贸易上获利比例明显高于其他企业；一些出口中小企业由于缺乏外语知识和跨文化知识，常常损失外贸订单；还有一些中小企业由于缺少相应语种的人才，而忽略了非英语地区的出口生意。较小的中小企业缺乏未来在外语知识上投资的资源，没有资金，也就失去了继续拓展市场的经济基础，不会再有发展的空间。

英语作为世界范围内的商务语言是重要的，但欧盟国家的其他语言继续作为交际语言被使用，这是出口企业利用多语扩展贸易的需要。几乎一半中小出口企业计划在未来三年开拓新的市场，预计对外语知识的需求会增长，企业将利用教育和课程体系对员工进行语言和跨文化知识培训。来自整个欧洲平均 42% 的企业的对外语知识的需求正在增长，对外语知识的需求发生了很大的变化，但这种需求不容易被现有的国家外语教育计划所满足。

为了了解企业对外语知识的需求，欧盟和各国政府，以及州教育部的决策者应该认真研读这份报告，以便在制定相关政策时更加关注外语知识对企业的影响，同时鼓励企业储备、培训和使用外语人才，以促进贸易的发展。要考虑到企业对于外语知识的一些需求在多大范围里与欧盟经济发展有关，能有益于欧盟的发展以便欧盟将实施的或计划的外语项目真正落实到企业，让企业受益，或是让企业直接获得培训员工外语知识的一部分经费；将"欧洲语言年"所采用的一些方法运用到企业中去，在企业中去推行"促进语言学习和语言多样性"行动计划，让企业员工参加《欧洲语言教学与评估共参框架》的学习，参与《欧洲工作岗位：语言能力可以测试》的考试，提高其学习的兴趣和积极性；让企业员工参与获取《欧洲语言锦囊》的活动，让他们通过学习去获得自己的语言护照，在学习外语知识的同时还收获一份快乐。

中小企业应积累更多管理和使用外语知识的经验，以此能提高出口效益。这些企业应当鼓起勇气使用和扩充可支配的外语资源；通过使用一系列的实用手段来满足外语的需求，请外语培训机构为员工开设外语课程；与高校合作，请高校教师传授外国文化知识，同时给外国大学生或者移民提供实习岗位，在企业内部营造说外语的工作氛围，利于激发员工用外语交流的兴趣；参加一些企业间国际交流计划，支持语言教育和职业教育计划。

普通教育和职业教育授课语言应多样化，语言课程和语言证明应更好地适应企业的需求；应将传授语言知识与掌握各个企业相关领域的专业知识结合起来，使学习事半功倍；课程内容和时间安排应具有一定的灵活性，以应对企业员工变化的需求。

欧盟实施多语计划项目和投资外语教育会带来经济利益，并促进中小企业的生产力和出口效益。这些对外语教育项目的投资让欧盟有能力在技能和知识的市场上，而不是在低价格的市场上具有极强的竞争力。

这份对欧洲中小企业，包括德国中小企业，外语知识缺乏情况的调查涉及面较广，较深入，将其产生的后果不只是定义在企业的效益上，而是直接上升到对欧洲经济产生的影响，这的确是从微观入手，然后从宏观的视角来辩证地分析，以小见大，以点带面来评价中小企业外语知识的缺乏对整个欧洲经济市场带来的负面影响。因为欧洲经济正是由这一个一个的小企业所累积而成，没有一个个中小企业的盈利，也就不会带来欧洲整个经济的繁荣。

六、结语

概括上述考察与讨论，我们得出如下结论：1）德国重视学校外语教育，因而制定了许多与外语教育有关的政策，并一再顺应时代的潮流和社会经济的需求不断地修订补充，使其完善，正是这些政策保证了德国外语教育的健康发展，培养出了一批又一批优秀的人才；2）德国同样重视为了欧洲一体化而进行的语言多样化活动，因为同一个欧盟地区，同一种欧元货币，使其经济紧密相连；3）由于外语知识的缺乏对欧洲经济所产生的不良影响唤起了日耳曼民族的忧患意识，使德国人将外语与产品联系起来，从而将外语人才与外贸经济、进而与民族的未来、与欧洲的未来联系在一起，使得他们将外语教育视为影响经济发展的一件大事；4）德国特别重视外语政策的制定，重视外语人才的培养，积极支持人们参加 2001 年"欧洲语言年"和 2007 年"终生学习计划"活动，强化国民的语言以及外语意识，在保护文化归属感的同时，加强相互理解，促进交流，繁荣经济，将世界各地的文化联系在一起，让人们更加和谐地生活在一起。

参考文献

1. Anja Hall. BIBB. (2007). *Tätigkeiten und berufliche Anforderungen in wissensintensiven Berufen.* Bonn. www.bibb.de.
2. *Baden-Württemberg-Bildungspläne für allgemein bildende Schulen.* www.bildung-staerkt-menschen.de/unterstuetzung.
3. Bericht über die Durchführung des Aktionsplans.*Förderung des Sprachenlernens und der Sprachenvielfalt.* www.kmk.org.
4. *Bildungspläne der Bundesländer für allgemeinbildende Schulen.* www.bildungsserver.de/zeigen.html?seite=400.
5. BMBF (2002) *Das Europäische Jahr der Sprachen 2001: Sprachen öffnen Türen.* Köln. Berlin. www.bmbf.de.
6. BMBF (2008). *Programm für lebenslanges Lernen.* Bonn. Berlin. www.bmbf.de.
7. *Chinesisch an Schulen in Deutschland.* www.kmk.org. /.../china_schulen_pdf.
8. CILT, ELAN.(2006).*Auswirkungen mangelnder Fremdsprachenkenntnisse in den Unternehmen auf die europäische Wirtschaft.* www.cilt.de.

9. *Das Bildungswesen in der Bundesrepublik Deutschland.* www.bildungsserver.de.

10. Die Vereinbarung zur Gestaltung der gymnasialen Oberstufe in der Sekundarstufe II. www.lernarchiv.bildung.hessen.de/sek_ii/englisch/abitur/edu_1193855277.html.

11. *Düsseldorfer Abkommen zwischen den Ländern der Bundesrepublik zur Vereinheitlichung auf dem Gebiete des Schulwesens.* www.kmk.org.

12. *Einheitliche Prüfungsanforderungen in der Abiturprüfung: Griechisch Einheitliche Prüfungsanforderungen in der Abiturprüfung: Griechisch.* www.kmk.org.

13. *Europäische Kommission: Der Fremdsprachenunterricht an den Schulen Europas.*(2001). Brüssel: Eurydic.

14. Europarat, Goethe – Institut Inter Nationes (2001). *Gemeinsamer europäischer Referenzrahmen für Sprachen: lernen, lehren, beurteilen.* München: Langenscheidt.

15. KMK. *Rahmenvereinbarung über die Zertifizierung von Fremdsprachenkenntnissen in der beruflichen Bildung.* www.kultusministerkonferenz.de/schul/home.htm.

16. KMK. *Bericht Fremdsprachen in der Grundschule – Sachstand und Konzeptionen.* www.kmk.org/.../Fremdspr-Grundschule.pdf.

17. KMK.*Einheitliche Prüfungsanforderungen in der Abiturprüfung Chinesisch.* www.kmk.org/fileadmin/.../1998/1998_04_14-EPA-China.pdf.

18. *Neufassung der Vereinbarung über die neugestaltete gymnasiale Oberstufe Neufassung der Vereinbarung über die neugestaltete gymnasiale Oberstufe.* www.kmk.org.

19. *Neufassung des Abkommens zwischen den Ländern der Bundesrepublik Deutschland zur Vereinheitlichung auf dem Gebiet des Schulwesens.* www.kmk.org.

20. Peter Fränz / Joachim Schulz-Hardt, *Zur Geschichte der Kultusministerkonferenz.* www.kmk.org/no_cache/wir-ueber-uns/gruendung-und-zusammensetzung/zur-geschichte-der-kmk.html.

21. *Rahmenvereinbarung zur Ordnung des Unterrichts auf der Oberstufe der Gymnasien.* www.kmk.org.

22. *Strukturen der allgemeinen und beruflichen Bildung und der Erwachsenenbildung in Europa.* Ausgabe 2003. www.eacea.ec.europa.eu/.../structures/041_DE_DE.pdf.

第五章
俄罗斯外语教育及政策的演变

作为不同种族间沟通的工具之一，外语在国际交往中扮演着不可或缺的重要角色，其独特的价值和作用越来越受到各国政府的重视。在全球化程度日益加剧的今天，外语的地位之重要却凸显得超出了人们的传统想象，外语国家外语教育政策已经成为一个国家国际关系演变的风向标。特别是进入 21 世纪以后，一系列不同文化、不同种族间国际冲突的爆发引发了许多国家政府对于语言文化的深刻思考，纷纷制定或修订了国家语言政策，将外语教育提高到国家战略、国家安全的高度。从中国、俄罗斯等许多国家外语政策的嬗变中我们也可以清晰地看到，外语政策的变化实际上是一个国家社会发展程度的再现，不仅代表着其教育理念的变化，说到底是国家实力的一种体现。

俄罗斯的外语教育政策是整个国家教育体系中的结构性一环，由此还原历史语境，认真梳理、整理、归纳近代以来俄罗斯外语政策的更替承续，挖掘出其背后蕴含的丰富政治的、经济的信息，进而展现出外语政策与彼时社会文化之间深刻复杂的历史关联，这是本课题的立意所在，也是目标所在。

一、外语教育的大环境

1. 国家简况

俄罗斯横跨欧亚两大洲，位于欧洲的东部、亚洲的北部，是世界上领土面积最大的国家。截止到 2009 年拥有约 1 亿 4200 万人口，其中

80% 以上是俄罗斯族。

宪法规定俄罗斯是一个联邦国家，拥有 83 个地位平等的成员，其中 21 个加盟共和国，9 个边疆区，46 个州，两个联邦直辖市，1 个自治州，4 个民族自治区。

俄罗斯共与 14 个国家接壤，可谓地大物博，拥有世界上最为丰富的森林资源，全球四分之一的淡水资源。

俄罗斯地广人稀，人口过百万的城市仅有 11 个。但因为俄罗斯是一个拥有 100 多个少数民族的国家，所以语言资源十分丰富。联合国 6 大工作语言之一的俄语是俄罗斯的官方语言，也是世界第四大语言。

2. 教育发展史概述

俄罗斯是世界上国民受教育程度最高的国家之一。自公元 988 年接受基督教并定为国教到现在不过 1000 多年的历史，但教育却在不同的历史时期始终受到统治者及国民的高度重视，或把它作为强国的途径和必要条件，或作为统治国家、统一思想的工具。与西方国家的学校教育不同，早期的俄罗斯教育主要以家庭教育为主要形式，以传授技能为基本内容。之后，随着教会力量的逐渐强大，宗教书籍的大量翻译，政府和教会开始开办学校，1679 年创办了第一所学校——斯拉夫－希腊－拉丁文学院，该学校具有浓厚宗教的特点。由于俄罗斯所具有的历史的、文化的，乃至地域的特点，使得俄罗斯的教育从一开始就具有了较强的开发性和吸纳精神。18 世纪彼得大帝的改革大大加速了俄国教育的发展，兴办了一系列学校，一批批青年到国外学习科学和他国的先进经验，大量的欧洲各国能工巧匠云集俄国都市，带来了民族文化和教育的繁荣。向西方学习，建立自己的教育体系，培养人才成为彼得大帝改革的主要目标之一。1725 年俄国设立第一个科学院，包括一所大学和一所中学在内的圣彼得堡科学院，科学和教育首次被政府和统治者确立了合法的重要地位。1755 年，俄国第一所综合性大学莫斯科大学成立，经过近一个世纪的发展，到 19 世纪中期，俄罗斯基本上初步建成了带有欧式色彩的自己的教育体系。19 世纪以后，俄罗斯教育逐步走上自我发展阶段，逐渐在教育体系中突出自己的国家需求，但因种种原因发展速度比较缓慢。到 20 世纪初，俄国建成的综合大学只有 16 所，全国约有 70% 的男性和 90% 的女性是文盲。苏维埃政权成立后立即着手兴办教育，努力尽早尽快降低文盲人数，实施全民义务教育计划，从 1934 年开始普及四年制义务教育；1952 年基本普及了七年制义务教育；20 世纪 70 年代初，普及了八年制义务教育；1976 年起全面推行义务中等教育；80 年代以后逐步普及了十一年制义务教育。苏联时期国家实行免费高等教育，适龄者受教育比例曾经比美国高出一倍。"俄罗斯目前的文化普及率是 99.4%。相对普及的教育水平和良好的国民素质成为俄罗斯国家发展的一个巨大的推动力量。目前俄罗斯的高等教育机构有 1,000 多个，以国立为主，国立高等教育机构在校生的数字在全世界居于领先位置。

3. 俄语推广

俄罗斯是一个多民族国家，居住在其境内的民族有 150 多个，共使用 100 多种语言。由于民族众多，因此语言教育政策在俄罗斯地位尤为独特而重要，它作为民族、种族保护的主要标志，成为保持社会稳定和谐发展的主要保证之一。

俄罗斯是一个多民族国家，各加盟共和国、地区等相对高度自治，因此语言问题尤为严重。俄罗斯各共和国的语言问题大多由各自宪法或单独立法解决。阿尔泰共和国、布里亚特共和国、印古什共和国、卡累利阿共和国、北奥塞梯共和国等都通过了本国的语言法，各共和国或在宪法中或单独立法解决各自的语言问题。20 世纪 90 年代初俄罗斯的加盟共和国开始了语言立法工作，产生了第一批有关语言的法律规定。

俄语曾经的辉煌随着苏联的解体渐渐失去其光环，俄语在东欧、前苏联一统天下的地位被颠覆了。俄罗斯政府及时看到了俄语的危机，高度认识到语言对于俄罗斯这样一个多民族国家之重要，因此国家转型之初政府即将语言作为一个特别的领域予以特别的重视。1991 年颁布了《俄罗斯联邦民族语言法》、《俄罗斯民族语言宣言》等语言法规，另外在宪法中对俄语是俄罗斯联邦国家官方语言做出了明确规定。独联体各国在语言上"去俄罗斯化"，更加大了俄罗斯"俄语保卫战"的紧迫性和难度。俄语的兴衰是俄罗斯综合实力的显现之一，俄语地位问题已经成为俄罗斯、独联体国家之间的政治问题。语言已成为国家非传统安全问题之一。总统普京非常重视俄语的对外传播，并签署总统令成立"俄语世界"基金会，支持境外尤其是原苏联国家的俄语研究。俄罗斯为了自己的政治、军事和经济利益，为了本国的国家安全，从语言入手，以语言为工具，展开各种活动保护自己的文化利益，从而发展自己的软实力。2002 年 1 月在莫斯科成立了"俄语发展中心"，由视"振兴、发展、推广"俄语为己任的普京夫人柳德米拉担任中心负责人。2007 年普京亲自发起了世界"俄语年"活动，梅德韦杰夫一语中的："我们会在推广俄语的同时维护我国的国家利益，并在与其他国家的相互协作中提高经济和文化实力。"

有记载显示，俄语作为外语在其他国家被推广的历史大约可以追溯到 1000 多年前的基辅罗斯时代，18 世纪初欧洲开始学习俄语，到 19 世纪末 20 世纪初，俄语已经被推广到绝大部分欧洲国家和部分亚洲和非洲国家。苏联时期无疑是俄语在世界范围内推广的成功阶段，主要通过派出教师、编制教材、免费培训留学生、举办国际俄语竞赛等途径使俄语在东欧等国成为必修课程。在我国，20 世纪五六十年代俄语几乎就是外语的代名词，全国上下一片学习俄语的热潮。1967 年，苏联倡议成立了世界性俄语教师组织——国际俄罗斯语言和文学教师协会，1975 年该协会成为与联合国教科文组织合作的非政府组织，协会每四年召开一次全体大会。这一组织的成立大大促进了俄语在其他国家的推广，对于宣传苏联、为苏联在世界范围获得更多的政治、经济、军事和文化利益起到了重要的推动作用[1]。目前，俄语在全世界有 140 多个国家成为外语学习的科目。俄语在世界范围内的广泛传播在一定程度上削弱了俄罗斯国内外语学习的需求，但也为拥有外语语种最多的高校（莫斯科大学亚非学院）之落户俄罗斯创造了条件。

4. 教育体制改革的宏观考察

18 世纪前后彼得大帝的西化改革使俄国教育开始成为国家发展政策的有机成分。彼得大帝从欧洲先进国家的发展经验中领悟到提高民众的教育水平对于国家整体发展的巨大作用，于是将发展教育纳入西化改革的范畴，教育发展成为促进国家发展的重要举措。整个 19 世纪是俄国近代教育体系形成和发展的关键时期。国家对教育发展的干预进入绝对集权化时期。由国家及政府主管部门颁布法规文件确定教育发展的策略、规范以及实施细则，沙皇政府通过教育法令体现国家意志的特点也更为鲜明。1804 年沙皇政府受法国资产阶级革命影响而确立的统一的国民学校教育制度规定，由教区学校、县立学校、文科中学和大学构成上下衔接的单轨制国民教育体系，各级学校一律免费，面向所有阶层子弟。但这种含有资产阶级国家民主色彩的教育制度与俄国封建农奴制的国家实质根本无法协调。因此沙皇随后多次颁发敕令，直至将学制彻底确定为两个等级鲜明的、前者（贫民）封闭后者（贵族）衔接的双轨制教育形

---

1 参见《世界主要国家语言推广政策概览》，张西平、柳若梅编，2008 年，北京。

式，完全剥夺了广大贫民阶层接受完全中等教育的权利。这种等级鲜明的双轨制教育一直持续到"十月革命"前。

虽然苏联早期的教育比较重视知识教育，但随着国家集权政治的不断深入，教育体制逐渐与其政治体制、经济体制相一致，表现出很强的意识形态色彩。苏联公民不分种族、民族、性别、宗教、信仰、财产和社会地位，一律享受平等受教育权力。国家办教育，"学校应当成为无产阶级专政的工具"，"国家主要是从经过高等学校培养的专家中吸收从事经济工作、党的工作、国家工作、外交工作、军事工作和从事一切社会活动的干部"，为革命培养接班人，对学生的思想政治教育尤为重视，对国民实行免费教育则成为顺理成章之事。从 20 世纪 70 年代末期开始，教育体制努力摆脱旧有政治、经济体制的束缚，从而实现与自由市场经济体制的并轨，苏联的教育体制改革拉开序幕。学校，特别是教育的最高层次高等教育，重新将关注重心转向对学生的知识教育和能力培养。1988 年 2 月，前苏共中央全会通过了一项《关于教育体制改革的决定》，提出以"民主化"和"人道化"为总的指导思想，对整个教育体制进行"根本性的变革"。同年 4 月，成立了"国家教育委员会"，强调各加盟共和国确立适合于"民族特性"的教育新秩序和新制度。

高等教育始终是教育体系中的重要组成部分，作为高水平人才培养的主要途径，俄罗斯的高校始终站在国家和政府的高度重视教育改革。20 世纪 80 年代末期，国家政治生活的动荡加快了教育体制的改革步伐。1990 年 10 月，苏联制定了向市场经济过渡的重大国策，同月，总统戈尔巴乔夫颁布总统令，赋予高校以自治权力。1991 年初至 1992 年，俄罗斯颁布了《教育法》（1996 年 1 月修订），教育在国家体系中的地位等问题以立法的形式被明确下来。

在高等教育方面，参照国际上高等教育人才培养的模式，俄罗斯教育部于 1992 年通过了《关于在俄罗斯联邦建立多层次的高等教育结构的决定》，俄罗斯高等教育逐步向三个层次过渡，即不完全高等教育（学制 2 年）、基础高等教育（学制一般为 4 年）和专业化高等教育（学制 2 或 3 年）。1996 年 8 月颁布《高等职业及职业教育法》，俄罗斯高等教育逐步向多层次结构发展，专业方向也趋于多样化。1997 年被专家称为教育改革的一年，改革的重点是"教育领域的经济改革"，教育部公布了教改方案。也有人称之为基涅列夫（时任俄罗斯联邦普通教育和职业教育部部长）方案。

2000 年，俄罗斯政府通过了为期 25 年的《俄罗斯联邦国家教育发展纲要》，确定了教育在国家政策中的优先地位、教育发展战略和方向。2001 年 10 月，俄罗斯政府召开会议，讨论并通过了教育改革方案，主要内容有：中小学将十一年学制改为十二年学制；高等院校的学生录取必须经过全国统一考试进行；国家对高校的拨款制度做出调整，增加国家对教育的拨款；提高教师待遇。教育被视为保证国家现代化和民族安全的重要因素之一，获得了优先发展的地位。2001 年俄罗斯联邦国家委员会批准了《2010 年俄罗斯教育现代化纲要》，与之配套，俄罗斯教育领域实施了一系列改革措施，以保证教育现代化任务的落实。教育资源的重新配置、教育体制的发展变化与政治、经济发展相呼应，教育发展观念及相应举措也深深地影响了俄罗斯的外语政策及外语教育发展。方向明确、有的放矢的教育政策为外语教育政策的发展提供了良机，外语教育政策的战略性功能进一步强化。

二、外语教育简史

因为历史的、文化的等诸多原因很难界定俄罗斯的外语教育究竟始于何时，但考察俄罗斯外语教育的发展，我们可以大致梳理为以下 6 个阶段：古罗斯时代到 18 世纪彼得大帝改革之前应该是俄罗斯外语教学的第一个时期；18 世纪 70-80 年代到 19 世纪中叶是第二个时期；19 世纪中期到 19 世纪末是一个重要时期，这个时候俄罗斯真正开始关注欧洲语言的教学问题；19 世纪末到 20 世纪初是一个变化的时期；20 世纪 20 年代初到 80 年代末为苏联时期；苏联解体后到现在为改革时期。

1. 外语教育的滥觞

14 至 16 世纪以莫斯科为中心莫斯科公国开始兴起，俄罗斯国家开始逐步统一，建立起中央集权的国家。在俄罗斯民族文化形成的这一时期，外语的地位是非常重要的。文化的繁荣必然与教育的发展紧密相关，政府和教会兴办了希腊语—斯拉夫语学校以及俄语、拉丁语、波兰语学校，在这些学校中，外语的地位很高。从形式和意义上讲，这些学校应该是俄罗斯最早的外语学校。因为这些学校的目的主要是满足于宗教事务的需要，为教会政府服务，学校的规模和影响力都非常有限。

16-17 世纪，俄罗斯与西方的交往逐渐增加，大量的外国人逐渐进入俄罗斯，通晓外语的人才奇缺。现实的需要使俄罗斯社会对外语重要性的认识大大提高。17-18 世纪前 25 年俄罗斯外语教育得到快速发展，在

莫斯科成立了一批新型学校，开始教授拉丁语、希腊语、德语等。到 19
世纪上半期逐渐把拉丁语、希腊语、德语、法语等欧洲语言作为学校的
必修课程，而英语只在军事学校公务和商业化学校中开设，意大利语和
丹麦语只针对军事和海军学校的学生。随着时代的发展，拉丁语逐渐让
位于具有现实实用价值的德语、法语、英语等欧洲语言。

2. 外语教育的发展

高度中央集权的国家体制决定了俄罗斯的外语教育发展与国家意志
紧密相连。19 世纪初俄罗斯将推广外语教育作为重要的国家任务，外语
学习被看作是培养学生逻辑思维的途径，所采用的教学法主要是语法 -
翻译法和文本 - 翻译法，到了 19 世纪末 20 世纪初才逐渐加强了对口语
的重视。

进入苏联时期，大力发展国民教育、提高国民科学文化素质的内容
被纳入国家重要工作议程。苏维埃政权成立了人民教育委员会，并发布
改革旧教育制度、建立新型学校的决议。在随后的七十余年里，苏联一
直保持了对教育实施全面的中央集权领导，为社会发展和国家经济建设
提供保障。由于苏联在东欧世界特殊的政治地位，俄语在相当长时期内
成为许多国家的官方语言之一，导致外语教育没有收到足够的重视，甚
至出现明显的退化。20 世纪 20 年代末，由于第一次世界大战和俄罗斯国
内时局的动荡，俄罗斯外语教育出现了一个停滞时期，或者说是保持在
很低的水平。苏联时期，在俄语一统天下的情境下，外语教育的必要性
似乎不被理解，苏联与美国长期的交往更是使外语的社会需求似乎更是
显得微乎其微。虽然政府要求从小学开始外语课，但实际上只有少量的
小学执行这个要求，而且许多开设外语的学校也不是上外语课，只是办
一些讲座。当时，俄语作为世界上两个超级大国之一苏联的全民通用语、
官方语和联合国 6 大工作语言之一，为全球第三大语言。据俄权威部门
统计，20 世纪七八十年代是俄语在全球传播最广泛的时期。截至 1980
年，全世界有近 3.5 亿人懂俄语。最初有 80 多种语言允许列入学校的课
程大纲，但逐渐缩减为 40 多种，实际情况更加严重，许多人甚至不会使
用本民族语言，一些民族语言濒临消亡。当时苏联的外语教育的规模和
语种数量处于相对停滞状态，即使学习外语也是为了国家的需要，由于
政治原因和国家需求，英语成为苏联外语教育的最大语种，其次是德语
和法语。

三、外语教育政策的历史嬗变

外语教育内容及政策的变化与国家的国际地位、意识形态、经济发展等多种因素有着密不可分的关系。深入、细致的考察不同历史语境中外语语种的变化、外语教学方式的嬗变等历史信息，可以为准确理解和把握当下俄罗斯外语政策提供重要的历史参照。

近年来，俄罗斯着眼于政治、经济、文化领域国际拓展的需要，基于加强欧洲一体化的考虑，不断加强对外语教育的重视力度，并在国家层面制定了系列政策，以体现国家导向并对外语教育提供大力支持。首先是制定与欧洲语言标准相一致的语言教育政策和多语言发展计划；其次在教育大纲和教育实施标准中，推进母语加外语的教育培养模式，规定每个适龄受教育者都需至少学习两门外语；同时，国家大力扶植和鼓励语言学校和语言机构的发展，以发达的语言教学网络带动学生人群的增长，进而实现外语教育模式的不断更新。

俄罗斯在国家层面系列语言政策的制定一方面明确了导向，使得外语教育的发展有了更加稳固的政策基础；另一方面为外语教育的发展铺平了道路。1999 年教育部新公布了《俄罗斯高等学校外语教学标准》，其中对外语教学的课程体系、课程标准、教学目的、手段等都做出了详细的规定，要求外语教学不仅要掌握此语言，而且还要为进一步自学此语言打下良好的基础。学生必须具备能够与外国人进行书面交流和口头交流的能力，新标准要求教育机构既注重学生基础知识的掌握，同时又非常强调学生应该能够用在外语学习中扩大信息量，掌握必要的文化和国别地理知识，以及国际交往的规则。提高语言运用能力，鼓励学生在了解外国新事物的同时主动学习，获得自己的新发现。

一系列相关政策的制定直接带来了俄罗斯外语教育的新变化，主要有如下几点：

1. 外语语种的多元态势

长期以来，俄罗斯人认为外语指的是英语、法语、德语等欧洲语言，地域的、文化的、经济的等原因使亚洲国家语言处于俄罗斯的视野之外。目前在外语教育体系中，英语仍然占有绝对优势。根据俄罗斯教育与科学部数据显示，俄罗斯学习英语的人数为 1,250 万人，学习德语人数为 350 万人，学习法语人数为 75 万人。除了传统的英语、德语、法语作为俄罗斯外语教育的重点之外，日语、汉语、阿拉伯语、西班牙语、意大利语等语言开始进入俄罗斯外语教育的课程体系中，其中英语、法语、德语、西班牙语和意大利语明确列入莫斯科中小学课程体系中。最近据莫斯科"发展技术"调查公司统计，莫斯科外语学习者心目中的热门外语语种排列如下：英语—82%，德语—7%，法语—4%，意大利语—4%，西语—2%，日语—0.6%，汉语—0.4%。

全球化的国际形势使得外语在政治、外交、经济、文化交流与往来中角色日渐重要。经过多年外语教育的发展，俄罗斯的国民外语程度不断提高，俄罗斯列瓦达分析中心的调查结果显示，俄罗斯有33%的经理和33%的企业主能流利地掌握一门外语。受过专业培训的工作人员中掌握一门外语的人占18%，家庭主妇中也占18%，而在工人中这样的人只占8%。15%的俄罗斯人对自己所掌握的外语给予了很高的评价。莫斯科市掌握外语的人是其他俄罗斯城市的2倍（35%比15%至18%），是农村掌握外语人数的5倍（35%比7%）。

导致外语语种多元发展的原因很多，除了全球化、欧洲一体化加剧的因素之外，国家的利益是根本原因之一。俄罗斯的政治经济的发展对外语语种和外语人才的需求都发生了很大的变化，上述统计结果充分表明，俄罗斯的学校教育已经呈现多元态势，特别是近年来中国、日本等国对俄经济贸易的逐步扩大使得汉语、日语等东方语言的普及和发展非常迅速。以中文发展为例，受中俄两国贸易额逐渐增高的经济形势及中俄文化交流日渐深入的积极影响，中文在俄罗斯的影响面日益扩大，可以说，学习中文不仅是国家基于战略发展的政策导向，更是个人基于个体职业发展的现实需要。苏联解体以后，特别是近10年来外语热不断升温，今天外语早已不是学者专家的标志，而成为普通人的必需。因为外语对每个人的职业和人生的影响实在是不可轻视。目前俄罗斯很多学校均开设了中文专业，莫斯科、圣彼得堡等一线城市开设大量中文语言学校，学习中文成为俄罗斯学生和青年的一个新选择。

地缘因素也是某些语种发展普及的部分原因。以芬兰语为例。作为俄罗斯人所学习的传统外语之一，芬兰语占有特殊的地位。因为芬兰是俄罗斯的近邻，与俄罗斯保持长期的文化、经济、贸易等方面的关系，两国之间有着许多的共同利益。所以，尽管芬兰语被认为是较为难学的语言，但学习者的数量却逐年上升，特别是在圣彼得堡这样临近芬兰的城市，芬兰语的学习者比较集中。

此外，国家安全问题也是导致语种多元化发展的原因之一。俄罗斯出于对外高加索地区安全的战略考虑，不断加强对阿拉伯语教育的投入，近年来，在俄罗斯阿拉伯语的学习者人数不断增加。

各国驻俄使馆、国际教育发展机构、企业的资助和支持也对外语多元化发展起到了一定的促进作用。2002 年，俄罗斯一些大型外语学校在英国、奥地利等国的赞助下成立语言学校联盟。这是一个非盈利性组织，旨在于支持俄罗斯乃至独联体各国的语言学校、语言培训中心和外语培训班。联盟创立者认为，联盟的成立目的是为了建立符合当代欧洲要求的外语教学的统一标准，同时也是为了能够提供高质量的服务，联盟成员之间可以相互提供支持和帮助。每一个申请加入的学校都要经过联盟的调查和评估，加入联盟的同时即好的证书，标志着这个学校具有高水平的教学质量。目前俄罗斯有不同地区的十多所学校加入了这个联盟。

2. 外语教育体系的更新

苏联时期的外语学习在很大程度上是出于国家的需要，学什么语言也是政府和国家的安排，学习者对于学什么、怎么学几乎没有发言权和决定权。进入 20 世纪 90 年代，国家政治体制发生根本变化，教育的自主性的增强也使得学习者可以根据自己的需要和兴趣选择性学习，学什么语言完全由个人自己做主。

近五年来国际关系的发展，俄罗斯金融走向国际市场，积极引进西方的投资，特别是国际旅游市场的迅速发展都刺激了俄罗斯国民学习外语的热情。今天，在俄罗斯熟练掌握外语成为成功人士的主要标志之一。外语充分表现为交流的工具、沟通的媒介，理解异族文化的手段，个人智力潜能发展的基础，提高逻辑分析的能力。国际交往的不断扩大，加入世界一体化，加入博洛尼亚进程和加入世界贸易组织都使外语在俄罗斯异常火爆。懂外语的、高水平人才奇缺，这种情况还将持续较长一段时间。外语在俄罗斯正在由一门普通的课程变为现代化教育体系中的必要元素，成为实现个性价值、职业规划的主要手段和途径。遵照 1993 年签订的博洛尼亚宣言，俄罗斯要在 2010 年全面彻底地接受博洛尼亚成员国统一的高等教育体系。这使得成员国的居民可以在其中任何一个国家学习和工作。大学生也可以随意在任何一所高校选课，参加考试。教育以一体化为大学生们的学术交流创造了条件，增加了学生人员交流和进修生的数量，也吸引了大量的外语教师到俄罗斯高校任教。

20 世纪 90 年代，俄罗斯的教育改革不断深入，无论中小学还是高等院校都对课程进行了改革，倡导教育的多元化、因材施教、教育的个性化，强调教育对人的差异性的重视。颁布了《俄罗斯联邦教育法》、

《国家课程标准》，对外语教学做了系统的规划和设计。出台了《2010 俄罗斯教育现代化方案》，形成了新的国家语言政策。根据新的形式的变化，制定了《国家教育标准暂行办法》。这个暂行办法实际上就是基础课程大纲，其中外语和母语作为国际交际语言的俄语同时被编入"语言与文学"课程板块。《暂行办法》中规定外语教育必须具备以下特点：

1）语言的实践能力、语言技能成为最广大的社会群体的第一需求；

2）社会大环境为个性化外语学习提供了良好的条件；

3）提供新的教学手段，增加学习时数，改革教学方法。

小学教学大纲中明确规定外语为必修课程，这是首次以立法的形式确定了外语要从小学开始，成为一种趋势，文件中明确规定外语要从二年级开始学起，而且总学时要达到 210 学时，即从二年级至四年级每周 2 学时。如果校务委员会认为条件具备，外语教学时数还可以根据地区或学校的具体经费来源适当增加。5-9 年级基础教学大纲中规定，每周至少要安排 3 学时的外语课，学校可根据自己的情况增加课时。

国家语言政策所提出的上述方案得到了以升入知名高校或好专业为目标的学校学生的大力支持，有些学校甚至为学生在规定课时之外追加课时，部分选修课能够用外语来上。此外，学生还可以参加国际项目，获得在所学语言国家学习和生活的机会。

此外，对于外语教育的变化在高校招生录取中也有所显现。国家统一考试中外语是高水平高校许多专业入学考试的必考科目，它代表着中学外语水平的最高标准，相对于国际标准的中上等或先进水平。考察内容包括语法、词汇、写作、对话、听力。必考外语的专业有外国语言文学、翻译学、区域研究、东方学、国际关系、国际经济、国际新闻、社会文化服务和旅游等。绝大多数一流大学在以下专业也要求测试外语：普通语言学和俄罗斯语言学、新闻学、法学、经济学、管理学、市场营销、国家和市政管理、文化学、政治学、社会学和哲学。

因为外语标准提的很高，一般的学校经常达不到这个标准，因此，国家统一考试外语考试目前被认为是最难的一科。但是政府主管部门和大学却认为国家统一考试的要求表明的是中学（高中）毕业时外语应掌握的标准。各大学似乎没有降低标准的打算。专家们普遍认为，如果一所大学看重自己的声誉，它就应该为学生提供优质的教育。而如果没有出色的外语知识，优质教育几乎是不可能实现的，也不可能进入国际话语体系，无法开展国际合作与交流。学生在中学毕业时必须出色地掌握一门外语，能够掌握的语种越多就越有优势。外语在今天俄罗斯的高等教育中不再是点缀课程，而是贯穿始终的一门系列课程，是教育体系中的重要组成部分。

3. 外语教育机构的多样化

在外语教育语种和学习人数不断增加的同时，俄罗斯外语教育的体系亦在不断完善。专业化的外语学习和社会化的外语培训相结合是俄罗斯外语教育的基本结构。目前，从事外语教育的机构是多元化的体系，有国立的各级各类学校，也有私立的教育机构，还有一些是国立和私立相结合的。此外，还有语言对象国自己办的外语教育机构，如中国的孔子学院、德国的歌德学院等。外语教育基本上已经市场化，成为一大产业。

各种不同规模和类型的语言机构之所以在俄罗斯特别是在莫斯科如此发达，其中一个主要原因就是对外语服务需求的不断增加，社会对外语补习需求的居高不下。而学校，包括大学非语言专业教学大纲规定的内容所能够提供给学生的语言知识和技能训练是十分有限的，学生们往往不能自如地运用外语进行交流。

俄罗斯专业外语院校数量并不多，但高层次、专业化的外语教育越来越受到教育者和学习者的关注。著名的专业外语院校有莫斯科国立罗曼诺索夫大学亚非学院、莫斯科国际关系学院、莫斯科语言大学等，它们代表了俄罗斯专业外语教育的最高水平。如建于1944年10月的莫斯科国际关系学院，是一所专门培养造就外交官、国际关系方面人才的专业学院，在俄罗斯享有很高声誉，教授包括对外俄语在内的语言共计52种。该院学生每人熟练掌握两门外语，英语是每一位学生都必须学习的科目。

除了专门的外语院校之外，目前俄罗斯的社会外语培训机构在外语教育中也承担了重要的角色。2008年10月"技术增长"调查公司对俄罗斯外语商业市场进行了多项调查，对市场结构、运作方式、目标人群等进行了摸底清查，对未来市场的发展进行了预测。这次调查是对俄罗斯非国有的、外语有偿教育机构所做的第一次大规模调查。本次调查的对象有100多个不同性质的外语培训、教学机构，根据"发展的技术"市场营销公司调查结果，2008年，俄罗斯非国有的商业性有偿外语学习的市场份额达到242亿卢布，平均收费每小时108卢布。外语有偿教育、培训扮演国家经济活动的重要角色之一。各地区因其发达差异性外语教育收费标准不同，莫斯科的收费最高，加里宁格勒的收费最低，每小时只有 50 卢布。目前，外语的发展与社会政治经济的联系越来越紧密，哪个语种最受欢迎是市场需求所决定的。最热门的外语是英语，接下来依次是德语、法语，有五分之四的机构开设。几乎一半的机构开设西语和意大利语。大多数机构教授 2-5 门外语，只有 7% 的机构可设 10 种以上外语。在培训机构参加学习的学生基本在 18-35 岁之间，属于中产阶级。24% 的课程设置是面对儿童的，70% 是针对青少年的。教学法基本以交际法为核心。

4. 人才培养目标的变化

俄罗斯的人才教育目标中明确指出，各类学校和教育机构要力争培养掌握多种外语的复合型人才。外语已经成为合格人才的结构性元素，由此也引发了社会上对外语学习的多样性需求。学习外语的目的由国家需要转变为个人发展的内在动力，同时也是丰富生活内容、提升生活质量的保障。在莫斯科，每年都会增加德国、法国、意大利、瑞士、希腊等国的代表机构，这些机构每年为莫斯科的大、中、小学校提供多种渠道的经济资助，资助其学习对象国的语言或提供与对象国交换学生学习语言的机会。

纵观本阶段俄罗斯的外语教育发展实际，可以用政策环境不断优化、外语语种不断扩充、学习外语人数不断增加、外语教育涉及面不断扩展、国家标准不断完善来概括。可以说，经历了解体后的俄罗斯外语教育在国家政策的支持下，开始步入发展的稳健期。

5. 教学法的改革

改革开始后，外语学习的需求大大变化，许多人因为要出国学习、工作或旅游等原因产生了学习外语的现实需要。外语教育理论、教学法也随之发展。语法教学法、翻译教学法等显然不能满足学习者的需要。目前俄罗斯外语教学法大致有 20 多种，各种培训班和语言学校，其中 60% 的教学法都是交际法的变体。翻译长篇大论晦涩难懂的课文已经不需要了，迫切需要外语口语。上述原因为发展口语为特色的交际教学法的产生提供了先决条件。H. A. 邦克的著名的《邦克英语教程》三卷本对教学法进行了改革，她将英语课程分为几种小课型，不同课型配有不同的练习和作业。按照这种教学法学习英语降低许多难度。教学中强调个性化教学，注重发展口语。特别是中学外语教学以学生感兴趣的问题教学方式为主，学生设计出解决问题的方案。教学形式多样，学生可用外语排演话剧，提供语言的应用能力。

国家教育标准在教学法方面要求各类教育机构必须因人施教，注重教学法的改革和教学质量的提高。对于学龄前儿童和小学低年级学生建议采用寓教于乐的方式教学，让孩子们在游戏中学习；对于高年级学生或外语强化学校的学生则要求外语教学的内容同其他科目一样要体现与学生专业方向相关的有趣内容。高年级的教学中很自然地要丰富和拓宽学习的话题，比如加入国情、科技和人文通识方面的内容，是学习者了解和认识所学语言国家的情况，了解未来职业的基本特点，以及外语在掌握专业技能中的重要作用。

四、汉语教育在俄罗斯

1. 早期的中俄接触

汉语教育在俄罗斯有 200 余年的历史，由冷到热经历了相当长的过程，与中俄两国的政治、历史紧紧联系在一起。中俄两国虽为近邻，但在 17 世纪前两国政府之间并没有直接的接触。А. Г. 拉林在他的《俄罗斯的中国人——昨天与今天》中记录了关于第一个中国人进入俄罗斯的故事。17 世纪后半期中俄之间的联系开始增加，有一些满族人陆续到俄罗斯谋生，跨文化之间的交流自然而然地产生。1675 年俄罗斯派出庞大的使团到北京，双方交流基本上是通过卡尔梅克语和鞑靼语。1689 年签订的《尼布楚条约》和一系列有关边界问题的文件都是用拉丁文书写的。早期带到圣彼得堡的书籍之一也是《拉丁文汉语词典》。

到 18 世纪前俄罗斯人也没有表现出对汉语的兴趣，没有意识到汉语学习的必要。中俄之间的谈判基本上是借助蒙古语、突厥语、满语和拉丁语进行的。俄罗斯人正规地学习汉语和中国文化实际上是从 18 世纪开始的。1700 年 6 月 18 日，沙皇发布诏曰，征召合适人选将福音书翻译给西伯利亚地区少数民族以及中国人阅读，俄罗斯人开始尝试性地同中国接触。为了国家政治上稳定，彼得大帝一方面在欧洲寻找出口，同时也将目光抛向中国，他需要同中国建立稳定的政治、经济贸易往来。因此彼得大帝也就成为首个下令学习中文的俄罗斯统治者。同中国的贸易给他带来的利益远远超过改革和战争。1727 年《恰克图界约》确定了俄国东正教驻北京传教士团的法律地位，俄国政府首次派遣留学生作为俄国东正教驻北京传教士团成员到北京学习满汉文字。

随着汉语的学习，汉学研究在俄罗斯发展起来，并逐渐形成彼得堡学派、莫斯科学派和远东学派。彼得堡大学东方系成为彼得堡学派的核心，从 1855 年开始设立汉语专业。从 19 世纪开始，俄罗斯恰克图、圣彼得堡、喀山等地的正规教学机构中开始教授汉语，但是制度并没有把汉语列入国民教育体系课程之中。直到 19 世纪后期，1855 年全俄罗斯境内只有圣彼得堡大学一家高等院校开设了汉语专业，

　　实际上俄罗斯汉语教学的发展有两条线索，一条是通过中国，还有一条是通过西欧。德裔汉学家巴伊尔从柯尼斯堡到达圣彼得堡，成为圣彼得堡的第一位汉学家。1725 年，俄罗斯科学院成立后，先是被聘为古希腊罗马学教授，1734 年起又担任东方语言学教授。巴伊尔的汉语是在柯尼斯堡和柏林学习的，但圣彼得堡时期却成就了他的汉学研究。他编纂了《汉语拉丁语字典》，率先出版中文书籍。

2. 近期的汉语热

　　由于历史、文化、宗教等原因，俄罗斯对欧洲语言情有独钟，很长时间汉语都不是热门外语。只有莫斯科、圣彼得堡等几个城市和远东地区为数不多的几个学校开设了汉语专业，学生数量非常有限，毕业生主要服务于外交部等国家机关或城市汉语教学。但从 20 世纪 90 年代以来，随着中俄两国全面合作的不断深入，汉语逐渐成为高校的热门专业，懂汉语的毕业生成为竞争激烈的人才市场的宠儿。

　　1996 年中俄确立了战略协作伙伴关系，两国政治经济关系上升到历史新高度，两国间政治、经济、文化交流等全方位开展合作，因此出现了中文人才奇缺的现象，汉语在俄罗斯成为最受欢迎的外语之一，汉语专业的学生就业形势优势十分明显。汉语人才的抢手，极大地推动了俄罗斯汉语教学升温。莫斯科国际关系学院、莫斯科大学等名牌高校中文专业的入学竞争十分激烈，许多高校开始加设中文专业。例如，俄罗斯伊尔库茨克市离中国比较近，这里中国的公司很多，俄中贸易与合作活跃，往来的中国商人、旅游者也很多，汉语即成为这里所有高校都开设的专业，炙手可热。社会化的收费中文培训班更是如雨后春笋般出现。中国对外开放的大国气派，经济的高速发展，使俄罗斯民众对中国、对中俄合作的前景充满信心和期待，使人们感到学汉语的重要性和迫切性。另外，虽然对于许多人来说汉语仍是比较难学的语言，但大量的汉语教材、便捷的学习方式，也为学习汉语提供了良好的条件。

　　据统计，到 2006 年，俄罗斯学习汉语的人数已经过万，比 2005 年增长了 40%。据俄罗斯期刊网数据显示，目前俄罗斯共有 60 多所国立和

私立大学开设了中文专业，主要以教授汉语言文学知识为主，培养汉语专门人才。据不完全统计，全俄目前已有 50 余个汉语教学点，其中开设汉语专业或公共汉语课的高校就有 30 余所。不仅是高校，莫斯科和圣彼得堡的中小学都把汉语作为所学课程，莫斯科已有 9 所中学从二年级开始就开设强化汉语课程，从四年级开始，历史、地理和文学课则全部用中文教学。这些中学与高校建立联系，许多中学生毕业后直接报考中文或与中文相关专业。

2006 年 12 月 21 日，俄罗斯第一所正式运作的孔子学院在远东国立大学挂牌成立，标志着俄罗斯的汉语推广与传播进入到一个新的阶段。截止到 2010 年，俄罗斯已建立 14 所孔子学院，这将对汉语教学规模和教学水平起到重要影响。两国领导人和政府的高度重视、以"国家年"和"语言年"为代表的一系列活动的开展，无疑是俄罗斯汉语热的助推器，将俄罗斯汉语热推向一个新的阶段。

五、俄罗斯外语教育的特质

经过对俄罗斯外语教育历史及现状的梳理，我们逐渐发现俄罗斯外语教育虽然在欧洲教育一体化的框架之内，与欧洲诸国的外语教育同具有一定的共性特征，但也具有鲜明的自身特征。具体如下：

1. 注重语言的实用性，淡化等级考试和证书

以我国和俄罗斯高校中外语教学的具体环节对比为例，我国的外语教学大纲中指出，语言的测试应重点检查学生的语言基础，考核学的语言应用能力，做到科学、客观、统一和标准化。测试时间一般为 2-3 小时，考试以笔试为主，考试的内容应以所学课本内容作为命题的主要依据。考试的题型包括客观题和主观题两种，客观题包括对学生听力的测试、词汇的记忆和运用的测试、阅读能力的测试等等。主观题包括对学生翻译能力的测试和写作能力的测试。考试形式可以是全国统一考试、试题库测试、学校自行命题等。

俄罗斯的外语教育则更加注重实际交际能力为核心的综合能力的培养，外语教学中十分重视学生听说能力等交际能力培养，并把这一方面的教学工作列在外语教学的首位，投入大量的课时和训练。俄罗斯也搞外语测试，一般都是由本校来完成，主要是检测学生的外语能力，但没有形成全国统一的考试规模。无论书面考试还是口试都不仅仅检查所学

的词汇、语法知识，而是注重考查学生对语言对象国国情、语言文化知识的了解，包括阅读文学作品并表达出自己对所读内容的态度。各高等学校可以根据大纲的要求，结合自己学校的特点，规定各自考核的内容，并根据测试的结果进行教学安排方面的调整。

2. 外语教学研究传统深厚

以语言学习为手段，展开对所学语言国家政治、文化、历史的研究是俄罗斯的外语教育的显著特点。我国的外语专业基本上是纯粹的语言教学单位，学生也不分专业，或者说，所学的外语就是专业。个别院校曾经做过的外语加括号专业的尝试也基本上只是停留在用外语阅读一些经济、历史、贸易方面的资料，与真正意义上的经济专业、历史专业还有较大差距。而俄罗斯外语专业的学生从一进校就有非常强的专业意识。如圣彼得堡大学东方系汉语专业的学生，一般不会说自己的专业是汉语，而是会根据自己的学习方向说自己是中国历史专业的或者是中国经济专业的。这种情况在俄罗斯的外语专业是比较普遍的。学生在语言学习的同时，专注于某一方面的研究，将语言学习与学术研究紧密结合，所以，俄罗斯语言专业毕业的学生研究能力较强，很快能够成为研究对象国问题的专业人士。

以中国学研究为例，在将近300年的发展过程中，俄罗斯学习中文的人数基数并不多，而相关汉学研究极其发达。俄罗斯汉学成为国际汉学领域的主要学派，在世界汉学史上占有重要的地位，出现了远东研究所、东方研究所、圣·彼得堡东方学研究分所等一大批优秀的汉学研究机构和著名的汉学家，如巴伊尔、比丘林、瓦西里耶夫、阿理克、孟列夫等。他们在把中国文化向俄罗斯传播的过程中发挥了关键作用，为俄罗斯人民了解中国传统文化，了解中国的实际状况，加强中俄两国之间的交流，做出了巨大的贡献。

此外，俄罗斯的外语教育研究也是世界领先水平，可以说重视研究已经成为俄罗斯外语教育的基本精神。俄国内外语教育研究方面的报刊数不胜数，早在1934年即开始出版发行《中小学外语教学》杂志，关注和研究教师发展、教学法改革以及教材编写等涉及外语教育的各种问题，及时向读者介绍外语教学中迫切需要解决的理论和实践问题，为外语教师提供教学指导，帮助他们提高理论水平。

六、俄罗斯外语教育的启示

目前，我国各层次的外语在学人数已达到 3,000 多万人，而"哑巴英语"和"费时低效"等问题仍是中国人学外语的最大"瓶颈"。不少在考试中获得高分的学生在遇到与语言交际的情境时仍然不知所措。比照俄罗斯的外语教育传统和经验，可以发现很多外语教育传统深厚的国家，在指导思想、教学内容、教学模式、教学手段等方面均体现了以培养具有国际视野和跨文化意识等现实需要为目的的原则，从重视语言要素的评价转向重视语言实际运用能力的评价，从强调书面转向强调口头，从重视结果转向重视过程，从重视共性转向重视个性。这些先进的理念可以为我国的外语教育相关领域提供可资借鉴的参考，使我国的外语教育能够从重等级、轻能力的观念中逐渐转变，在强大的外语教育研究成果支撑基础上取得稳健的发展。具体如下：

1. 改变语言教育的教学理念

外语教学应该对人的品格、思维、语言能力、文化知识与意识等进行全方位的教育，把情感、策略、文化作为课程内容与目标；把培养学生的学习兴趣、态度和自信心放在教学的首要地位；在教学过程中，要以人为本，注重学生的智力和能力的培养，以启发式教育培养学生的自学能力，注重素质和能力的训练。面对社会的需要和学生的要求，培养能胜任对外交流，具有国际竞争能力的人才，以满足我国科技、经济和文化等发展的需要，加大培养实用交际能力是完全必要的，也是非常及时的。

2. 更新教师理念，改善外语教育环境

语言教师教育的重点不仅仅是传统教学技巧、应用语言学及语言习得理论，更应关注教师认知能力的培养，帮助他们从自己的教学实践中探寻、归纳和研究教学理论，增进对教学的理解。目前，我国外语教师教学理论水平并不乐观，对他们的培训就显得非常迫切。可喜的是，近年来我国已有少数师资培训教育项目在尝试这种以学员教师学习和实践为基础的反思学习活动。语言教师培训中心在传授应用语言学理论知识和最新教学法的同时，鼓励他们联系自己的教学实践来理解新的理论知识，用新的知识重新审视和思考自己过去的教学实践，以此培养他们探索和研究自己教学实践的能力，强化他们自己的教学科研和创新意识，

促进他们长期的学习和自身的发展，使他们成为从业者、研究者，成为外语教育改革的中坚力量。

3. 不断完善改革评估体系

与国外先进的评估体系相比，我国目前外语评价的不足表现在：评价标准、目的、内容、方法、形式单一。评价只有一种目的，选拔学生；评价只有考试一种形式，没有包括非考试评价；评价只有教师一方参与，没有学生评价的权利；评价只关注一个点，关注结果，而不关心学习的过程。要改革英语教育的评价方式，应关注学生综合运用能力的发展过程及学习的效果，采用形成性评价与终结性评价相结合的方式，既关注结果，又关注过程。改革考试制度，改善四、六级考试的制度，注重考查学生的主观判断能力和实际操作能力，增加考查听说写能力试题的分量。高校英语的教与学要改变观念，英语教学的重点应放在口语和写作训练上面，切实从应试教育转到培养学生运用语言的能力上来。这个评价系统是多方面的，不能只管考试，还应包括分等级的外语人才标准、教师水平和成绩的评价标准、教材与教学方法的评价标准、测试的内容及评价标准等。

参考文献

1. 潘德礼（2005）《列国志——俄罗斯》。北京：社科文献出版社。
2. 吴克礼（2003）《当代俄罗斯社会与文化》。上海：上海外语教育出版社。
3. 肖甦、单丽洁（2005）"俄罗斯教育政策与国家发展"，《比较教育研究》，2005 年第 11 期。
4. 肖甦、王义高（2008）《俄罗斯教育变革探讨》。广州：广东教育出版社。
5. 张西平、柳若梅（2008）《世界主要国家语言推广政策概览》。北京：外语教学与研究出版社。
6. ДАЦЫШЕН Владимир Григорьевич (2000) История изучения китайского языка в Российской империи, Красноярск.

参考网站：

1. http://standart.edu.ru/catalog.aspx?CatalogId=2628.
2. http://www.dvgu.ru/umu/ZakRF/zakrf2.htm.

3. http://www.ed.gov.ru/.

4. http://www.flsmozaika.ru/.

5. http://www.konferencii.ru/list/search%5BtopicId%5D/84/isTopic/1.

6. http://www.russia.org.cn/chn/.

7. http://www.tuad.nsk.ru/~history/Author/Russ/D/DacishenVG/lingvo/index.html.

8. http://www.tuad.nsk.ru/~history/Author/Russ/D/DacishenVG/lingvo/index.html.

第六章
罗马尼亚外语教育的发展

钱毓芳

罗马尼亚总面积 23.8 万平方公里，根据 2008 年人口普查，总人口 2,152 万。罗马尼亚是一个多民族的国家，以罗马尼亚族为主，占 89.4%，其余的民族有：匈牙利族 6.6%，罗姆族（又称吉卜赛族）2.2%，日耳曼族和乌克兰族 0.3%，更小的民族为俄罗斯、塞尔维亚、斯洛伐克、土耳其、鞑靼等。官方语言为罗马尼亚语，主要民族语言为匈牙利语。有 86.7% 的人口信仰东正教，并存的宗教有罗马天主教（4.7%）、希腊天主教（0.9%）、新教（3.2%）以及穆斯林和犹太教（1%）。国内生产总值（2008 年）1,370 亿欧元。人均国内生产总值 6,370 欧元，同比增长 14%。国内生产总值增长率为 7.8%。人均月净收入 370 欧元。通货膨胀率 7.9%。失业率 4.4%。[1]

罗马尼亚地处欧洲东南部，它曾是个社会主义国家。1989 年，齐奥塞斯库政权结束后，国家政体转型为总统议会民主制。新政府的目标是：发展民主、建设资本主义、提倡欧洲价值观、实现经济可持续发展、创造人民福祉、维护国家尊严。为了实现这些目标，罗马尼亚进行了政治、经济和教育的改革，出台了一系列的相关政策。外语教育政策的制定作为改革的一部分，与罗马尼亚的政治和经济制度有着密切的关系，反映了罗马尼亚高等教育改革的轨迹，同时也折射出该国经济发展轨迹。

---

1 本部分数据来自中华人民共和国外交部网站提供的 2008 年罗马尼亚国家统计局公报 http://sf.chinaconsulatesf.org/chn/gxh/cgb/zcgmzysx/oz/1206_26/1207/t9471.htm，2009 年 8 月 20 日查阅。

外语教育政策的制定寓于经济和社会的变革之中。政体转型后，外语教育一改以往的边缘化地位，得到了空前的重视。政府制订了系列语言学习规划和政策，客观上促进了外语的普及和水平的迅速提高。为融入欧洲大家庭，罗马尼亚在制定外语教育政策时吸收欧盟共同参照框架的理念，即欧洲价值观与多元文化价值并存。为罗马尼亚加入欧盟起到了积极的作用。本课题收集了罗马尼亚政治、经济和教育改革、外语教育政策及外语教学的第一手资料，[1] 着重考察罗马尼亚在 1989 年政治、经济转型的大背景下教育体制改革和外语教育政策。

一、教育政策与教育体制

1. 教育改革[2]

政体转型后，罗马尼亚实施了教育改革，1995 年颁布了教育法，其基本原则是：

1）教育享有优先权；

2）教育基于民主价值观；

3）教育机会均等，无论性别、身体或精神残障、种族、宗教信仰、政治团体和社会经济地位的人群一视同仁；

4）少数民族享有用自己母语受教育的权利；

5）公共教育免税。

这些基本原则主导着教育政策的制定。

罗马尼亚的教育政策主要是为了满足推行新兴民主和向市场经济过渡的要求。根据宪法规定，国家对公民实施 10 年义务制教育政策，确保所有族裔、社会群体、宗教派别的人口接受教育。免费教育包括：所有公立学校免学费，义务教育阶段免教材费，职业学校及公立中等学校家庭收入低于全国最低收入线以下的学生免教材费；从幼儿园到中学享受免费医疗和免费心理援助。国家还保证解决上学的交通问题，跨地区学生的住校问题，残疾学生、孤儿和需要特殊帮助的学生的入学等问题。全国现已普及 10 年制义务教育。2005 年，全国共有小学 7,023 所，在校学生 199.7 万人，教师 15 万人。中学 1,413 所，在校学生 77.4 万人，教师 6.2 万人。大学 117 所，在校学生 65 万人，教师 3.1 万人。

---

1 罗马尼亚斯皮鲁-北边大学（Spiru-Haret University）英语讲师 Raluca Burcea 博士为本课题收集并翻译了大量第一手资料，在此，我们表示衷心感谢。

2 本部分参照 Organisation for Economic Cooperation and Development (2003) *Reviews of National Policy for Education*, Paris: OECD Publishing Service。

罗马尼亚的教育改革卓有成效，它的成功之处在于义务教育的普及，全国的平均入学率和毕业率均达到90以上。另一成功之处是在偏远经济不发达地区保护当地的文化和语言，在那些地区无论班级的大小，都配备用当地少数民族语言教学的师资，将每个少数民族的历史和传统纳入教材，在义务教育期间提供各民族语言版本的免费教材。除吉卜赛族以外，这一政策带来了可喜的结果。目前罗马尼亚各方都关注吉卜赛族人的教育问题。在经济落后的偏远地区开办小学校，国家采取加薪的政策来激励更多的教师支边支教。对于辍学的学生，国家开设职业教育和培训机构为他们的就业开设培训课程。

2. 教育体系

罗马尼亚实施全国统一的教育体系，学校教育分为五个阶段：1）学前教育分3个年级，最后阶段为小学预备级；2）小学教育为1-4年级；3）初中教育为5-10年级；4）高中教育即11、12和13年级；5）高等教育包括非大学的职业教育、大学教育及大学后教育。教育法规定所有学校必须设有一个部门负责组合班级、规定教学内容、制定评估标准、保护学生进入更高层次学习的权利并为他们创造机会，每个学校可有各自的班级结构和课程表。具体规定如下：

1）学前教育

罗马尼亚3-6岁的儿童接受学前教育。幼儿园设计上午的教学活动计划，即从早上8点到中午；同时备有一个全天课时计划，即从上午8点到下午6点及一个从周一到周五的周教学活动计划。幼儿园的学生以年龄分班。年龄最小的学生每班10至20人。教学活动由学前教师组织，每周25学时。学前教育并非必须，但小学预备班，一般都有90%以上的适龄儿童参加。

2）初等教育

小学和初中教育为法定受教育阶段。6-7岁开始小学教育。普通学校共有8年级，包括1-4年级的小学低段教育。有小学教师授课，每周不少于18学时，每班学生数为1~25人。每天授课时间为4至5小时。在小学高段（5-8年级），学生数和小学一样，每天授课时间为5-6小时。课程设置中的每门课都由专业教师授课。每周教师工作量为18小时。8年级结束时进行全国统考，考试科目为：罗马尼亚语言与文学、本族语语言与文学（针对用本族语学习的学生）、数学以及任选一门罗马尼亚历史或地理。全国统考的分数以及5-8年级的考试成绩将作为升入普通中学或进入艺术及贸易职校的依据。

3）中等教育

全日制中等教育修业 4 年（15-18 岁），分为两级：第一级为 9-10 级，是义务教育的一部分；第二级为 11-12 年级，通过考试录取学生。法律规定一个班级的学生数不得超过 30。每门课都有专业教师执教。日常的课程包括 6-7 小时的理论和实践课。高中最后要通过中学证书考试（baccalaureate exam）。考试课程包括罗马尼亚语言和文学（口试和笔试）、本族语语言和文学（口试和笔试，考试对象是用自己本族语学习的学生）、一门外语（口试）、一门专业必修课、任选专业课中的一门、任选非专业课中的一门（所有这些为笔试）。中学结束时，技校和专业学校的学生通过一项特别的考试后可获得相关专业的资格证书。

4）艺术和贸易职校的教育

艺术和贸易职校（14-16 岁）针对当地市场需求来设置课程。前两年根据资格考试的一级水平来设置教学内容，第三年介于职业教育和高中之间。毕业时，学生可参加二级证书考试。毕业生可继续 12 年级和 13 年级的高中学习以便参加中学证书考试。

高中结束时，毕业生可参加全国统一的中学证书考试（BAC）。还有一些学生，可参加职业能力证书的考试。中学证书考试是大学的录取依据。但所有的中学毕业生，无论是否拥有中学证书都可以接受非大学的继续教育。

5）高等教育

罗马尼亚共有 49 所国立大学，设有 324 个院系，另有 20 所私立大学。2007 年以后国家取消了综合考核录取的方式，将招生权下放到各个大学。大部分大学要求学生参加学校的培训，然后参加与培训十分相关的考试作为入学的依据，有些学校却根据学生的文章、面试或作品来录取。大学享有自主权决定开设的课程，一学年分为两个学期。每学期末进行考试，考试分为笔试和口试，补考设在新学期的开学。本科教育分为短期（short term）和长期（long term）两种。短期的学制为 2-3 年，相当于国内的专科，学业完成后获成绩合格证书。根据罗马尼亚教育法，获得此文凭的学生可继续长期的学习，即本科学习。长期大学教育学制 4-6 年，学业完成后获大学毕业文凭。学制的长短根据专业不同而变化，自然科学、人文科学、经济、社会科学、法律、政治科学、艺术和体育学制为 4 年；工程、制药、农业和林业学制 5 年；普通医学、牙科医学、兽医学和建筑学制 6 年。硕士学制 1-2 年，博士 4-6 年。

二、外语教育和政策[1]

根据目前罗马尼亚教育部的规定，所有学校必修 2 门外语。所开的外语有：英语、法语、德语、意大利语、日语、俄语及西班牙语。语种的选择因地区而异，比如布拉索夫、蒂米什、比斯特里察、苏恰瓦等地是德裔居住相对密集的地区，所以学生选德语较多。而日语仅在布加勒斯特有限的几个学校应部分家长和学生要求而开设。各语种分布情况见表 1。

表 1 罗马尼亚学外语学生的人数

语 种	学生人数
英语	2,500,000 人
法语	1,885,207 人
德语	240,000 人
俄语	90,000 人
意大利语	11,428 人
西班牙语	11,019 人
葡萄牙，希腊语、日语	统计不祥
合计	4,737,654

按传统，大部分学生选学法语。但现在越来越多的学生开始选择英语作为第一外语或第二外语。罗马尼亚英语教师的短缺不能满足学生的需要，造成很多学生学不了这门课。由于 1989 年前外语学习不受重视，而 1990 年以后随着对外交流的增加，外语学习的人群快速增大，合格的外语教师供不应求，因而大量不合格的外语教师充斥着教师队伍。为了帮助新老教师提高教学水平，罗马尼亚教育部在各地成立"教师之家"（Houses of Teachers）为他们提供教学法等课程的培训。

1. 语言课程设置

罗马尼亚外语学习分为以下阶段：外语的启蒙教育阶段、小学及初中教育、职业教育、高中和大学。3 年级开始学习第一外语（9 岁），5 年级开始学习第二外语（11 岁）。每阶段有不同的课时安排及学习要求，具

---

1 本部分参考罗马尼亚教育、研究部（MINISTRY OF EDUCATION AND RESEARCH）公布的资料，http://www.quest.ro/Conferinte/Prezentari%20COTROCENI/prezentare%20ESU%20septembrie%202005.ppt，2009 年 8 月 24 日查阅。

体情况如下：

1）启蒙阶段

学前班外语为选修课。但是在很多幼儿园，家长愿意多交额外的学费增开外语课，师资均从经大学专业培训的人员中招聘。越来越多的私立幼儿园将某一种外语作为教学语言。

2）小学及初中阶段

从1990年即罗马尼亚教育改革的第一年，规定第一外语从小学开始1-3年级为选修课，每周1学时，3-5年级为必修课，每周2学时，直到高中毕业。从11/12岁（6年级）开始必修第二外语，每周2学时，直到高中毕业。

3）职业教育阶段

在完成义务教育以后，学生可以选择去职业学校培训。通常学制为2年。目前来说，这种类型的学校的课程比较灵活。必修的外语通常是之前学过的某一门外语，每周2学时。这种学校的课程和教材正在完善中。

4）高中阶段

高中的选拔要求非常高。高中的学校面很广，比如有理科、教育、艺术、体育、贸易、计算机科学、工业等类别的学校。无论哪一类学校都要求之前必须学过2门外语。高中期间必修第一和第二外语，每周课时分别为2学时。文科专业的毕业考试（baccalaureate）第一外语被列为必考科目，其他专业可任选第一外语或第二外语。

5）大学及成人教育阶段

外语在文科院校（文化、文明、文学、语言学等专业）作为专业必修课，此类院校的外语语言文学类专业比其他院校提供更多的语言种类，如：阿拉伯语、汉语、瑞典语、波兰语和其他斯拉夫语。学生可以选择2门外语作为主课或第二专业，同时第三外语作为选修。

其他院校的学生可选一门之前学过的外语作为是必修也可以作为选修课。在许多专业，比如：法律、政治、经济和科技专业，开设外语特训班，学生们乐意并竞相参加这些外语特训班。

近年来涌现出一批私立外语学校，为各层次水平的学生，包括成人开设培训班。各行业的人纷纷参加这些培训班学习以提高外语水平。

此外，高等院校为那些不能参加正常课堂授课的大学生提供远程教育。主要目的是为了帮助他们就业。罗马尼亚语通常作为他们的首选，其次是外语。学生通过阶段性的学习，最后通过考试来得到评价。

2. 外语特色班

在罗马尼亚的普通学校都设有外语特色班，参加外语特色班的学生必须通过相关外语语言知识和交际技能的测试。外语特色班引入教育体系中，旨在使学生能够掌握更多的知识，进一步理解目的语国家的语言、文化、历史、社会和政治背景。和普通班级不同的是，外语特色班从 5 年级到 12 年级，开始阶段每周 3 学时逐步增加至每周 4-6 学时。每班分为 2 组，由 2 个老师分别授课。

3. 双语教育

在罗马尼亚双语教学分为两种：一种是罗马尼亚语与少数民族本族语的双语教学，另一种是罗马尼亚语与外语的双语教学。

1）罗马尼亚语与少数民族本族语教学

根据罗马尼亚教育法第 118 条规定，少数民族有权在各个层次以各种形式用自己的本族语接受教育。对应于罗马尼亚普通教育，少数民族本族语教学同时融入到幼儿园、中学、职业学校和高等教育中。全国 29,241 所学校中 2,820 所学校（9.6%）为少数民族学生提供相对应的本族语教学。本族语教学的课程占这些学生总学时的 73.5%-82.8%。重要的课程用本族语及罗马尼亚语教学，罗马尼亚语一直作为他们的第二母语贯穿在整个教学中。

在这些学校，外语从 2 年级开始学习，而第二外语的学习则是从 9 年级开始。每周的课时数和罗马尼亚其他学生一样。外语特色班也同样在此开设。

2）罗马尼亚语和外语的双语课程

1990 年双语教学重新引入罗马尼亚的教育体制。在 20 世纪 60 年代和 70 年代初曾经有过法语、英语、西班牙语、意大利语的双语课程设置，但因为政治原因而中断。重新成功开设这些课程后受到了热烈的欢迎。有趣的是现任的很多教师当年曾受益于双语课程。

双语课程的目标和外语特色课程相似，旨在提供更多接触外语的机会，更熟练地掌握外语，使学生能够更好地了解目的语国家，增加容忍度，消除文化差异。各种类型学校的 15-19 岁的学生，语言测试合格后均可进入双语教学的班级学习。由本族老师及语言教师授课。所有各年级各层次的课本都由罗马尼亚和国外出版社出版，教辅材料有词典、音像、录音机、卡片、图片等。课程设置除了每周 5-7 课时学习外语本身以外，同时还开设每周 2 课时对象国的地理课（9 年级）、2 课时历史课

（10 年级和 11 年级）和 2 课时文化与文明课（12 年级）。如果师资允许，其他课程也用外语教学。毕业时，学生能达到 1-2 级水平，能参加国际性语言考试，能适应罗马尼亚或外国的大学外语的授课。学生可以参加证书考试以获取语言水平证书，凭此证可获小学英语的任教资格。

4. 教材

1990 年前学校只采用当地编写的教材，但之后教师可以在使用指定教材的基础上补充他们认为合适的其他教材。随着教育改革的深化，出现了越来越多的机动教材。在国家规定的课程要求内，积极鼓励出版社竞争出版新教材。教育部指定一个专业委员会挑选最好的三本国家认可的教材。教师、家长和学生可以为自己选择理想的教材。这些被选中的教材在义务教育的学校学生可以免费使用，政府承担教材的费用。高中阶段的学生必须自费购买教材。

为了进一步开发更好的英语教材，罗马尼亚教育部与境外的机构合作，如英国文化委员会和索罗斯基金会。这些英文教材的编写队伍经过选拔和培训，由英国专家把关。这些努力终于修成正果。三套教材成功出版，配有教师用书、练习册和磁带，质量不亚于国外诸如牛津出版社、朗文等知名出版社出版的教材。

5. 教学法和师资培养[1]

1989 年前罗马尼亚闭关自守，无法获悉国外外语教学方法。政体转型后，随着对外交流的频繁，国外的各类教材和教学法纷纷引进罗马尼亚，但是良莠不齐。经过一段时间学习和实践，教师们做了筛选。他们将传统的教学法与现行国际流行的教学法相结合。这一策略取得很好的效果。在上新教材时，教师一边侧重传统的语法教学，一边以活动的方式提高学生的语言技巧和语言认知能力。重视说话流利的同时也注重语言使用的准确性，两者兼容并蓄。在写作教学上，强调母语写作和外语写作并存。

从教师的角度而言，1989 年前后罗马尼亚对英语教师有着截然不同的认识。政局剧变前，由于罗国闭关自守，怕外来文化会对他们现有的文化产生冲击。他们认为外语教师在教授外语的过程中传播外来文化，

---

1 本部分参考 Britten, D.A. (1995) *A Profile of ELT in Romania.* Unpublished Ms.; Underhill, A. (1993) "Lecturing, Teaching and Facilitating". *Teacher Development* (24), p. 30。

带来不同的理念。这些都被看成是不利于社会安定的因素。政治体制改变后，外语教师的地位发生根本性变化，他们被认为是引导人们通向世界与未来的桥梁。人们开始重视外语教师，学生与外语教师之间的关系要与他们和其他学科老师之间的关系更亲密、更开放。外语教师的数量增加了许多，教学思维和理念也随即发生了变化。

罗马尼亚的外语师资培训颇具特色，在全国 41 个县均设有教师之家。主要为外语教师服务，组织短期或长期的师资培训班，为外语教师提供教材、录音带及相关图书资料等。职前和在职外语教师必须通过教学法的培训。一些外来机构如：英国文化委员会（British Council）、歌德学院（the Goethe Institut）等也帮助罗马尼亚培训师资，而且这些机构直接参与罗马尼亚的外语教育改革，影响着罗马尼亚的外语教学。以下以英语教改为例：

1）外来机构的影响

1991 年以来，很多外来机构以不同的方式影响着罗马尼亚的英语教学：英国文化委员会（The British Council，以下简称 BC）、索罗斯基金（The SOROS Foundation）、东欧联盟（East European Partnership）、开放学习协会（Society for Open Learning）、国际语言屋（International House）、苏格兰罗马尼亚语言链接（Scotland Romania Language Link）、美国新闻处（US Information Service）及美国和平队（Peace Corps）。由于这些机构的直接参与，罗马尼亚的英语教学发生了巨大的变化。他们越来越注重语言的交际性，强调口语的流利程度，教学模式也不像从前那样总是以教师为中心。英语教师为了提高自身的水平，不断地去参加一些课程学习，参加学术会议互相交流以博采众长。这些教师带回的教学新理念还影响着除英语之外其他学科的教学改革。随着新教材的推出，越来越多的教师更新自己的教学理念。

它们当中 BC 最为活跃，合作的面也最广。它曾以多种方式与罗马尼亚合作。在合作中，BC 设立了许多教学改革的项目，和布加勒斯特师资培训中心联合开设师资培训中心（具体课程见附录二）。设立专项奖学金，每年选派优秀教师赴英国兰卡斯特大学语言学和现代英语系攻读博士学位，截止 2004 年止已培养了 20 余名博士生。这些博士学成回国后分别在罗马尼亚的各重点大学任教，从事英语教学和师资培训工作，为提高罗马尼亚的英语教学水平，拓展英语教学的思路起着举足轻重的作用。

2）课程改革

20 世纪 90 年代以来，除了和 BC 合作建立了全国教师培训网络，努力扩大英语督察员（INSPECTOR）[1] 的队伍，另外全面推行教学改革，推出新教材、新教法。新教材注重技巧的教学，广泛运用任务型教学方法。同时更新大学英语教学法课程的教学，进行教学实习。罗马尼亚没有师范大学，但在几个重点大学，如布加勒斯特大学、克鲁日大学、西比屋大学都设有英语应用语言学专业硕士点。从课程设置上看，教学法的比重较大。以布加勒斯特大学英语应用语言学专业硕士必修课程设置为例，功能语法与教学计划为 112 个课时、话语分析与文学教学为 84 课时、词汇学与教学为 28 课时、英语语言的教学与方法为 28 课时、特殊用途英语为 28 课时、语言习得、外语学习及英语语言变体为 84 课时，英语教学法为 28 课时。由此可见，教学法占相当的比重。此外，学生每周轮流做演示（presentation），开一次讨论会，设计教案，并定期听课，参加教学实践。BC 直接参与教学，并提供图书资料。[2]

　　教师协会在信息传播中也起到很重要的作用。它经常为自己的会员组织国内国际研讨会。为教师提供很多交流思想和传授教学经验的机会，同时也让教师有机会阅读专业的出版物或投稿发表自己的文章。

6. 欧盟语言教学理念与罗马尼亚外语教育

　　罗马尼亚的外语教学理念和政治经济发展密切相关，外语教育的政策折射出了罗马尼亚发展经济、推行民主、融入欧洲大家庭的需求。在制定外语教育政策时，罗马尼亚吸收了《欧洲语言共同参考框架：学习、教学、评估》（以下简称《共参框架》）的理念及方法，结合自己的国情制定出罗马尼亚特色的外语教育政策。以下部分将讨论欧洲语言教育理念在罗马尼亚外语教育政策中的体现。

　　1）2010 年的教育和培训目标

　　欧盟 2010 年教育与培训的目标是欧盟 2001 年制定的[3]。主要包含 3 个方面的内容：改进教育体系质量和针对性，提高就学率，欧洲教育进一步向世界开放。具体目标有 5 个，即辍学率低于 10%；学习数学、科学、技术门类的毕业生比例不低于 15%，同时减少这些科目学生性别比

---

1 英语督察员（Inspector）：在罗马尼亚英语教师都是政府雇员，英语督察员是由政府指派的履行检查各学校教师是否胜任该课程教学的职责，并为新教师提供培训等帮助。总督察员在首都布加勒斯特为该课程命题。

2 感谢罗马尼亚英语教改项目的负责人 Marion Hughes，为本文提供了教案范例。

3 欧盟报告 Hingel, A.(2001) *Education Policies and European Governance*. EUEuropean Commission: Directorate General for Education and Culture.

例不平衡现象；22 岁以下年轻人完成高中学习的比例达到 85%；15 岁以下群体在阅读、数学、科学方面有困难的比例减半；有劳动能力的成年人参与终身学习的比例不低于 12.5%。罗马尼亚采纳欧盟语言理念并在课程中明确提到 8 个方面的主要能力，即：

- 母语交际能力
- 外语交际能力
- 数学、科学与技术的基本能力
- 信息与通讯技术技能
- 学会学习
- 人际交往、跨文化交往能力以及公民素养
- 实干精神
- 文化认知能力

具体要求如下：

- 在各种类型的中学，从 9 年级到 12 年级开设第二外语
- 对艺术类和商科类学校的课程中，保留一门必修外语课
- 结合专业特点如商业、旅游专业，在第二外语中开设专业外语课
- 在每个职业技校要求达到用 1 门外语交流

2）《共参框架》与《语言文档》[1]

罗马尼亚外语教学受到欧洲大环境的影响深远。比如，外语大纲明确提到欧洲语言《共参框架》，根据《共参框架》，外语大纲提到义务教育必须达到的目标水平。2003 年，教育科学学院的专家把《共参框架》翻译成了罗马尼亚语，他包括了自我评价体系，该体系把标准化的能力水平具体化，分为 A1、A2、B1、B2、C1、C2 等级，取消了原来的 10 分制。另外，由欧洲议会现代语言处 2001 年推出的《语言文档》作为学外语的工具对改进罗马尼亚的外语教学起到了积极的作用。

《语言文档》关于现代语言的（98）第六条"推荐"中提出了有关发展欧洲现代语言文件夹建议，主要为发展多种语言和多元文化提供支持。目的是用透明的和国际认可的方式记录有意义的语言和文化经历。《语言文档》主要包括以下三部分：

- 语言通行证：指正式的资格证书。根据《共参框架》中提出的评价体系，它包括语言能力的自我评价等内容

---

1 本部分参阅 Council of Europr 网站：http://www.coe.int/T/DG4/Portfolio/?L=E&M=/documents_intro/common_framework.html，2009 年 8 月 24 日查阅。

- 个人的语言学习简历：详细描述各门语言的学习经历，侧重整个学习过程，包括制订学习计划、评价学习的进展情况等
- 档案材料包括的资料有：学习简历、所定的学习目标；个人作业样本以及其他资料

3）罗版《语言文档》

2002 年，罗马尼亚国务大臣为欧洲语言文件提名成立了罗马尼亚国家委员会（由督察员，罗马尼亚语和外语教师，语言培训专家等组成）。罗马尼亚 QUEST 成员，2001 年罗马尼亚国家语言中心（Prosper ASE）翻译了由欧洲高质量语言服务协会、语言测试中心、欧洲语言测试协会（EAQUALS-ALTE）精心设计的《语言文档》成人部分的"语言通行证"。2002 年，ELP 罗马尼亚国家委员会分析和确认了《语言文档》中成人部分的罗马尼亚版本，这个文档是由罗马尼亚国家语言中心精心设计。2003 年，欧洲议会批准通过了由罗马尼亚国家语言中心精心设计的《语言文档》中成人部分的罗马尼亚版本。

2004 年，全国每个学校的督察员收到了第一个 ELP 中成人部分的罗马尼亚版本，该版本包括以下内容：

- 介绍一套有关由欧洲高质量语言服务协会、语言测试中心、欧洲语言测试协会精心制作的如何在中学低段及艺校、商业学校的语言教学大纲中运用 ELP 所推荐的教学方法
- 根据《共参框架》，在不同层次的现代语言大纲中介绍结合语言通行证的自我评价体系的标准规格
- 在现代语言中心和外国文化中心开展训练活动，旨在为罗马尼亚按 QUEST 对 ELP 中成人部分的标准培养师资和管理人员
- 开始为设计 ELP 初级（8 到 11 岁）搭建预科平台
- 在国家职业定位中心的网址上，人们能找到欧洲语言通行证（Europass）的相关信息，这些信息包括欧洲语言通行证的英文版本

罗马尼亚实施外语教育改革，逐步与欧盟接轨，在现在外语课程设置中明确指出将欧盟语言《共参框架》作为课程设置依据之一。以下将以罗马尼亚中学外语课程设置为例，介绍罗马尼亚现代外语课程体系。

7. 现代外语课程体系

作为外语教育政策的官方主要文件，外语教育政策的一个缩影，中学现代外语课程设置包括了外语课程的依据、目标、类型、结构、教学内容和测试方法，它起到了承前启后的作用，下面将着重介绍 2006 年 7

月 3 日由罗马尼亚教育、研究和青年部批准通过的"中学现代外语课程设置",序号为 3410。

  1)课程设置的依据
- 罗马尼亚中学教育结构
- 小学课程
- 欧共体有关语言习得义务教育的主要内容
- 《共参框架》:学、教、测试(欧洲文化合作委员会 1998 年出版,2000 年修订)
- 社会需求

  2)课程设置的目标
- 培养学生语言接受和运用能力,即学生掌握正确的说和写的能力
- 培养学生的交际能力,学生准确掌握在不同场合正确运用各种交际技巧
- 培养学生的跨学科学习能力,即怎样利用跨学科学习技巧和策略,怎样通过不同学科的学习来积累知识和技能,怎样利用图表、字典以及其他参考资料、其他信息渠道包括数据库和互联网来帮助学习

  3)课程设置类型

    罗马尼亚现代外语课程分为 3 种类型:
- 现代语言(第一外语 L1),对象:从 3 年级开始学该外语的中学生
- 现代语言(第二外语 L2),对象:从 5 年级开始学习该外语的中学生
- 现代语言(第三外语 L3),对象:小学已经学了 2 门其他的外语,从中学开始学第 3 门外语的学生,或者少数小学没有学任何外语,中学开始学外语的学生

  4)课程结构

    a. 基本技能(通过中学学习构建知识和技能)

    L1 及 L2
- 掌握口语和书面语在各种不同语境下的应用
- 在特殊交际场合正确运用口语和书面语的技能
- 同学之间口语和书面语的交流
- 在各种交际语境下正确使用口语和书面语

L3

- 掌握口语和书面语在各种不同语境下的应用
- 在特殊交际场合正确运用口语和书面语的技能
- 同学之间口语和书面语的交流

b. 观念和态度（通过中学学习，教育年轻人形成欧洲的价值观）

- 认识到要在各种语境下灵活与人交流思想并参与小组活动
- 认识到外语是了解其他文化的一种方式
- 包容不同的文化和观念
- 培养兴趣，通过学习外语的各种课文，联系外语的文明的文化空间以探索对象国特殊的文化现象

5）第一外语（L1）的教学内容

a. 主题

个人领域

人与人之间的交流

个人生活（饮食、健康、教育、休闲活动）

青少年世界（文化、艺术、运动）

不同文化的生活方式

公众方面

国家和城市——航海和旅游

当代生活诸领域（社会、文化、技术、生态）

大众传媒

职业方面

职业与职业的未来

日常活动

教育方面

文化生活和艺术世界（电影、音乐和展览馆）

宇宙文化空间的文化和文明里程碑

目的语的文字资料

b. 交际建构的成分

第一外语的学习内容包括名词、冠词、形容词、动词、副词、if 从句、疑问句、肯定句和否定句、语音、主谓一致、反意问句（详见附录5）

c. 语言的交际功能（言语行为理论为指导）（详见附录6）

- 询问和提供信息
- 探究和表达态度

　　　　● 探究和表达感情
　　　　● 探究和表达道德观念
　　　　● 劝说、决定某行动的过程
　　　　● 社交
　　d. 活动的形式及推荐的练习（见附录 7）
　　　　● 在各种交际场景下的口语和书面语的输入
　　　　● 口语和书面语在各种交际语境下的正确运用
　　　　● 学生之间口语和书面语的互动
　　　　● 各种交际语境下口语和书面语的转换与协调
　6）测试方法
　　现行的考试方法能够使学生证实各种能力和知识的习得水平，找到知识缺陷以及成因并平衡教与学的过程。现代语言课程细则是根据教育部国际教育政策、研究和青年部及被罗马尼亚采用的欧盟相关外语教育框架条款而定。欧共体框架下的教学目标：

　　● L1-LEVEL B1：要求掌握所有技能
　　● L2-LEVEL B1：要求掌握输入的技能；LEVEL A2：要求掌握输出的技能
　　● L3–LEVEL A1：要求掌握所有的技能

　　一个完整的考试应该包括考察学习的过程、掌握的能力和技能、进步程度以及学生参与活动和学习的结果。传统方法的测试仪器不能满足以上提及的这些测试需要。因此要获得更多相关学习过程的信息，教师必须利用以下方法来辅助传统的测试：

　　● 全面观察（基于学生学习档案）
　　● 课内外作业
　　● 做项目
　　● 建文件夹
　　● 自我评价

　　罗马尼亚现代外语课程设置根据本国的国情出发，参照欧洲语言共同参考框架所设定的教学目标和价值理念，突出培养学生的跨文化交际能力，注重学生的学习过程，注意语言实践，书面语和口语学习并重，培养学生获取和传达信息的能力，同时强调在外语学习过程中学会理解和包容对象国的文化和习俗，欧洲核心价值观渗透在整个现代外语课程体系中。

三、社会经济发展与外语教育

罗马尼亚语言政策反映了其政治、经济发展的轨迹，针对多民族、多语种的具体国情，自 1989 年政体转型以来，新政府为了维护社会安定、保持各民族间的交流、推行民主和行使公民权利及义务，1995 年出台了教育法，将尊重语言差异，尊重他国语言，尊重多数语种个体和群体的语言权利，尊重少数语种等写入了法律。

为了尽快加入欧盟的大家庭，推行欧洲联盟的核心价值观，即语言多元化。罗马尼亚在制定课程框架时，参照了欧盟的语言教育文件，如：2010 年的教育和培训目进程、《共参框架》及《欧洲语言文件夹》等，根据这些理念，罗马尼亚将培养交际技能设置为义务教育的外语课程目标；跨文化交际和民主教育融合在外语教学之中。同时也将学习能力、文化认知能力作为主要的培养目标。为了和欧盟统一标准，教育部规定：

- 在小学教育 3-4 年级，学习第一外语
- 让来自小语种的孩子能够学习他们的母语
- 在必修课程教育中，学习两门外语，达到欧盟标准：母语＋2 门其他语言
- 为在中学学习第三外语创造条件
- 所有的学生在中学毕业证书考试中，必须任选所学外语中一门参加口语考试
- 在大学继续学习外语
- 鼓励大学的院（系）用母语对小语种进行研究
- 鼓励大学的院（系）用外语教学

在外语教学方面，随着各领域对外交流的不断扩大，外语学习受到了非常的重视，人们普遍认为外语学习是年轻人融入欧洲大家庭的一个重要方式。罗马尼亚加入欧盟加速了外语教学和经济发展模式紧密相连的步伐，罗马尼亚市场对外来投资的开放也成为外语教学的催化剂。由于外来投资规模的急剧扩大，经济合作伙伴中急需使用一种语言对话。在罗马尼亚的人才市场掌握一门外语的人成为佼佼者。目前一些跨国大公司如 OMV（奥地利）、Orange（法国）、Vodafone（英国）、Nokia（芬兰）邀请外语老师为公司员工进行外语培训。再看罗马尼亚的政坛，罗马尼亚在 2007 年 11 月 25 日首次选举了欧洲议会代表。掌握一门大语种

外语是罗马尼亚从政人员必备的条件，而参选欧洲议会代表必须掌握英语和法语。

近几年来教师和学生共同努力取得了可喜的成绩，比如，罗马尼亚学生曾在国际德语和俄语奥林匹克比赛（the International German and Russia Olympiads）、英语演讲协会大赛（the English Speaking Union Contest）、法语 Kangourou（French Kangourou）等比赛中获奖（Comisel 2005）。

四、结语

罗马尼亚在经历剧变后，推新民主、发展经济，融入欧洲大家庭的思想贯穿于政治经济和教育的各项改革。1995 年出台的教育法的基本原则遵循这一理念，适龄儿童、少年，不分性别、民族、种族、家庭财产状况、宗教信仰等，依法享有平等接受义务教育的权利，并履行接受义务教育的职责，将义务教育从原来 8 年增加到 10 年，根本上保证了公民受教育的权力。为了满足国民对外语学习的需要，顺应国家经济早日与国际接轨的趋势，政府高度重视，出台了相关的政策，联合境外机构培训师资，参与并实施教改方案。这些措施客观上促进了外语教学改革在罗马尼亚的顺利实施和教学质量的普遍提高。将欧洲语言共同参考框架、2010 教育和培训方案、语言多元化、欧洲语言文件夹等理念融入到罗马尼亚的外语课程体系为罗马尼亚加入欧洲大家庭、实现与欧洲共同价值观起到了积极的作用。作为多民族、多语言、多宗教并存的国家，罗马尼亚在语言政策上推行少数语种教育的政策，保证少数民族用自己的本族语受教育的权利，这无疑对缓解民族矛盾、稳定社会和发展经济起到举足轻重的作用。

参考文献

1. Barrett, Liz David. (2008) *Political Background* in Romania's Business Enviroment. London: GMB Publishing Ltd.
2. Britten, D. A. (1995) *A Profile of ELT in Romania.* Working paper.
3. Ecaterina Comisel (2006) National Reports: *The situation of modern language learning and teaching in Europe: Romania.* European Centre for Modern Languages.

4. Hingel, A. (2001) *Education Policies and European Governance*. European Commission: Directorate General for Education and Culture.

5. Organisation for Economic Cooperation and Development. (2003) *Reviews of National Policy for Education*. Paris: OECD Publishing Service.

6. Organisation of Economic Cooperation and Development. (2006) *Education Policies for Students at Risk and those with Disabilities in South Eastern Europe*. Paris: OECD Publishing Service.

7. Secretary–General of the OECD. (2000) *Reviews of National Policies for Education*. Paris: OECD Publication Service.

8. Underhill, A. (1993) Lecturing, Teaching and Facilitating. *Teacher development*. Vol. 24, p. 30.

参考网站

1. http://sf.chinaconsulatesf.org/chn/gxh/cgb/zcgmzysx/oz/1206_26/1207/t9471.htm.

2. http://sf.chinaconsulatesf.org/chn/gxh/cgb/zcgmzysx/oz/1206_26/1207/t9471.htm.

3. http://www.coe.int/T/DG4/Portfolio/?L=E&M=/documents_intro/common_framework.html.

4. http://www.quest.ro/Conferinte/Prezentari%20COTROCENI/prezentare%20ESU%20septembrie%202005.ppt.

第七章
希腊的外语教育

张忻

一、外语教育大环境

1. 地理环境

希腊共和国位于巴尔干半岛南部，西临爱奥尼亚海，东濒爱琴海，西北、北和东北分别与阿尔巴尼亚、马其顿、保加利亚和土耳其接壤。面积约 13 万平方公里，其中岛屿面积约 2.5 万平方公里，海岸线长为 15,000 多千米。

古代希腊的地理范围要比现在的希腊广泛，它不仅包括现今希腊本土、爱琴海各岛屿、克里特岛，还包括小亚细亚半岛的西部沿海地带。希腊历史悠久，文化灿烂，素有"西方文明摇篮"之称。

古希腊最早的原住居民是皮拉斯齐人。约在公元前 2000 年左右，属于印欧语系的游牧民族亚该亚人、爱奥尼亚人、伊奥尼亚人等相继侵入，占据不同的地方。他们以及后来的多利亚人，都自称是神明希伦 (Helen) 的后代，即希腊人。他们有大致相同的语言、宗教和风俗习惯。目前，希腊人占总人口的 98%，其他有马其顿人、土耳其人等。东正教为国教，信徒占 97%，少数人信奉伊斯兰教等。希腊语为官方语言。"希腊"在希腊语中意为"希伦人居住地"。

2. 社会政治

希腊是西方文明的摇篮，有 3000 多年有文字记载的历史。公元前

3000 至前 1400 年克里特岛就存在米诺斯文化，公元前 800 年出现奴隶制城邦国家，公元前 5 世纪为希腊的鼎盛时期。[1] 自 18 世纪国民运动萌芽以来，希腊进入近现代历史。1830 年希腊成为第一个取得完全独立的东欧国家，1832 年宣布独立并成立希腊王国。第二次世界大战期间被德国占领，1944 年 10 月 15 日全国解放。希腊 1974 年改为共和国，并于 1981 年作为一个东欧国家率先加入欧盟。

在希腊作为独立国家存在的 170 年中的大部分时间里，有着几乎和本土人口数量相当的希腊人在海外生存，美国、加拿大、澳大利亚等国都有着庞大的希腊裔社团。然而，曾经对西欧有过重大影响的重要历史运动，如文艺复兴运动、宗教改革、启蒙运动、法国革命和工业革命都与希腊失之交臂。所有这些都促使希腊形成了与西欧国家不同的历史发展模式和社会形式。但是，希腊作为欧盟最早的成员国之一，在政治、经济、社会发展上又与欧盟有着千丝万缕的联系。希腊具有独特的东正教传统，在宗教上又有几分亲近东欧。[2] 所以，这就为同时具有巴尔干、地中海和欧洲国家身份的希腊国历史平添了几分传奇和独特。希腊人创造的神话、雕刻、哲学和自然科学纵横古今，祖先丰厚的精神遗产和物质财富，成为希腊人民永远自豪的资本。

3. 经济近况

希腊优越的地理位置，培育了海运和旅游两大支柱产业。航海业发达，拥有众多海员，更被称为海员国。希腊的船队位居世界第一，是东西方联系的桥梁，是世界商贸和能源运输的中心。旅游业、侨汇更是获得外汇、维持国际收支平衡的主要来源之一。被称为"无烟工业"的旅游业是希腊经济发展与振兴的基础，是国家发展战略的重要组成部分。20 世纪 60 年代以来旅游业发展迅速，70 年代起入境游客人数持续增长。近年入境游客数量已超过希腊全国的总人口。广义旅游业占希腊国民经济的 18%。[3] 2004 年雅典奥运会前，来希腊旅游的游客就已经超过希腊人口数量，达到 1,300 万人次。[4] 2004 年后，旅游的人数急剧增加，2009 年人数达到 1,500 万人次。希腊旅游组织估计，虽然有金融危机的影响，但旅游业仍然保持了增长势头，有望到 2011 年增加 45 万游客，这将带来

---

1 王天一、方晓东（1996）《西方教育思想史》。湖南：湖南教育出版社。
2 阿尔伯特·甘霖（2006）《基督教与西方文化》，赵中辉译。北京：北京大学出版社。
3 http://www.grpressbeijing.com/chinese/read.php?id=455，希腊驻华大使馆新闻办。
4 同上。

11 亿欧元的收入或 0.6% 的 GDP 增长。[1]

近几年，希腊经济发展平稳上升，国内失业率为近 10 年最低。会议、旅游、海运、能源运输等经济领域都强劲发展，在欧元区影响巨大。2008 年，赢得欧盟预算分配 61 亿欧元。[2]希腊人强烈意识到智力资本的重要性。银行、海运、航空、酒店、餐饮、旅行社等行业都需要与各国人打交道，语言上的多能是就业的前提条件。现在懂英语、法语、德语、西班牙语、意大利语已经不能占有绝对优势，大量私立语言学校的外语已经开到 6 门以上，日语、韩语、汉语等亚洲语言和东欧语言已经悄然升温。由于 2006 年加入了俄罗斯的管道输油项目，2008 年希腊最大港口由中国中远集团租用，希腊加大了与中俄两国的密切联系。经济发展的新战略，带来了外语市场的强大需求，体现在劳动力价值上的语言价值得到大幅度提升。懂汉语、说俄语的工人、船员、导游、服务生、私人家教在就业市场上炙手可热。希腊的外语教育发展越来越多元化。希腊人民背靠欧洲的文明，用聪明的大脑，吸收着新鲜的语言文化，敞开博大的胸怀迎接着八方朋友。

因此，希腊经济发展的这种文化输出性、国际流动性和交流服务性特征，直接或间接影响了其外语教育的格局。

4. 思想文化

古希腊的哲学思想是影响希腊乃至全欧洲的宝贵源泉。剖析其中蕴含的语言观，能窥见哲学为语言研究带来的深刻启示。古希腊的"本体论"和"形而上学"本意为"透过现象看本质"。追溯世界的本原，求证知识的可靠性。这表明古希腊哲学家早就认识到，要从对语言的自觉关注入手，来分析世界的本质和本原问题，[3]追问语言现象之后的语言本质，寻求建立语言表达背后的语法规律。

希腊是一个很有个性特色的国家。希腊丰富的文化精神遗产，为其语言、语言教育及外语教育着上了一层政治，哲学，宗教的色彩。民主权利，公民平等，精神自由，智者教育，终身学习是希腊教育的传统宗旨。具体到语言教育和外语教育上，民主就并非单纯的政府形式、法律和制度，民主还包括人民的学习和行动，完全民主的自主选择；公民享

---

1 http://www.grpressbeijing.com/chinese/read.php?id=455，希腊驻华大使馆新闻办。

2 同上。

3 王寅（2008）语言学新增长点思考之二：语言与哲学的交织对我们的启发，《中国外语》，2008 年第 1 期。

受平等受教育的权利，接受语言学习是自己通向政治生涯、事业成功的必备条件；精神自由是指外语语种无大小之分，唯精神愉悦于各民族文化之独特魅力；智者教育源自训练公民和政治家从事政治活动的本领的目的，辩论术、修辞学、文法是智者们主要的教学科目，语言能力成为智者的标志；[1] 对智者的崇敬，对成功的向往，产生出强烈的求知欲，造就了希腊终身学习的民族性格。

希腊是现代民主政治思想的摇篮。理想的自由民主是体现基本权利和自由权优先原则。具体到语言教育和外语教育上的民主，就并非单纯的政府形式、法律和制度，而是人民学习的基本权利，学习行为方式的自由选择权。希腊人用来描述教育的词是"Paideia"，有全面、综合之意。[2] 在他们看来，教育是对所有社会成员开放的，是所有公民的权利和义务。在古希腊，出色的语言才能是人们参政议政的资本，所以语言学习一直是希腊语言教育中最重要的部分。柏拉图就特别提出，儿童的教育要尽早着手。苏格拉底和亚里士多德，则积极实践自由开放式的教育，让所有人随时随地接受教育。这也许可以被看作是终身自我教育概念的先声。这些都奠定了希腊人热爱学习，崇尚教育，挑战语言的民族性格。

二、教育体制

1. 历史沿革

古希腊曾以发达的文化教育著称于世。近代希腊由于长期处于战争或半战争的状态，全国的教育发展受到很大影响。

一直到第二次世界大战以后，希腊教育才有了较快的发展。20 世纪 60 年代以来，希腊共进行了三次大规模的教育改革。第一次改革（1957~1963）的目的，是适应经济发展的要求，调整中等教育结构，确立和加强职业技术教育体系，使教育与现代社会生活紧密联系起来。由于改革与传统的古典主义倾向截然相反，改革的措施未能全部实施。第二次改革（1964~1965），以前一次改革为基础，通过立法采取措施，延长义务教育年限，实行免费教育，大力加强职业技术教育，改革学制、课程设置和考试制度，增设若干新的高等院校。这是战后比较全面的教育改革。但是，1967 年军事政变以后，希腊教育又恢复了古典主义的倾

---

1 王天一、方晓东（1996）《西方教育思想史》。湖南：湖南教育出版社。
2 同上。

向，教育改革又一次夭折。1974 年，希腊确立了共和制政体。1975 年通过了新宪法。宪法规定，发展教育事业是国家的责任，强制性义务教育应从 6 年延长至 9 年（从小学开始至初中毕业）；职业技术教育应向上延伸，扩大到高等教育领域。此后，希腊又通过了一系列重要的教育立法。这就是第三次教育改革。[1]

1981 年进入欧盟后，教育体制更是建立在欧盟总体的教育纲要上，内阁中设有教育部，统一管理全国的教育事业。教育部负责课程设置的安排、教学内容的审定、考试制度的实行、各级各类学校教学时间的分配和教科书的出版发行等。教育部下设若干专门委员会，负责教育政策的制定、实施和咨询工作，并指导地方教育工作。全国设有教育视导体系，监督实施教育部的各项指示。国家向公立学校提供教育经费。教师和教育行政管理人员经国家考试方可录用，享受国家公务人员待遇。国家宪法明确保障教育的国有性质。[2]

2. 教育体系

希腊教育体制与中国基本相似，学前教育与小学，初中，高中，大学等学制也一样，学前教育 2 年。初等教育学习年限为 6 年，从 6 岁开始。中等教育分为初中和高中两个阶段，学习年限各为 3 年。之后，为高等教育。学校也分为公立与私立两大类型，公立学校享受国家资助免费教育，不同的私立学校收取学费，每个学年分为 3 个学期。入读大学也要统一考试，择优录取，大约一半学生会升入大学，学习环境比较宽松。[3]

初等教育的目的是培养学生的民族、宗教、道德观念，进行读、写、算训练，发展口头和书面语言技能。小学设宗教、希腊语、历史、地理、环境、数学、化学、物理、公民教育等 11 门课程。学生在小学毕业后，不经考试，直接升入初级中学。初级中学的主要任务是进行普通教育。初中设 16 门课程，其中包括宗教、古希腊文学、现代希腊语、数学、地理、物理、化学、生物、人类学等。初中的 3 个年级都设有技术课；三

1 Dendrinos, B. (1996) Planning foreign language education: Planning hegemony. In Emilia Ribeiro-Pedro (ed.) *Proceedings of the 1st International Conference on Social Discourse Analysis*. Lisboa: Ediçoes Colibri. pp. 255-258; Dendrinos, B. (2004) *Linguistic diversity vs. national language protectionism: Language planning in action in Greece*. Paper delivered at the annual conference of the European Federation of National Institutes for Language (Stockholm, Sweden). Appears electronically at: http://www.eurfedling.org.

2 彭伟强、叶维权（2006）欧洲外语教师教育现状与改革动向，《外语界》，2006 年第 2 期。

3 http://www.grpressbeijing.com/chinese/read.php?id=455，希腊驻华大使馆新闻办。

年级设教育和职业指导课；一二年级为女生设家政课。学生在初级中学学习结束后，既可升入 2 年制的中等职业技术学校，也可参加全国统一的高等中学入学考试，升入高级中学学习。高级中学分为两类，即普通高级中学和职业技术高级中学。普通高级中学设 15 门必修课和 5 门选修课。职业技术高级中学既设普通课程，也设职业技术课程，学生毕业后可以就业也可升入高一级学校学习。[1]

希腊的教育经历一个长期发展的过程，教育立法较早，随着社会的发展变化，其立法条款不断修改和增加。近年来，高等教育迅速发展，目前，已有许多国外著名学府开始在希腊办学，其中包括美国纽约大学、美国欧洲东南大学（The American College of Southeastern Europe）等。

3. 教育改革

进入 21 世纪，随着签署欧盟《博洛尼亚宣言》，希腊加入欧盟高教改革的步伐不断加快，借助欧盟高等教育一体化的"春风"，推出了一系列的改革提案，大力改革高等教育，促进私立高等教育在国内的发展，以期提高希腊高等教育的水平与质量。[2]

希腊的公立高等教育采用欧洲教育体系，用希腊语教学。能让学生接受英美教育的主要是许多英美大学在希腊所开的分校，属于私立性质，都是按照美英国家的教育模式进行，采用英语授课，来希腊留学的大多数中国学生都是在这里就读。达不到语言标准的学生须先学习英语预科课程。

自希腊国会裁决私立院校与国立院校颁发的毕业证书拥有等同的价值后，为了保证私立院校的教育质量，希腊教育部计划引入新的私立院校评估系统。今后就读于希腊公立学校的外籍学生数量将呈逐渐上升的趋势。为了促进多文化间的交流，希腊教育部正在制定一项耗资千万欧元的计划。如果计划能够得以实施，希腊将使用 2,000 万欧元欧盟教育拨款在 2010 年 9 月份设立新课程，主要针对外籍学生和他们的父母，家长可以学习希腊语，外籍学生可以学习母语，从而完善学生和家长间的沟通，避免由于语言问题产生沟通障碍。

1 世界各国小学英语外语教学概况（上）http://www.eduzhai.net/edu/306/jiaoxue_86871.html 2006-12-11. 18:33:39.
2 柯飞、傅荣（2006）国外外语教育政策：考察与比较，《外语教学与研究》，2006 年第 3 期第 309-311 页。

在公立学校开展多语种课程的计划由教育部长安娜在 2010 年 2 月举行的政府会议上公布了部分细节。教育部秘书长在接受希腊媒体采访时说："我们已经着手将这份计划书提交至欧盟委员会，如果计划得以批准，语言课程将以课后兴趣班的形式出现。希腊还没有建立类似加拿大和澳大利亚等国的双语学校的经验，这种学校在欧洲也是不常见的"。根据秘书长公布的细节，计划的目的在于加强文化间的联系，在不同的文化间建立桥梁。如果计划能够得到欧盟批准，外籍学生占学生总数 20% 以上的公立学校将于 2010 年 9 月开始设立多种语言课程。

希腊教育部正在分析设立多语言课程所需要满足的条件，9 月份新学年开始后，有望在公立学校出现教授阿尔巴尼亚语、俄语和阿拉伯语的教师。秘书长说："这些教师如果受到过专业培训，那么他们就能深入明白学生在学习语言的过程中出现的错误，我认为专业培训是十分重要的。现在还不清楚有多少学生家长希望自己的孩子学习母语。"

计划的另外一方面是让外籍学生家长学习希腊语，教育部计划印制包含多种语言的宣传手册，简单介绍计划流程，也会建立相关网站，用以收集社会各方面建议。根据教育部不完全统计数字，来自百余个国家的学生就读于公立学校，其中多数学生来自于以下国家：阿尔巴尼亚、罗马尼亚、保加利亚、格鲁吉亚、俄罗斯、波兰、印度、埃及、叙利亚等。

可见，近三年来，希腊政府顶着国内反对派和民众的压力，迟缓但是坚持地进行着新自由教育的改革，开放国家政策，吸引更多外资以及发达国家的高质量私立大学来希腊办学，促使私立高等教育在国内的发展，以期提高希腊高等教育的水平与质量。

三、外语教育与政策

1. 语言意识形态与外语教育理念

希腊一直特别珍惜自己悠久的历史文化传统，坚信希腊语是西方拼音文字的始祖，渴望保持古希腊语的纯洁性。为此，一场维护语言纯净的文化战争，持续了十多年。[1] 直到现在，希腊社会还是并存着两种不同风格的官方希腊语和民间希腊语（不是方言）。小学有现代希腊语课程，中学有古希腊文学、古希腊语，基本保证学生能通读古希腊语的资料，认识本国语言在世界上的卓越地位，培养由衷的民族自豪感。另一方面，

---

1 Cooper, R. (1989) *Language Planning and Social Change.* Cambridge: Cambridge University Press.

出台优惠政策，积极培育外国留学生学习现代希腊语。对于选择希腊优势专业如哲学、历史、考古、神学、医学、艺术等的留学生，就必须学会古希腊语。这对弘扬希腊文化起着很重要的推动作用。

另外，希腊政府注重希腊语的国际推广。希腊语世界基金会（The Foundation of the Hellenic World, FHW）不断扩大规模，"希腊语在线学习"已从欧洲延伸到亚洲，"希腊语学习优先奖学金制度"吸引着越来越多的留学生，这些都是推广希腊语极其重要的举措。[1]

然而希腊在积极传播本国语的同时也十分清晰地认识到，希腊语在国际上的语言地位早已不是远古时期的鼎盛了。所以，多元化外语教育的理念从中等教育开始就深入人心。人们以学习外语为骄傲，而且热衷于挑战高难语言。

2001 年在"欧洲语言年"开始之际，欧盟终身教育协会（Eurydice）公布了所有欧盟区国家的语言教育状况。其中有一项针对年龄在 15 岁以上，来自 15 个欧盟主要国家的 16,000 名人的随机调查，被视为欧洲语言晴雨表。归纳其中关于希腊部分内容如表 1 所示：

表 1 希腊与欧盟其他国家外语教育基本态度对比

调查内容	欧盟 15 个主要成员国平均值	希腊
认同外语学习的重要性	72%	90%
认同必须掌握一门外语	71%	86%
认同必须掌握两门外语	32%	54%
学习外语自信度	47%	61%
缺乏外语学习自信	21%	11%
对外语学习条件满意的	50%	75%
认为学习外语能带来好处的	37%	56%

从表 1 可知，希腊各项指数都高于欧盟 15 国的平均值。在这方面，不仅国家起到了正确的引导作用，国人也主动学习多种外语的民族特性，学习语言的第一目标是满足个人爱好；其次是改善就业条件；第三位是为了旅游度假需要（还是个人兴趣）；最后才是工作需要。这种语言认识观是希腊有效地提高多元语言能力的根本所在。

---

1 中国外语战略研究中心（2008）《外语战略动态》，2008 年第 1 期。上海：中国外语战略研究中心。

　　弘扬本国希腊语是要高举"欧洲精神家园"的旗帜；推崇外语多样化是为了努力争取在欧盟乃至世界上的多元支持。经济的单一性，政治上的弱势地位，社会发展的保守迟缓，要求希腊人广泛拓宽国际视野，用文化教育的软实力，睿智思想的光芒，赢得世界文明古国的尊严，重新点亮世人的眼球。

2. 外语教育

1）综述

　　在欧洲历史上，正规的外语教学早在罗马人学习希腊语时就已萌芽。[1] 中世纪时，学习希腊语和拉丁语已成为社会时尚，这种风气在欧洲学校一直延续了几个世纪。文艺复兴以后，民族与地方语言得到确立，外语学习逐渐在民间流行。然而，直到十八至十九世纪，外语教学的规模还很小，掌握外语也仅为少数上流社会达官贵人的特权。[2] 20世纪以来，特别是二战以后，随着世界经济与文化交流的扩大，各国人民对外语的需求迅速增长。与此相适应的是，在全球范围内，外语教学开始普及。无论在发达国家还是发展中国家，外语已一跃成为基础教育和高等教育中一门重要的基础学科。[3]

　　希腊的外语教育历经几个阶段。第一外语在20世纪五六十年代有法语、德语，后来英语加入此列。希腊是从1993年起开始在小学引进英语教学的，并作为一门正式的课程在各个公立小学里开设。[4] 中学开设第二、三外语选修课。大学阶段基本无外语选修课（少数文科系除外）。全国绝大部分地区都有业余语言学校。国立雅典大学的语言培训学校提供的外语语种就多达20多。[5]

1　刘永洁（2004）外国语教育咨文，《青岛教育信息网》（www.qdedu.net. 2004）。

2　Lambert, R. D. (1994) *Language Planning Around the world: contexts and Systemic Change.* National Foreign Language Center Monograph Series, Washington. D.C.

3　Phillipson, R. (2003) *English-only Europe?—Challenge Language policy.* London & New York: Routledge Taylor & Francis Group.

4　Dendrinos, B. (2003) *Language Education and Foreign Language Pedagogy: The Politics of ELT.* Athens: The University of Athens Publications.

5　http://www.eurydice.org (2003) Structures of Education, Initial Training and Adult Education Systems in Europe. EURYDICE/CEDEFOP/ETF. 2010-04-06.

表 2 2003 年中小学外语学时分配

	第一外语（英语）	第二外语（法语 / 德语）	补救性外语教学
小学三年级—六年级	每周三节		
初中第一学年	每周三节	每周三节	每天下午
初中第二、三学年	每周二节	每周三节	每天下午
高中第一学年	每周三节	每周二节	每天下午
高中第二、三学年	每周二节	每周二节	每天下午

2）中小学外语教育

公立小学

1993 年，希腊开始在小学开展外语教学，是作为一门正式的课程在各个公立小学里开设。通常孩子们开始学习外语的年龄为 9 岁（小学四年级），也有一小部分学生从一年级就开始。普遍只开一门外语，就是英语。但是根据最新的一项资料显示，在小学的大纲中，已经出现了"两门以上的外语学习"的规定。[1]学校对英语课的课时安排为：每周 3 节课，每节课 45 分钟。总学时不得少于 450。[2] 政府对于小学英语外语教学大纲有详细明确的要求，针对教学方法、主题以及目的都有集中体现。希腊政府规定小学英语教材必须都是正式出版发行的，普遍使用的小学英语教材有老师自己设计编写的教材和地方正式出版发行的教材如《趣味英语》（*Fun Way*）。配套有美国密执根大学系列教材 Michigan ECCE 和英国伦敦的 EDEXCEL；ALCE；Dippy's 等。

私立小学

希腊有很多私立小学，大约 5% 的孩子上私立小学，学费昂贵。与公立小学相比，私立小学英语教师的教学经验都比较丰富，能操一口标准的美音或伦敦口音，班级学生数量比较少，教学资源比较丰富，教学质量好。

中学

20 世纪 70 年代以前，中学的外语课时为每周 4-6 节，有法语和英语作为第一外语可供选择。90 年代初开始，随着小学第一外语（英语）走

---

1 http://www.eurydice.org (2009) National summary sheets on education systems in Europe and ongoing reforms. Greek. 2010-04-08.

2 Greek Ministry of Education Pedagogical Institute (1997) Comprehensive 6-year curriculum for the teaching of English (4th-9th form). Athens.

进课堂，中学逐步开设第二外语，法语和德语成为可选择的语种，周课时为 2-4 节，总学时为 270。同时仍旧开设第一外语，周课时为 2-4 节。到中学毕业时，学生已能基本掌握英语，粗通第二外语。2007 年教育部正在酝酿在中学开设第三外语的选修课。

中学阶段，多数学生依旧选择私立语言学校，作为提高语言能力的有效途径，以期有良好的语言基础，能在毕业时考上好的大学。因此不难看出，希腊的公立教育质量似乎总不如私立学校，国家包办的义务教育效果不尽如人意。公立和私立制度，不仅在大学引发改革争议，在小学和中学也是一个长期没有得到解决的问题。

3）民间语言培训

私立语言学校

在私立语言学校学习的孩子大约有 80%。学校对英语课的课时安排为每周 3-6 个学时。与公立小学相比有很多不同之处，孩子们学习英语的年龄都比较早，所学的英语知识比较有难度，使用的英语教材内容丰富、有趣，而且都有外籍教师任教。家长普遍认为，只有在私立学校孩子才能学好英语，未来有好的前途。

私人教学

在希腊 10% 的孩子都有家庭教师，家长认为这样做会对孩子的英语学习有一个良好的开端，同时也会对将来就业有重大帮助；也有的家长是想让孩子在 14 岁的时候通过剑桥 FCE 考试，16 岁通过 CPE 考试。家庭教师会帮助孩子们提高运用英语语言的流畅程度，同时又会使孩子不必走读，在学习时不受干扰。[1]

4）大学教育

公立大学

公立大学普遍使用本国希腊语进行正常教学。不再另外开设外语科目。但是，有八成以上的在校学生都在业余时间参加外语培训机构的外语学习。少则学两门外语，多则学三四门。没有国家统一的外语水平考试，只有机构的结业考试。学习语言纯粹是出于个人的兴趣爱好，或未来择业的需要。

私立大学

私立大学可以选择是用英语还是希腊语教学的模式。私立大学教师的英语水平普遍较高，外语图书资源好，硬件设施也优于公立学校，所

---

1 http://www.eurydice.org (2003) Structures of Education, Initial Training and Adult Education Systems in Europe. EURYDICE/CEDEFOP/ETF. 2010-04-06.

以学费不菲，以往入学率不高。随着欧洲一体化的深入，希腊政府因应区域同盟的要求，逐步扩大私立学校的覆盖率，压缩公立学校规模，继而加强与欧洲国家的联系，以争取更多教育资源的支援。希腊原本是移民输出国，加入欧盟后，希腊也吸引着周边地区的移民。相对欧洲其他国家来说，希腊算是英语普及率较高的国家，所以国内对外语的需求很大。希腊私立大学虽然规模不及公立大学，但硬件设施和现代化程度相对较高，学生的自主性更强。私立学校的学生人数在希腊大学生中已占相当的比例。

国际大学

希腊国内有许多国际知名大学建立的学校和机构，如芬兰、丹麦、瑞典、奥地利、英国、法国、德国、西班牙、美国、加拿大等国大学都在希腊设有各种机构。每学期这些学校和机构都举办形式多样的学术活动或文化交流，推动本国语言文化的传播，吸引年轻的希腊人。美国密执安大学的传统英语等级考试和英国剑桥英语等级考试，依旧在希腊占据重要地位，每年两次的考试是莘莘学子和职场白领的验兵场。

3. 外语教育规划与政策

希腊外语教育发展的新趋势，是紧跟世界政治、经济、社会的进程，与时俱进，基于欧洲联盟《共参框架》的理念，规划外语教育，制定新的政策。其措施主要体现在以下五个方面：

1）课程总体目标和教学观念

希腊的学校特别重视培养学生积极的学习态度，保护学生的学习自信心。关注外语学习与其他学科间的融合与渗透的问题，语言与文化的关系问题。同时，重视外语学习策略和能力的形成，为终身学习打基础。在教学观念上：注重语言技能的培养。特别强调学生能用所学的语言做事情。同时重视语言知识的学习，强调通过语言习得学习，提高对语言功能和结构的理解和对语言差异的敏感性，以更好的理解语言的意义和功能，为有效的开展交际而服务。

2）教材

希腊有国家的统一课程要求，国外的教材和国内的教材都必须经国家教育部的审查，根据希腊统一的《跨主题教学大纲纲要》（*Cross-Thematic Curricular Framework*）编制，最主要的特点就是要适应国内的需要。教师都可以自己选择适合自己学校和学生的教材。通常在公立中小学，学校都免费提供两种以上的教材，国内出版的为主要教材。

例如《趣味英语》（1-4 册）（*Fun Way 1-4*），语法上与原版无异，但在语言传递的文化信息上，更符合希腊人对多元文化的要求。有对亚非拉美有代表性的国家，在天气、地理、民俗、生物分布、历史人物、幽默漫画、神话传说、文艺作品等分别作了介绍，避免了英美原版教材的片面性的内容。虽然在印刷上不如原版教材的鲜艳、精美和直观，但符合希腊人的古朴、自然、不拘泥于形式、富有想象力的艺术审美取向。

希腊也引进国外（英美为主）原版教材，特别是音像资料，基本上都是英美国家原版光碟。电视台的外语节目通常也是学校借用的教学语料。希腊市场没有自己录制的音像资料。进入 21 世纪，希腊教育部推出了不少可供教师选用的各种网上教学资源，从教学活动到练习页，从活动设计到教学法指导、语法资料、在线答疑、文化参考信息、业务理论学习等等。

除英语之外的其他语种的教材，大多直接选用国外的教材，但他们同时也都在积极组织力量编写自己的教材。目前也有采用合作的方式，组成国内的专家队伍与对象国文化委员会或国外出版社重新编写适合自己国家需要和反映本国文化的教材。

3）教学模式与方法

《共参框架》是以"行动任务为导向"作为理论基础，"完成任务交际"是中心的概念和方法，因此，功能主义及任务教学法是贯穿《共参框架》始终最重要的理论基础。[1]

由于希腊把培养对对象国语言和文化的接受性摆在十分重要的位置，"以学生为中心"的教学理念也赫然出现在中小学外语教学的大纲上，[2] 所以，在教学模式和方式上也充分体现了这种人文情怀。"交际对话型"，"情景话题型"成为教学的主流模式。

"话题型"教学是突出的特点，就是以教师的切入式文化话题为引导，以学生的相互提问为主线的教学模式。它强调学生的参与和体验，强调学生参与项目和调查研究，积极获取信息和处理信息。特别强调文化环境理解和口头表达的能力、思维与想象的能力以及分析问题和解决问题的能力。提问越多，话题越广，兴趣点越多，思路就越开阔。在这种教学中，师生并不排斥母语，母语辅助理解文化环境，铺垫柔和的语

---

1 白乐桑、张丽（2008）《欧洲语言教学与评估共参框架》新理念对汉语教学的启示与推动，《语言文字学》，2008 年第 3 期。

2 Greek Ministry of Education Pedagogical Institute (1997) Comprehensive 6-year curriculum for the teaching of English (4th-9th form). Athens.

言输入环境。比如，学生在各个阶段的外语学习中，都有小组做专题研究报告，并答辩。

当然，教学模式不是割裂开的，多种形式的教学活动是交叉进行的，交际型、认知型、直接法、互动性等都是穿插使用的教学模式。

4）教学评价

传统的语言评估大多以"找错"为主要形式、检测知识掌握情况为主要目的。《共参框架》以评定"交际能力"作为评估的主要目的。交际能力指的是在特定的话语环境下完成任务的能力。学生是语言使用的主体，有目的有意识地了解自身的学习过程和效果，进行客观真实的"自我评估"和"互评"，与"教师评估"一起，共同组成学生的最终成绩。这样不但可以在交流互动中提高语言交际能力，还增加了学生的自主性。

在希腊，小学生的学期成绩是由教师根据一个学的课堂表现和考核表上的等级（1-20 分，分六个等级），最终给出描述性的结果，一般情况下都能让学生顺利升入高一年级（严重逃学者除外）。

中学教师除了参考课堂表现外，还要参考同学的评价、笔头练习、考试成绩，最后给出一个等级分数。[1] 比如，中学的教师＋学生代表的考核方式，学生小组的互评方式。

在高职阶段，外语考核还要参考外语实践活动的成绩。就是要做专题报告，答辩通过方能最后得到最终成绩。

这种采用关注学生综合语言运用能力的多样化评价方式。更加注重学生在学习过程中的进步，有利于促进教师改进教学，学生提高学习兴趣和学习效率。

5）教师培训

希腊大多数的中学教师都是高等专科学院或大学毕业，而且必须接受四年的专业学习，并经过三个月指定的教学职前培训。[2] 要获得中小学教师的教师资格证书，都必须通过非常严格的统一考试，考试由"国家公务员选拔高级委员会"（Supreme Council for Civil Personnel Selection, ASEP）举行，由教育部认定资格。所有获得教师资格证的教师都是国家公务员待遇。

1 http://www.eurydice.org (2009) National summary sheets on education systems in Europe and ongoing reforms. Greek. 2010-04-08.

2 Dendrinos, B. (2004) *Linguistic diversity vs. national language protectionism: Language planning in action in Greece.* Paper delivered at the annual conference of the European Federation of National Institutes for Language (Stockholm, Sweden). Appears electronically at: http://www.eurfedling.org.

　　公办中小学教师还没有完全实现到国外学习的目标。但是随着欧盟一系列跨国教育计划（如"苏格拉底计划"与"伊拉斯默斯计划"）的逐步实施，希腊教育部也将中小学校教师的培训工作纳入其中。希腊教育奖学金基金会等教育培训机构也积极配合。不过，希腊政府极力推行的学校私有化，提高教师受聘的门槛，将在一定程度上把教师的培训费用分摊到教师自己身上。所以改革举措也遭到了中小学教师的反对。

四、结语

　　概言之，我们从希腊外语教育的考察和研究中可以得到如下四点启示：

　　1. 一个国家的语言政策规划的研究和制定，反映出一个民族的历史渊源。同时，现实的国家政治、经济、社会、文化发展状况也与外语教育政策模式紧密相关。

　　2. 温和、柔性的外语语言政策，结合自主的教学体制，优秀的教师队伍，多元的外语学习环境，才能保障和促进本国外语教育质量的提高。

　　3. 学习外语意味着掌握另外一种看待世界和表达世界的方式。我国应加强宏观调控，合理规划，逐步走出外语教育单一化模式，在大学期间开设第二、第三外语，从而提高青年一代的国际竞争力，加强各国文化之间的沟通能力。

　　4. 外语既是人的一种素养，也是一种重要的资源，是能创造价值的资本。考虑学习外语的"投资费用"和学成语言后的"投资预期效益"，是符合经济规律的。应该让我国的外语教育走科学、和谐、可持续的发展道路。

参考文献

1. 阿尔伯特·甘霖（2006）《基督教与西方文化》，赵中辉译。北京：北京大学出版社。
2. 白乐桑、张丽（2008）《欧洲语言共同参考框架：学习、教学、评估》新理念对汉语教学的启示与推动，《世界汉语教学》，第 3 期。
3. 柯飞、傅荣（2006）国外外语教育政策：考察与比较，《外语教学与研究》，第 3 期，第 309-311 页。

4. 刘永洁（2004）外国语教育咨文，《青岛教育信息网》（www.qdedu.net. 2004）。

5. 彭伟强、叶维权（2006）欧洲外语教师教育现状与改革动向，《外语界》，2006 年第 2 期。

6. 世界各国的小学英语外语教学概况（上），http://www.eduzhai.net/edu/306/ jiaoxue_86871.html 2006-12-13 18:33:39。

7. 王天一、方晓东（1996）《西方教育思想史》。湖南：湖南教育出版社。

8. 王寅（2008）语言学新增长点思考之二：语言与哲学的交织对我们的启发，《中国外语》，第 1 期。

9. 中国外语战略研究中心（2008）《外语战略动态》，第 1 期。上海：中国外语战略研究中心。

10. Cooper, R. (1989) *Language Planning and Social Change.* Cambridge: Cambridge University Press.

11. Dendrinos, B. (1996) Planning foreign language education: Planning hegemony. In Emilia Ribeiro-Pedro (ed.) *Proceedings of the 1st International Conference on Social Discourse Analysis.* Lisboa: Ediçoes Colibri. pp. 255-268.

12. Dendrinos, B. (2003) *Language Education and Foreign Language Pedagogy: The Politics of ELT.* Athens: The University of Athens Publications.

13. Dendrinos, B. (2004) *Linguistic diversity vs. national language protectionism: Language planning in action in Greece.* Paper delivered at the annual conference of the European Federation of National Institutes for Language (Stockholm, Sweden). Appears electronically at: http://www.eurfedling.org.

14. Greek Ministry of Education Pedagogical Institute (1997) Comprehensive 6-year curriculum for the teaching of English (4th-9th form). Athens.

15. http://www.eurydice.org (2003) Structures of Education, Initial Training and Adult Education Systems in Europe. EURYDICE/CEDEFOP/ETF. 2010-04-06.

16. http://www.eurydice.org (2009) National summary sheets on education systems in Europe and ongoing reforms: Greece 2010-04-08.

17. http://www.grpressbeijing.com/chinese/read.php?id=455，希腊驻华大使馆新闻办。

18. Lambert, R. D. (1994) *Language Planning Around the world: contexts and Systemic Change.* National Foreign Language Center Monograph Series, Washington.D.C.

19. Phillipson, R. (2003) *English-only Europe?—Challenge Language policy.* London & New York: Routledge Taylor & Francis Group.

20. Vlaeminck, S. (2004) Pluriligualism and Foreign Language Education Policy in Greece. *Policies of Linguistic Pluralism and the Teaching of Languages in Europe.* Metaichmio, National and Kapodistrian University of Athens.

第八章
日本的外语教育

王克非[1]

一、外语教育的大环境

1. 日本概况

日本是一个岛国，由北海道、本州、四国、九州4个大岛和3,900多个小岛组成，面积37.8万平方公里，人口1.3亿。最早作为统一的国家出现在公元4世纪中叶，名大和国。与汉、唐时期的中国早有交往。7世纪时通过大化革新，仿唐朝律令，建立以天皇为绝对君主的中央集权国家体制。12世纪末进入"幕府"时期，由武士阶层掌握国家实权。1868年"明治维新"后，废除封建割据的幕藩体制，巩固天皇至上的中央集权国家，开始对外开放、发展资本主义，并逐步走上侵略扩张道路。第二次世界大战中，军国主义的日本战败。1947年5月实施新宪法，成为以天皇为国家象征的议会内阁制国家。政治上实行三权分立，国会为国家最高权力机构，内阁为最高行政机关。20世纪下半叶以来，日本经济发展很快，成为世界上仅次于美国的发达国家。因为经济发达而资源短缺，日本与世界各国有广泛的贸易和投资。

---

1 周维宏提供了日本社会对于英语教育的争论部分调研材料；许瑛提供了英语教育改革背景部分调研材料；曹彦琳翻译了部分日本文部省资料。

2. 日本的教育

日本是一个善于学习的民族。日本的教育可以说有三"重"。一是借重国外；二是深受重视；三是作用重大。

日本在自己的发展道路上，早期是向中国古代的儒家文化教育学习，包括从中国转学佛教文化等，并派遣使臣和留学生；明治维新前后开始学习西方的科学技术和思想文化，有所谓"兰学"、"洋学"，特别是明治初年学习西方，设立文部省后，改革教育行政和学校管理体制，翻译欧美国家公立学校的教材，侧重学习西方科学的基础知识。这几个重要时期，日本都是在借重国外先进教育思想基础上改革和发展自己的教育。

教育在日本深受重视。明治初期当局以教育开化国民，特别是当时的文部大臣森有礼，主张为了国家的富强而办教育，并在这种国家主义教育思想指导下，政府连续制定和发布了《小学校令》、《中学校令》、《帝国大学令》、《师范学校令》等法规，为现代教育打下了基础。随后当局还以天皇名义颁布了集儒家忠孝仁爱和资本主义伦理道德为主要内容的《教育敕语》，规定了日本教育的方向，相当于最早的日本教育基本法。这批学校令和这个教育敕语巩固和促进了日本从初等到中高等教育的发展。随后的100多年间，无论是世界大战前后，或当代经济高速发展时期，日本行政当局都会有相应的教育政策适应当时的社会需要。

从前面两点已可以看出教育对于日本国家发展的重要作用，日本二战前实行的中央集权制教育行政，战后虽采用地方分权制，但集权制影响仍在，使教育对于国家发展的作用更大。政府会随着社会、经济、科技、文化各方面的发展而改革教育体制、教育管理和教育内容，包括多次修改《学校教育法》。教育经费也随经济发展而逐年提高，超过国民生产总值和国民收入增长的幅度，保障了日本现代教育事业的成长，反过来也为日本国家的发展培养和储备了足够的人才，推动了社会的进步。

3. 日本的语言

日本通用日语，仅有少数人使用朝鲜语和阿伊努语等，基本上是单一语言国家。日本宪法并未列出什么规定来保障日语或禁止在公共生活中使用别的语言，但日本政府采取的语言政策，是将绝大多数日本人日常使用的日语作为国家语言，也就是说，奉行单一语言的国语政策。

二、日本外语教育历史和政策

1. 日本外语教育纵览

日本早年向中国学习，近代向西方学习，都是从学习语言开始，因此其外语学习和外语教育的历史悠久。仅从明治维新后日本走向现代国家看，维新之初，日本学习西方设立现代意义上的学校，就连续开设了数所英语学堂，包括著名的开成学校，后来组建成日本第一所大学东京大学。开成学校开办不久即请外籍教师授课，并用英语讲授专业课程。1881 年即开始在初中开设外语，每周 6 课时。当时学习英语等外语成风，甚至有身为文部大臣的森有礼发出用英语替代日语作为日本国语的声音。二战以后，日本为美国占领，一时英语在日本更加流行，日本开始进入英语高普及率国家的行列。

现代日本社会仍普遍看重以英语为主的外语教育，并且随着社会的进步，加强和重视英语教育的程度在不断提高。90 年代中期开始，初中升高中需考试外语。近年不仅私立小学，公立小学也开始开设英语课。1969 年，日本英语教育学会创立，六年后召开了第一次全国英语教育大会（参看附录 4）。不过日本从英语教师到普通民众并不满意外语教育的成绩，进入 21 世纪，即全球化时代以来，提高外语教育水平的呼声越来越高。

2. 日本外语教育政策和措施

1992 年，日本"大学英语教育学会"成立现状调查委员会，对全国大学的英语学科教育、大学生和英语教师做了广泛全面的综合调研，2002 年发布了三本调研结果，即《日本国外语／英语教育现状综合调研》之"学生编"、"教师编"和"院系学科编"，掌握了大量一手资料。如院系学科编的综合问卷调查就设计了 83 个问题，内容涉及院系基本情况、英语授课时数、英语以外外语授课时数、英语教师海外进修情况、英语教师录用办法、英语授课用电脑教室、考试试题的制定、测试的内容、测试各题的时间分配、近十年考试科目的变化，等等。[1]

2002 年 4 月，日本全国开始实行新的英语学习指导要领（相当于我国的英语课程标准）。同年 7 月，文部科学省在"改进英语教学圆桌会议"和"改革英语教育圆桌会议"的意见基础上，提出了"培养能使用

---

[1] 详见第三部分第一节。

英语的日本人的战略构想"行动计划（「英語が使える日本人の育成のための戦略構想」），并对该构想的具体目标、实施步骤等作了详细的说明。

2003 年 3 月 31 日，文部科学省正式开始实施"培养具有英语能力的日本人"的行动计划。文部科学大臣远山敦子亲自撰文论述这一计划的意义和要点。她指出，世界已进入一个高度全球化大竞争的时代，从经济或资本投资的角度，从国际交往的角度，从知识信息交流和获取的角度，人们都需要与外部世界更多的沟通，在这样的情形下，英语这个国际通用语起到了将不同地区不同语言的人们联系起来的作用。这对于日本国家更好地与世界各国沟通，相互理解和信任也是至关重要的。但是日本的现实情况是，许多日本人由于英语能力的局限，还不能有效地与外国人交流思想，表达情感。因此，文部科学省采取各种措施包括修改文部科学省的"指导要领"，以提高日本学生的基本英语交流能力，包括改善教师的英语教学能力等。[1]

这一行动计划有详细的目标描述，对初中学生、高中学生、大学生以及一般公民的英语水平都有明确的要求，对实质性地改进英语教学的能力和设施也有具体的步骤，是一个五年甚至更长时间内的提升日本国民整体英语水平的纲领性文件（MEXT 2003）。

配合培养具有英语能力的日本人的行动计划，日本教育当局 2003 年开始实施"Super-English"英语教学项目，即不仅把英语作为必修课进行日常教学，还把英语作为授课语言来进行其他学科的教学，这种类似于双语教学的模式于 2005 年已在日本 100 所中学进行试点。为此日本仅以政府名义聘请的以英语为母语的正规教师每年就达 1,000 名以上，进行Team-teaching（课堂由一位外国人和一位日本人英语教师来合作进行教学活动），并配套投资 1 亿 8 千万日元进行本国英语教师的培训。

3. 各阶段外语教育指导要领

日本的大学是相对独立的，不受文部科学省直接指导，因此，关于日本全国范围的外语教育情况，我们主要看中小学。下面从日本文部科学省为日本高中、初中、小学几个阶段的外语教育所做的指导要领来了解日本的外语教育构想和要求。这些要领以英语学习指导为主，英语之外的其他外语学习指导均参照英语学习指导的目标和内容。

1　见日本文部科学省网站 http://www.mext.go.jp/。

1）日本文部省高中外语学习指导要领

（一）总目标

培养学生基本的实用交际能力，如理解信息和说话人（或写作者）的意图，表达自己的思想，深化理解语言与文化以及通过外语培养学生积极的交际观等。

（二）课程

1. 听说交际I

1）目标

通过听说英语，培养学生理解和传递信息思想的基本能力；通过处理日常话题，培养学生积极的交际观。

2）内容

（1）语言活动

在具体的语言使用情境中，开展下列交际活动，学生们可以扮演信息、思想的发送者和接收者的角色。活动包括：

A. 理解英语听力内容，并针对情景和目的做出恰当的回答；

B. 学生能就感兴趣的话题提问和回答；

C. 根据情景和目的正确传递信息、思想等；

D. 能组织和陈述自己的思想以及所听或所阅读的信息等，能理解他人所陈述的内容。

（2）语言活动处理

A. 为了有效开展"语言活动"中所言的交际活动，有必要从以下方面进行指导：

——正确发音，适当注意英语声音的基本特点，如节奏和语调等；

——按交际活动的要求，理解和使用基本的句型和语法点；

——能运用要求他人重复话语和解释的英语表达；

——能理解非言语交际手段（如手势）的作用，并能根据情景和目的有效运用非言语交际手段。

B. 语言使用情景和语言功能

为了开展语言活动，合适的语言使用情景和语言功能应该从下文"写作阶段"之后所列的语言情景和语言功能例子中选择，并整合使用。在此过程中，还应考虑提供个人交际情景和群体交际情景。

（3）语言要素

A. 为了开展语言活动，合适的语言要素大体上可以从初中低年级所列的语言要素中和"写作阶段"之后所列的语言要素中选择。因此，需注意：语言要素原则上应是当代标准英语，但也应考虑全球范围内不同的英语变体作为交际手段的事实；尽可能最少解释和分析语言要素，重点是理解语言要素如何在实际语境中使用，以及如何运用它们。

B. 选择合适的英语词汇（下文"英语阶段 I"中所说明的词汇）和基本的搭配进行教学。

3）内容的处理

——考虑在初中低年级阶段的学习重心在于培养学生的听说交际能力，因此交际活动应复习低年级的内容要点，活动的话题要广，要有多样的伙伴；

——综合听说活动和读写活动，以对听说进行有效教学。

2. 听说交际 II

1）目标

进一步培养学生用英语组织、陈述和讨论思想信息的能力；通过处理广泛的话题，培养学生积极的交际观。

2）内容

（1）语言活动

除"听说阶段 I"中的交际活动之外，还应开展下列活动：

A. 理解经过组织的话语（如演讲）的概要和要点，并对此组织自己的思想；

B. 就广泛的话题，能有效组织和陈述自己的思想信息；

C. 探讨广泛的话题；

D. 创作和表演小品。

（2）语言活动处理

A. 按如下要点指导：

——听经过组织的话语时，必要时要做笔记；

——发音准确，适当注意节奏、语调、音量、音速等，从而正确传递自己的意图和情感；

——运用诸如陈述、讨论、辩论等活动所要求的英语表达；

——学习并运用讨论、辩论的基本规则和陈述方式。

B. 语言使用情景和语言功能

为了开展语言活动，应该选择合适的语言使用情景和语言功能（见下文），并整合使用。在此过程中，应考虑提供群体或多人的交际情景以及创新的交际情景。

（3）语言要素

A. 为了开展语言活动，合适的语言要素大体上可以从初中语言要素（见下文）中选择。语言要素原则上应是当代标准英语，但也应考虑全球范围内不同的英语变体作为交际手段的事实。

B. 选择合适的英语词汇（下文"英语阶段II"中所说明的词汇）和基本的搭配进行教学。

4）内容的处理

同"听说交际I"阶段的内容处理。

3. 英语阶段 I

1）目标

培养学生基本的英语听读理解能力和用英语传递信息思想的口头或笔头能力；通过处理日常话题，培养学生积极的交际观。

2）内容

（1）语言活动

在具体的语言使用情境中，开展下列交际活动，学生们可以扮演信息、思想的发送者和接收者的角色。活动包括：

A. 理解信息、说话者意图等，理解所听内容的概要和要点；

B. 理解信息、写作者意图等，理解所读内容的概要和要点；

C. 讨论和交流所听读的内容及自己的思想；

D. 组织并记录所听读的信息及自己的思想。

（2）语言活动处理

A. 为了有效开展（1）中所言的交际活动，有必要从以下方面进行指导：

——正确发音，适当注意英语声音的基本特点，如节奏和语调等；

——按照交际活动的要求，理解和使用基本的句型和语法点；

——通过阅读或背诵，熟悉英语课文的发展；

——理解非言语交际手段（如手势）的作用，并根据情景和目的有效运用非言语交际手段。

B. 语言使用情景和语言功能

为了开展言语活动，应选择合适的语言使用情景和语言功能（见下文），并整合使用。在此过程中，应考虑综合的语言活动，如组织并陈述自己的观点以及所听读的内容等。

（3）语言要素

A. 为了开展语言活动，合适的语言要素大体上可以从初中语言要素

（见下文）中选择。需注意：语言要素原则上应是当代标准英语；尽可能最少解释和分析语言要素，重点是理解语言要素如何在实际语境中使用，以及如何运用它们。

B. 在初中低年级的基础上增加约 400 个新词汇；学习基本的词语搭配。

3）内容的处理

考虑在初中低年级阶段的学习重心在于培养学生的听说交际能力，听说读写四项技能应综合进行教学。

根据学生的情况，让学生在多种语言使用情景中复习和操练初中低年级所学的内容，从而熟练掌握它们。

4. 英语阶段 II

1）目标

进一步培养学生基本的英语听读理解能力和用英语传递信息思想的口头或笔头能力；通过处理广泛的话题，培养学生积极的交际观。

2）内容

（1）语言活动

进一步拓展"英语阶段 I"中的交际活动。

（2）语言活动处理

A. 同"英语阶段 I"中的语言活动处理

B. 语言使用情景和语言功能

为了开展语言活动，应选择合适的语言使用情景和语言功能（见下文），并整合使用。在此过程中，应考虑综合的语言活动，如对所听读的内容进行摘要写作、交流观点等。

（3）语言要素

A. 为了开展语言活动，合适的语言要素大体上可以从初中语言要素（见下文）中选择。语言要素原则上应是当代标准英语。

B. 在"英语阶段 I"的基础上增加约 500 个新词汇；学习基本的词语搭配。

3）内容的处理

同"英语阶段 I"。

5. 阅读阶段

1）目标

进一步培养学生英语阅读理解的能力；通过运用这些能力，培养学生积极的交际观。

2）内容

（1）语言活动

在具体的语言使用情境中，开展下列交际活动，学生们可以扮演信息、思想的发送者和接收者的角色。活动包括：

A. 通过阅读，获取必要的信息、概述及总结要点；

B. 通过阅读，理解写作者的意图，并组织和传达自己对所读内容的思考；

C. 阅读故事，口述或记录自己的感想；

D. 朗读，向听众传达文章内容及阐释。

（2）语言活动处理

A. 有必要从以下方面进行指导：

——阅读课文，猜生词的意思，运用背景知识

——阅读课文，适当注意关键词语和句子、段落的结构和发展等

——适当阅读，譬如，根据情景和目的快速阅读或精读

B. 语言使用情景和语言功能

为了开展语言活动，应选择合适的语言使用情景和语言功能（见下文），并整合使用。在此过程中，应考虑综合的语言活动，如对所听读的内容进行摘要写作、交流观点等。

（3）语言要素

A. 为了开展语言活动，合适的语言要素大体上可以从初中语言要素（见下文）中选择。语言要素原则上应是当代标准英语。

B. 在"英语阶段 I"的基础上增加约 900 个新词汇；学习基本的词语搭配。

3）内容的处理

（1）综合阅读活动和听说写活动，有效地进行阅读教学。

（2）教学中，应强调阅读的目的，不仅要理解语言要素，而且还要正确理解信息、写作者意图，把握自己对信息与意图的看法等。

6.写作阶段

1）目标

进一步培养学生根据情景和目的进行英语写作的能力；通过运用这些能力，培养学生积极的交际观。

2）内容

（1）语言活动

在具体的语言使用情境中，开展下列交际活动，学生们可以扮演信

息、思想的发送者和接收者的角色。活动包括：

A. 根据情景和目的，记录所听读内容的概要和要点；

B. 组织并记下自己对所听读内容的看法；

C. 根据情景和目的，组织并记下所听读内容的用意，从而读者能理解它们。

（2）语言活动处理

A. 有必要从以下方面进行指导：

——写下大声述说或朗读的句子

——运用必要的词语传达思想情感

——写作，适当注意篇章的结构和发展

B. 语言使用情景和语言功能

为了开展语言活动，应选择合适的语言使用情景和语言功能（见下文），并整合使用。在此过程中，应考虑提供学生实际运用语言的机会，如写信或写电子邮件。

（3）语言要素

A. 为了开展语言活动，合适的语言要素大体上可以从初中语言要素（见下文）中选择。语言要素原则上应是当代标准英语。

B. 选择"英语阶段 I"中的词汇进行教学；学习基本的词语搭配。

3）内容的处理

（1）综合写作活动和听说读活动，有效地进行写作教学。

（2）教学中，应强调写作的目的，不仅要学习语言要素，而且还要正确传递信息和思想。写作教学中，重心应放在写作过程，使学生的写作内容更丰富、形式更得体。

语言功能的例子：

——维持关系（说话、问候、介绍、表示理解和注意等）

——传达情感（表达感激、欢迎、祝贺、表扬、满足、愉快、惊奇、同情、抱怨、批评、道歉、遗憾、失望、谴责、生气等）

——传递信息（解释、报道、描述、说明理由等）

——表达思想、意图（提供、许诺、索求、同意、不同意、劝说、接受、拒绝、推理、假设、结论等）

——鼓动行为（提问、要求、接待、邀请、允许、建议、暗示、命令、禁止等）

英语语言要素：

——句型（同前文）

——语法（不定式、关系代词、关系副词、使用 it 指代名词短语、时态、带情态动词的被动语态、虚拟语气、基本的分词结构等）

课程设计和内容处理：

1. 课程设计应考虑几点：

1）"听说交际阶段 I"、"英语阶段 I"一般应分别在"听说交际阶段 II"和"英语阶段 II"之前教学。

2）阅读和写作一般应放在"听说交际阶段 I"或"英语阶段 I"之后教学。

2. 关于教学内容的处理，应注意：

1）为了培养学生的外语实用交际能力，教学材料根据课程目的，应充分考虑实际的语言使用情景和语言功能。教师应根据学生的身心发展以及兴趣爱好和关心的问题，选取各种各样的适当话题，如日本人民的日常生活、风俗习惯、地理历史、世界各民族（主要是使用英语的国家和地区）等，尤其要考虑以下几点：

a）学习材料应有利于提高学生的理解力，培养学生的识别力，增强学生正确判断的能力。

b）学习材料应有利于深化理解日本和世界其他国家的生活方式和文化，提高学生对语言和文化的兴趣，培养对其尊重的态度。

c）从广度上来讲，学习材料应有利于深化国际理解，增强学生对日本民族生活在地球村的认识，从而培养他们的国际合作精神。

此外，还可以从论说文、对话、叙述文、戏剧、诗歌、书信等中选取合适的教学材料。

2）为补充语言教学，可使用语音符号。

3）学生应该学会使用词典，鼓励他们对独立运用外语和有效使用词典的积极态度。

4）对上述不同课程的教学，教师应革新教学方法和模式，综合使用多种教学方法，适当使用音视频教学材料、语言实验室、电脑、通讯网络等教学材料或工具。而且，可以让英语母语者参与合作教学，积极培养学生的交际能力，加深他们的国际理解。

由于全球化时代国际需求的增加和国际化的需要，2003 年实行的《高中外语学校指导要领》，文部科学省便觉得需要更新了，于是在 2009

年 3 月 9 日颁布了新的《高中外语学校指导要领》(文部科学省，2010)，要求从 2013 年 4 月 1 日起逐步实行。

新的《高中外语学习指导要领》的基本方针是：综合培养听说读写四项技能；教科书的题材及内容力求能提高学生对外语学习的兴趣，有助于综合培养四项技能；通过综合学习听说读写四项技能，培养能活用四项技能的交往能力；在初中听读学习的基础上，能把自己的想法表达出来，与说写学习结合起来，培养四项技能。

修改的要点为：

(1) 目标：通过外语，加深对语言文化的理解，力求养成积极交流的态度，养成确切理解并传达信息的交流能力。

(2) 设置综合培养四项技能的课程，培养与说写技能相关能力的课程，提高会话能力的英语会话课程。

(3) 设置与初中内容衔接的英语基础课程，重视与初中的系统性。

(4) 增加学生接触英语的机会，用英语授课。

关于外语学习的目标，新的指导要领要求：

(1) 通过外语，加深对语言及文化的理解。对语言的结构、意义及功能的理解和对语言背景文化的理解都非常重要。通过外语学习，不仅对于外语及外国文化，也会加深对日语及日本文化的理解。进而能加深对语言及文化的感性，我们期待能培养具有宽广视野、国际感觉和国际协调精神的人才。

(2) 通过外语，养成积极交流的态度。积极表达自己的想法，即便有不懂的地方，也能通过推测继续听读。通过培养这种积极交流的态度，能在国际化过程中理解不同的文化群体，与不同文化群体和谐相处。

(3) 通过外语，养成确切理解和传达信息的能力。"确切理解"是结合场景、背景、对方表情等来把握说话人或作者想要传达的。"确切传达"是结合场景、背景、对方的反应等表达出自己想说的。

2）日本文部省初中外语学习指导要领（文部科学省，2008）

一. 初中外语学习课程

（一）总目标

培养学生基本的实用交际能力，如听说能力、深化理解语言与文化的能力以及通过外语培养学生积极的交际观等。

（二）英语学习指导的目标与内容等（英语之外的其他外语学习指导可参照英语学习指导的目标和内容）

1. 目标：

1）使学生熟悉并习惯英语听力，促使他们理解简单的英语交际意图。

2）使学生熟悉并习惯英语口语，促使他们以简单的英语口头表达自己的思想。

3）使学生熟悉并习惯英语阅读，促使他们理解简单的英语作品的意图。

4）使学生熟悉并习惯英语写作，促使他们以简单的英语笔头表达自己的思想。

2. 内容：

1）语言活动

下列语言活动应在三年间进行，目的是提高学生的英语理解和表达能力。

英语听力应注意按以下几点指导学生：

A. 学习英语语音的基本特点，如重音、语调、停顿，并理解话语的意思；

B. 听以自然口吻说和读的英语，并理解具体内容和要点；

C. 听英语问题和要求，并恰当回答；

D. 通过让说话者重复英语话语，从而正确理解话语的内容。

英语口语应注意按以下几点指导学生：

A. 熟悉英语语音的基本特点，如重音、语调、停顿，并能正确发音；

B. 正确表达思想和感情；

C. 就所听或所读的内容进行对话，交流观点；

D. 利用多种技巧（如使用连词）侃侃而谈。

英语阅读应注意按以下几点指导学生：

A. 区分字母和标点符号，正确阅读；

B. 默读，思考所阅读的内容，并大声说出来，因此它的意思就能表达出来；

C. 阅读并理解所读文本的概要，摘出重要部分；

D. 理解留言、消息和信件等文本的意图，并恰当回答问题。

英语写作应注意按以下几点指导学生：

A. 区分字母和标点符号，正确写作，适当注意词汇间距。

B. 对所听或所读的内容做笔记，记下自己的感观。

C. 正确记录自己的思想情感。

D. 书写留言、消息和信件等，正确传递自己的意图。

2）语言活动处理

三年的英语学习指导中，应考虑以下几点：

A. 在开展语言理解和练习活动的同时，还应开展交际活动，譬如学生用英语互相表达思想情感；

B. 在交际活动中，学生能够思考在具体的语境或条件下如何恰当地表达自己，从而能够将语言活动开展下去；

C. 语言活动的开展应具有下列语言情景和语言功能：

——固定的语言表达情景（问候、自我介绍、打电话、购物、指路、旅行、吃饭等）

——与学生生活相关的情景（家庭生活、校园学习和活动、本地新闻时事等）

——深化思考和传递信息的语言功能（表达观点、解释、报道、陈述、描述等）

——鼓动行为和表达意愿的功能（提问、要求、邀请、确认、承诺、同意/不同意、接受/拒绝）

——传递情感的功能（表达感激、抱怨、赞扬、道歉）

根据各年级学生的程度安排语言活动

A. 一年级的语言活动应考虑到这是英语学习的开始阶段，重心在于培养学生对交流的积极态度，所以在语言活动的开展中，应考虑学生熟悉的语言使用情景和语言功能。本阶段学习的中心话题是有关学生情感和熟悉事件的简单交际表达。

B. 二年级的语言活动是一年级基础上语言使用情景和语言功能的拓展。本阶段学习的中心话题仍旨在交际，除了一年级的使用材料外，还包括实际信息的传递和观点判断。

C. 三年级的语言活动是二年级基础上语言使用情景和语言功能的拓展。本阶段学习的中心话题依然是交际，除了二年级的使用材料外，还包括多种思想的表达和观点的表达。

3）语言要素

为了开展"语言活动"中所言的语言活动，应选用合适的语言要素，从而达到其中所说的目标。适当的因素有：

A. 语音

——当代标准发音

——词语组合导致的音变

——基本的单词、短语和句子重读

　　——基本的句子语调

　　——基本的句子停顿

B. 字母与符号

　　——印刷体字母的大小写

　　——基本标点符号，如句号、问号、逗号、引号、感叹号等

C. 单词、搭配和惯用语

　　——大约 900 个词汇，包括"表一"中词汇，也即基本词汇、与日常生活相关的词语（如季节、年月、天气、数字、家庭等）

　　——基本的搭配

　　——基本的惯用语，如 "excuse me"，"I see"，"I'm sorry"，"thank you"，"you're welcome"，"for example" 等。

D. 语法要素

　　——句子（简单句、复合句和复杂句；肯定/否定陈述句；肯定/否定祈使句；各种疑问句）

　　——各种句式（如主谓、主谓补、主谓宾、主谓双宾、主谓宾补、There be 结构等）

　　——各类代词

　　——动词时态

　　——形容词和副词的比较级

　　——基本的不定式和动名词结构

　　——现在分词和过去分词的形容词用法

　　——被动语态的现在式和过去式

4）语言要素的处理

A. 对复杂句子，仅作了解；

B. 对有些语法点，不必区分其用途和条件，重在教会学生实际使用。

3. 大纲设计和内容处理

1）大纲设计应考虑以下几点：

A. 考虑本地区影响学生的多种因素和条件，各校应为各年级建立合适的目标，并在三年间努力实现英语教学的目标；

B. 在处理语言活动中，尤其要注重各年级的听说语言活动；

C. 语言要素应按难易度分级，按照学习阶段，从易到难，因材施教；

D. 在语音教学中，从注重听说的角度，持续对学生进行发音练习。必要时，可使用语音符号；

E. 在教字母表时，要考虑学生的学习负担，适当教学生草书体；

F. 在教学生单词、搭配和惯用语时，要选择经常使用的词语让学生掌握；

G. 学生应该学会使用词典，必要时能够使用词典；

H. 从学生的实际情况和教学材料一致出发，教学中可考虑有效使用电脑、通讯网络、教辅工具等，也可考虑让英语母语者参与合作教学。教师的教学方法应灵活，可应时改变。

2）教材方面

为了培养学生的实用英语交际能力，材料应充分考虑到实际的语言使用和语言功能。教师应根据学生的身心发展以及兴趣爱好和关心的问题，选取各种各样的适当话题，如日本人民的日常生活、风俗习惯、地理历史、世界各民族（主要是使用英语的国家和地区）等，尤其要考虑以下几点：

A. 学习材料应有利于提高学生的理解力，培养学生的识别力，增强学生正确判断的能力。

B. 学习材料应有利于深化理解日本和世界其他国家的生活方式和文化，提高学生对语言和文化的兴趣，培养对其尊重的态度。

C. 从广度上来讲，学习材料应有利于深化国际理解，增强学生对日本民族生活在地球村的认识，从而培养他们的国际合作精神。

3）日本文部科学省小学外语教育活动指导要领（文部科学省，2008）

一、总体目标

通过学习外语，以期提高小学生对语言文化的理解能力，培养积极的交流态度，使他们熟悉外语的发音和基本表达方式，从而在小学阶段就为日后具备良好的外语交际能力打好基础。

二、内容（五年级和六年级）

1. 从以下几点帮助小学生积极参与到外语交际活动中：

1）体验外语交流的乐趣。

2）积极地用外语听与说。

3）了解语言交流的重要性。

2. 加深学生对日语与外语在语言文化方面的理解：

1）熟悉外语的发音与韵律，了解外语与日语的差异，体会到学习语言的趣味性及语言的丰富性。

2）了解日本与其他国家在生活方式、习俗、事物、观点和思维方式等方面的差异。

3）通过与不同文化背景的人群交流，加深对外国文化的理解。

三、课程设置与内容安排

1. 课程设置需要注意以下几个方面：

1）外语教学原则上应包括英语。

2）从小学生的实际外语能力和所在地区的具体情况出发，每所学校应针对各个年级分别制定两个学年的外语教学目标。

3）教师可以把在 II-2 中对语言文化的理解，与 II-1 中有关交际方面的内容相联系，以便帮助学生更好的理解所学知识，避免繁琐的解释与死记硬背。

4）教学内容应迎合小学生的兴趣，在提高教学效果方面多下功夫。例如，内容安排上应充分结合学生在日语、音乐、艺术和手工制作等课程学到的知识。

5）班主任或授课教师要制订教学计划并合理组织教学。可根据当地的具体情况，邀请以该外语为母语的人或者精通该外语的本地人配合教学活动，使更多的人参与到语言学习中。

6）教师应该积极采用符合学生、学校及当地实际水平的 CD 和 DVD 等外语视听材料解决学生的发音问题。

7）教学内容安排既要符合第一章《总则》中的第 I 和第 II 部分、第三章《道德教育》中的第 I 部分提到的道德教育目标，又要兼顾第三章第 II 部分的内容，这些安排应与外语学习特点及道德教育的阶段性要求一致。

2. 从以下几方面具体落实第二部分的内容：

1）两学年的教学安排应考虑：

A. 教师要选择适当的表达方法并充分考虑学生的学习程度，设置熟悉的场景来安排学生的外语交流实践。

B. 教师在学生用外语交流时要特别关注语音，为避免学生压力过大，可采用字母和单词作为辅助工具进行口头交流。

C. 教师可采取手语这种非言语交流形式协助教学。

D. 通过外语学习，小学生不仅可以加深对外语及相关文化的了解，而且也有益于进一步理解日语及日本文化。

E. 教师可按照下面的例子设置语言实践的交流场景，体现交际功能：

[语言交际场景实例]

（a）常用表达法使用场景：打招呼、自我介绍、购物、用餐、询问和指示方向等。

（b）学生生活场景：家庭生活、学校学习与活动、地方活动、游戏等

［语言交际功能实例］

（c）与交流伙伴建立良好的关系

（d）表达情感

（e）讲故事

（f）表述观点和意图

（g）激发交流伙伴参与互动

2）根据学生的学习进度确定活动的重点：

A. 五年级

考虑到小学生初次接触外语，教师应介绍一些熟悉的物品和事情的表达法，比如与他们日常生活、学校生活息息相关的语言和活动等，使他们能够参与到交流中并与他人互动。

B. 六年级

在五年级的基础上，教师要鼓励学生积极参与各种交际活动，重点在于与他人的互动，更多地加入到跨文化交流活动中。

3. 外语教育现状

1）外语教育改革

鉴于日本英语能力薄弱的实际情况，2006 年 1 月，大学入学考试改革正式实施，英语考试增加了听力部分。其实早在 2003 年，为了加强包括听说在内的英语实际交流能力的培养，在大学和高中的入学考试里，政府就推荐导入英语听力及外部检定考试，但由于公立和私立学校的体制不同，当时很难统一标准。

2008 年 12 月 22 日，据 NHK 新闻报道，日本政府意识到本国英语水平落后于中国、韩国等国，推出了中学英语教育改革措施。新《高中英语学习指导要领》的修改主要体现为：（1）重视学生语言交际能力的培养，课堂教学采取全英语授课方式；（2）扩大教科书所收录的英语单词量，由原来的 1300 词增加到 1800 词；这样，从初中到高中毕业，学生的英语总词汇量应达到 3000 词。实施时间从 2013 年 4 月开始。据 NHK 报道，这个新的《高中英语学习指导要领》推行后，日本中学生的英语教育水平可望基本与中国和韩国持平。另外，电视报道还提及此次改革对英语教师的口语能力提出了新的挑战。

中小学也在努力使英语学习从"哑巴英语"变成"能使用的英语"。高中新的学习指导要领方案重新审定以文法为中心的教育内容，将重点转向提高英语的会话能力。新的《日本英语课程基本目标》是让学生通

过外语学习加深对语言文化的理解，努力培养他们积极参与交流的态度，培养正确理解和传达信息与思想的交际能力。

下面分别是日本大学、高中和初中的英语教育的现状调查。

2）大学英语教育现状

2001 年，新的文部科学省成立后不久，发布了表明其英语教育基本态度的《关于促进改善英语指导方法的恳谈会报告》、《21 世纪教育新生计划》等文件。之后又发表了《培育能使用英语的日本人的战略构想》。这些政策指导性措施都是为了实质性改善日本大学的英语教育，但是实际情况并不乐观。

根据日本大学英语教育学会的全国性大规模调查（大学英语教育学会实态调查委员会，1992），日本的大学审议会在 1991 年改正了大学设置基准，去除了四年制大学生的总毕业学分，交由大学自主决定。这是因应文部省以大学的个性化、自由竞争为目标的基本方针的变更。可是它直接导致了外语教育学分的减少。以前四年制大学外语教育的必修学分是 8 学分，第二外语选修学分为 6-8 学分。1991 年后英语必修学分为 6 学分以下的院系就占全国的 65%，英语课时也因此大幅减少。

1991 年设置基准的改变还导致外语教育方面发生了其他一些变化。例如，据调查约有 66.7% 的院系发生了下面的变化（同上，16 页）。

积极变化：听说课增加（25.8%）、外语种类增加（16.1%）、变成了按技能区分的课程（7.2%）、学分增加（6.1%）

消极变化：学分减少（18.1%）

调查也表明，私立大学比公立和国立大学在外语教育方面要多投入课时和学分。

此外，明确设定外语教育目标的院系有 72.2%，比之前的 7.6% 大有提高，但仍有 25.6% 没有具体的目标。从学校种类来看，目标设定率较低的主要是大专。从大学属性来看，国立大学最高，公立大学最低。

设置基准改革后，英语之外第二外语的选修非常自由，51.4% 的学校甚至规定为 0 学分，也就是说不开设第二外语了。

旧设置基准规定 4 年制大学英语最少为 8 学分，之后，一些大学最多给 7-8 学分，有些大学只给 1-2 学分了（占 21.4%），女子大专则变成 0 学分。

以英语作为必修课的学校总计占 68.3%，其中最多的是英语和另外一门外语共计两门外语作为必修课。

按技能设定课程：四种技能全部设定的有 32.5%，只设定一部分的有 26.9%，合计 59.4%。从大学种类来看，四年制大学按技能区别设定课程的比大专多。从大学系别来看，国际研究系、外语系设定 4 种技能的比率最高，占 69.4%。

考试设置：设置基准改革前基本是每周考一次（全年），现在比率大幅下降，多为每周考一次（半年），占 39.4%。

日本学生出国进修制度：利用暑假进修达 56.7%，交换留学生达 20.3%。

从英语教师情况看，英语教师的海外进修情况是：59.4% 的大学没有教师出国进修制度。多数大学派出进修时间多为一年以内。

日本大学教育有一个特点，是设有非专职教师（非常勤）。在英语教育方面，专职教师授课率不高：专职教师授课量占 40%-60% 的班级为 25.8%，授课量超过 60% 的班级为 35%。其中大专院校非专职教师授课率较低。

英语教师有 51.1% 属于英语系，在大学占全体教师的比例是，大多院校（62.5%）为 10% 以下。非英语专业出身的英语教师竟然有 32.3%。除英语外的其他外语专职教师占全体教师比例，则是大多院校（60%）为 10% 以下。多数院校（25%）中，英语教师中外籍教师的比例竟为 0%。英语教师退休年龄主要集中于 65-66 岁，占 43.1%。

就英语考试来看，笔试次数：最多为"1-2 次"，占 59.7%。其次为"3-4 次"占 19.7%。而有近 8 成的学校没有设听力考试。英语入学考试内容以"语法、文章构造、词法"为主出题的占 69.7%。其他依次为"阅读答题"、"英译日"、"阅读理解"等，分别为 65.6%、49.7%、53.6%。客观题的比例是：27.2% 的院系的考试，其客观题占 75%，23.1% 的院系考试客观题占 100%，客观题占一半的有 17.5%。客观题所占比例私立大学较高，国立大学较低。

3）高中英语教育现状

日本文部科学省自 2003 年起，以全国的公立全日制高中为对象，调查改进英语教育的实施情况，到 2007 年共进行了 5 次。2007 年以 3,710 所高中为对象进行了调查（参看附录 1）。以下是主要调查结果。[1]

（1）英语教师人数

高中英语教师有 24,294 人，其中外教 59 人。

（2）高中三年级学生的英语能力

---

[1] 详见文部科学省网站 http://www.mext.go.jp。

① 国际关系（包括语言学）专业的学生通过英语技能检定测试准 2 级以上考试或相当于 2 级水平的有 13,001 人（67.4%，上次为 64.5%），其中，通过 2 级以上考试的有 9,430 人，具备相当于 2 级水平的有 3,571 人。

② 其他专业的学生通过英语技能检定测试准 2 级以上考试或相当于 2 级水平的有 212,910 人（29.3%，上次为 26.8%），其中，通过 2 级以上考试的有 70,547 人，具备相当于 2 级水平的有 142,363 人。

③ 综上所述，高中 3 年级 746,016 名学生中通过英语技能检定测试准 2 级以上考试或相当于 2 级水平的有 225,911 人（30.3%，上次为 27.8%）。

（3）授课时的英语使用情况（教师）

① 国际关系专业在オーラル・コミュニケーション I（口语交际）中有 202 所高中（79.8%，上次为 78%），大部分用英语授课。在オーラル・コミュニケーション II（口语交际）中有 87 所高中（71.3%，上次为 80.2%），大部分用英语授课。

② 其他专业在オーラル・コミュニケーション I（口语交际）中有 1,754 所高中（54.6%，上次为 53.3%），有一半内容以上或大部分内容用英语授课。在オーラル・コミュニケーション II（口语交际）中有 344 所高中（56%，上次为 53.5%），有一半内容以上或大部分用英语授课。

（4）授课中英语使用情况（学生）

① 国际关系专业中，"每次都用英语互相对话"的在オーラル・コミュニケーション I（口语交际）中有 168 所高中（66.4%，上次为 68.3%）。

② 其他专业中，"每次都用英语互相对话"的在オーラル・コミュニケーション（口语交际）I 中有 1578 所高中（49.1%，上次为 44%）。

（5）授课时对少数人进行指导及按照掌握程度进行指导的开展情况

① 在国际关系专业中，英语 I（课程名称）有 93 所高中（33.7%，上次为 27.4%），オーラル・コミュニケーション I（口语交际）有 134 所高中（53%，上次为 51.1%）对学生进行少数人指导及按掌握程度进行指导。

② 在其他专业中，英语 I（课程名称）有 1,534 所高中（42.5%，上次为 41.1%），オーラル・コミュニケーション I（口语交际）有 1,605 所高中（50%，上次为 51%）对学生进行少数人指导及按掌握程度进行指导。

（6）英语课上教学研讨课的开展情况

①　在校内开展教学研讨课的学校数，国际关系专业及其他专业分别为 230 所学校（56.5%，上次为 53.5%）、2,166 所学校（58.5%，上次为 57%）。

②　英语教师之间互相探讨指导方法的学校，国际关系专业有 379 所学校（93.1%，上次为 91.2%），其他专业为 3,191 所学校（86.2%，上次为 86%）。

（7）教师的英语能力

在调查的 18,796 名英语教师中、取得英语技能检定测试准 1 级以上、或 TOEFL 的 PBT550 分以上、CBT213 分以上、TOEIC730 分以上成绩的有 9,508 人（50.6%、上次为 48.4%）。

另外，在接受过外界考试的人中，有 78.2%（上次为 74.2%）取得了英语技能检定测试准 1 级以上成绩（包含托福）。

（8）英语课中 ALT（外语教学助理）及当地人才的参加比例

①　国际关系专业英语课上 ALT 的参加比例，1 年级为 34%（上次为 38.2%），2 年级为 33%（上次为 32.5%），3 年级为 25.1%（上次为 24.4%），总体为 30.2%（上次为 30.8%）。另外，当地人才的参加比例，1 年级为 2.5%（上次 1.6%），2 年级为 1.8%（上次 1.5%），3 年级为 1.3%（上次 1.0%），总体为 1.8%（上次 1.4%）。

②　其他专业英语课上 ALT 的参加比例，1 年级为 22.1%（上次为 20.6%），2 年级为 12.1%（上次为 11.1%），3 年级为 10.6%（上次为 10.1%），总体为 14.8%（上次为 13.9%）。另外，当地人才的参加比例，1 年级为 0.6%（上次 0.4%），2 年级为 0.3%（上次 0.3%），3 年级为 0.3%（上次 0.4%），总体为 0.4%（上次 0.4%）。

（9）与中学的连动

有 1,045 所高中（28.2%，上次为 27.8%）与中学有连动。主要内容有：开展观摩课的有 876 所学校（83.8%，上次为 81.9%），其次为开展指导方法研讨会的有 392 所学校（37.5%，上次为 39%）。

（10）选拔新生时评价体制的改进

①　国际关系专业在选拔新生时，采取一般考试加重英语分值的有 137 所学校（33.7%，上次为 32.5%）。不采取一般考试而是学校单独考试且有面试的学校有 90 所（22.1%，上次为 20.8%）。实行听力考试的学校有 49 所（12%，上次为 12.2%）。

②　在定期考试中进行听力考试的学校，国际关系专业有 356 所

（87.5%，上次为83.8%），其他专业有2,882所（77.9%，上次为77.7%）。

（11）进修活动的开展情况

① 参加都道府县、指定城市教育委员会等主办的以高中英语教师为对象的提高教学能力的进修（所谓的"集中进修"）人数有3,572人。

② 都道府县、指定城市独自录用、雇用的外语教学助理（除JET项目的ALT之外）的人数为892人。

4）初中英语教育现状

日本文部科学省以全国公立中学为对象，从2003年开始调查英语教育情况，2007年度是第五次调查，以10,029所学校为对象进行了调查。以下是主要结果。[1]

（1）英语教师

全国初中英语教师有29,524人，其中外教201人。

（2）初三学生的英语能力

初三学生有1,099,792人，其中通过英语技能检定测试准3级以上或具备同等程度英语能力的学生有356,011名（32.4%，上次为33.7%）（其中通过英语技能检定测试准3级以上的有201,624名、具备同等英语能力的有154,387名）。

（3）英语课上英语的使用状况

① 课上教师的英语使用状况，回答"大部分用英语"的第一学年有331所学校（3.3%，上次为3.6%）；第二学年有321所（3.2%，上次为3.4%）；第三学年有371所（3.7%，上次为4.2%）。

② 回答"一半以上用英语"的第一学年有3,084所学校（30.9%，上次为32.2%）；第二学年有3,023所（30.3%，上次为30.9%）；第三学年有2,915所（29.2%，上次为29.3%）。

（4）授课时对少数人进行指导及按照掌握程度进行指导的情况

关于英语授课时对少数人进行指导及按照掌握程度进行指导的情况：一年级有3,400所学校（34.0%，上次为35.2%）；二年级有3,601所（36.1%，上次为36.7%）；三年级有3,679所（36.8%，上次为37.6%）。

（5）英语授课中教学研讨课的开展情况

① 有7,027所学校（70.1%，上次为69.1%）开展学校内的教学研讨课。

---

1 详见文部科学省网站 http://www.mext.go.jp/。

② 有 6,871 所学校（68.5%，上次为 66.8%）开展英语教师之间的观摩课。

③ 有 8,034 所学校（80.1%，上次为 79.7%）开展英语教师之间的教学方法碰头会。

（6）英语教师的英语能力

配合调查的英语教师 23,562 人中，获得英语技能检定测试准 1 级以上，或 TOEFL 的 PBT550 分以上，CBT213 分以上，TOEIC730 分以上成绩的有 6,271 名（26.6%，上次为 24.8%）。

另外，接受过外界考试的人中，43.0%（上次为 40.2%）获得了英语技能检定测试准 1 级以上（包括 TOEFL 等）成绩。

（7）关于英语授课中 ALT（外语教学助理）或当地人才的使用比例

① 英语授课时 ALT 的使用比例：一年级为 28.5%（上次为 27.8%）；二年级为 28.0%（上次为 27.2%）；三年级为 26.3%（上次为 25.5%）。

② 当地人才的使用比例：一年级为 1.0%（上次为 1.3%）；二年级为 0.9%（上次为 0.8%）；三年级为 0.8%（上次为 0.7%）。

（8）与小学、高中的连动

① 与小学连动的情况为：在 3,808 所学校（38.0%，上次为 35.1%）中，其主要开展内容有，开展观摩课的为 2,688 所学校（70.6%，上次为 67.8%）；其次开展教学方法研讨会的有 1,473 所（38.7%，上次为 38.2%）。

② 与高中的连动情况为：在 1,526 所学校（15.2%）中，其主要开展内容有，开展观摩课的有 1,271 所学校（83.3%，上次为 81.2%）；其次开展教学方法研讨会的有 761 所（49.9%，上次为 50.1%）。

（9）关于开展进修活动的情况

① 有 4,351 人参加了都道府县、指定城市教育委员会等主办的以英语教师为对象的为提高教学能力的进修（集中进修）。

② 都道府县独立录用、雇用的外语教学助理（JET 程序的 ALT 除外）有 272 名（上次为 272 名）、市町村有 2,502 人（上次为 2,248 名）。

另外，小学开展外语教育在近年也很普及了。

三、日本社会与外语教育

1. 日本社会对外语教育的评价

日本政府和社会重视外语教育，但同时又始终不满意教育的现状，特别是日本人普遍忽视或未能提高英语的听说能力，即交流能力。比较有代表性的意见是，1978 年，《日本英语教学》文集的编者在归纳该文集编写目的、总结当时日本外语教育状况时所写的：

> 总体说来，英语阅读理解能力得到了锻炼，而听说能力相对较弱。这部分归咎于历史上日本与各英语国家相对隔绝……过去，日本人使用英语基本囿于外国作品的翻译和批评研究。即便时至今日，由于大学入学考试只考察英语的阅读理解，高中教学往往忽视了对学生听说能力的培养。然而最近，日本越来越认识到必须积极加强国际交流，以促进与其他国家的思想与文化交换……日本英语教师尤其认识到他们缺乏与其他国家的教师、语言学家和学校管理者的交流。形成这一鸿沟部分是因为日本国内罕有介绍英语教学法发展趋势的英文刊物……正是为了弥补这种匮乏，我们特编纂本书，收录了日本国内外学者关于日本英语外语教学（TEFL）的评论和学术分析。[1]

该文集长达 917 页，收录 82 篇文章，涵盖历史、文化、方法论和语言学领域，作者有日本、美国和英国三地大学的学者，是第一部详细考察日本英语教学情况的文集。此后出现许多研究日本英语教学理论与实践的著作和论文，包括英语文献，如《世界英语》（*World Englishes*）[2] 和《语言、文化和课程》[3] 就为日本英语教学推出了专刊，而 JALT（日本语言教师协会）[4] 等组织出版的专家专栏也基本上以推动这类研究为目的。

这方面的文献大多批评偏重阅读理解和语法翻译法而忽视听说技巧的教学。然而这一局面几十年里没有明显的改善。日本人的英语水平仍不能满足国际交流的需求，以致前美国驻日大使埃德温·雷斯乔（Edwin O. Reischauer）曾将日本英语教学的糟糕表现列为世界几大奇迹之一。甚至政策文件也表达了这种忧虑："今天的日本人缺乏……基本技巧。以 1998 年托福考试成绩为标准，日本人的英语能力在亚洲是最低的。日本

1　Koike, I. (Ed.) (1978) *The Teaching of English in Japan.* Tokyo: Eichosha. pp. iv-v.

2　Kachru B. & Smith, L. (1995) Introduction. *World Englishes* 14 (1): 1–2; Sakai, Sanzo & D'Angelo, James F. (2005) A Vision for World Englishes in the Expanding Circle. *World Englishes*, Vol. 24 Iss. 3 pp. 323-327.

3　Lessard-Clouston, M. (1998) Perspectives on language learning and teaching in Japan: An introduction. *Language, Culture and Curriculum* 11 (1): 1–8.

4　JALT 成立基本与《日本英语教学》的出版同时。1975 年该组织成立，当时称为关西语言类教师协会。1977 年更名为 JALT 并成为 TESOL 成员。

人自己也痛彻地认识到他们在交流技巧方面的不足"。[1]

研究明治维新时期的英语教学，便可以知道当时外语教学的目的就是重实用、重文化的。其语法 - 翻译法教学称为明治维新现代化进程的一种推进力量，满足了 19 世纪末 20 世纪初引进西方科学技术和专业技能的需要。这一方法以及严格的教育考试制度，对后来 100 多年日本外语教育都产生了潜移默化的影响。这也正是 21 世纪日本英语教育改革所面临的最大挑战。

20 世纪 80 年代中期前首相中曾根康弘政府首次提出的教育系统改革被认为是日本社会英语教育的第三大转型时期（仅次于明治维新和美国占领日本时期）。在过去二三十年中，教育改革屡屡谈及，尤见于《外语学习指导要领》文件。该文件为文部科学省制定的中小学国家课程计划。1947 年首次提出后，1989 年和 2002 年的改革法案包含了英语教育最重要的革新。随着交际法教学在托福考试中愈加侧重，文部科学省开始在文件中强调语言交际实践是必需的。这一做法与受主流系统青睐百年的语法翻译法划清了界限，也符合国际潮流的做法。

但是大多数日本的英语老师并没有接受正规的教师培训，教育部门审核通过的教材都附有包含详细课程计划、重点翻译和重点练习教学技巧的教师手册，这些又与新方针中的交际目标存在很大差距。也就是说，难免发生新旧两套系统相互排斥的事情，教学实践中只能二选其一。这种政策和实践的矛盾可能是当代日本英语教学中面临的主要问题。

2. 英语教育改革的背景

日本社会对英语教育现状的不满和英语教育改革的提出，主要是鉴于以下两个背景：

1）国民英语水平低下

1998 年的 TOEFL 成绩排名中日本考生的平均成绩在被调查的亚洲国家中处于最末位置，中国和韩国都名列前茅。2000 年日本政府战略顾问委员会讨论 21 世纪的国家战略构想时，认为日本计算机软件业落后于印度的主要原因就是日本国民普遍缺乏英语应用能力。他们还认为国民英语水平的低下，甚至影响了国家从金融危机中恢复元气的速度。为了国家的进一步发展和国际地位的进一步提升，有专家甚至呼吁所有学生从小学开

---

1 CJGTC [Prime Minister's Commission on Japan's Goals in the Twenty-First Century] (2000) *The Frontier within: Individual Empowerment and Better Governance in the New Millennium*—Chapter 6, Japan's Place in the World.

始就学英语，并且务必改变阻碍英语学习的过时的学习目标和教学方法。

2）日本在国际交流中面临挑战

当前的国际形势是经济及社会各方面急速地全球化发展，国际间的相互依存关系日益加深。国际经济竞争的激烈，摆在人类面前的地球环境问题等全球性课题的解决，需要人类智慧的集结。而英语是维系不同母语民族的国际通用语言，懂英语，即有了在国际社会生存的广阔视野和国际间的理解与协调能力。日本著名学者梅棹忠夫在《何谓日本》一书中感叹：日本的科学工作者对日本自然科学的水准有着很强的自信，可是由于语言上的障碍，其水准未能在国际上得到公正的评价，这是他们感到非常遗憾之处。这个语言障碍指的就是英语。它不仅困扰着普通学习者，甚至世界级的科学家也不例外。如 2008 年诺贝尔奖获得者之一益川敏英就因英语不够好而失去许多参加国际学术交流的机会。

3. 日本社会对英语教育的争论

日本社会对英语教育的关注，与英语的高普及率有关，因为它对社会和国民有广泛的影响。英语的高普及率表现在两个方面：

一是英语教育的普及。日本基本从中学开始进行英语教育，最近几年扩展到小学教育。在高等教育中，英语是所有入门考试的基本要求，随着国民经济的富裕，出国留学不再是奢侈时，日本的大学生 80 年代已经形成了大学期间出国留学一年学习英语的风潮。社会教育也是如此，1971 年日本公立电视台开始播放英语教学节目《芝麻街》，1982 年日本公立电视台开始进行以英语为主的多声道双语节目播送。日本民间英语教育兴盛，有站前英语教育很著名。

本世纪以来，日本政府的战略顾问委员会讨论 21 世纪的国家战略构想（2000 年），其中通过检讨日本计算机软件业的落后和印度的发达经验后认为，主要原因在于两国英语水平的差距，于是最终提交政府的《21 世纪的国家战略构想》报告要求学习印度，将英语作为仅次于日语的第二官方语言来推广。

二是英语为主的外来语大量进入本民族语言。日语是一种表音文字，很容易引进外来词汇。在过去很长一段时间，日本在引进外来语时曾尝试过大量的翻译，我们现代汉语中的许多科学词汇就来自于日语的翻译。但战后这种翻译的努力被放弃，变成了音译式的直接引进。在目前的日语中，英语为主的外来语已经和和语（日本传统词汇）、汉语等三分天下而有其一，甚至于有凌驾后二者之势（据统计，1917 年日语中汉语以外的外来语仅 6,800 词，1971 年增至 3 倍，达 20,000 多词，1996 年增至 4 倍，约为近 30,000 词。[1] 尤其是传媒，在使用外来语中起到了先锋作用，据统计，今天日本人要想看懂广播电视和读懂报纸，大约需要掌握 5,000 个外来语词汇，这对普通人是一个不小的负担。

全球化要求人们最好掌握一两种外国语言（尤其是所谓国际通用语言的英语），以利开展国际交流，而学习外国语言和本国语言，在两种语言相差较大的情形下，通常在时间和资源的分配上是一种竞争的关系。并且，由于语言和文化的密不可分，当一个人或一个社会高度地掌握了另一种外国语言，很可能意味着他们同时高度地掌握了一种外国文化，这种外国文化的普及，必然会冲击本民族文化的生存。这是一个两难境地。

日本电视媒体组织讨论小学应否开设英语课程，反映出日本学者对英语霸权主义的反思，思考全球化进程中非英语国家的国家语言文化战略问题。

英语的高普及率给日本社会带来了不少社会和文化问题。

其一，对民族语言的贬低和对英语的盲目崇拜

由于长期视英语为国际通用和标准语言，相比较之下日语固有的一些表达方式被看作落后的缺点而遭到批判，日语被看作是暧昧、不完整的语言，英语被看作是高级语言，形成了日本社会讲英语受人尊敬，而不会讲英语受人排斥的不良现象。

其二，话语霸权问题

由于英语的普及，日本的国际性会议以英语为主，官方文件也日益英语化，把众多英语不好的人排斥在外，在学术界，学术用语的英语化，也使得不能使用英语的学者丧失了话语权。为了进入学术圈子，不少学者不得不花费大量时间去学习和接受英语的学术用语，在学术的起步阶段就被迫进行不公平的竞争，影响了他们原本的学术创新能力。

其三，民族文化的衰退问题

由于语言和文化的伴生性，英语的普及也把大量的西方思想文化普及到了日本社会，挤占了日本传统文化的生存空间。在英语环境下成长的年轻一代，更是丧失了对传统文化的亲和力。

1978 年，世界语学者金井和正出版《英语教育解剖》，批判强制学习英语违反宪法，呼吁振兴世界语教育。1981 年作家富岗多惠子发表《英语教育论管见》，批判英语口语热是败战文化。成城大学的中村敬 1980 年

---

1 见卡尔·贝克（1998）"20 世纪日语的英语化"，津田幸男，第 95 页。

出版《私说英语教育论》一书，以日本人的立场开始批判英语教育的政治性，主张英语教育中要贯彻文化相对主义，进行比较文化的教育。

关于这个主题，20世纪90年代发生过两次大的辩论。第一次是在1994年，中村敬和津田幸男在杂志《周刊星期五》上和著名电视主持人筑紫哲也进行了长达数月的"英语帝国主义论争"。在辩论中，筑紫强调英语帝国主义现象并不是语言本身的过错，而西方文化也确实有其值得日本学习的地方。中村和津田虽然同意英语的实用性，但是更强调它所具有的两面性和危险性。两种观点都有人支持，未能分出胜负。第二次，1996年10月至1997年3月，中村敬又在月刊杂志《时事英语研究》上和名古屋外国语大学教授，"英语道"创始人松本道弘进行了长达半年的关于英语帝国主义的论争。松本道弘认为英语帝国主义论混同了作为交流工具的英语和帝国主义本身，反英语帝国主义其实是民族主义思想在作怪，而英语教师出来反对英语霸权主义更不可思议。对此中村等人反驳道，英语帝国主义是一种比喻，形象地说明了英语和意识形态的关联；而英语教师反对英语帝国主义更是义不容辞的责任。他认为文化上的英语帝国主义确实在政治经济各个方面再生产着不平等和歧视，对此视若无睹是一种纵容和失责。最后松本道弘让步道，即便有一些英语帝国主义，也是微不足道的，只要进行英语教育的方法改革即可。中村等人则坚持，必须消除英语是世界第一语言的优越观念，他们也提出了一些具体的改革措施：在中学大学的外语教育中实行多语种的选修制度，反对把外语作为入学考试之一。同时在英语教育中要教授关于英语性质的课程，批判性地让学生理解英语。[1]

两场争论在社会上引起了广泛的反响，唤起了人们对反对英语帝国主义思潮的注意。

日本在防止因全民学习强势语言英语而造成文化同化的社会慢性病方面给我们敲响了警钟。日本社会提出实行开放式外语教育，允许选择学习语种，并在学习英语当中注入反文化帝国主义教育。在学习英语的运动中，允许对英语进行本土化改造，如同现在已经出现的菲律宾英语、新加坡英语和印度英语那样，使外国语言在一定程度上具有本国化和民族化的特色，以注入抗同化疫苗。在英语的运用上特别注意它的双向性，即积极地将其运用在宣传和介绍本国传统文化上，使英语也成为本国文化生存发展的一种重要工具。

---

1 参阅津田幸男（1998）《日本人和英语》。京都：国际日本文化研究中心。

四、日本外语教育与政策的启示

1）日本近代外语教育起于明治时期。日本长于学习，历史上先后学习汉语，近代兴蛮学、兰学和洋学（葡萄牙和西班牙语、荷兰语以及德语、法语、英语等），吸收东西方先进科学、文化、思想。如前所述，日本的教育，包括外语教育，既借重国外，又广为政府和民间所重视，并在国家的发展中起到巨大的作用。政府一直关注英语教育，把它摆到 21 世纪国民素质提升以及国家在世界地位的提升的高度，直到近期还不断地推出新的教改措施，以适应形势的需要。我国的外语教育在三"重"方面还需要努力。

2）日本政府出巨资提升日本英语教师的资质，仅 2003 年的 Immersion Program 就投资 1 亿 8 千万日元用于日本英语教师的培训，以后还逐年增加。2003 年度，文部科学省为聘请社区中的外国人到小学协助英语授课的经费预算就达到了 10 亿 7 千万日元。日本政府每年还要聘用 6,000 名以英语为母语的外国教师来日本进行 Team-teaching 的课堂教学，这笔投资的数目也相当大。中国有更多的中小学校，外语师资匮乏，而常年在华外国人特别是英语国家人士是个庞大的数字，不妨学习日本的做法，聘用一部分热衷于教育的英美人士充任中小学兼职教员或课外教员，不失为一种权宜之计。

3）日本有很多以英语培训为主业的"塾"，在这些学校里除初中升高中、高中升大学的应试英语辅导以及中学、大学英语的日常学习辅导之外，还有各种英语提高课程。调查表明，日本和中国都拥有世界上最大的英语教育市场，但日本的这一市场更为成熟，也更规范，值得我们进一步借鉴。

参考文献

1. 大学英語教育学会実態調査委員会（1992）わが国の外国語・英語教育に関する実態の総合的研究－大学の学部・学科編－。
2. 津田幸男（編）（1998）《日本人和英语》。京都：国际日本文化研究中心。
3. 日本英语教育学会（編），《日本英語教育史年表》。http://hiset.jp/chronology.htm。
4. 文部科学省（2008）学習指導要領－小学校外国語活動編，東洋館出版社。
5. 文部科学省（2008）学習指導要領－中学校外国語編，開隆堂出版。

6. 文部科学省（2010）学習指導要領－高等学校外国語編、英語編，開隆堂出版。

7. CJGTC [Prime Minister's Commission on Japan's Goals in the Twenty-First Century] (2000) *The Frontier within: Individual Empowerment and Better Governance in the New Millennium*—Chapter 6, Japan's Place in the World. Retrieved from http://www.kantei.go.jp/jp/21century/report/pdfs/index.html.

8. Ho Wah Kam & Ruth Y. L. Wong. (Eds) (2004) *Language Policies and Language Education*. Singapore: Eastern University Press.

9. Kachru, B. & Smith, L. (1995) Introduction. *World Englishe*s 14 (1): 1–2.

10. Koike, I. (Ed.) (1978) *The Teaching of English in Japan*. Tokyo: Eichosha.

11. Lessard-Clouston, M. (1998) Perspectives on language learning and teaching in Japan: An introduction. *Language, Culture and Curriculum* 11 (1): 1–8.

12. MEXT [Ministry of Education, Culture, Sports, Science and Technology] (2003) Regarding the establishment of an action plan to cultivate 'Japanese with English Abilities'. Retrieved from http://www.mext.go.jp/english/topics/03072801.htm. (日本文部科学省网站：http://www.mext.go.jp/component/a_menu/education/micro_detail/__icsFiles/afieldfile/2010/01/29/1282000_9.pdf)

13. Sakai, Sanzo & D'Angelo, James F. (2005) A Vision for World Englishes in the Expanding Circle. *World Englishes*, Vol. 24 Iss. 3 pp. 323-327.

附录：

附录 1

改进英语教育实施情况调查（高中）

1. 调查对象学校数

（1）学校数：3,710 所

（2）有国际关系（包含语言学）专业的学校数

只有国际关系专业的学校	9 所
国际关系专业和其他专业并存的学校	398 所
没有国际关系专业的学校	3,303 所

2. 与学生英语能力有关的英语教师的意识

（1）英语教师人数

	教师人数	外教人数
教师	22,114 人	2 人
代课教师	10 人	0 人
讲师	2,170 人	57 人
总计	24,294 人	59 人

（2）高三学生的英语能力

① 国际关系（包含语言学）专业

国际关系（包含语言学）专业学生总数（高三）	获得实用英语技能检定测试准 2 级以上证书的学生数（A）	没有获得实用英语技能检定测试准 2 级以上证书，但具备相同水平的学生数（B）	（A）和（B）的总和
19,289 人	9,430 人（48.9%）	3,571 人（18.5%）	13,001 人（67.4%）

② 其他专业

其他专业学生总数（高三）	获得实用英语技能检定测试准 2 级以上证书的学生数（C）	没有获得实用英语技能检定测试准 2 级以上证书，但具备相同水平的学生数（D）	（C）和（D）的总和
726,727 人	70,547 人（9.7%）	142,363 人（19.6%）	212,910 人（29.3%）

①和②的总和

学生总数（高三）	获得实用英语技能检定测试准 2 级以上证书的学生数（A）和（C）	没有获得实用英语技能检定测试准 2 级以上证书，但具备相同水平的学生数（B）和（D）	（A）、（B）（C）、（D）的总和
746,016 人	79,977 人（10.7%）	145,934 人（19.6%）	225,911 人（30.3%）

3. 英语必修课的改进

（1）英语的总授课时间

① 国际关系（包含语言学）专业

ア　总授课时长

1 年级	70,808 小时
2 年级	98,369 小时
3 年级	109,071 小时

② 其他专业

ア　总授课时长

1 年级	532,413 小时
2 年级	543,155 小时
3 年级	559,237 小时

（2）课堂上英语的使用情况

① 国际关系（包含语言学）专业

ア　英语教师的英语使用情况

	几乎或完全不用英语	用英语不到一半	用英语超过一半	大部分用英语
OCI	0 所 (0.0%)	51 所 (20.2%)	86 所 (34.0%)	116 所 (45.8%)
OCII	1 所 (0.8%)	34 所 (27.9%)	30 所 (24.6%)	57 所 (46.7%)
英语 I	9 所 (3.3%)	173 所 (62.7%)	67 所 (24.3%)	27 所 (9.8%)
英语 II	18 所 (6.0%)	200 所 (67.1%)	50 所 (16.8%)	30 所 (10.1%)
阅读	29 所 (10.9%)	193 所 (72.3%)	35 所 (13.1%)	10 所 (3.7%)
写作	50 所 (20.6%)	156 所 (64.2%)	30 所 (12.3%)	7 所 (2.9%)
学校设定的科目（包含专业课）	9 所 (3.0%)	102 所 (34.1%)	93 所 (31.1%)	95 所 (31.8%)

イ　学生的英语使用情况（英语 I）

	每次都做	偶尔	几乎不做	完全不做
同学间用英语对话	47 所 （17.0%）	133 所 （48.2%）	81 所 （29.3%）	15 所 （5.4%）
用英语写一段句子	12 所 （4.3%）	130 所 （47.1%）	119 所 （43.1%）	15 所 （5.4%）
听一段英文，理解其大概	75 所 （27.2%）	151 所 （54.7%）	42 所 （15.2%）	8 所 （2.9%）
读一段英文，理解其大概	145 所 （52.5%）	107 所 （38.8%）	21 所 （7.6%）	3 所 （1.1%）

ウ　学生的英语使用情况（OCI）

	每次都做	偶尔	几乎不做	完全不做
同学间用英语对话	168 所 （66.4%）	74 所 （29.2%）	11 所 （4.3%）	0 所 （0.0%）
听一段英文，让其理解概要	127 所 （50.2%）	113 所 （44.7%）	11 所 （4.3%）	2 所 （0.8%）
发表信息或想法	50 所 （19.8%）	158 所 （62.5%）	40 所 （15.8%）	5 所 （2.0%）
展开讨论	14 所 （5.5%）	70 所 （27.7%）	101 所 （39.9%）	68 所 （26.9%）

② 其他专业

ア　英语教师的英语使用情况

	几乎或完全 不用英语	用英语不到一半	用英语超过一半	大部分用英语
OCI	59 所 （1.8%）	1,400 所 （43.6%）	1,089 所 （33.9%）	665 所 （20.7%）
OCII	18 所 （2.9%）	252 所 （41.0%）	180 所 （29.3%）	164 所 （26.7%）
英语 I	358 所 （9.9%）	2,838 所 （78.6%）	361 所 （10.0%）	53 所 （1.5%）
英语 II	445 所 （13.0%）	2,706 所 （78.8%）	251 所 （7.3%）	34 所 （1.0%）

（待续）

（续上表）

	几乎或完全 不用英语	用英语不到一半	用英语超过一半	大部分用英语
阅读	579 所 （20.0%）	2,148 所 （74.1%）	157 所 （5.4%）	15 所 （0.5%）
写作	649 所 （25.0%）	1,821 所 （70.2%）	113 所 （4.4%）	12 所 （0.5%）
学校设定科目 （包含专业课）	165 所 （14.7%）	680 所 （60.4%）	186 所 （16.5%）	95 所 （8.4%）

イ 学生的英语使用情况（英语 I）

	每次都做	偶尔	几乎不做	完全不做
同学间用英语对话	174 所 （4.8%）	1,451 所 （40.2%）	1,498 所 （41.5%）	487 所 （13.5%）
用英语写一段话	68 所 （1.9%）	1,250 所 （34.6%）	1,711 所 （47.4%）	581 所 （16.1%）
听一段英文，理解其概要	446 所 （12.4%）	2,033 所 （56.3%）	918 所 （25.4%）	213 所 （5.9%）
读一段英文，理解其概要	1,391 所 （38.5%）	1,609 所 （44.6%）	477 所 （13.2%）	133 所 （3.7%）

ウ 学生的英语使用情况（OCI）

	每次都做	偶尔	几乎不做	完全不做
同学间用英语对话	1,578 所 （49.1%）	1,313 所 （40.9%）	251 所 （7.8%）	71 所 （2.2%）
听一段英文，让其理解概要	1,246 所 （38.8%）	1,581 所 （49.2%）	334 所 （10.4%）	52 所 （1.6%）
发表信息或想法	358 所 （11.1%）	1,749 所 （54.4%）	883 所 （27.5%）	223 所 （6.9%）
展开讨论	40 所 （1.2%）	396 所 （12.3%）	1,209 所 （37.6%）	1,568 所 （48.8%）

（3）授课时对少数人进行指导、按掌握熟练程度进行指导的开展情况

① 国际关系（包含语言学）专业

ア　开展情况

	对少数人进行指导或按掌握的熟练程度进行指导	时长
OCI	134 所 (53.0%)	8,993 小时
OCII	55 所 (45.1%)	3,970 小时
英语 I	93 所 (33.7%)	10,413 小时
英语 II	101 所 (33.9%)	12,009 小时
阅读	81 所 (30.3%)	8,868 小时
写作	78 所 (32.1%)	6,297 小时
学校设定科目 （包含专业课）	221 所 (73.9%)	38,524 小时

イ　按时间不同开展的学校数量

	35 小时以下	36~70 小时	71~105 小时	106~140 小时	141 小时以上
OCI	16 所 (11.9%)	100 所 (74.6%)	14 所 (10.4%)	2 所 (1.5%)	2 所 (1.5%)
OCII	4 所 (7.3%)	34 所 (61.8%)	13 所 (23.6%)	4 所 (7.3%)	0 所 (0.0%)
英语 I	4 所 (4.3%)	10 所 (10.8%)	38 所 (40.9%)	30 所 (32.3%)	11 所 (11.8%)
英语 II	2 所 (2.0%)	15 所 (14.9%)	27 所 (26.7%)	40 所 (39.6%)	17 所 (16.8%)
阅读	2 所 (2.5%)	18 所 (22.2%)	21 所 (25.9%)	32 所 (39.5%)	8 所 (9.9%)
写作	3 所 (3.8%)	42 所 (53.8%)	22 所 (28.2%)	9 所 (11.5%)	2 所 (2.6%)
学校设定科目（包含专业课）	13 所 (5.9%)	59 所 (26.7%)	28 所 (12.7%)	28 所 (12.7%)	93 所 (42.1%)

② 其他专业

ア 开展情况

	对少数人进行指导或按掌握的熟练程度进行指导	时长
OCI	1,605 所 (50.0%)	97,810 小时
OCII	193 所 (31.4%)	13,942 小时
英语 I	1,534 所 (42.5%)	153,444 小时
英语 II	1,251 所 (36.4%)	123,130 小时
阅读	907 所 (31.3%)	88,259 小时
写作	1,047 所 (40.3%)	80,820 小时
学校设定科目 (包含专业课)	574 所 (51.0%)	43,965 小时

イ 按时间不同开展的学校数量

	35 小时以下	36~70 小时	71~105 小时	106~140 小时	141 小时以上
OCI	223 所 (13.9%)	1,189 所 (74.1%)	161 所 (10.0%)	24 所 (1.5%)	8 所 (0.5%)
OCII	14 所 (7.3%)	114 所 (59.1%)	49 所 (25.4%)	15 所 (7.8%)	1 所 (0.5%)
英语 I	104 所 (6.8%)	258 所 (16.8%)	676 所 (44.1%)	382 所 (24.9%)	114 所 (7.4%)
英语 II	106 所 (8.5%)	287 所 (22.9%)	351 所 (28.1%)	407 所 (32.5%)	100 所 (8.0%)
阅读	72 所 (7.9%)	179 所 (19.7%)	299 所 (33.0%)	297 所 (32.7%)	60 所 (6.6%)
写作	99 所 (9.5%)	526 所 (50.2%)	282 所 (26.9%)	106 所 (10.1%)	34 所 (3.2%)
学校设定科目（包含专业课）	81 所 (14.1%)	328 所 (57.1%)	84 所 (14.6%)	39 所 (6.8%)	42 所 (7.3%)

（4）英语课中教学研讨课的开展情况

① 教学研讨课（校内进修）

ア　国际关系（包含语言学）专业

已开展	230 所 （56.5%）
未开展	177 所 （43.5%）

イ　其他专业

已开展	2,166 所 （58.5%）
未开展	1,535 所 （41.5%）

② 英语教师之间的观摩课

ア　国际关系（包含语言学）专业

已开展	288 所 （70.8%）
未开展	119 所 （29.2%）

イ　其他专业

已开展	2,375 所 （64.2%）
未开展	1,326 所 （35.8%）

③ 英语教师之间关于指导方法等的碰头会

ア　国际关系（包含语言学）专业

已开展	379 所 （93.1%）
未开展	28 所 （6.9%）

イ　其他专业

已开展	3,191 所 (86.2%)
未开展	510 所 (13.8%)

(5) 当地英语教育的先进单位

① 在都道府县、指定城市中被评为英语教育先进单位的学校数

被评上	153 所 (4.1%)
未评上	3,557 所 (95.9%)

② 作为先进单位，为普及成果所采取的对策

已开展	137 所 (89.5%)
未开展	16 所 (10.5%)

③ 虽然没有被评为先进单位，但为普及成果而采取的对策

已开展	575 所 (16.2%)
未开展	2,982 所 (83.8%)

④ 上述②、③中回答「已开展」时具体的对策内容（允许多个答案）

对策内容	学校
用主页进行成果普及	113 所 (15.9%)
通过进修等进行发表	255 所 (35.8%)
实行公开授课	523 所 (73.5%)
制作、分发报告书	189 所 (26.5%)
其他	118 所 (16.6%)

4. 英语教师指导能力的提高及指导体制的充实

(1) 根据外界英语考试判断英语教师的英语能力

配合调查的英语教师人数（A）	(A) 中参加过外界英语考试的教师数（B）	(A) 中，取得实用英语技能检定测试准 1 级以上或 TOEFL 的 PBT550 分以上、CBT213 分以上、TOEIC 730 分以上成绩的教师数（C）	(B) 中，取得实用英语技能检定测试准 1 级以上或 TOEFL 的 PBT550 分以上、CBT213 分以上、TOEIC 730 分以上成绩的教师比例
18,796 人	12,156 人（64.7%）	9,508 人（50.6%）	78.2%

(2) 外语教学助理（ALT）或当地人才的利用时长

① 国际关系（包含语言学）专业

ア　利用时长

	外语教学助理	地区人才
一年级	24,107 小时（34.0%）	1,795 小时（2.5%）
二年级	32,456 小时（33.0%）	1,800 小时（1.8%）
三年级	27,374 小时（25.1%）	1,459 小时（1.3%）
合计	83,937 小时（30.2%）	5,054 小时（1.8%）

イ　按利用时长不同开展活动的学校数

（ア）外语教学助理（ALT）

	35 小时以下	36~70 小时	71~105 小时	106~140 小时	141 小时以上
一年级	108 所（34.5%）	110 所（35.1%）	42 所（13.4%）	34 所（10.9%）	19 所（6.1%）
二年级	106 所（30.1%）	98 所（27.8%）	61 所（17.3%）	44 所（12.5%）	43 所（12.2%）
三年级	111 所（32.9%）	105 所（31.2%）	43 所（12.8%）	39 所（11.6%）	39 所（11.6%）

（イ）当地人才

	35 小时以下	36~70 小时	71~105 小时	106~140 小时	141 小时以上
一年级	27 所 (67.5%)	7 所 (17.5%)	3 所 (7.5%)	0 所 (0.0%)	3 所 (7.5%)
二年级	37 所 (68.5%)	10 所 (18.5%)	6 所 (11.1%)	0 所 (0.0%)	1 所 (1.9%)
三年级	25 所 (69.4%)	5 所 (13.9%)	2 所 (5.6%)	3 所 (8.3%)	1 所 (2.8%)

② 其他专业

ア　利用时长

	外语教学助理	当地人才
一年级	117,786 小时 (22.1%)	3,061 小时 (0.6%)
二年级	65,677 小时 (12.1%)	1,415 小时 (0.3%)
三年级	59,292 小时 (10.6%)	1,621 小时 (0.3%)
合计	242,755 小时 (14.8%)	6,097 小时 (0.4%)

イ　按利用时长不同开展活动的学校数

（ア）外语教学助理（ALT）

	35 小时以下	36~70 小时	71~105 小时	106~140 小时	141 小时以上
一年级	2,321 所 (73.8%)	548 所 (17.4%)	120 所 (3.8%)	56 所 (1.8%)	102 所 (3.2%)
二年级	1,914 所 (80.9%)	314 所 (13.3%)	67 所 (2.8%)	40 所 (1.7%)	31 所 (1.3%)
三年级	1,771 所 (79.2%)	332 所 (14.8%)	67 所 (3.0%)	41 所 (1.8%)	26 所 (1.2%)

（イ）当地人才

	35 小时以下	36~70 小时	71~105 小时	106~140 小时	141 小时以上
一年级	93 所 (80.9%)	11 所 (9.6%)	4 所 (3.5%)	3 所 (2.6%)	4 所 (3.5%)
二年级	54 所 (80.6%)	11 所 (16.4%)	2 所 (3.0%)	0 所 (0.0%)	0 所 (0.0%)
三年级	58 所 (85.3%)	6 所 (8.8%)	1 所 (1.5%)	1 所 (1.5%)	2 所 (2.9%)

（3）以培养领导资质为目的的进修成果的利用情况

① 为参加进修及提高当地英语教育采取的对策

2003 年到 2007 年期间听过国家、都道府县、指定城市或城镇乡村组织的以培养领导资质为目的的进修课	为有效利用进修成果、提高当地英语教育而采取对策
1,807 人 (7.5%)	517 人 (28.6%)

② 上述①中回答"正采取对策"的教师的具体对策内容（允许多个答案）

对策内容	人数
用主页发表信息	37 人 (7.2%)
参加地区交流活动	93 人 (18.0%)
实行公开授课	307 人 (59.4%)
开展学习会或研究会等	133 人 (25.7%)
在研修会上演讲	168 人 (32.5%)
写论文或书籍	67 人 (13.0%)
在地区内外形成网络	52 人 (10.1%)
其他	37 人 (7.2%)

5. 与中学的连动

（1）连动状况

与中学内英语教育的连动
1,045 所 （28.2%）

（2）具体开展内容

对策内容	观摩课	教师间的交流会	关于指导方法等的研讨会	与中学教师的团体教学	英语夏令营等团体活动
开展学校数	876 所 （83.8%）	383 所 （36.7%）	392 所 （37.5%）	114 所 （10.9%）	26 所 （2.5%）

除上述之外的对策内容	其他
开展学校数	145 所 （13.9%）

6. 关于提高英语学习动机

（1）都道府县、指定城市教育委员会等主办的以高中生为对象的在英语课外使用英语的对策开展情况

对策内容	英语会话沙龙	演讲比赛等	夏令营等英语活动	与留学生或国外学生的交流	出国进修
开展与否	0 县市 （0.0%）	23 县市 （35.9%）	8 县市 （12.5%）	15 县市 （23.4%）	18 县市 （28.1%）

上述之外的对策内容	其他
开展与否	5 县市 （7.8%）

（2）英语课之外使用英语的对策情况（学校主办）

① 有国际关系（包含语言学）专业的学校

对策内容	英语会话沙龙	演讲比赛等	夏令营等英语活动	与留学生或外国学生的交流	英语会话兴趣小组
开展学校数	76 所 （18.7%）	245 所 （60.2%）	180 所 （44.2%）	267 所 （65.6%）	242 所 （59.5%）

上述之外的对策内容	其他
开展学校数	53 所 （13.0%）

② 没有国际关系（包含语言学）专业的学校

对策内容	英语会话沙龙	演讲比赛等	夏令营等英语活动	与留学生或外国学生的交流	英语会话兴趣小组
开展学校数	262 所 （7.9%）	642 所 （19.4%）	148 所 （4.5%）	831 所 （25.2%）	1,057 所 （32.0%）

上述之外的对策内容	其他
开展学校数	65 所 （2.0%）

（3）用英语进行的信息传递状况

① 有国际关系（包含语言学）专业的学校

有日语版的学校简介主页	396 所 （97.3%）
有英语版的学校简介主页	85 所 （20.9%）
上述英语版主页的内容由学生制作（包括制作部分主页）	9 所 （2.2%）

② 没有国际关系（包含语言学）专业的学校

有日语版的学校简介主页	3,184 所 （96.4%）
有英语版的学校简介主页	229 所 （6.9%）
上述英语版主页的内容由学生制作（包括制作一部分）	39 所 （1.2%）

7. 选拔新生评价体系的改良

（1）新生选拔考试

① 国际关系（包含语言学）专业

对策内容	实行一般升学考试，加重英语分值	在一般升学考试技能考试中实行英语面试	学校单独考试，实行听力考试	学校单独考试，实行英语面试	把外界考试结果引入新生选拔评价体系中
开展学校数	137 所 （33.7%）	21 所 （5.2%）	49 所 （12.0%）	90 所 （22.1%）	50 所 （12.3%）

上述之外的对策内容	其他
开展学校数	8 所 （2.0%）

② 其他专业

对策内容	实行一般升学考试，加重英语分值	在一般升学考试技能考试中实行英语面试	学校单独考试，实行听力考试	学校单独考试，实行英语面试	把外界考试结果引入新生选拔评价体系中
开展学校数	136 所 （3.7%）	9 所 （0.2%）	55 所 （1.5%）	62 所 （1.7%）	333 所 （9.0%）

上述之外的对策内容	其他
开展学校数	24 所 （0.6%）

（2）定期考试等

① 国际关系（包含语言学）专业

对策内容	定期考试中实行听力考试	定期考试之外实行听力考试	实行口语考试	奖励参加外界考试	其他
开展学校数	356 所 （87.5%）	237 所 （58.2%）	274 所 （67.3%）	347 所 （85.3%）	24 所 （5.9%）

② 其他专业

对策内容	定期考试中实行听力考试	定期考试之外实行听力考试	实行口语考试	奖励参加外界考试	其他
开展学校数	2,882 所 (77.9%)	1,547 所 (41.8%)	1,427 所 (38.6%)	2,536 所 (68.5%)	27 所 (0.7%)

8. 关于充实指导体制

（1）教师进修活动开展情况

① 国内进修

参加都道府县、指定城市教育委员会等主办的以高中英语教师为对象的提高教学能力的进修（所谓的"集中进修"）人数：3,572 人

② 国内进修

除参加都道府县、指定城市教育委员会等主办的以高中英语教师为对象的提高教学能力的进修（所谓的"集中进修"）之外的人数：2,339 人

③ 出国进修

参加都道府县、指定城市教育委员会等主办的以高中英语教师为对象的提高教学能力的出国进修（除独立行政法人教师进修中心主办的派遣出国进修）的人数：22 人

（2）设置外语教学助理人数

以都道府县、指定城市为主为给高中配置独自录用、雇用的外语教学助理（除 JET 项目的 ALT 之外）的人数：892 人

（3）2007 年录用的外教人数：6 人

附录 2

改进英语教育实施情况调查（初中）

1. 调查对象学校数：10,029 所

2. 与学生英语能力有关的英语教师的意识

（1）英语教师数

	教师数	外教数
教师	25,371 人	39 人
代课教师	78 人	10 人
讲师	4,075 人	152 人
总计	29,524 人	201 人

（2）初三学生的英语能力

初三学生总数	获得实用英语技能检定测试准 3 级以上证书的学生数（A）	没有获得实用英语技能检定测试准 3 级以上证书，但具备相同水平的学生数（B）	(A) + (B) 的总和
1,099,792 人	201,624 人 (18.3%)	154,387 人 (14.0%)	356,011 人 (32.4%)

3. 英语必修课的改进

（1）总授课时长

一年总授课时长

一年级	1,081,517 小时
二年级	1,075,542 小时
三年级	1,054,788 小时
计	3,211,847 小时

（2）课堂上英语的使用状况

	几乎或完全不用英语	用英语不到一半	用英语超过一半	大部分用英语
一年级	23 所 (0.2%)	6,553 所 (65.6%)	3,084 所 (30.9%)	331 所 (3.3%)
二年级	30 所 (0.3%)	6,614 所 (66.2%)	3,023 所 (30.3%)	321 所 (3.2%)
三年级	55 所 (0.6%)	6,646 所 (66.5%)	2,915 所 (29.2%)	371 所 (3.7%)

（3）授课时对少数人进行指导或按掌握熟练程度进行指导的开展情况

① 开展情况

	对少数人进行指导或按掌握的熟练程度进行指导	时长
一年级	3,400 所 (34.0%)	262,912 小时 (24.3%)
二年级	3,601 所 (36.1%)	280,607 小时 (26.1%)
三年级	3,679 所 (36.8%)	279,718 小时 (26.5%)

② 按开展时长区分的学校数

	35 小时以下	36~70 小时	71~105 小时	106 小时以上
一年级	701 所 (20.6%)	499 所 (14.7%)	1,499 所 (44.1%)	701 所 (20.6%)
二年级	747 所 (20.7%)	483 所 (13.4%)	1,673 所 (46.5%)	698 所 (19.4%)
三年级	863 所 (23.5%)	445 所 (12.1%)	1,865 所 (50.7%)	506 所 (13.8%)

（4）英语课上教学研讨课的开展情况

① 教学研讨课（校内进修）

已开展	7,027 所 (70.1%)
未开展	3,002 所 (29.9%)

② 英语教师之间的观摩课

已开展	6,871 所 (68.5%)
未开展	3,158 所 (31.5%)

③ 英语教师之间关于指导方法等的碰头会

已开展	8,034 所 (80.1%)
未开展	1,995 所 (19.9%)

（5）各地区英语教育的先进单位

① 在都道府县、指定城市中被评为英语教育先进单位的学校数

学校数	306 所 (3.1%)

② 作为先进单位，为普及成果所采取的对策

已开展	290 所 (94.8%)
未开展	16 所 (5.2%)

③ 虽然没有被评为先进单位，但为普及成果而采取的对策

已开展	2,007 所 (20.6%)
未开展	7,716 所 (79.4%)

④ 上述②、③中回答「已开展」时具体的对策内容

对策内容	学校
用主页进行成果普及	93 所 (4.0%)
通过进修等进行发表	957 所 (41.7%)
实行公开授课	1,608 所 (70.0%)
制作、分发报告书	574 所 (25.0%)
其他	324 所 (14.1%)

4. 英语教师指导能力的提高及指导体制的充实

(1) 根据外界英语考试判断英语教师的英语能力

配合调查的英语教师人数 (A)	(A) 中参加过外界英语考试的教师数 (B)	(A) 中，取得实用英语技能检定测试准 1 级以上或 TOEFL 的 PBT550 分以上、CBT213 分以上、TOEIC 730 分以上成绩的教师数 (C)	(B) 中，取得实用英语技能检定测试准 1 级以上或 TOEFL 的 PBT550 分以上、CBT213 分以上、TOEIC 730 分以上成绩的教师比例
23,562 人	14,585 人 (61.9%)	6,271 人 (26.6%)	43.0%

（2）外语授课助理（ALT）及当地人才的利用时长

① 利用情况

	外语授课助理	当地人才
一年级	308,639 小时 （28.5%）	10,749 小时 （1.0%）
二年级	300,820 小时 （28.0%）	9,651 小时 （0.9%）
三年级	276,965 小时 （26.3%）	8,623 小时 （0.8%）
计	886,424 小时 （27.6%）	29,023 小时 （0.9%）

② 按利用时长开展的学校数

ア ALT

	35 小时以下	36~70 小时	71~105 小时	106 小时以上
一年级	7,278 所 （74.5%）	1,850 所 （18.9%）	468 所 （4.8%）	169 所 （1.7%）
二年级	7,421 所 （76.0%）	1,756 所 （18.0%）	425 所 （4.4%）	167 所 （1.7%）
三年级	7,645 所 （79.2%）	1,510 所 （15.7%）	355 所 （3.7%）	137 所 （1.4%）

イ 当地人才

	35 小时以下	36~70 小时	71~105 小时	106 小时以上
一年级	822 所 （92.7%）	26 所 （2.9%）	29 所 （3.3%）	10 所 （1.1%）
二年级	829 所 （93.3%）	33 所 （3.7%）	18 所 （2.0%）	9 所 （1.0%）
三年级	832 所 （94.7%）	23 所 （2.6%）	19 所 （2.2%）	5 所 （0.6%）

（3）以培养领导资质为目的的进修成果的利用情况

① 为参加进修及提高当地英语教育采取的对策

2003 年到 2007 年期间听过国家、都道府县、指定城市或城镇乡村组织的以培养领导资质为目的的进修课	为有效利用进修成果、提高当地英语教育而采取对策
6,155 人 （21.0%）	1,392 人 （22.6%）

② 上述 ① 中回答"正采取对策"的教师的具体对策内容

对策内容	人数
用主页发表信息	60 人 （4.3%）
参加地区交流活动	264 人 （19.0%）
实行公开授课	829 人 （59.6%）
开展学习会或研究会等	321 人 （23.1%）
在研修会上演讲	247 人 （17.7%）
写论文或书籍	202 人 （14.5%）
在地区内外形成网络	142 人 （10.2%）
其他	277 人 （19.9%）

（4）开展教师进修活动的情况

① 国内进修

ア　参加都道府县、指定城市教育委员会等主办的以高中英语教师为对象的提高教学能力的进修（所谓的"集中进修"）人数：4,351 人

イ　除参加都道府县、指定城市教育委员会等主办的以高中英语教师为对象的提高教学能力的进修（所谓的"集中进修"）之外的人数：4,216 人

　ウ　参加市城镇乡村教育委员会等主办的进修（所谓的"集中进修"）人数：
　　　1,317 人

　エ　除参加市城镇乡村教育委员会等主办的进修（所谓的"集中进修"）人数：
　　　4,520 人

②　出国进修

　ア　参加都道府县、指定城市教育委员会等主办的以初中英语教师为对象的提高
　　　教学能力的出国进修（除独立行政法人教师进修中心主办的派遣出国进修之
　　　外）的人数：13 人

　イ　参加市町村教育委员会等主办的出国进修人数：44 人

（5）设置外语教学助理的数量

①　以都道府县、指定城市为主为给初中配置独自录用、雇用的外语教学助理（除
　　JET 项目的 ALT 之外）的数量：272 人

②　市町村独自录用、雇用的外语教学助理的数量：2,502 人

（6）2007 年录用的外教人数（录用优秀的 ALT 等正规教师）：5 人

5. 与小学、高中的连动

（1）连动情况

与小学英语活动的连动	与高中英语教育的连动
3,808 所	1,526 所
(38.0%)	(15.2%)

（2）具体的开展内容

①　与小学的连动

对策内容	观摩课	关于指导方法的研讨会	与小学教师的团体教学	英语夏令营等团体活动	其他
实施学校数	2,688 所 (70.6%)	1,473 所 (38.7%)	900 所 (23.6%)	61 所 (1.6%)	653 所 (17.1%)

②　与高中的连动

对策内容	观摩课	关于指导方法的研讨会	与高中教师的团体教学	英语夏令营等团体活动	其他
实施学校数	1,271 所 (83.3%)	761 所 (49.9%)	210 所 (13.8%)	44 所 (2.9%)	138 所 (9.0%)

6. 关于提高英语学习动机

（1）都道府县、指定城市教育委员会等主办的以中学生为对象的英语课外使用英语的对策开展情况：

对策内容	英语会话沙龙	演讲比赛等	夏令营等英语活动	与留学生或国外学生的交流	出国进修	其他
实施自治体数量	2 县市 (3.1%)	23 县市 (35.9%)	8 县市 (12.5%)	11 县市 (17.2%)	11 县市 (17.2%)	1 县市 (1.6%)

（2）英语课之外使用英语的对策情况

① 市町村主办

对策内容	英语会话沙龙	演讲比赛等	夏令营等英语活动	与留学生或国外学生的交流	出国进修	其他
实施自治体数	72 市町村	498 市町村	47 市町村	265 市町村	250 市町村	35 市町村

② 学校主办

对策内容	英语会话沙龙	演讲比赛等	夏令营等英语活动	与留学生或外国学生的交流	英语会话兴趣小组	其他
实施学校数	401 所 (4.0%)	2,795 所 (27.9%)	102 所 (1.0%)	870 所 (8.7%)	457 所 (4.6%)	483 所 (4.8%)

（3）用英语进行信息传递的情况

有日语版学校简介主页	7,003 所 (69.8%)
有英语版学校简介主页	139 所 (1.4%)
英语版主页的内容由学生制作（包括制作部分主页）	38 所 (0.4%)

附录 3

2007 年小学开展英语活动调查统计

1. 英语活动开展情况

（1）调查学校数：21,864 学校

（2）开展英语活动的学校

实行	21,220 所
未实行	644 所

英语活动开展百分比：97.1%

2. 一年内开展英语活动的时长

（1）按年级开展的学校数量

	开展的学校数量
一年级	17,596 所
二年级	17,795 所
三年级	19,955 所
四年级	20,143 所
五年级	20,404 所
六年级	20,771 所

（2）按课程开展的学校数量（可有多个答案）

	一年级	二年级	三年级	四年级	五年级	六年级
综合学习时间			18272 所	18457 所	18613 所	19028 所
特别活动（如兴趣小组和学校活动）	12,587 所	12,673 所	965 所	1,144 所	1,129 所	1,143 所
其他（非课程时间）	4,896 所	4,940 所	769 所	649 所	647 所	670 所

(3) 一年内的开展时间

	一年级	二年级	三年级	四年级	五年级	六年级
综合学习时间			230,305 小时	234,651 小时	259,752 小时	269,213 小时
特别活动（如兴趣小组和学校活动）	89,817 小时	92,691 小时	4,485 小时	7,307 小时	7,335 小时	7,461 小时
其他（非课程时间）	48,698 小时	50,077 小时	4,299 小时	4,288 小时	4,461 小时	5,048 小时
总计	155,157 小时	159,746 小时	277,899 小时	285,498 小时	317,537 小时	329,888 小时

(4) 按活动时长开展的学校数

	一年级	二年级	三年级	四年级	五年级	六年级
1 至 3 小时	4,461 所	4,357 所	2,620 所	2,485 所	2,167 所	2,099 所
4 至 11 小时	9,271 所	9,402 所	8,704 所	8,708 所	8,237 所	8,357 所
12 至 22 小时	2,969 所	3,101 所	5,200 所	5,392 所	5,406 所	5,472 所
23 至 35 小时	717 所	738 所	2,814 所	2,911 所	3,837 所	3,931 所
36 至 70 小时	175 所	194 所	608 所	632 所	741 所	890 所
71 小时	3 所	3 所	09 所	15 所	16 所	22 所
总计	17,596 所	17,795 所	19,955 所	20,143 所	20,404 所	20,771 所

(5) 操作方法（可有多个答案）

	一年级	二年级	三年级	四年级	五年级	六年级
把 45 分钟作为一个单元	16,975 所	17,190 所	19,657 所	19,860 所	20,133 所	20,469 所
以 15 到 20 分钟的短单元为主，增加了活动的次数	1,370 所	1,341 所	1,123 所	1,111 所	1,093 所	1,176 所
用超过 45 分钟的大量时间开展	256 所	273 所	360 所	430 所	466 所	521 所

（6）按英语活动指导者的不同开展的时长

	一年级	二年级	三年级	四年级	五年级	六年级
班主任老师的课	148,775 小时	152,911 小时	265,398 小时	271,748 小时	300,303 小时	310,171 小时
英语指导教师的课	2,436 小时	2,649 小时	4,912 小时	5,106 小时	6,189 小时	6,299 小时
初中、高中英语教师	511 小时	542 小时	1,105 小时	1,296 小时	2,545 小时	4,052 小时
特别外聘讲师	1,820 小时	1,899 小时	3,561 小时	3,706 小时	4,510 小时	4,870 小时
其他（校长、教导主任等）	1,615 小时	1,745 小时	2,923 小时	3,642 小时	3,990 小时	4,496 小时
总计	155,157 小时	159,746 小时	277,899 小时	285,498 小时	317,537 小时	329,888 小时

（7）外语教学助理（ALT）以及当地人才的利用时长

	一年级	二年级	三年级	四年级	五年级	六年级
JET 项目的外语教学助理	46,957 小时	48,059 小时	64,890 小时	66,815 小时	71,309 小时	72,481 小时
JET 项目之外的外语教学助理	68,928 小时	71,524 小时	112,784 小时	116,892 小时	137,817 小时	143,290 小时
当地人才等	21,242 小时	22,059 小时	40,228 小时	40,161 小时	45,757 小时	48,602 小时
总计	137,127 小时	141,642 小时	217,902 小时	223,868 小时	254,883 小时	264,373 小时

（8）活动内容（有多个答案）

	一年级	二年级	三年级	四年级	五年级	六年级
英文歌曲、游戏等活动	17,465 所	17,666 所	19,633 所	19,782 所	19,959 所	20,220 所
通过交流活动等实际体会接触英语或异国文化的活动	6,454 所	6,615 所	8,063 所	8,338 所	8,995 所	9,483 所
简单的英语会话练习（问候，自我介绍）	15,193 所	15,639 所	18,748 所	19,196 所	19,653 所	20,068 所
英语发音练习	11,558 所	11,905 所	15,123 所	15,579 所	16,325 所	16,689 所
接触文字的活动	3,090 所	3,467 所	6,012 所	7,184 所	9,271 所	1,005 所
其他（除上述之外）	418 所	476 所	570 所	588 所	736 所	806 所

（9）使用教材（有多个回答）

	一年级	二年级	三年级	四年级	五年级	六年级
图画教材	12,500 所	12,605 所	14,538 所	14,577 所	14,833 所	15,195 所
CD 等音频材料	12,317 所	12,487 所	14,218 所	14,260 所	14,274 所	14,378 所
录像等视频材料	2,624 所	2,642 所	3,674 所	3,781 所	3,919 所	4,041 所
利用电脑软件的互动性图像或音频	475 所	514 所	855 所	950 所	1,100 所	1,185 所
其他	3,335 所	3,404 所	3,769 所	3,873 所	4,019 所	4,179 所

（10）在英语活动等时间内开展探讨教学法授课的情况：
① 探讨教学法授课（校内进修）

实行	3,215 所
未实行	18,005 所

② 教师之间与英语活动有关的观摩课

实行	5,083 所
未实行	16,137 所

③ 与英语活动的指导方法有关的教师间的碰头会

实行	14,059 所
未实行	7,161 所

3. 市町村各自的措施状况
（1）市町村于 2007 年独立开展了与小学英语活动相关的教师进修活动，其参加
　　人数为：36,586 人
（2）市町村是否独自制作了与小学英语活动相关的教师用书及教材：
① 教师用书　　　　　　　② 教材

制作过	320 市町村
没有制作过	1,478 市町村
制作过	230 市町村
没有制作过	1,568 市町村

（3）市町村独特的与小学英语活动相关的试点学校数：565 所学校

4. 都道府县、指定城市独特的措施情况

(1) 参加都道府县、指定城市独特的与小学英语活动相关的教师进修活动的人数：9,564 人

(2) 是否制作了与小学英语活动相关的都道府县、指定城市独特的教师用书（年度指导计划或教学方案等）及教材：

① 教学用书　　　　　② 教材

制作过	16 个城市
没有制作过	48 个城市

制作过	26 个城市
没有制作过	38 个城市

(3) 都道府县、指定城市独特的与小学英语活动相关的指定试点学校数：295 所学校

附录 4

日本英語教育史簡表[1]

明治元年 (1868)

(4 月)　福沢諭吉，英学塾を「慶應義塾」と命名（創立は安政 5 年〈1858〉10 月，慶応 4 年 9 月に明治と改元されました）

(9 月)　新政府，旧開成所を復興し開成所（開成学校とも）とする

(11 月) 英学塾「三叉学舎」（箕作秋坪）創立

明治 2 年 (1869)

(1 月)　開成所，授業開始（英語教師に英人パーリー（Parry）を雇用，英米人お雇い教師の始まりです。語学を正則，講読を変則と定めました）

(1 月)　『改正増補　和訳英辞書』（日本薩摩学生編。本書は薩摩学生数名が留学費用調達のため，また後進のために出版したものです。底本は『改正増補　英和対訳袖珍辞書』（慶応 3 年，1867）です

(5 月)　『ピ子ヲ氏原板英文典』（慶應義塾刊，同塾用読本．T. S. Pinneo: Primary Grammar of the English Grammar for Beginners. の翻刻。

---

1 根据日本英语教育学会编制的《日本英语教育史年表》改编。

　　　このように自校用英語教材を作った例は他にもみられます）
（11月）英学塾「攻玉塾」（近藤真琴）再開

明治 3 年（1870）
（9月）　ミス・キダー（Mary E. Kidder），英語塾を開く（のちのフェリス女
　　　　学院）
（10月）英学塾「共立学社」（尺振八）創立
（11月）英学塾「育英舎」（西周）創立

明治 4 年（1871）
（9月）　『英文典便覧』（青木輔清編述，忍県洋学校刊。日本人が日本人のた
　　　　めに書いた最初の英文法書です）

明治 5 年（1872）
（8月）　★「学制」を発布（わが国最初の近代学校制度に関する教育法令です）
（8月）　「外国教師ニテ教授スル中学教則」を制定
（この年）森有礼，英語を日本の国語とすることを主張（ホイットニー（W.
　　　　D. Whitney）教授宛の書簡。しかし同教授は森の考えに不賛成で
　　　　した）

明治 6 年（1873）
（2月）　英学塾「同人社」（中村敬宇）創立
（5月）　開成学校の専門学科の教授用語を英語と定める（この決定によって学
　　　　校における英語の地位は名実ともに不動となりました）

明治 7 年（1874）
（12月）東京外国語学校の英語科を分離して東京英語学校を設置（同時に愛
　　　　知・大阪・広島・長崎・新潟・宮城の各外国語学校を各英語学校と改
　　　　めました）

明治 10 年（1877）
（4月）　★東京大学を創設，併せて東京大学予備門を設置（東京大学予備門は
　　　　東京英語学校を改称した学校で，東京大学に入るための予備教育機関
　　　　です）

明治 14 年 (1881)

(7 月)「中学校教則大綱」布達 (外国語は週 6 時間)

明治 16 年 (1883)

(4 月) 東京大学において英語による授業を廃止し, 日本語を用いることに決
定 (しかしこの時点では実施は困難だったようです)

明治 18 年 (1885)

(11 月)『英文学生学術雑誌』(The Student, 神田乃武・W. D. Cox 編集) 創刊

(12 月) ★森有礼, 初代文部大臣となる

(この年) この年から 21 年にかけて原書リーダーの訳本・解説書が多数出版さ
れており, 英語学習人口の増加を示しています

明治 19 年 (1886)

(3 月) ★「帝国大学令」, 4 月「師範学校令」「小学校令」「中学校令」を公布

(8 月)『英語発音秘訣』(菊地武信著, フルベッキ校, 菊地氏蔵版。わが国
最初の音声学書です)

明治 20 年 (1887)

(9 月) 帝国大学に英文学料を増設

(9 月)『外国語研究法』(マーセル著・吉田直太郎訳。わが国最初の英語学習
法解説書です)

明治 21 年 (1888)

(2 月)「国民英学会」創立 (イーストレーキ (W. Eastlake)・磯辺弥一郎。
明治から大正にかけてもっとも有名であった私立英語学校です)

明治 22 年 (1889)

(11 月)『正則文部省英語読本』(全 5 巻。外山正一編纂, 文部省。序文にお
いて, 変則英語を批判し, 正則英語を主張しています。英語教育史
上貴重な文献です)

明治 23 年 (1890)

(10 月) ★「教育勅語」を発布 (第 2 次世界大戦の終りまでわが国の教育理念
を規制しました)

明治 24 年（1891）

（11 月）『英国文学史』（渋江保，博文館。日本人の書いた最初のイギリス文
　　　　学史です）

（この年）『外国語研究要論』（磯辺弥一郎）

明治 25 年（1892）

（4 月）　『日本英学新誌』創刊（増田藤之助編集，日本英学新誌発行所）

明治 26 年（1893）

（この年）『外国語教授法改良説』（崎山元吉）

明治 27 年（1894）

（11 月）『中外英字新聞研究録』創刊（磯辺弥一郎主筆。のち『中外英字新聞』
　　　　などと改称）

明治 29 年（1896）

（10 月）「正則英語学校」（齋藤秀三郎）創立（文字運り正則英語の教育を行
　　　　ない，多くの人材を養成しました）

明治 30 年（1897）

（3 月）　The Japan Times（頭本元貞主幹。日本人経営の英字新聞）

（8 月）　「英語世界」創刊（外国語学校学年編集，東京英語世界社）

（9 月）　『英語教授法』（外山正一，大日本図書。本書は『正則文部省英語読
　　　　本』の使用法を示した書でもあるのですが，4 技能の総合的教授を主
　　　　張した画期的な名著といわれ，『英語教育』（岡倉由三郎，44 年）と
　　　　ともに明治時代の英語二大文献といわれています）

明治 31 年（1898）

（4 月）　高等師範学校文科にはじめて英語部を設置

（10 月）『実用英文典』（全 4 巻。齋藤秀三郎，興文社。翌年完結。以後の英
　　　　語研究に大きな影響を与えました）

明治 32 年（1899）

（5 月）　『外国語之研究』（内村鑑三，東京独立雑誌社。変則英語を批判し，
　　　　正則英語を主張しています）

明治 35 年（1902）

(2 月)　『英語発音学』（片山寛・マッケロー，上田屋，ウェブスター式から万国発音記号に切り替えた最初の本です）

(7 月)　帝国教育会，「英語教授法調査部」を設置

(7 月)　スワン（H. Swan），文部省夏期講習会で英語教授法を実演・講義しグアン・メソッドの普及につとめる

明治 36 年（1903）

(5 月)　『最新英語教習法　一名外国語新記憶法』（高橋五郎，博文館）

明治 37 年（1904）

(1 月)　『英語少年世界』創刊（吉田幾次郎編集主任，有楽社。のち『英学界』(The Youth's Companion for the Study of English) と改題）

明治 38 年（1905）

(6 月)　『英文解釈法』（南日恒太郎。同著者には本書の他に『和文英訳法』（明治 40 年），『英文和訳法』（大正 3 年）があり，いずれも多数の受験生に親しまれ，爆発的な売行きを示しました。ともに有朋堂）

明治 39 年（1906）

(2 月)　『外国語最新教授法』」（M. ブレンナー著・岡倉由三郎訳，大日本図書）

(7 月)　『英語発音学大綱』（岡倉由三郎，三省堂）

(12 月)『英語教授』(The English Teacher's Magazine) 創刊（P. A. スミス編集主任，教文館。日本最初の英語教育の専門雑誌です。外国人教師の機関雑誌ともいわれました）

明治 40 年（1907）

(4 月)　『英語世界』(The English World) 創刊（長井氏？主筆，博文館。各界人士の英語研究談を数年間にわたり連載しており，当時の人々の英語学習の方法かよく分かります）

明治 41 年（1908）

(1 月)　『英語之日本』（佐川春水主筆，建文館），『初等英語研究』（吉田幾

次郎主筆，英語研究社。のち『英語研究』と改題）創刊
(この年)『小学校用　文部省英語読本』（巻1。高等小学校用。本書の教師用
　　　　指導書には，初めは耳から，次いで口の練習に入り，それから目
　　　　（講読），最後に手で書くという順序で教えよ，と書かれています）

明治 42 年 （1909）

(1月)　文部省「中等学校に於ける英語教授法調査報告」（『官報』（1月20日）
　　　　委員長新渡戸稲造。当時の英語教育の状況および識者の英語教青に対
　　　　する考えを知ることができます）

明治 43 年 （1910）

(7月)　『英語研究　発音の原理』（岸本能武太，北文館。本書は，今日は変
　　　　則英語の時代ではなく正則英語時代であり，英語を訳読訳解する時代
　　　　ではなく直読直訳時代であるという認識のもとに，発音の大切さを説
　　　　き，実践的な発音教授法を述べています）

明治 44 年 （1911）

(10月)『英語教育』（岡倉由三郎，博文館。昭和12年増補再版。岡倉の英語
　　　　教育論を集大成したもので古典的名著です。本書で論じられた英語教
　　　　育の目的をはじめとする多くのテーマは現在でも問題となっており，
　　　　一読する価値のある文献です）

大正元年 （ 1912）

(9月)　『公式応用英文解釈研究』（山崎貞，英語研究社。俗に「英文解釈研
　　　　究」と称されました。版を重ね第2次世界大戦後まで広く用いられ，
　　　　学習参考書として多大の貢献をしました）
(9月)　『英文法研究』（市河三喜，英語研究社。本書の出版は，日本の英文
　　　　法研究・英語学研究が新しい時代に入る象徴的な意味を持っている，
　　　　と評されています）
(10月)『ナショナル第四読本研究』（上巻，熊本謙二郎・喜安璡太郎編，英
　　　　語青年社。本書は，明治初期から大正時代にかけて英語教科書として
　　　　広く用いられた米国教科書（C. J. Barnes編 New National Readers)
　　　　のうち最もよく使用された Fourth Reader の総合的な解説書です。当
　　　　時の一流英語学者が執筆しており，英語学習・研究に多大な影響を与

えました。中巻，下巻は大正 4, 14 年刊，英語青年社）

大正 2 年（1913）

（4 月）　第 1 回英語教員大会（英語教育の改善をめざして，内外人英語教師約 400 人が集まりました。翌 3 年には約 500 人が参加して，「英語に対し中学生をして尚一層の興味を感ぜしむる方法」を答申しました）

（この年）大日本英習字研究会創立（英習字の通信教育を行いました。大正 7 年，機関誌『英習字研究』創刊）

大正 4 年（1915）

（7 月）　『熟語本位　英和中辞典』（斎藤秀三郎，日英社。発売以来 20 年間で 80 万部を刊行しており，その影響の大きさを知ることができます。改訂増補版（豊田実編，岩渡書店）は現在も市販されています）

大正 7 年（1918）

（9 月）　『武信和英大辞典』（武信由太郎，研究社。本辞典の後身が現在市販されている『研究社新和英大辞典』です）

（10 月）『受験と学生』創刊（研究社。戦前の代表的受験雑誌で，当時の英語の受験競争の実態が窺えます）

大正 9 年（1920）

（4 月）　『初等英語』創刊（吉田幾次郎主幹，研究社。のち『2 年の英語』と改題）

（7 月）　「日進英語学校」（佐川春水）創立

大正 10 年（1921）

（9 月）　『最新研究　・英文の解釈・考へ方と訳し方』（小野圭次郎，山梅堂。俗に小野圭の「英文の解釈」の愛称で受験生にしたしまれ，150 万部を突破したといわれています）

　　　　『研究社　英文学叢書』（岡倉由三郎・市河三喜主幹）発刊（日本の英文学者を総動員して英文学の古典を解説し注釈を施したものです。全 100 巻・総索引 1 巻で，昭和 7 年完結）

大正 11 年（1922）

（2 月） 『新自修英文典』（山崎貞，研究社。大正から昭和にかけてのベスト
　　　　セラーで多くの英語学習者の座右の書となりました。現在も毛利可信
　　　　増訂版で市販されています）

（3 月） パーマー（H. E. Palmer），文部省英語教授顧問として来日

（8 月） 『袖珍コンサイス英和辞典』（神田乃武・金沢久編。ながい間学生生
　　　　徒に愛用された三省堂コンサイス英和の始まりです）

大正 12 年（1923）

（2 月） 『英語発音辞典』（市河三喜，研究社。*An English Pronouncing
　　　　Dictionary for Japanese Students* わが国で唯一の英語発音辞典です）

（5 月） 英語教授研究所設立（所長パーマー。機関誌 The Bulletin。パーマ
　　　　ーはここを拠点にして，わが国の英語教育の改善に活躍しました）

（6 月） *The Bulletin* 創刊（英語教授研究所機関誌）

大正 13 年（1924）

（10 月） 英語教授研究所開催「第 1 回全国英語教授研究大会」開催（以後毎
　　　　年開かれ，わが国の英語教育の改善に大きな役割を果たしました）

大正 14 年（1925）

（1 月） 『英語研究苦心談』（第一外国語学校編，文化生活社。当時の英語教
　　　　育界の大家らの苦心談・学習方法が述べてあり，極めて示唆に富む文
　　　　献です）

（7 月） JOAK，夏期講座「英語講座」開始（わが国でラジオ放送が始まって
　　　　4 か月目のことです）

（1926-1964 資料闕如）

昭和 40 年（1965）

（この年） ★大学（4 年制・短大）学生数が 100 万人を突破しました（72% が私
　　　　大生）

昭和 41 年（1966）

（2 月） 『英語語法大事典』（石橋幸太郎編，大修館書店）

（8 月）　A. N.　Chomsky 来日（変形文法への関心が高まりました）
（この年）LL 設置校が全国で 469 校に達しました

昭和 42 年（1967）
（4 月）『高校基本英単語活用集』（全英連，研究社。全国の高校教師が英語教育の効果的指導を行うために編集しました。56 年 1 月に改訂新版）
（9 月）『英語の授業改造』（大沢俊成・駒林邦男・佐々木達夫・福士俊朗，明治図書。変形支法理論に基づく英語授業の改造を述べています。続編は翌年刊行）

昭和 43 年（1968）
（4 月）『受験の英語』創刊（笹部邦雄主筆，聖文社）
（9 月）『英語教育学への提案』（鳥居次好編，開隆堂）
（10 月）『英語科視聴覚教育ハンドブック』（田崎清忠編，大修館書店）

昭和 44 年（1969）
（1 月）日本英語教育学会創立
（2 月）『百年目の英語教師たち』（佐々木達夫，明治図書）
（4 月）「中学校学習指導要領」告示（昭和 47 年度より全面実施。学習活動を言語活動に改め，運用能力の向上を目指しました）
（12 月）『講座・英語教授法』（全 12 巻。研究社。46 年完結）

昭和 45 年（1970）
（10 月）「高等学校学習指導要領」告示（昭和 48 年 4 月入学生より学年進行で実施。外国語は必修から再び選択科目になりました）

昭和 46 年（1971）
（3 月）*The English Journal* 創刊（王身代晴樹主筆，アルク）
（7 月）中部地区英語教育学会創立

昭和 47 年（1972）
（8 月）九州英語教育学会創立
（11 月）日本英語教育改善懇談会発足

（この年）中学校英語教科書，5 社 5 種となりました

昭和 48 年 （1973）

（8 月）『英語教育ライブラリー』（全 10 巻。開隆堂。52 年完結）

（10 月）『小学館ランダムハウス英和大辞典』刊行開始（全 4 巻。翌年完結）

昭和 49 年 （1974）

（1 月）『なんで英語やるの？』（中津燎子，午夢館。日本の英語教育を根こそぎ告発したと評価されています）

（4 月）参議院議員平泉渉，「外国語教育の現状と改革の方向――一つの試案――」を発表（現在の英語教育の成果は全くあがっていない，英語教育は国民の 5% が実際的能力をもてばよいという理論で，大きな反響を呼びました。これに対して渡部昇一「亡国の〝英語教育改革試案〟」（『諸君！』4 月号，文藝春秋）などの反論が行われました。平泉・渡部の論争をまとめたものが翌年『英語教育大論争』（文藝春秋）として出されました）

（7 月）『英語教育年鑑』創刊（語学教育研究所編，開拓社，58 年休刊）

（11 月）「英語教育改善調査研究者会議」発足（座長・小川芳男）

昭和 50 年 （1975）

（3 月）『英語科教育の研究』（鳥居次好・片山嘉雄・遠藤栄一編，大修館書店）

（8 月）全国英語教育学会第 1 回大会開催

（11 月）日本英語教育改善懇談会，「英語教育の改善に関するアピール」を発表（学習指導要領の改訂にあたり文部省に対して行ったものです）

（11 月）『日本の英語教育史』（高梨健吉・大村喜吉編，大修館書店）

昭和 51 年 （1976）

（4 月）『講座　新しい英語教育』（全 3 巻。中島文雄監修，大修館書店。年内に完結）

（4 月）『英語指導法ハンドブック』（全 4 巻。大修館書店。58 年完結。①導入編，②授業類型編，③指導技術編，④評価編。日々の授業実践に大変参考になります）

（8 月）関東甲信越英語教育学会設立

（この年）この年から文部省主催の「英語教育指導者講座」はじまる（筑波で
　　　　　25日間の合宿制）

昭和52年 （1977）

（6月）　『新言語学から英語教育へ』（佐々木昭・小泉保編，大修館書店）
（7月）　「中学校学習指導要領」告示（昭和56年度より全面実施。英語は1週
　　　　　3時間となりました）
（この年）アメリカからの英語指導主事助手（MEF）招致プログラムが始まりま
　　　　　した

昭和53年 （1978）

（6月）　『英語教育論争史』（川澄哲夫編，大修館書店。英語教育開始期から
　　　　　現在に至るまでの英語教育の論争資料が収めてあります）
（8月）　「高等学校学習指導要領」告示（昭和57年4月入学生より学年進行で
　　　　　実施。英語は英語I・英語II・英語IIA・英語IIB・英語IICに再編さ
　　　　　れました）
（夏）　　『児童英語教育』創刊（日本児童英語振興協会）
（9月）　『現代の英語教育』（全12巻，研究社出版。翌年完結）
（10月）英国人英語指導教員招致事業（BETS）開始

昭和54年 （1979）

（1月）　★国公立大学入試の共通1次学力試験実施（受験者32万7,163人）
（5月）　『英話教育学研究ハンドブック』（垣田直巳，大修館書店）
（6月）　『外国語教育の理論と構造』（羽鳥博愛・伊村元道編，学習研究社）
（10月）『中学校外国語（英語）新学習指導要領の指導事例集』（全3巻。
　　　　　佐々木輝雄他，明治図書。聞くこと・話すこと・読むこと・書くこと
　　　　　の言語活動の指導について述べています）
（この年）この年より文部省主催の「英語担当教員海外研修事業」はじまる

昭和55年 （1980）

（1月）　『英語教育のアイディア』（橘　健，大修館書店）
（2月）　『昭和50年の英語教育』（若林俊輔編，大修館書店。昭和50年間の
　　　　　英語教育を振りかえるのによい本です）
（4月）　『英語教育ジャーナル』創刊（三省堂，57年9月号で終刊）

(4月)『英語教育史資料』（全5巻，大村喜吉・高梨健吉・出来成訓編，東京法令出版）

(6月)『学習者中心の英語教育』（羽鳥博愛・松畑熙一，大修館書店。中・高校生へのアンケートを基に，学習者の立場に立った英語教育への提案が述べてあります）

(7月)『英語教育シリーズ』（全5巻。中教出版。翌年完結）

(8月)『新しい英語学習指導』（太田朗他，リーベル出版。オーラル・アプローチの解説と批判。ELEC の教材・教授法研究の成果をまとめたものです）

(11月) 日本児童英語教育学会（JASTEC）創立

昭和 56 年（1981）

(3月)『英語指導の基本』（池永勝雅・小笠原八重，桐原書店）

(4月) 中学校で英語授業「週3時間制」が始まりました

(6月)「中学校英語週3時間に反対する会」結成（4万人の署名を集めて国会に請願しました）

昭和 57 年（1982）

(2月)『子どもが英語につまずくとき』（天満美智子，研究社出版。中・高校生の声を基につまづきの原因を検討し，その解決策を述べています）

(6月)『心理言語学と英語教育』（羽鳥博愛，大修館書店）

(7月)『英語学と英語教育』（伊藤健三・島岡丘・村田勇三郎，大修館書店。「英語学大系」の第12巻）

(この年) 英国人英語指導教員招致事業が始まり，69人が来日しました

昭和 58 年（1983）

(4月)『英語基本語彙事典』（上田明子他編，中教出版。中学校教科書に現われる基本語を中心こ 3,000 語を掲げ，指導上の留意事項などを解説しています）

(12月)『新しい英語科教育法』（米山朝二・佐野正之，大修館書店。具体的な指導手順を応用言語学の新しい成果について述べています）

昭和 59 年（1984）

(3月)『英語教授法のすべて』（伊藤嘉一，大修館英語指導法叢書。新しい

指導法について知るのに便利な本です）

(4 月)　『英語教育指導ライブラリー』（中村敬・若林俊捕ほか編著，三省堂。
(1) 戦後の英語教育，(2) 英語教育と文化，(3) 世界の中の英語，
(4) 学校英語再考，(5) 英語授業学，の 5 巻）

(5 月)　『英語教育の理論と授業の構想』（宮田学，福村出版）

(5 月)　『英語授業の改善』（河野守夫，東書 TM シリーズ，東京書籍）

(9 月)　『うたとリズムでフォニックス——入門期の英語指導』（稲垣明子，国
土社）

(9 月)　★臨時教育審議会発足（1962 年 8 月まで）

(10 月)『日本の英語教育——過去・現在・未来』（語学教育研究所編，中教
出版）

(11 月) S. Krashen 来日，インプット仮説などからなる「ナチュラル・アプロー
チ」を提唱

(12 月) 日本英語教育史研究会発足（1962 年 5 月学会に改組）

昭和 60 年（1985)

(3 月)　『中学英語のヒント―週 3 時間でもこれだけ教えられる』（五島忠久，
杏文堂）

(4 月)　『実践英語科教育法』（伊藤健三他，リーベル出版。言語材料・言語
活動について詳しく述べてあります）

(5 月)　『英語教師入門』（奥田夏子，大修館書店。著者の経験を土台にした，
若い教師への教師論です）

(8 月)　英語授業研究会発足（松畑熙一会長）（1963 年 8 月に学会に改組）

(11 月)『英語科教育法読本』（片山嘉雄，松畑熙一・後田富久子・藤井昭洋編
著，大修館書店）

昭和 61 年（1986)

(4 月)　『新しい英語科授業の創造』（斎藤栄二・高梨庸雄・森永正治・渡辺時
夫，桐原書店）

(6 月)　『実践・英語教育大系』（全 28 巻，開隆堂）

(6 月)　『英語教師ハンドブック』（中教出版出版部編。英語教師の入門書
です）

(11 月)『教科書中心　昭和英語教育史』（稲村松雄，開隆堂。学校現場と直
結した，興味ある英語教育史です）

昭和 62 年（1987）

（8月）『国際化時代における英語教育——Mombusho English Fellows の足跡』
（和田稔編著，山口書店）

（9月）『中学英語の指導技術』（名和雄次郎・関典明，ELEC。生徒の学習意欲
を高めることに視点を当てて，実践的な技術・工夫を紹介しています）

（この年）「語学指導等を行う外国青年招致事業（JET）」（文部省・自治省・外
務省共同事業）がはじまり，813名の AET（Assistant English
Teacher）が招かれ，ティーム・ティーチングのあり方が議論され
ました

昭和 63 年（1988）

（2月）『資料 日本英学史 上 英学ことはじめ』（川澄哲夫編，大修館書
店。W. アダムス来日からペリー来航直前までの 250 年間の英学資料が
収めてあります）

（4月）★文部省，各教育委員会に細かすぎる校則を見直すよう指示しました。

（6月）『基礎能力をつける英語指導』（佐野正之・米山朝二・多田伸二，大修
館書店。英語の基礎能力とは何かを探りつつ，言語活動とその手法を
具体的に示しています）

（9月）「学校英語教育における外国人講師の役割」（松村幹男他，『英語教
育』9 月増刊号，大修館書店。AET についての変遷・背景・指導・評
価について述べてあるほか，研究書・論文が 100 篇以上紹介されてい
ます）

平成元年（1989）

（3月）「中学校学習指導要領」「高等学校学習指導要領」告示（中学では言
語材料の学年指定枠がはずされ，高校では「オーラル・コミュニケー
ション A，B，C」が新設されました。また中学・高校ともに国際理解教
育が明示されました）

（6月）『学校用語英語小事典』（竹田明彦，大修館書店）

平成 2 年（1990）

（1月）★新テスト（大学入試センター試験）実施（共通 1 次試験に代わるも
ので，私立大学にも参加を求めています）

（2月）『英語教育学概論——新しい時代の英語教授法』（高梨庸雄・高橋正

夫，金星堂）

(4月)　★初任者研修が中学校で全面実施，高校で試行されました

(5月)　『英語教育学』（松村幹男編，福村出版。教職科学講座18)

平成3年（1991)

(4月)　文部省に「外国語教育の改善に関する調査研究協力者会議」を設置
（小池生夫座長）

(9月)　『国際交流の狭間で──英語教育と異文化理解』（和田稔，研究社出版）

(10月)『新英語要覧』（伊藤健三他，大修館書店。英語文化の全体像がよく
分かります。教育実習生に有益です）

平成4年（1992)

(6月)　『国際化と英語教育─異文化間コミュニケーションへの提言』（萬戸克
憲，大修館書店）

(7月)　『大学設置基準改正に伴う英語教育改善のための手引き (1)』（JACET)

(この年)　文部省より委嘱を受けた大阪市立の2小学校で，「小学校における
外国語学習研究開発」がスタートしました

平成5年（1993)

(4月)　「中学校学習指導要領」（1989年告示）実施（英語の時間を週4時間
とする学校が約90%を占め，1981年度に始まった週3時間体制が終わ
りました）

(5月)　『私説・民主的英語教育実践史』（正慶岩雄，あゆみ出版。新英研運
動を中心にした1950〜90年代の英語教育史です）

(6月)　『21世紀に向けての英語教育』（JACET英語教育実態調査研究会編，大
修館書店『英語教育』別冊）

(8月)　『外国語教育とイデオロギー──反＝英語教育論』（中村敬，近代文藝
社。明治以来の「英語優先主義」「西欧文化優先主義」を批判してい
ます）

平成6年（1994)

(4月)　『日本英語教育史考』（出来成訓，東京法令出版。わが国の英語教育
の歴史を調べるのに有益です）

(5月)　『外国語教育のための施設・環境づくり』（文部省刊）

（6月）　高校用ライティング教科書3種類が文法中心だとして検定不合格になりました

（この年度）★小中学校不登校（30日以上）の児童・生徒は77,000人にのぼりました

小学生9万余が「英検」を受験し，38,095名が5級に合格，準1級に23名が合格しました。中学生は約158万人が受験しました（『現代英語教育』第32巻 第11・12号）

平成7年（1995）

（6月）　日本児童英語教育学会（JASTEC）は「小学校から外国語教育を！——JASTEC アピール」を採択しました

（7月）　幼児・児童の英語熱高まる（英会話教室に通う児童は300万人で，5人に1人といわれています。毎日新聞26日夕刊）

（8月）　文部省，公立学校で実験的に英語教育をしている14都県の14の「研究開発校」を，次年度から，47都道府県の1校ずつに拡大することにしました

（9月）　『英語教師論——英語教師の能力・役割を料学する』（金谷憲，河源社）

平成8年（1996）

（3月）　『英語科教育を変える6章』（森永正治，大修館書店）

（4月）　『小学生に英語を教えるために』（五島忠久，アプリコット）

（11月）『インターネットと英語教育』（朝尾幸次郎ほか編。『英語教育』別冊，大修館書店）

平成9年（1997）

（3月）　『明治期英語教育研究』（松村幹男，辞游社。かつて小学校や中学校でどのような英語教育が行われていたのかを知ることも大切です）

（3月）　『小学校からの外国語教育』（樋口忠彦ほか編，研究社出版。小学校における英語教育を考える基本図書です）

（7月）　『日本における英語教育の研究——学習指導要領の理論と実践』（和田稔，桐原書店。学習指導要領の編成から定着までが検討されています）

平成 10 年 (1998)

(7 月)　全国外国語教育振興会，「オーラル・コミュニケーション検定」実施

(12 月)　文部省，「小学校学習指導要領」「中学校学習指導要領」告示 (2002 年
度実施。「総合的な学習の時間」が設けられ，それとの関連で小学校
で英語教育が行われることになりました。中学校の外国語は必修とな
り，原則として英語を履修することになりました。また英語は原則週
3 時間となりました)

平成 11 年 (1999)

(3 月)　文部省，「高等学校学習指導要領」告示 (2003 年度施行。外国語科
目の最初にこれまでの「英語 I」に代わって「オーラル・コミュニケ
ーション I」が位置づけられました)

(4 月)　『小学校英語教育 A to Z』(全 3 巻。和田稔監修，開隆堂)

(7 月)　『日本人はなぜ英語ができないか』(鈴木孝夫，．岩波新書。英語がで
きる人材を育てるためには発想の転換が必要だとして，大胆な改革案
が示されています)

(12 月)　『英語教育用語辞典』(白畑知彦ほか，大修館書店。英語教育学をは
じめ，外国語教育，第 2 言語習得などの関連用語 800 余を解説してい
ます)

平成 12 年 (2000)

(1 月)　首相の私的懇談会「21 世紀日本の構想」が，英語第二公用語化の議論
を提言しました (これ以降，英語第二公用語化の適否の論議が始まり
ました)

(1 月)　文相の私的諮問機関「英語指導方法等改善の推進に関する懇談会」
(中嶋嶺雄座長) が発足しました

(1 月)　『公立小学校でやってみよう！　英語——総合的な学習の時間にすす
める国際理解教育』(吉村峰子，草土文化)

(4 月)　小学校英語教育学会発足 (伊藤嘉一会長)

(この年)「全国英語教育学会」統一体発足 (松畑熙一会長)

平成 13 年 (2001)

(この年) 文部科学省『小学校英語活動実践の手引き』

平成 14 年（2002）

（1月）　文部科学省アピール「学び方のすすめ」で宿題や補習奨励

（7月）　文部科学省「『英語が使える日本人』の育成のための戦略構想」発表

第九章
韩国外语教育的历史与现状

张贞爱

    韩国是亚洲经济发展最快的国家之一，被誉为亚洲"四小龙"之一，这在很大程度上得益于韩国历届政府和民众对教育的重视。韩国民众普遍把近年来国家取得的惊人发展和瞩目成就归因于完善的教育制度和灵活的教育机制所造就的高素质人力资源。韩国人通常把促进经济发展的教育视为第二经济。根据近期的统计结果，韩国学生数量已达全国人口总数的 1/4，人均受教育年限超过 12 年，所以韩国自豪地宣称自己为全世界识字人口比率最高的国家之一[1]。

    外语教育在韩国教育发展中占有举足轻重的地位，它承担着为韩国培养符合经济发展需要、具备国际交流能力人才的重任。韩国的外语教育起步较晚，但发展迅速。在其建国后的 50 年中，韩国外语教育得到国民政府和全体国民的热心支持，发生了巨大变化。历届政府根据来自各方面的要求，尤其是来自政策、学术以及现实方面的要求，适时调整外语教育政策，不断进行外语教育改革，可以说韩国外语教育史是一部变革与发展的历史。

    进入 21 世纪，世界向经济一体化趋势发展，在这样的社会大背景下，韩国为了培养具有多元语言文化和国际竞争力的人才，更加重视外语教育，加大对外语教育的投入，把外语教育放在战略发展的高度，制

---

1 孟宪华、牟为娇（2004）"BK21 工程"与韩国高等教育改革，《东北亚论坛》第 13 卷第 4 期，第 43-44 页。

定一系列积极的外语教育政策，推动外语教育迅速有效的发展。研究韩国外语教育的发展进程、现状、外语教育与经济发展的关系等问题，可以了解社会政治经济发展与外语教育的发展轨迹，对于丰富外语教育理论，改革外语教学，推动外语教育发展有着极其重要的理论和现实意义。

一、韩国外语教育发展进程

韩国的外语教育是在其社会政治经济制度的支配下发展的，可以说，韩国外语教育的发展进程折射出了社会政治经济发展的历史进程。1886年，韩国第一所外语学校——育英公院（royal school）正式成立，此后的 220 多年，韩国的外语教育历经曲折，从 1 名教师 35 名学生，发展到了拥有 10,000 多所学校，10,000 多名英语教师，1,100 多万学生，而且从小学到大学乃至研究生院都建立了系统的外语教育体系。

韩国的外语教育从无到有，直至形成体系，历经了近代的外语教育形成期即朝鲜时代的教育（1883-1910）、日语教育时期即占支配地位的日本殖民地时期（1910-1945）、英语教育重新崛起时期即解放后至结束美军政时期（1945-1954）、外语教育自主发展时期（第一次教育改革到第六次教育改革阶段，1954-1997）、现阶段外语教育快速发展时期，即第七次教育改革实施等三个成长期和五个发展阶段（1997-现在）。

1. 朝鲜时代的外语教育（1883-1910）

《韩国的英语教育史》[1] 中记载，1882 年被迫开放门户之前，韩国的外语教育是指以汉语为唯一外语的单一外语教育。随着门户开放和对外贸易规模扩大，朝鲜王室认识到了翻译人才的重要性，并于 1883 年设立了以培养翻译官为目的的英语学校。但因条件限制，学校没能正常运转。1885 年春，高宗皇帝通过美国大使聘请了三位美国教师，于 1886 年设立了包含 3 年预科和 4 年正规教育的新式学校，称作育英公院（royal school）。育英公院是上述"英语学校"的继续，以培养翻译官为目的。最初招收了两个班共 35 名学生，形成了初步规模，但因主张新教育的教师和保守的政府之间出现观念冲突，学校曾多次面临大批量教师辞职的危机。

随着天主教在韩国的传播，以传教士为教师、带有宗教性质的英语

---

1 郑元植（1966）《韩国的英语教育史》。

教育也得到迅速发展。1886年后建立的学校中，最为典型的是：玛丽·斯克兰顿（Mary F. Scranton）女士带头成立的梨花学堂——女子学校，亨利·雅宾格勒（Henry G. Appengeller）牧师成立的培才学堂——男子学校，以及孤儿院为首的教会学校。当时的外语学校教育是以培养传教士为目的，学校提供衣食宿及学生用品，性质上更倾向于慈善教育机构，类似于修道院，与世隔绝，最高教育程度也只达到初中水平。所采用的教学内容也并不是为了西化韩国人，而是为了传播基督教精神，用韩国语来讲授英语阅读、算术、韩语、音乐、历史、英语语法和写作等课程。

为了促进外语教育的发展，1895年，韩国政府制定并公布韩国最初的外语教育管理制度。管理制度包括11条，涵盖外语学校设立的目的、外语种类的设置、学习年限及课时分配、外语教师及学校各职员的职能分配等内容。

随着外语教育制度的颁布，以英语为主的各种外语教育迅速发展。当时韩国的外语学校主要有英语、日语、法语、汉语以及德语学校，招生人数从1901年到1906年也有大幅增加，尤其是汉语学校招生人数增加的比例最大，为216%。

1908年，韩国政府把各种语言学校集合到汉城，成立了汉城外国语学校，形成了一个外语教育体系。教学课程也变得多样化，包括阅读、语法、翻译、叙述、综合理解、英国地理和英语算术等，并已具有了不同层次的英语教学内容，根据学生的各种情况，分层次进行英语教学。

2. 日本殖民地时期的外语教育（1910-1945）

韩国外语教育在日本殖民时期完全被日语教育所取代，不允许其他外语语种的存在。

1909年，日本殖民政府颁布了实业学校令，在全国范围内只允许日语教育，实施了"愚民同化"政策。从此，日语教育在学校外语教育中占据了统治地位。

1922年的第二次教育令，对韩国人以及在韩国的外国人实施"一种文化"政策，一度允许开展英语教育。到1938年，随着国际形势的变化，日本殖民统治扩张，又重新强化了日语教育。

1941年，太平洋战争爆发，外国，主要是欧美国家的传教士被驱逐出境。韩国境内的英语教育被迫停止。除日语教育之外的其他外语教育进入了停滞状态。

3. 美军政时期的外语教育（1945-1954）

这一时期是韩国以英语教育为主的外语教育重新崛起的时期。1945年，日本帝国主义的无条件投降，使韩国摆脱了殖民统治，获得了发展教育的机会，外语教育出现转折。摆脱了日本殖民统治的韩国又进入了美军政时期。韩国重建发展主要援助来自美国，英语就成了获取先进技术的重要工具，受到了政府和广大学者的关注。因此，韩国政府把英语教育摆在了促进国家发展的首要地位，进而确立了英语教育的重要地位和发展规模。

1945年9月，韩国政府颁布了《英语教育课程法令》。1946年，英语作为中学课程体系中的一门正式课程，具有了明确的教学目标、方法、内容和教学准则。通过学习发音、拼写、词汇、写作和会话，学习英语国家语言文化。1945年至1946年之间，各个高校也陆续开设英语语言文学专业。梨花女子大学首次对大学一二年级的学生开设每周5学时的英语课程，三四年级的学生开设每周3学时的英语课程。1946年，首尔大学和大丘大学也先后开设了英语语言文学专业。大部分英语专业的教授毕业于日本大学或京城大学。因此，所采用的教学方法与日本殖民时期大同小异。

朝鲜战争爆发之时，规范化的学校教育被中止，教育遭到破坏。战后，大多数学校重新开放，到1953年，学校教育基本得以恢复正常状态。到1960年，小学生、中学生和大学生的数量比战争刚刚结束的1952年分别增长了52%，90%和97%[1]。

4. 教育改革时期的外语教育（1955-现在）

韩国政府自1955年至今实行了7次规模比较大的教育改革，使外语教育逐步脱离外来影响与控制，独立实施自主的外语教育。

1955年，韩国政府进行了第一次中小学教育改革[2]，目的在于"教育兴国"。改革虽然注意到了学生的生活和生活体验，但仍然以学习系统的知识为主，以"知智教育"为中心。涉及外语教育的英语、德语、法语和汉语等四种语言的教育，要求学生在这四种语言中可选1-2种语言，并以掌握基本语法、会话能力及了解该国文化为教学目标。

第二次教育改革正值韩国的第一和第二个五年经济发展计划

---

1 中韩教育之比较：http://manage.ielts-school.com/xyz/News/8051.html。

2 【韩】高等学校课程体系解释（12），外国语，教育部 2002。

（1962-1971 年）时期，目标是"满足人才要求"。外语语种从开始的英语、德语、法语和汉语四种，增设了西班牙语和日本语，增加到了 6 种外语。外语教育的总体课程目标被写入外语教育指导性文件中，从而实现了各语种教学的形式和内容上的基本统一。外语教育目标确定为培养语言的四个基本技能，介绍韩国文化，同时强调通过加深对外国及外国人的了解，培养学生的国际合作精神，提高学生对事物的鉴别能力。

第三次教育改革是以实现"国民教育宪章"的理念为基础，以人为本，提高国民素质，以推进知识和技术教育为基本方针。在第三次教育改革中，英语和第二外语正式分离，英语作为第一外语成为必修课，分为英语 I 和 II，I 为基础课程，II 为深化课程。英语 I 为所有学校的必修课，分配 10-12 课时；英语 II 和其他外语语种，即第二外语只在高中阶段开设，英语 II 为选修课，文理科各分配 10-12 课时；第二外语为任选必修课，分配 10-12 课时。各种外语课程的一般目标被定为：以培养语言的四种基本技能为基础，达到能够简要介绍韩国文化及韩国现状的水平，增进对外国及外国人的了解，进而培养国际合作精神和国际意识，以促进韩国的发展。

第四次教育改革在以往的以学科、经验及知识为中心的教育理念基础上，强调了"面向未来"的科学教育和"以人为本"的教育理念。从此，韩国外语教育体系为各语种的课型确立了统一的教学形式和教学内容标准。包括英语在内的所有外语教育首先具有作为外国语学科的"整体课程目标"，即通过培养语言使用能力，加强韩国国民同世界各国的交流和沟通，并强调以此为途径发展韩国文化。这次教育改革首次阐述了关于教学评价的内容。这为评估教学质量提供了法律依据，为监测学校教师的外语教学质量和学生外语学习质量提供了理论依据。

第五次课程改革的目标是"培养主导信息化、开放化和国际化的高度发达的 21 世纪社会的具有主体精神、创造精神和有道德的韩国人。"各种外语课程教育体系与第四次教育改革基本相同，只是对教学目标、教学内容、教学指导和评价标准进行了更详实的阐述。与第四次教育改革不同的是在课时分配上，英语 I 为公共必修课，所有学校均要求 8 课时；英语 II 为选修课，在普通高中的文理科各分配 12 课时，在技术类、其他类及一般高中的职业课程中占 8 课时的比例；第二外语为任选必修课，在德语、法语、汉语、西班牙语、日本语任选其一，在普通高中的文理科分配 10 课时，技术类、其他类及一般高中的职业课程中要求 6 课时，比以前减少了若干课时。

1988 年，汉城奥运会成功举办之后，国际交流的日益活跃和世界化、信息化的加速发展要求外语教育政策要随之变化，这促进了第六次外语教育改革的进程。改革的目标在于根据地区特点，探索如何使课程结构多样化、课程内容适当化、教育管理效益化。第二外语在普通高中授课 12 学时，对技术类高中并没有要求具体的课时数，只提出"作为必修课程，在所给出的外语语种中任选一门"的一般原则，并增加了俄语课程。外语教育课程的整体体系明确了整体目标，指出了外语教育的必要性，语言实际应用能力的重要性以及外语课程的一般目标。同时，根据各门课程的性质特点，提出了每门课程的教学目标、内容、方法及评价要点。

韩国教育部 1997 年 12 月 30 日发布"1997-15 告示"，确定了第七次基础教育课程大纲。[1]

韩国第七次课程改革的总体方针是：1）依据国民共同基本课程体系设置课程。把国民共同基本课程看作一个整体，以学年制或阶段制为基础来组织教育内容；2）考虑学生的个别差异，设置不同水平的课程；3）以能力为中心陈述教学目标，避免罗列具体内容，以提高学生的自学能力和思考能力。扩大市、道教育厅和学校及教师在选择教学内容和课程上的自律性，提倡教学方法多样化；4）积极利用计算机、网络的教学设施辅助教学；5）改善评价方法；6）建立可以使学生根据自身的个性和素质选择教学科目、能动自律学习的"以学习者为中心"的课程体系。

第七次课程改革要求：从以往以教材和供给者为中心的学校教育体制转变为以课程为和教育需求为中心的教育体制；作为学校经营负责人的校长和授课者的教师要成为教育内容和方法的主人，确保其专家的地位；充分考虑地区及学校的特殊性、自律性和创造性，开展富有个性的多样化教育。此次教育改革的目标是培养富有健全人性和创造性的韩国人。[2]

第七次教育改革中，外语教育课程遵循国家教育改革的基本方向，以时代与社会需求为基础，将教育的重点放在教学－学习量的适当化；强调"以交际能力为中心"的外语教育；重视文化理解教育；以学生为中心的教学，强调学习活动；强调课程体系的灵活性等方面。

---

1 孟宪华、牟为娇（2004）"BK21 工程"与韩国高等教育改革，《东北亚论坛》第 13 卷第 4 期，第 43-44 页。

2【韩】教育新闻社：《韩国教育 100 年史》第二卷，2000 年。

二、韩国外语教育现状

　　韩国外语教育体系主要有学校教育和教育市场中的外语教育两大部分构成。学校教育中的外语教育体系主要涉及外语课程设置与课时分配、外语教师培养与管理、外语教材编纂及使用以及外语教学评价体系。韩国民众十分重视外语教育，普遍认为，单纯依靠学校教育不足以满足自身发展的需求，所以纷纷将目光投向教育市场中的外语教育，即课外外语补习教育，造成了"课外补习热"不断升温，以至对学校教育的健康发展产生了影响。韩国政府为了平衡学校教育和教育市场，保障本国外语教育的健康有序发展，采取了一系列积极措施，如政府投资建立"课外学校"以及设立"开放型自律学校"等。

1. 学校教育系统的外语教育
　　1）课程设置与课时分配
　　韩国现行的外语课程设置与课时分配是参照国家第七次教育改革中所提出的全国通用基础课程结构而设置的。[1]
　　课程由国民共同基本课程和高中阶段选修中心教育课程共同构成。其中小学一年级到高中二年级 10 年期间设定为"国民共同基本教育期间"。在此期间，各门课程学习的内容脱离了原先各级学校的概念，以学年制或阶段性概念为基础，以所有国民共同必须学习的知识为中心，规定了统一的学习内容。在这 10 年期间所学习的内容和所接受的能力培养是韩国国民所必须具备的基本素养、基本知识和基本能力。选修中心的教育课程体系是在高二、高三年级中开设反映学生能力、兴趣及未来发展的多样化的选修科目。学生根据自身的特点、能力、兴趣及未来发展方向直接选择学习科目。将高中的 10 个基本科目分为 4 个课程学科群，使科目间的学习内容更加均衡。
　　国民共同基本课程由课程科目、能力培养活动和特别活动共同组成（见表 1）。
　　课程科目：韩国语、道德教育、社会科学、数学、理科、实用技术（技术、家庭经济学）、体育、音乐、美术以及外国语（英语）。其中小学一二年级的科目被整合为"韩国语"、"数学"、"生活训练"、"智慧生

---

1 Kyung-chul Huh（2005）对韩国第七次课程修订的反思与展望，《教育发展研究》第 25 卷第 10 期，2005 年。

活"、"愉快生活"以及"我们是一年级生"。能力培养活动分为学科能力培养活动和创造性能力培养活动。特别活动由学生自治活动、适应活动、自我发展活动、社会服务活动和事业活动等构成。

表1 国民共同基本课程(每年最低教学课时数)[1]

学校\年级 课程	小学						初中			高中		
课程	1	2	3	4	5	6	7	8	9	10	11	12
科目 韩国语	国语 120 238 数学 120 136 生活训练 60 68 智慧生活 90 102 愉快生活 180 204 我们是一年级生 80		238	204	204	204	170	136	136	136	**选修科目**	
道德教育			34	34	34	34	68	68	34	34		
社会科学			102	102	102	102	102	102	136	170(国史-68)		
数学			136	136	136	136	136	136	102	136		
科学			102	102	102	102	102	136	136	102		
实用技术					68	68	技术·家庭经济学 68	102	102	102		
体育			102	102	102	102	102	102	68	68		
音乐			68	68	68	68	68	34	34	34		
美术			68	68	68	68	34	34		34		
外国语(英语)			34	34	68	68	102	102	136	136		
能力培养活动	60	68	68	68	68	68	136	136	136	204		
特别活动	30	34	34	68	68	68	68	68	68	68	8学分	
学年总授课时数	830	850	986	986	1088	1088	156	1156	1156	1124	144学分	

注:1. 表中国民共同基本教育期间所标示的课时数是以34周为基准的年度最少授课学时数。

2. 1学年的科目、能力培养活动、特别活动所分配的学时数是以30周为基准,"我们是一年级生"所分配的学时数为3月份一个月期间的授课学时数。

3. 1个学时:原则上,小学40分钟;初中45分钟;高中50分钟。但可以根据气候、季节、学生的发展程度和学习内容的性质进行调整。

4. 高中二三年级的特别活动和年度授课学时数所标示的数字为2年期间必须要履修的学分。

---

1 孙启林、杨金成(2002)面向21世纪的韩国基础教育课程改革—韩国第七次教育课程改革评析,《基础教育改革动态》,第12期第27页。

考虑到一般高中二三年级学生的能力、兴趣和未来的发展前途，在第七次教育改革中废除了以前一般高中二三年级所实行的课程分类（人文课程、自然课程、艺能·体能课程和职业课程），设立了以选修科目为主的课程体系，开设多种类型的选修课程以满足学生的个人需要。

表 2　高中二三年级的选修领域

选修领域	课　程
语文领域	国语 I、II 作文 书法 汉文 I、II 韩国古典文学 韩国现代文学 I、II 世界文学 I、II
数理领域	数学 I、II 应用数学 基础数学 I、II
外语领域	英语 I、II 实用英语 I、II 英语作文 法语 I、II 汉语 I、II 日语 I、II 西班牙语 I、II 俄语 I、II 阿拉伯语 I、II
科学领域	物理 I、II 化学 I、II 生物 I、II 地球科学 I、II 环境科学 I、II 科学史

（待续）

（续上表）

选修领域	课　程
人文领域	国史 I、II 历史 I、II 世界史 I、II 美术史 人文经典 伦理 哲学 逻辑和批判性思考 逻辑与计算机 宗教
社会科学领域	韩国地理 I、II 世界地理 I、II 政治学 经济学 社会学 心理学 教育学
实业领域	家政 I、II 生产技术 计算机入门 计算机语言 I、II 信息处理 农业 工业 商业 水产业 林业
艺能·体能领域	体育 I、II 音乐 I、II 美术 I、II 舞蹈 话剧 歌剧 电影艺术 其他艺能·体能领域

资料来源：【韩】教育新闻社，《韩国教育 100 年史》第二卷，2000 年。

　　对于各选修领域内具体科目的种类和水平，经各学科领域的相关专家和教师讨论后拟订草案，最终由教育部确定。但是各学校可以根据学习内容的难易程度，开设从较低到较高的多种水平的科目，也可以把各学科学习内容中的各领域细分为单独的科目。而且各学校根据自身及所处地区的特点，可以增设国家课程中没有列出的选修课程。

　　高中二三年级的选修科目分为指定选修和自由选修两种类型。在指定选修科目中，由市、道教育厅指定的占高二、高三总课时数的30%，由学校指定的占高二、高三总课时数的20%左右，学生在指定的领域内选修。自由选修约占总课时数的50%左右，学生按照自己的能力、兴趣和未来发展前途自由地选修。

　　韩国的高中课程全部实行学分制，学生在三年内修满204学分才能毕业。

表3　高中选修中心课程设置及其学时、学分分配（普通课程）

课程与学分 类别		国民共同基本课程	选修科目	
			一般选修科目	深化选修科目
科	国语道德社会	国语（8）道德（2）社会（10）（国史 4）	国语生活（4）市民伦理（4）人类社会与环境	讲演（4）、读书（8）、作文（8）、语法（4）、文学（8）、伦理与思想（4）、传统伦理（4）、韩国地理（8）、世界地理（8）、经济地理（6）、韩国近现代史（8）、世界史（8）、法律与社会（6）、政治（8）、经济（6）、社会与文化（8）
目	数学科学技术·家政	数学（8）科学（6）技术·家政（6）	应用数学（4）生活与科学（4）信息社会与计算机	数学Ⅰ（8）、数学Ⅱ（8）、微积分（4）、概率与统计（4）、离散数学（4）、物理Ⅰ（4）、化学Ⅰ（4）、生物Ⅰ（4）、地球科学Ⅰ（4）、物理Ⅱ（6）、化学Ⅱ（6）、生物Ⅱ（6）、地球科学Ⅱ（6）、农业科学（6）、工业技术（6）、企业经营（6）、海洋科学（6）、家政科学（6）

（待续）

（续上表）

课程与学分 / 类别		国民共同基本课程	选修科目	
			一般选修科目	深化选修科目
科目	体育音乐美术	体育（4）音乐（2）美术（2）	体育与健康（4）音乐与生活（4）美术与生活（4）	体育理论（4）、体育实技（4以上）音乐理论（4）、音乐实技（4以上）美术理论（4）、美术实技（4以上）
	外国语	英语（8）		英语I（8）、英语II（8）、英语会话（8）、英语阅读（8）、英语作文（8）
		第二外语（6）	德语I（6）、法语I（6）、西班牙语I（6）、中国语I（6）、日语I（6）、俄语I（6）、阿拉伯语I（6）	德语II（6）、法语II（6）、西班牙语II（6）、中国语II（6）、日语II（6）、俄语II（6）、阿拉伯语II（6）
	汉文军训教养		汉文（6）军训（6）哲学（4）、逻辑学（4）、心理学（4）、教育学（4）、生活经济（4）、宗教（4）、生态与环境（4）、出路与职业（4）、其他（4）	汉文古典（6）
	学分	56学分	24学分以上	112学分以上
能力培养活动		（12）		
特别活动		（4）	（8）	
总学分		216学分		

注：表中括号内的数字是一个学期的授课学时数。1学时是以50分钟为基准。
资料来源：【韩】教育新闻社，《韩国教育100年史》第二卷，2000年。

从表3中可以看出，学生到了二三年级需要从德语，法语，西班牙语，汉语，日本语，俄语，阿拉伯语中任选一种语言作为第二外语。外语课程根据深浅度可分为I和II，I是一般选择课程，II是深化选择课程。学生选择深化选择课程之前需要接受一般选择课程，但学校可根据自身的具体情况、学生的要求以及课程的性质来进行调整。

韩国学者认为，只有通过最大程度的考虑到学生的能力、个性、需要、兴趣等个别差异的教学，才能发挥每个学生的成长潜力，最大限度地发挥教育的作用。以此为依据，新的课程改革中引入了差别教育课程。

差别教育课程可分为三种类型：（1）对于学习内容的阶段性比较明显的学科，可按阶段制定阶段型差别教育课程；（2）对于以基本学习内容为中心，可以进行深化学习和补充学习的学科，制定深化、补充型差别教育课程；（3）考虑学科内容的多样性和难易程度，按照种类和水平，可以设置让学生选修科目的任选型差别教育课程。

阶段型差别教育课程首先只在英语和数学学科中实行，以后国语和科学学科也要向此方向发展。在英语学科中，从小学三年级到高中一年级的8年间，教育内容被分为12个阶段，每个阶段按学期再分为两个下位阶段，构成等级化的内容。这样，即使是同一学年的学生，根据各学科能力水平的差异，也可以选择不同阶段的教育内容进行学习。在这种情况下，水平接近的学生可以在一个班级中学习（按各学科的水平组成小组），在同一年级中能力水平接近的学生也可以自由地轮换组成多个班级来学习（按各学科的水平编成班级）。

阶段型差异教育的课程内容之间衔接性较强，在教学—学习过程中，前半部分学习内容的欠缺会影响后期课程的学习效果。学生要同班主任、学科教师和专门咨询教师进行探讨，选择适合自己水平的学科学习。差异型教育课程可根据学校的情况，学生和家长的要求进行适当的安排和调整。以不同学科水平的小组和班级为单位进行的教学要根据市、道教育厅和学校的实际逐渐推行。

除英语和数学以外的其他学科，在高中一年级，实行深化补充型差别教育课程。例如在社会科学中，以符合中等学生水平的基本学习内容为中心组织教育课程，但同时也为上等生组织深化学习内容，为水平较低的学生组织补充学习内容。国语和科学在转换成阶段型差别教育课程之前，全部由深化补充型差别教育课程构成。

深化学习的内容主要是对基本学习中主要概念的应用，补充学习的内容主要是了解在基本学习内容中提出的基本概念，为以后的学习过程减少困难。在实施深化补充型差别教育课程的过程中，也可以如阶段型差别教育课程一样，采取按各学科水平组成小组或班级进行移动式教学。英语课程是由小学三年级到六年级进行深化补充型差异教育。其他外语语种是在十一和十二年级的2年内进行任选差异型教育。

　　为了开设反映学生能力水平和兴趣差异的多种教学科目，使学生能选修与自己的出路和能力水平相适应的教学科目，在高中二三年级中引入学科选修型差别教育课程。例如，在外语科目中，可以安排英语I、II，实用英语I、II，英语写作等。

　　在学校开设学科选修型差别教育课程有困难的时候，市、道教育厅要引入教师轮换制进行支援，或通过远程教育和学校间的合作来援助。通过远程教育学习的科目也被认定为该学校开设的课程；在几所学校联合开设选修课程的时候，学生可以在其他学校选修课程。而且对于一些特殊的教学科目，可以开设高水平的学科并使其特色化，设立特色学校。

　　韩国政府一向将国民英语水平视为保持国际竞争力，与国际接轨的重要因素之一，甚至正在考虑把英语作为韩国的第二官方语言。所以在制定外语教育改革方案时将英语确立为第一外语。早在1995年5月31日，为了加强世界化、信息化教育，韩国总统教育改革咨询委员会制订了《建立新教育体制的教育改革方案》，其中要求从初中开始就加强英语的教育。[1] 1997年韩国从小学三年级正式开设了英语课程，从小学三年级到高中一年级，英语都是必修课程，高中二年级起开设英语阅读、写作、会话等选修课程。小学阶段每周有两节英语课，注重培养学生学习英语的兴趣，重视流利的表达和成功交际，强调在语言运用中习得语言，通过活动式教学培养小学生的探究精神和创新能力。

　　2000年开始的第七次全国英语课程改革决定，为所有小学配备有能力且经过培训的英语教师，他们只教授一门英语课，以减轻他们的工作量。小学三四年级学生的英语课时减少到每节课40分钟，每周一节课；五六年级每周仍然是两节英语课，教学内容减少了30%，词汇表中的单词量也大幅度减少。根据学生的发展情况，把学生分为一般水平和优等两个等级。这种大胆减负的做法减轻了小学生学习的沉重负担。

　　2001年，韩国教育部公布了中小学英语教育改革计划，规定从2001年3月新学期开始，小学三四年级和初一的英语课必须全部用英语讲授，目的是培养和提高学生的英语交际能力。小学三四年级学生每周必须有一小时的全英语课，初中一年级学生每周必须有3小时的全英语课。根据这一计划，韩国把以阅读为主的课本改为以对话、游戏和戏剧为主；增加了英语教学的研究经费，向1万名英语教师提供出国学习的机会，把中小学外籍英语教师的人数从136名增加到241名。根据该计划，

---

1 朴泰洙、朴成日（2001）20世纪末韩国的教育改革政策和21世纪课题，《东疆学刊》，第12期。

2004 年韩国已经在中小学全面普及"全英语"教学。

　　表 4 是第一外语（英语）在小学、初中、高中三个阶段课时数的变化表。首先，从表中可以看出小学和初中的英语教学时数随着年级的增高而增长。从小学三四年级每年 34 课时增加到小学五六年级每年 69 课时，增加了 35 个课时；从初中一二年级 102 课时增加到初中三年级 136 课时，增加了 34 课时；高中三年一直保持每年 136 课时。每课时的授课时间长度也随着年级的增高而增长。小学每课时授课时间为 40 分钟，初中为 45 分钟，高中为 50 分钟。

表 4　第一外语（英语）课时数[1]

	小　学		初　中		高　中	
年　级	3~4	5~6	1~2	3	1	2~3
课时数	34（每周 1 课时 *34 周）	69（每周 2 课时 *34 周）	102（每周 3 课时 *34 周）	136（每周 4 课时 *34 周）	136（每周 4 课时 *34 周）	136（每周 4 课时 *34 周）
每课时	40 分钟		45 分钟		50 分钟	

　　上面已提到高中二三年级阶段的外语课程分为第一外语和第二外语。学生到了高中二年级除必选第一外语（英语），还需要从德语，法语，西班牙语，汉语，日本语，俄语，阿拉伯语中任选一种语言作为第二外语。根据学校性质不同，区别对待一般高中和技术、职业类高中，一般高中开设普通课程，技术、职业类高中开设专业课程。在高中二三年级阶段开设的第二外语课程也分为一般高中的第二外语课程和技术、职业类高中的第二外语课程。表 5 是一般高中的第二外语课程设置及课时分配。

表 5　一般高中的第二外语课程设置及课时分配

第二外语	德语 I (6), 德语 II (6), 法语 I (6), 法语 II (6), 西班牙语 I (6), 西班牙语 II (6), 汉语 I (6), 汉语 II (6), 日本语 I (6), 日本语 II (6), 俄语 I (6), 俄语 II (6), 阿拉伯语 I (6), 阿拉伯语 II (6)

注：表中括号内的数字是一个学期的授课学时数。1 学时是以 50 分钟为基准。
资料来源：（韩）教育新闻社：《韩国教育 100 年史》第二卷，2000 年。

---

[1]【韩】田秉万等（2006）中小学英语教育现状分析，教育人力资源部政策研究课题（2006-issue-4）（전병만 외 . 초·중등 영어교육 현황분석, 교육인적자원부, 2006）。

技术、职业类高中的第二外语课程中的可选语种包括德语、法语、西班牙语、汉语、日本语、俄语和阿拉伯语。每种语言科目根据内容的深浅可也分为 I 和 II，每个课程每年最低教学时数是 80。表 6 为技术、职业类高中的第二外语课程设置及课时分配。第二外语种类的多样化为学生提供了广阔的选择空间，学生可以根据自己的兴趣、能力及未来发展的需要选择适合自己的第二外语语种。

表 6 技术、职业类高中的第二外语课程设置及课时分配

第二外语	德语	基础德语、德语听力、德语会话 I、德语会话 II、德语阅读、德语作文、德语圈文化 I、德语圈文化 II、德语语法基础
	法语	基础法语、法语听力、法语会话 I、法语会话 II、法语阅读、法语作文、法语圈文化 I、法语圈文化 II、法语语法
	西班牙语	基础西班牙语、西班牙语听力、西班牙语会话 I、西班牙语会话 II、西班牙语阅读、西班牙语作文、西班牙语圈文化 I、西班牙语圈文化 II、西班牙语语法
	汉语	基础汉语、汉语听力、汉语会话 I、汉语会话 II、汉语阅读、汉语作文、中国文化 I、中国文化 II、汉语语法
	日本语	日本语、日本语听力、日本语会话 I、日本语会话 II、日本语阅读、日本语作文、日本文化 I、日本文化 II、日本语语法
	俄语	基础俄语、俄语听力、俄语会话 I、俄语会话 II、俄语阅读、俄语作文、俄国文化 I、俄国文化 II、俄语语法
	阿拉伯语	基础阿拉伯语、阿拉伯语听力、阿拉伯语会话 I、阿拉伯语会话 II、阿拉伯语阅读、阿拉伯语作文、阿拉伯文化 I、阿拉伯文化 II、阿拉伯语语法

资料来源：韩国教育人力资源部。

图 1 是最近五年一般高中第二外语教育情况的走势图。如图所示，在第二外语的选择上，大多数学校选择相对容易的一般选择课程而非深化选择课程。

一般高中的第二外语教育情况

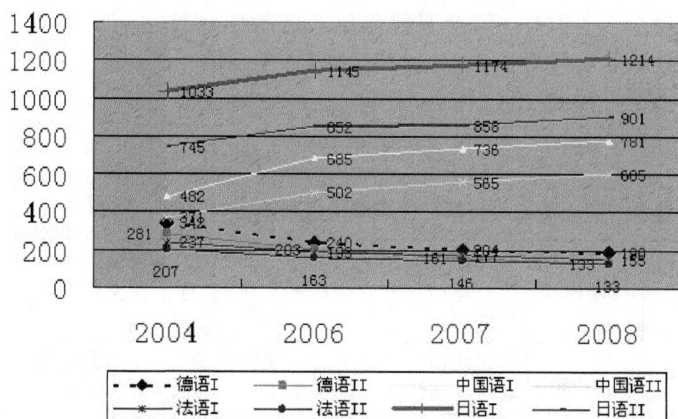

图 1 韩国一般高中的第二外语教育情况

资料来源：韩国教育开发院，2008 教育统计数据库。

表 7 第二外语教育的学校数与学生数

年度	德语 I		德语 II		法语 I		法语 II	
	学校数	学生数	学校数	学生数	学校数	学生数	学校数	学生数
2008	190	21,004	133	11,193	165	19,973	133	10,685
2007	204	22,124	161	12,640	177	19,910	146	12,205
2006	240	25,727	208	15,384	193	22,175	163	13,622
2005	281	31,023	256	19,459	222	25,343	200	16,393
2004	342	39,327	281	22,729	237	28,457	207	17,282
	中国语 I		中国语 II		日语 I		日语 II	
	学校数	学生数	学校数	学生数	学校数	学生数	学校数	学生数
2008	781	121,822	605	67,463	1,214	296,457	901	135,380
2007	736	105,481	565	57,941	1,174	258,211	858	130,667
2006	685	108,610	502	51,512	1,145	253,597	852	127,448
2005	605	97,681	407	40,087	1,104	247,295	812	127,562
2004	482	72,858	371	39,629	1,033	249,584	745	121,979

（待续）

（续上表）

年度	西班牙语 I		西班牙语 II		俄语 I		俄语 II	
	学校数	学生数	学校数	学生数	学校数	学生数	学校数	学生数
2008	24	3,885	19	1,960	7	781	5	453
2007	26	3,575	24	2,349	10	844	5	327
2006	31	4,129	25	1,982	9	797	8	498
2005	32	4,034	27	2,058	10	1,210	9	627
2004	29	4,303	30	2,676	11	1,219	10	992

资料来源：韩国教育开发院，2008 教育统计数据库。

表 7 是第二外语选课学校数和学生数。2008 年 1,493 所一般高中，81% 的学校选择日本语 I，使日本语成为选择率最高的第二外语，其次是汉语，而且这两种语言的选择率明显的高于其他语言。韩国 4,700 万人口中有 30 万人在学习汉语，全国 200 多所大学、120 多所中学已开设汉语课程。此外还有各类进行汉语教学的盈利性教育服务机构逾 100 所。2001 年，韩国的外国语大学中文系的录取率高达 40：1，不少学校还把第二外语由日语或法语改为汉语。汉语考试已被正式列为韩国外语高考科目，许多青年学生更是把中国作为出国留学的首选。

通过研究韩国外语课程设置与课时分配现状，我们可以发现，韩国政府在设置外语课程时，以国家颁布的全国通用基础课程为基础，充分考虑了外语学科的特点，学生、家长以及社会的需求，设置了较合理的课程结构，为韩国外语教育的发展起到了一定的推动作用。

2）外语师资现状

在韩国，教师被全社会敬重，被称为"国民的典范"，享有崇高的社会地位。同时，国民对教师的素质要求也同他们对教师的尊敬程度一样，"高高在上"。而在韩国举国上下高度重视外语教育的社会大背景下，外语教师的学历水平、教学能力、性格特质等各方面的综合因素成为了人们关注的焦点。韩国政府正在努力进行外语教师教育改革，从多视角、多方位来推动外语教师专业化，教师培养一体化以及教师管理效益化，以造就 21 世纪国家建设与社会发展所需要的高素质、专业化的外语教师队伍。由于韩国的第一外语为英语，英语教师在所有外语教师中所占的比例最大，所以本文以英语教师的培养和管理为例来说明韩国的外语教师现状。

韩国目前有中小学英语教师 3.3 万人，[1] 其中大部分英语教师都是从师范大学、教育大学中的英语教育专业或英语专业毕业，获得教师资格证书后走上英语教师工作岗位的。为了提高国民的英语水平，韩国历届政府都很重视英语教师的培养，以国家教师教育培养的总体目标、模式为基础，根据英语教师的特点，从职前教育培养到在职教育培养形成了英语教师培养的"一条龙"体系。同时，重视本国英语教师和外籍教师的管理，制订了英语教师资格证书发放标准以及英语教师任用标准，对外籍教师的教学能力也提出了一定的要求。

韩国教师教育的最终目的是培养有理想、有能力、有价值、有专业性的教师。韩国《教育法》第 74 条和第 119 条规定："教师自身应该不断提高教师应具备的品格和素质，锤炼学问，探求教育的原理和方法，要专心努力服务于人民教育"。同时，《教育法》也明确了教师培养的具体目标：第一，教师应具有勤勉努力的精神和高度的责任心，并具备正确的判断能力和实践能力；第二，掌握教育的理念及其实践的方法；第三，要具备作为教育者的坚定信念和坚忍不拔的思想。"[2]

韩国《高等教育法》第 44 条也规定：教育大学、师范大学、综合教员培养大学和教育科的教育培养目标要求教师具备教育者需要的坚固的价值观和健全的教职伦理观，理解教育的理念及其具体的实践方法以及确立教师终身教育思想。[3]

韩国各师范大学和教育大学的教师培养目标虽然语言描述与表达方式不一样，但是与《教育法》的基本内容与精神还是一致的。

韩国的《高等教育法》第 41-46 条规定了韩国的教师培养机构及其目标。韩国中小学教师的培养分为小学教师培养和中学教师培养。教育大学是以培养小学教师为目的，师范大学是以培养中学教师为主要目的。在上述教师培养目标指导之下，各教师教育机构建立了具体的教师培养目标。

按照韩国《教育法》第 108 条规定的精神，韩国师范大学的教师培养目标是培养坚定国家建设信念的优秀中学教师。韩国教育大学的培养目标是在大韩民国的教育理念下培养具备教师能力，致力于国家与社会

1 http://www.21stcentury.com.cn/story/47005.html.
2【韩】姜焕国（1995）《教师教育论》。首尔：教学研究社，第 180 页。
　【韩】金英宇（2001）《教师的资质与教师教育改革的方向》。首尔：夏雨出版社，第 155 页。
3【韩】尹正日、宋基昌、赵东燮等（音译）（2002）《韩国教育政策的焦点》。首尔：教育科学社，第 176 页。

发展的，有资质、有思想、有创造力的小学教师。

目前，韩国教师的培养模式大体上出现了三种不同类型的模式，即"定向型"或"封闭式"、"非定向型"或"开放式"和"混合型"三种。所谓"定向型"教师教育模式，是指独立设置师范院校，由师范院校定向培养各级各类教师。譬如，韩国教育大学是专门培养小学教师的目的性学校，就叫定向型模式；"非定向型"是指不单独设置师范院校，教师的培养任务由各类综合性大学承担，譬如韩国中学教师的培养机构是师范大学、普通大学的师范学院、教育研究生院、普通大学的教职课程等有很多机构，简称"非定向型"或"开放式"；还有一种是"混合型"，就是指独立设置师范院校，同时在其他各类院校中设置师资培训机构的教师培养模式。

现在韩国的教师培养模式就是"混合型"的。因为韩国小学教育是义务教育，所以国家需要一定程度的控制，因此采用定向型模式。中学教育是脱离国家统一的培养方式，愿意培养具备多样价值观和全面素质的中学教师。因此坚持开放式的教师教育模式，即归属于封闭式和开放式两种模式都存在的"混合型"。

因为韩国所有的外语教师都是在国内教育大学、师范大学或其他大学教育系中的外语教育学院或外语专业接受教育的。所以韩国关于外语教师的培养目标和培养模式同韩国总体的教师培养情况大体一致。所以，从韩国总体的教师教育培养情况中我们可以从侧面了解韩国外语教师的培养情况。韩国对教师的培养主要分为职前教育和在职教育。

职前教育是对未来的教师要具备的能力的培养并提供给他们的教育，按照教师要履行什么任务和需要什么能力来决定要学什么和学到什么程度。[1]

韩国的中小学教师职前教育机构包括正规学校和非正规学校这两种模式。正规学校模式又分为师范类和非师范类两种。师范类包含教育大学、师范大学和大学里的教育系。非师范类包含教育研究生院、普通大学的教职课程、专科学校和国家制定培养工农商海方面教师的学校。非正规学校模式又包括大学附设的临时教员养成所、国家考试和推荐检定。但是现在几乎没有非正规学校培养的教师，大部分都是经过正规学校培养的。

其中培养小学教师是以教育大学为主的目的性培养体制，培养中学

---

1 金铁洙（2006）中韩两国教师教育比较研究（博士学位论文）。长春：东北师范大学。

教师是以师范大学、普通大学的教职课程和普通大学的师范学院为主的混合型培养体制。韩国有 13 所国立和 28 所私立的师范大学，每年培养大约 10,000 名教师，一般普通院校的教育系也承担一部分教师培养计划。教育研究学院则主要负责进行高级中学教师的培养，教育研究学院一年大约培养 2,300 名毕业生。目前，韩国 132 所教育学院的大约 2,735 个系，每年大约可以培养 13,000 名教师。[1] 因为韩国没有国家规定的具体的大学教育课程体系，所以教育部建议各大学根据自身情况自主建立教育课程体系。教育部只下达教育课程体系所要遵循的主要原则：保障师范大学的独特性；反映学校现场教育的要求；培养具有适应世界化和信息化发展等资质的教师。教育部让各大学以上述原则为基础建立自己的教育课程体系。韩国培养教师机构的教育课程是根据《教育法》第 119 条来设置的，课程内容由教养、教职、专业教育课程 3 个方面构成。其中，教养科目和专业科目都分为必修课和选修课（从 1989 年废止教养课程的必修课后，大学可以自主地设置教养课程），而专业课程领域中的学生可选修第二专业。一般教养科目的学分应占总学分的 30%，它应包括人文科学、社会科学、自然科学等系列的科目。3 个科目应有均衡的设置。

各大学在参照上述原则的基础上，都开设了具有自身特色的教育课程。负责培养中学教师机构的教育课程大致分为师范大学的教育课程和普通大学的教育课程。跟教育大学相比，培养中学教师机构的教育课程有多样的差异。但是培养中学教师机构的教育课程也大致分为教养课程、专业课程、教职课程和一般选修课 4 个部分。教养课程和专业课程都有必修课与选修课。专业课程包括教育学、学科内容学、学科教育学和教育实习。毕业需要的学分大多为 130-140 学分以上，应通过教育实习、毕业论文和毕业考试方可毕业。

韩国师范大学将英语教师培养的重点都放在了英语知识和英美文化上，与英语教学专业培训和英语教师的外语技能培训相关的课程所占的比例不大。1992 年只在部分大学开设了英语教育研究与指导、英语教育论、教育教材论、英语评价、英语教学法、英语会话和写作等课程。但到了 2003 年，在此基础上增加了英美文化教育论、媒体英语教育、英语语法指导、英语教学法等教学专业课程以及初中高级英语会话、写作和时事英语、英语阅读等技能课。与 10 年前相比变化较大的是增加了文化

1　韩国教育人力资源部网 Education in Korea. Chapter 6: Teacher Education and Teachers' Organizations. Secondary school teachers. (EB/OL) 见 http://www.moe.go.kr/en. 2004-08-20.

和媒体技术相关的课程，减少了评价相关的课程，而且更加强调实用英语和专业英语。2003 年已有 40 多所大学开设了英语听力课程，还有一些学校准备开设"教室英语"等相关课程。

　　主要负责培养小学教师的教育大学的教育课程也分为教养课程和专业课程。教养课程和专业课程都可分为必修课和选修课。专业课程包括教育学、学科活动和特别活动、深化课程、教育实习。毕业需要的学分大部分是 140-150 学分以上。应通过教育实习、毕业论文和毕业考试才允许毕业。[1]

　　教育大学的学制为脱产、夜大、假期函授三种。全日制招收高中及相当于高中学历并经高考和面试合格者，而夜间制和季节制招收小学校在职教师。他们毕业以后可以拿到研究生的学历。韩国培养小学教师的主要通道是各道所在的 11 所韩国教育大学校。各教育大学开设生活英语、新闻英语、教学英语等教养英语课程来提高职前小学英语教师的英语实用能力，英语教学理论、英语教学法相关的科目被设为专业必修课程，学分为 4~6 分，而且学校要求学生除学习教养课程和专业课程之外还需修深化课程，如英语实用能力、英语教学理论、英语教学法、英语学、英美文学、英美文化等。[2]

　　韩国学界认为教师是教书育人的神圣职业，只凭 4 年本科学业远远达不到提高人格素养和教师适应性的要求。只有在实践中不断学习、锻炼和积累，才能逐渐适应社会的需求。因此，韩国政府在注重职前教育的同时也没有忽视教师的在职教育。

　　韩国教师的在职教育是对已经取得教师资格的中小学教师，进行以提高教育教学能力为主要目标的义务性培训以及为了教师的专业能力的培养和教师的一般素质的提高，有自发性或者义务性实施的所有的教育培训活动。[3] 韩国在职教育是教师的义务，也是权利。韩国《教育基本法》第 14 条第 2 项规定：教员应努力提高自身的品位和素质。也在《教育公务员法》第 37-38 条规定：政府应提供给教育公务员的再教育和均等的进修机会，教育公务员也为了履行其职务，教师要不断地努力研究和修

1 【韩】郑泰范（2002）《教员教育方向与课题》。首尔：养书院，第 169-170 页。
2 【韩】权五良（2006）《中小学英语教育方案的构思 - 通过 10 年小学英语教育成果分析》，教育人力资源部。(권오량. 초등 영어교육 10년의 성과 분석을 통한 초·중등 영어교육 활성화 방안 모색, 교육인적자원부, 2006)
3 【韩】金基泰、曹平虎（音译）（2003）《未来志向的教师论》。首尔：教育科学社，第 225 页。

养自己。[1] 教员进修根据《对于教员进修的规定》（91.2.1 总统令第 13282 号）、《对于教员进修有关的规定实行规则》（93.1.26 总统令第 686 号）和《地方教育自治相关的法律》（91.12.31）第 41 条规定建立的各种进修机关实施教员进修。[2]

教师的在职教育目标是为了适应社会的变化，经过继续教育，学习教育现场需要的知识和技术，提高教师的专业性的水平。韩国的在职进修机关是初等教育进修院、中等教育进修院、教育行政进修院、综合教育进修院、市·道教育进修院、远程教育进修院、特殊进修机关、国家专门行政进修院（教育行政进修部）等 8 所。韩国外语教师的在职教育以政府制定的在职教育总体目标为基础，结合外语教师和学生的要求，制定具体的教师在职教育培养方案。[3]

2006 年，韩国政府出台了"英语教学革新方案"，"方案"中指出，韩国教育与人力资源部准备实施从 2010 年开始每年培训 1,000 名，到 2015 年培训 1 万名在职英语教师回炉接受强化训练的再教育培训计划[4]。

韩国外语教师须毕业于政府和法律给予培训资格的机构或大学，并获得教师资格证书。获得外语教师资格的途径可分为以下几种：

（1）国家、地方及私立师范大学里修满外语专业课程，并获得教师任用考试合格证书；

（2）非师范类大学外语专业毕业，修满教师资格课程，并获得教师任用考试合格证书；

（3）四年制大学毕业以后，在教育大学院学习外语教育专业，修满教师资格课程，并获得教师任用考试合格证书；

（4）四年制大学教育学专业毕业，辅修外语专业或外语教育专业，并获得教师任用考试合格证书；

（5）高中以上学历者，在教师资格课程考试中合格者，并获得教师任用考试合格证书；

（6）在教师培训机构中，修满教师资格课程，并获得教师任用考试合格证书。

以上途径中选择率比较高的是 3）和 4），也就是说韩国的大部分外

1　【韩】安昌宪（音译）（2001）《教师论》。首尔：教育科学社，第 395 页。

2　【韩】金英宇（2001）《教师的资质与教师教育改革的方向》。首尔：夏雨出版社，第 233 页。

3　【韩】田秉万等（2006）《中小学英语教育现状分析》，教育人力资源部政策研究课题（2006-issue-4）。

4　李水山（2007）新时期韩国教育的重大改革与社会反映，《职业技术教育》，第 19 期第 80 页。

语教师毕业于外语专业或辅修外语专业后参加教师资格考试的。师范大学发放的英语教师资格证书所占的比例最大（47%），其次是通过修满教师资格课程而发放的英语教师资格证书，比例为40%。

近20年来，韩国教师的任用标准有重大的转变，尤其是教师学历的要求越来越高。1981年开始，基础学校教师学历要求从原先的2年制初级学院毕业到现在的4年制大学学士学位；1985年开始，韩国的教师学院改革教师教育制度和课程安排，为不具备学历要求的在职教师举办暑期班和夜校班，提供学历达标教育。[1]

目前，韩国的英语教师任用标准[2]（韩国英语教育学会，2008）如下：

（1）英语使用能力（English Language User）：英语教师应具有英语使用能力

（2）授课能力（Learning Manager）：英语教师应具有有效进行英语教学的能力

（3）专业知识1.（English Teacher/ Curriculum Specialist）：英语教师应具有有关英语教育的专业知识

（4）专业知识2.（Language Analyst）：英语教师应具有有关英语的专业知识

（5）教师教育（ELT Professional）：英语教师应具有教育使命感，为提高英语教师的专业素质不断努力奋斗。

而在第七次教育改革对外语教师提出了如下具体的要求：

据韩国《中央日报》报道，为了扩充韩国公立中小学外籍英语教师队伍，韩国司法部和教育科学技术部近日宣布，凡获得英语相关专业大学学位及教师资格证书的印度籍教师将有资格在韩任教。目前，韩国司法部正在与印度政府就一些相关事宜进行官方谈判。

根据韩国政府2008年11月进行的统计，韩国公立中小学目前共有4,332名英语外教。这些外教均来自以英语为母语的国家，包括美国、英国、加拿大、澳大利亚、爱尔兰、新西兰和南非，其中美国外教1,812名，加拿大外教1,295名。此外，所有外教均具有本科以上学历。

韩国司法部官员表示，印度籍外教的加入将满足农村学校对外教的需求。根据计划，韩国将聘请1,050名印度外教。小学及初中外教于

---

1 Song, K. Y. (2000) The improvement of teacher certification and employment. *Seoul: The Korean Society of Educational Administration*. pp. 23-42.

2 【韩】金振万（200?）英语教育政策方向：中级英语教师的培养及任用。(김진완 . 영어교육 정책의 방향 : 중등 영어교사 양성 및 임용)

2009 年到岗，高中外教于 2010 年到岗。印度外教的加入意味着除了以英语为母语的人士外，以英语为官方语言国家的教师也可在韩国教授英语。

除了扩充外教队伍外，韩国政府还将从 2009 年起对申请英语教师职位的外籍人士进行英语论文写作和英语教学法考试。

以上是韩国外语教师的现状研究。从中不难发现，韩国一方面建立了完备的教师培养体系，从职前教育到在职教育，形成了教师培养的一体化体系，努力促进教师向专业化发展，使教师树立了终身教育理念；另一方面又加强对本国外语教师和外籍教师的管理，制定了严格的教师资格证书发放制度和教师任用制度，保障了教师队伍的高素质和高水平发展。

3）外语教材建设

随着韩国教育管理体制和课程改革的进一步推进，教材制度也不断从封闭、单一走向开放、民主和多样化。[1] 目前韩国国内教材主要分为三类：国定教材，检定教材和认定教材。国定教材（1 类教材），其编写、选用、出版发行、价格规定几乎全部由国家教育人力资源部控制。检定教材（2 类教材）和认定教材（3 类教材），教育部控制的范围较少、程度较弱，一般由民间编写，只要经过教育部和地方教育部门的检定和认定或审查就可以出版发行和被学校选用。韩国对三种不同类型的教材，采取不同的选用方式。如果某学科有国定教材，那么必须选用国定教材。在没有国定教材的情况下，则选用检定教材。[2]

一般而言，在教材选用中，首先地方教育机关向辖区内的每所学校提供当年选用教材所必需的有关教材的编写、内容、特色、优缺点等资料，并对学校选用教材提供指导、建议、帮助。然后，教师、家长、学生等人组成学校教材运营（选用）委员会，根据本校教师"教"与学生"学"的实际情况，对各种不同版本的备选教材进行审议，并提出审议报告，供学校负责人参考。最后，学校根据运营委员会的教材选用审议报告，自主选择适合本校师生实际情况的教材。[3]

为了确保教材的质量，每门学科都设立了强大的教材研发机构。研究人员人数不断增加，由以前的 5 名左右增加到现在的 10 名左右，有的

---

1 曲恒昌（1998）韩国中小学教学用书制度的现状与改革，《比较研究》第 5 期第 49-52 页。

2 王向红、康长运（2007）开放、民主、多样化：韩国教科书制度新走向，《比较教育研究》，第 10 期。

3 Ministry of Government Legislation《教科用图书的有关规定》总统令第 18429 号，[EB/OL]. www.moleg.kr.2004-6-29.

学科的研发人员甚至多达 20 名左右。人员知识结构不断从单一性走向多样化，有的具有课程改革的经验和实绩，有的具有教材研究开发的经验和实绩，有的具有学科教育的研究实绩和促进能力，有的具有教材开发意识、信念、管理和调整能力，有的获得与该学科教育相关学会的信赖和证书，有的具有丰富的现场教育经验；有的具有该教科书改善和持续推进的能力，有的具有与教育部教科书编写负责人进行协调的能力，有的是学科专业出身并获得博士学位的专家，等等。[1] 研发人员的多样化，有利于调动他们的积极性和创造性，编写高质量的教科书。尤其值得关注的是，教材编写向广大现场教师开放，不再成为专家学者的特权和专利。现场教师作为教材的使用者之一，参与教材编写，能更好地在教材编写中反映他们丰富的经验和相关的教育教学反思，提高教材的质量。[2]

　　根据韩国教育科技技术部颁布的第 2009-4 号公告，小学、初中、高中各科教材分为国定、检定、认定三类。小学教学课程相关的教材有：国定教材（包括教科书和辅导书）——生活训练（12 本）、智力生活（8 本）、娱乐生活（8 本）、韩国语（42 本）、道德（18 本）、社会（22 本）、数学（36 本）、科学（24 本）、体育（4 本）、音乐（4 本）、美术（2 本）；检定教材（包括教科书和辅导书）——实用艺术（4 本）、英语（4 本）、体育（4 本）、音乐（4 本）、美术（2 本）。还有小学特别活动相关的辅导书 5 本。

　　初中教学课程相关的教材有：检定教材（教科书）——韩国语（12 本）、道德（3 本）、社会（6 本）、数学（6 本）、科学（3 本）、技术·家政（3 本）、体育（3 本）、音乐（3 本）、美术（1 本）、英语（6 本）；认定教材（辅导书）——数学（3 本）、科学（3 本）、实用艺术（3 本）、体育（3 本）、音乐（3 本）、美术（1 本）、英语（3 本）。与可选择活动相关的教材有：国定教材（教科书）——生活外国语（5 本 + CD5 种）；检定教材（教科书）——汉文（3 本）、信息（3 本）、环境（1 本）、保健（1 本）、生活外国语（含 CD）（2 本）；认定教材（辅导书）——生活外国语（2 本）。

　　高中的教材根据普通课程与专业课程分为两大类。高中普通课程中使用的教材有：国定教材（教科书）——外国语（2 本 + CD2 种）、教养

---

1 韩国教育部（2003）1 类图书编写企画，转引自教育部北京师范大学课程研究中心课程与教科书研究室，教科书编写资料汇编。北京：教育部北京师范大学课程研究中心，第 107 页。

2 王向红、康长运（2007）开放、民主、多样化：韩国教科书制度新走向，《比较教育研究》，第 10 期。

（1本）；检定教材（教科书）——韩国语（9本）、道德（4本）、社会（14本）、数学（14本）、科学（9本）、实用艺术（7本）、体育（4本）、音乐（3本）、美术（4本）、外国语（18本）、汉文（2本）、教养（1本）；认定教材（辅导书）——数学（1本）、科学（1本）、技术·家政（1本）、体育（1本）、音乐（1本）、美术（1本）、外国语（教科书2本、辅导书1本）。

高中专业课程使用的教材有：国定教材（教科书）——农产业类（34本）、工业类（104本）、商业·信息类（4本）、水产·海运类（34本）、家私·实业类（28本）、体育类（5本）、外国语类（40本）；检定教材（教科书）——工业类（3本）、商业·信息（11本）；认定教材（教科书）——工业类（5本）、商业·信息类（15本）、水产·海运类（1本）、家私·实业类（5本）、科学类（15本）、体育类（18本）、艺术类（35本）、外国语类（32本）、国际（25本）。[1]

2005年初高中英语教材与小学的国定教材不同，属检定教材，而且中学的教材与小学相比更加丰富，种类繁多。初中英语教材有15种；高中英语教材有高中英语、高中英语Ⅰ与Ⅱ、高中英语会话、高中英语阅读、高中英语作文等5类，高中英语有15种，高中英语Ⅰ与Ⅱ有10种、高中英语会话有8种、高中英语阅读有7种、高中英语作文有2种。高中阶段的英语教材分为5类，是根据高中阶段所开设的课程——英语、实用英语会话、深化英语会话、英语阅读与写作、深化英语阅读与写作而进行分类的。值得注意的是，与小学英语参编人员相比中学阶段有了外籍参编人员的参与，教授的比重大于教师，参编人员中将近一半的人数毕业于英语教育专业。[2]

表8是教育科学技术部在2009年1月21日发布的小学、初中、高中三个阶段外语课程教学用国、检、认定图书修订公告。

1【韩】田秉万等（2006）《中小学英语教育现状分析》教育人力资源部政策研究课题（2006-issue-4）。(전병만 외, 초·중등 영어교육 현황분석, 교육인적자원부, 2006)
2 同上。

表8 外语课程教学用图书（2009 年）

		国定教材	检定教材	认定教材
小 学	外国语（英语）		○教科书：英语 3.4.5.6【4 本】 ○学生用电子图（CD）：4 种 ○辅导书：英语 3.4.5.6【4 本】	
初 中	外国语（英语）		○教科书（含 CD）：英语 1.2.3 英语学习活动册 1.2.3 【6 本】	○辅导书：英语 1.2.3【3 本】
	生活外国语	○教科书：生活德语 / 生活法语 / 生活西班牙语 / 生活俄语 / 生活阿拉伯语【5 本】 ○学生用听力材料（CD）5 种	○教科书（含 CD）：生活汉语 / 生活日本语【2 本】	○辅导书：生活汉语 / 生活日本语【2 本】
高 中	普通课程 外国语	○教科书：阿拉伯语 I / 俄语 I【2 本】 ○学生用听力材料（CD）2 种	○教科书（含 CD）： * 下划线的图书没有 CD 英语 / 英语学习活动册 / 英语 I / 英语 II / 使用英语会话 / 深化英语会话 / 英语阅读与作文 / 深化英语阅读与作文 / 德语 I / 德语 II / 法语 I / 法语 II / 西班牙语 I / 西班牙语 II / 汉语 I / 汉语 II / 日本语 I / 日本语 II 【18 本】	○教科书：阿拉伯语 II / 俄语 II【2 本】 ○辅导书：英语 【1 本】

（待续）

（续上表）

			国定教材	检定教材	认定教材
专业课程	外国语		○教科书：深化英语 / 英语听力 / 英语会话 I/ 英语阅读 / 英语圈文化 I/ 基础德语 / 德语听力 / 德语会话 I/ 德语阅读 / 德语圈文化 I/ 基础法语 / 法语听力 / 法语会话 I/ 法语阅读 / 法语圈文化 I/ 法语语法 / 基础西班牙语 / 西班牙语听力 / 西班牙语会话 I/ 西班牙语阅读 / 西班牙语圈文化 I/ 基础汉语 / 汉语听力 / 汉语会话 I/ 汉语阅读 / 中国文化 I/ 基础日本语 / 日本语听力 / 日本语会话 I/ 日本语阅读 / 日本文化 I/ 基础俄语 / 俄语听力 / 俄语会话 I/ 俄语阅读 / 俄国文化 I/ 基础阿拉伯语 / 阿拉伯语听力 / 阿拉伯语会话 I/ 阿拉伯语阅读 / 阿拉伯文化 I/【40 本】		○教科书：英语会话 II/ 英语作文 / 英语圈文化 II/ 英语语法 / 德语会话 II/ 德语作文 / 德语圈文化 II// 德语语法 / 法语会话 II/ 法语作文 / 法语圈文化 II/ 西班牙语会话 II/ 西班牙语作文 / 西班牙语圈文化 II/ 西班牙语语法 / 汉语会话 II/ 汉语作文 / 中国文化 II/ 汉语语法 / 日本语会话 II/ 日本语作文 / 日本文化 II/ 日本语语法 / 俄语会话 II/ 俄语作文 / 俄国文化 II/ 俄语语法 / 阿拉伯语会话 II/ 阿拉伯语作文 / 阿拉伯文化 II/ 阿拉伯语法【32 本】

资料来源：教育科学技术部公告：小学、初中、高中三个阶段外语课程教学用国、检、认定图书修订公告（2009.1.21），http://www.mest.go.kr/me_kor/teacher/teacher1/index.html.

4）评价体系

韩国作为 IT 技术发展迅速的国家之一，为确保高新技术的领先地位，必须强化教育目标和管理方式的评价体系，建立学生学习能力评价体系，并试行教师评价制度，以此作为提高教育质量的重要衡量标准。

在 1998 年之前，中央教育研究所、韩国教育开发院、行为科学研究院、国立教育评价院等部门对全国学生进行了学业成就评价。但这时期的评价是"各自为政"，没有统一的评价标准，所以评价领域、对象、结果及报告方式等方面缺乏一致性，没有明确评价的最终目标，很难看出教育目标的达到与否以及年度变化趋向，横向比较也很困难。

为了避免这些弊端，韩国建立了系统的评价体制，在全国范围内进行了"全国学业成就评价"。在之后的时间里，国家不断完善评价体系，尤其在 2003 年，确立了能够实现评价尺度化、检查一致化的方案，并开发了一系列软件来观察全国教育成就年变化趋势。[1]

表 9 是从 1998 以来一直采用的学业成就评价设计。从表中可以看出，全国范围内的学业成就评价只是对一部分学生进行，小学一至五年级、初中一二年级，还有高中二三年级并没有参加评价活动，而且参加学业成就评价的学生是在一定比例中任意抽取，评价领域也有限，只对语文、数学、科学、社会、英语五个科目进行了学业成就评价。这种评价方案不利于全面了解全国学生的基础学习能力，而且得出来的数据也缺乏说服力。

表 9 国家学业成就评价设计[2]

学校	对象	评价领域	评价范围	执行时间
小学	六年级	语文、数学、科学、社会、英语	小学四年级至六年级全部课程	每年 10 月份的第三周两天
中学	三年级	语文、数学、科学、社会、英语	中学三年级全部课程	
高中	一年级	语文、数学、科学、社会、英语	高中一年级全部课程	

因此，为了全面提高学校教学质量，培养具有创新能力的学生，李明博政府宣布从 2008 年下半学年开始，每年 10 月份在全国范围内以学校为单位对小学、初中、高中学生开展学业成就评价，全面了解各学校学生考试中基础学习能力未达标的学生比率、往年考试对比考核结果升降的程度、各个科目学生的成绩水平等，评价结果将以学校为单位进行

1 金美静等（2007）2006 年国家学业成就评价研究 - 英语，RRE。(김미경 외 (2007) 2006 년 국가수준 학업성취도 평가 연구 - 영어 - 연구보고 RRE 2007-3-6)
2 同上。

公开。公开全国范围内开展的学生学习能力评价结果，将使各学校间的差距完全公开化，进而按照"市场竞争"原则引入全面竞争，以激励校长和教师改善教育教学方法，提高教育教学水平。[1] 这是李明博政府倡导的恢复"学校等级制"的最直接表现。

韩国政府除了对学生进行了评价制度之外，为了提高教师教育机构的办学质量，促进教师教育机构间的竞争，对教师也进行了一系列评价制度，以此来实现各教育机构不断自我完善。

现行韩国教师评价制度与教师的晋升有密切的关系。按照韩国的《中小学教育法》、《高等教育法》与《教育公务员法》所规定的教师资格和资格标准，教师的资格因学校类别和学科的特点的不同而有所不同，但一般来说，在幼儿园、小学与特殊学校等各级各类学校，普通学科的教师分为一级正教师和二级正教师。大部分的晋升是从二级正教师晋升到一级正教师，再晋升到校监，然后是校长。目前，对中小学教师的评价每年在年末进行一次。

从评价的目的和功能来看，虽然没有关于教师评价的具体规定，但是在《教育公务员晋升规定》里可以找到一些间接的规定。《教育公务员晋升规定》的第 1 条和第 27 条规定，教师评价主要用于两个方面：一是保证教师在人事行政方面的晋升和任用达到公正，二是作为晋升、调动、奖励等人事管理的参考标准。这些规定只是与教师评价相关的一些规定，强调评价的公正性和活用教员的晋升、调动和奖惩的根据资料并不是为了直接提高教师的专业化水平而制定的。[2]

根据教育改革委员会 1996 年提出的建议，教育部与韩国教育发展研究所合作推出了一整套面对全国教师培养机构的国家评估制度。要求从 1998 年开始，每所教师培养机构均要每 3~5 年接受一次政府成立的评估委员会的评估。为了继续巩固和完善这一评估制度，《教师职业发展综合方案（试行）》中提出：为了保证教师教育质量，要对教师教育机构进行周期性的评估，并设立专门的评估机构。[3] 具体如下：

（1）建立或将已有的机构（如，韩国教育开发院）扩大改编为管理教师教育机构的公平且透明的评估机构。

（2）评估机构由教育专家及评价专家等组成，履行指定评估制度的

1 http://gb.cri.cn/14558/2007/07/27/2685@1695199_1.htm.

2 金铁洙（2006）中韩两国教师教育比较研究（博士学位论文）。长春：东北师范大学。

3 张淼、张鑫（2005）韩国教师教育的新发展及其启示，《教育科学》，第 1 期。

基本计划、评价标准及指标，构建全国教师教育机构联合网等职能。

（3）评估机构对所有教师教育机构进行周期性评价，对未达到一定水平的机构，采取警告、撤销资格等措施。政府采取适当补偿，减少定员等行政、财政制裁等方案。

（4）为此，定于2000年制定教师教育机构的评估法律或修订相关法律，力图使这种评估制度更加稳定而可信，并于2001年设立评估机构，对教师教育机构实行评估制度。

在评价的内容与标准方面，教师（校监）的工作成绩的评定包括教师素质、工作态度、工作的实际表现、完成工作的能力等几个方面。教师工作成绩评定的每个方面都分为优、良、中、差四个等级，评定的分配比例如下：优20%，良30%，中40%，差10%。工作成绩评定之所以重要，是因为工作经历或研修成绩都是客观的，只有在教师工作成绩评定上，校长和校监才能发挥其决定权。

韩国外语教育的评价制度主要围绕第一外语——英语教育的评价进行。英语教育的评价是2000年在教育人力资源部的要求下，与社会和数学课程一起追加确定对学生的标准，评价标准，评价项目，事实预测评价。

2006年韩国英语教育课程的学习能力评价是按照第七次教育改革中的评价领域和课程内容，并以问卷和成绩达标相结合的形式进行调查。[1]

2006年之前全国范围内的英语学业成就评价标准如下：

（1）系统科学地诊断小学、中学、高中学生的学业成就水平，掌握教育教学成就变化趋向。在国家范围内进行结果分析，为制定提高学校英语教育质量的政策和制度提供参考资料。

（2）诊断小学、中学、高中学生的学业成就水平是否达到国家英语课程教学目标，使学生个人了解自己是否达到成就水平，也为国家教育课程的改革和发展提供具体参考数据。

（3）通过评价标准和方法的研究，把最新而正确的评价方法应用到英语教育课程领域。特别是提倡一线学校评价方法的研究和实践，进而促进英语教育的正确发展。

（4）通过影响教育成就的背景因素和项目的分析与开发，为教学与学习的改善、教学和指导领域的建立提供基础资料。

---

1 金美静等（2007）2006年国家学业成就评价研究——英语，RRE。(김미경 외 (2007) 2006 년 국가수준 학업성취도 평가 연구 - 영어 - 연구보고 RRE 2007-3-6)

2006年全国范围内的英语学习能力评价标准如下：

（1）就日常生活和一般话题进行流畅地交流。

（2）正确而流畅应用语言的能力。

（3）理解国外各种信息及其应用的能力。

（4）符合小学、中学、高中学生的英语学业成就变化趋向。

2006年英语学习能力评价内容是依照第七次教育改革中明示的英语教育目标、交际能力提高为参照，把评价领域分为听、说、读、写等四个语言能力领域来进行的。

（1）听解能力包括：音韵、音节、词汇等的区分能力；从活动到对话，谈话的信息及信息的筛选；摘要及大概推论能力等不同因素进行评价。

（2）口语能力包括：语言技能和术语技能（应用学问语言能力）；在日常生活的交际过程中掌握和传达对话意思及听对话或谈话之后的表达能力；问答能力；对话能力等进行评价。

（3）阅读能力包括：自下而上（bottom-up process），自上而下（top-down process），交互作用（interactive process）等三种过程的评价。

（4）写作能力包括语言的正确使用能力；语言知识结构的逻辑性、适当性及掌握文章结构的能力。

2. 校外外语教育

课外补习，亦称私人辅导教学（private tutoring），是指中小学生在接受学校教育之外，私自参加的针对其文化课或艺术方面进行的辅导、补习，其主要形式有：家教（包括有偿家教）和补习班等，因补习内容基本上类似于学校课程，故而又被称为"影子教育（shadow education）"。[1]韩国人习惯把他们的社会称作"学历社会"，把他们对教育的热情称作"教育热"，"学历社会"和"教育热"可以说是韩国社会的代名词。在韩国，私立课外外语辅导班比比皆是，层出不穷，主要分为以下几种类型：

1）家庭教师（主要来源于在职学校教师、大学生和离退休教师等）及专职的注册辅导员（区别于学校教师，专职的"补习教师"），在学生家里对一名或多名学生进行辅导，我国对此约定俗成地称之为"家教"，如果家庭教师是在职学校教师，则名之曰"有偿家教"；

1　Bray, Mark (1999) *The Shadow Education System: Private Tutoring and Its Implication for Planners*. Paris: International Institute for Educational Planning.

2）营利性质的私塾（hakwon）提供的补习。私塾的设立须经政府审批备案，其辅导员资格、收费项目和标准、教室的规格和安全指标等都要经过教育部门的严格审查。在这一点上，其与日本的私塾（juku）有所不同：日本政府将私塾定位为小型企业，教育部门并不对其进行监管，与日本私塾"企业"比较起来，韩国私塾更像是学校。私塾唯一的入学条件就是学生父母的费用支付能力；

3）通过信件、电视、电话和互联网等通信方式进行的补习，是近年来逐渐兴起的补习新形式。相对来讲，"家教"最昂贵，私塾最广泛，而通信方式的补习最实惠。[1]对需求方面说，研究显示课外补习对韩国家庭来说是"生活必需品"，家庭的社会经济背景对补习的选择无显著影响，但对家庭选择的补习形式有较大影响，比如富裕家庭较之普通家庭更倾向于选择"量身定做"的一对一或小规模的补习服务。另一项调查显示，韩国87.6%学生和87.2%的父母认为补习在增强考试竞争力方面非常有效或有效。[2]

据韩国教育部网站公布，韩国的小学、初中、高中生的80%正在接受与英语相关的私教育。从各级学校的情况看，小学生占84.6%、初中生占88.4%、高中生占64.9%，初中生所占比率最大。英语课外教育费支出达到年均248万韩元，月均20万韩元。据调查，去年一年间中小学生的私教育总投入为20万9095亿韩元，其中英语占了32.8%，为6万8513亿韩元。以科目类别计算，英语的月平均私教育费用为7万6千韩元位居第一，比数学多了1万4千韩元。特别是初中生的英语月平均私教育费为8万2千韩元，比高中生的6万2千韩元高出了很多。

不仅中小学生如此投入英语学习，一些上班族和家庭主妇们也一样利用时间往返于辅导班或者大学里的平生教育院。有统计说，韩国国民2008年花在补习英语上的费用达156亿美元，占教育总预算的（38.7万亿韩元）的40%。在韩国，教育部预算每年达31万亿韩元，而英语课外辅导费却超过10万亿韩元，可谓是一个畸形发展。

但是，韩国的英语能力还落后于新加坡、中国香港等国家和地区。瑞士洛桑国际管理发展学院（IMD）去年进行的调查显示，被评为外语

---

1 Sunwoong, Kim (2004) *Demand for Education and Developmental State: Private Tutoring in South Korea* [EB/OL]. http://www.rrojasdatabank.info/devstate/southkoreal.pdf.

2 Kwak, Byong-Sun (2004) *Struggle against Private Lessons in Korean Education Context*. Paper presented at the 28th annual conference of the Pacific Circle Consortium. Hong Kong Institute of Education (4): 21-23.

运用能力世界第一的卢森堡去年的人均 GDP 达 102,284 美元，名列世界首位。外语能力分列 2 至 9 位的丹麦、瑞士、爱尔兰、新加坡、瑞典、荷兰、比利时、挪威的 GDP 也在 3.4 万 ~7.9 万美元，名列上游。韩国的外语运用能力列 44 位，人均 GDP 为 19,624 美元。

在 2004 年至 2005 年的英语托福考试中，韩国考生的成绩在世界 147 个国家中仅排在第 93 位。自前年 9 月托福考试取消语法考试、增加口语考试以后，排名甚至跌至第 111 位。只看口语考试一项，韩国排在第 134 位，几乎可以说是垫底。一个每年仅在英语教育方面就投入 15 万亿韩元（2006 年三星经济研究所报告统计）的国家的英语实力竟是如此。

韩国公立学校中的外语教育不能满足国民的要求，国民的外语水平提高缓慢，所以大部分人将目光投向了私立的课外外语辅导班。如此多的学生和家长选择私立外语教育，其原因主要有以下几点：

（1）韩国政府于 1974 年实施的"平准化教育"虽然为消除教育的地区、学校和学生个体差异起到了积极的作用，但是也带来了毕业率和学业成绩缺少关联，正规学校缺少压力和动力，进而引发学生学习能力下降，教育竞争力下滑等问题。

（2）此外，虽然教育内部缓解了竞争和压力，但是韩国整个社会注重学历、教育背景与就业和收入密切相关的文化和制度却并未作出相应的改变。鉴于这种社会氛围，虽然韩国的高等教育入学率已高达 80%，但是学生和家长的目光仍主要集中在最好的几所大学，竞争激烈程度并未缓解。望子成龙的家长不得不寄希望于私立课外辅导机构，为孩子补充课堂上学不到的内容，甚至出现了想进入理想的大学，就必须参加额外辅导的潜规则。

（3）家长认为，课外辅导能促使孩子预习课本知识，比起整齐划一、单向的公共教育课堂教学，这种"私教育"以更广泛、多元、灵活的角度和方法，解析各种问题，使学生容易理解；课外辅导能激发学生求学、赶超好学生的欲望；比一个班 30 多人的学校班级辅导，课外辅导班拥有学生少、老师多、可以及时发现和纠正学生的缺陷和错误、强化学生个别指导、因材施教、有效提高学生学习成绩等优势。

除了各种辅导班之外，韩国也在大力兴建"英语村"、外语高中和国际学校等。李明博总统上台后，韩国政府则开始逐渐推行在中小学用英语授课，并且全方位培养和引进外籍英语老师，以至于一些人主张干脆将英语列为韩国第二官方语言。

外籍教师正式进入韩国外语补习班是在 1983 年 9 月。当时的 SISA

英语公司（现 YBM 语言学院）开始全部由外教讲授英语口语，但当时的教师只有七人。2007 年 7 月，YBM 语言学院拥有 498 名英语外教，是当年的 70 倍多。那时的外教口语课也是热到了窗口人满为患的程度。以后，随着英语热潮席卷全国，赴韩外教人数也急速增加。

据出入境管理所统计，来自英语国家（美国、加拿大、英国、澳大利亚、新西兰、爱尔兰、南非），持有专为滞留韩国的口语外教颁发的 E-2 签证的教师达 13,333 人（以 2006 年为基准）。早在 1999 年，这个数字仅为是 3,512 名，但在短短的 7 年内该数字竟增长了 3 倍多。如果加上持旅游签证入境的非法授课的外国人，这个数字会更加庞大。韩国外教招聘协会（KFTRA）推测，在韩国工作的外教可达 2~3 万人。要获得 E-2 签证必须要有学士以上学位，才可以在外语学校、小学以上的教育机构及附属语言研究所指导外语口语。只要确定了雇佣关系，E-2 签证可以一年一次的无限期延长。

最近，韩国掀起了一股借助互联网向海外教师学习英语的热潮。从学习字母的孩童到准备应聘的求职者，这些英语学习者每天登录即时通信工具，启动摄像头，向远在其他国家的英语教师学习英语。据统计，目前韩国有 150 到 200 个公司提供电话英语或网络英语培训服务。而韩国的私立英语教育市场每年市值已达 130 亿美元，这为网络英语学习的发展提供了良好基础。

课外外语补习有其合理之处：较之整齐划一的公共教育，这种"私教育"更广泛、更多样化、更灵活。比如，其时间可以根据家长和学生的要求安排在晚上、周末或假期等，其内容可依据学生的兴趣而变化，其目的可根据学生的学习成绩可培优亦可补差，其教学形式依据家长支付的费用可一对一，亦可小组或小班。总之，课外外语补习以需求为导向的市场化供给满足了家长和学生的多样化教育需求。

但是，在韩国"学历至上"、"教育热"的背景下，课外补习的弊端更加突出。

首先在教育方面，主要有下列问题：

第一，教育市场迎合社会、学生和家长的需求，急速崛起，乃至过度扩张，已经将一只手伸进了学校教育的领地。家长和学生对课外补习过分信任，将升学的砝码压在课外补习上，出现了"不参加课外补习就考不上大学"的奇怪说法，甚至有些学生放弃学校教育，专门参加课外补习，这使得学校教育的置信度下降，不能真正发挥其培养人才的作用。同时，由于教师在课外补习的教学中收入可观，导致教师工作热情的

"外流"，妨碍学校教育的正常运转和健康发展；

第二，课外补习重复训练学校课程，剥夺了学生的课余休息时间，学生身心的和谐发展成了泡影；

第三，学生在完成学校学习任务的同时，还要完成课外补习所留的作业，这增加了学生的学习负担；

第四，因为有了家庭教师和补习学校的帮助，有些学生从心理上过分依赖，认为在学校没有消化的知识可以到家教或补习班去"查缺"，而到了家教或补习班的课堂上没有消化的知识，又自认为可以到学校课堂上"补漏"。长此以往，学生两方面教授的知识都没有学好，既没有顾好此，也失去了彼，"两条腿走路，但两条腿都发育不良"。除此之外，对家教和补习班的过分依赖也使学生失去了自主学习和创造的能力；

第五，有些家长"望子成龙"的心理急切，过早地送孩子到外语学习班学习外语，有些孩子甚至从幼稚园开始就同时接受两门甚至更多的外语教育，这违背了孩子的成长规律和语言学习规律，给孩子造成了巨大的心理负担，不利于孩子的健康成长。

其次是社会方面的问题。

课外外语补习成为一种维持或增加社会不公平的机制。1998 年，韩国的一个城市样本中，最富有的 10% 的家庭在课外补习方面的花费是最贫穷的 10% 的家庭在此方面花费的 12 倍，这种模式一旦走向极端，会对全社会的融合、稳定造成威胁。[1]

再次是经济方面的问题。

课外补习的负担过重导致家庭经济状况恶化；过分、重复投资于补习易导致国家经济"泡沫"。韩国家庭平均用 13% 的收入购买课外补习这一"生活必需品"，这对一些低收入家庭来说是沉重的负担。另外一项调查指出，相当于 GDP 1% 的补习投资会使 GDP 下降 0.32%。[2]

综上所述，韩国的课外外语补习班有其优势，也不乏弊端，政府应采取有力措施管理课外外语辅导，尽快给课外辅导的"高烧热"降温，使课外外语辅导和学校教育有机结合，相互作用，共同促进国民外语水平的提高。

---

1 Yi, P. (2002) *Household Spending on Private Tutoring in South Korea*. Paper presented at the Annual Conference of the Comparative and International Education Society. Orlando. Florida.

2 Kwak, Byong-Sun (2004) *Struggle against Private Lessons in Korean Education Context*. Paper presented at the 28th annual conference of the Pacific Circle Consortium. Hong Kong: Hong Kong Institute of Education. (4): 21-23.

3. 校外外语教育的调节

　　课外补习热"高烧"难退阻碍了学校教育的正常发展，但同时也说明了家长对子女能够接受良好教育的渴望和选择适合自身发展需求教育的迫切性和必然性。实际上，单纯依靠强行禁止是不可能为课外补习热降温的，只能以更好的课外公共辅导教育来疏导或取代。根据 2006 年对釜山市中心一所学校的调查，95% 的学生正在上课外补习班。[1] 为解决这一社会需求和问题，韩国正在试点推广"放学后的学校"，即"课外学校"教育。"课外学校"教育的实质就是利用公共教育资源，给学生提供多样化的课外辅导教育，最大限度地满足学生和家长的个性化需求；提高学生的学习兴趣和学习能力；增强学校与家长、社区的联系与沟通，贯彻终身教育和现代教育理念，实施教育福利政策，构筑自主、开放、多元的社区公平教育体系。[2]

　　据统计，目前实施的"课外学校"教育课程为：小学"课外学校"教育内容中艺术、计算机、体育、英语占 64.5%；初中英语、数学、语文、体育、音乐占 59.2%；普通高中语文、英语、数学、社会、科学占 93.8%；实业高中计算机、英语、数学、社会、科学占 58.1%。

　　"课外学校"教育根据学生和家长的实际需求，设计教育内容和形式，选拔大学教授、大学生服务自愿者等优秀的课外讲师；充分利用展览馆、图书馆、体育馆等社区内服务设施；与中央政府各部委、地方政府各厅局密切合作并得到他们的一贯支持和协助，这些措施都促进了"课外学校"教育的健康发展。

　　"课外学校"教育的优势在于：第一，补充、完善和提高了学校正规教育。"课外学校"教育较之正规学校教育，在教育内容和形式上更加灵活多样，时间、空间的选择上也更加自由，这符合学生个人的成长，贴近社会和学生需求，容易激发学生的学习兴趣。对此，韩国教育专家评价为：更有创意和实践意义的教育，是没有围墙的教育，"课外学校"教育逐渐成为中小学校教育的"呼吸循环系统"。[3] 第二，减轻家庭课外补习开支。经 2006 年年底对 280 所"课外学校"教育示范校学生家长的调查统计，每个家庭年底教育开支比年初节省 6.2 万韩元，这对低收入家庭来说是一笔不小的开支。第三，为韩国发展公平教育构筑了安全屏障。通

---

1 李水山（2007）新时期韩国教育的重大改革与社会反映，《职业技术教育》，第 19 期第 80 页。
2 同上。
3 李水山（2007）新时期韩国教育的重大改革与社会反映，《职业技术教育》，第 19 期第 80 页。

过公立学校的课外辅导，使那些农村和低收入家庭子女有条件接受更加个性化、特色化和人性化的教育，缩小与高收入家庭子女因收入差距而导致的教育差距。2006 年，韩国政府给 10 万名低收入家庭子女提供每人2 个月，每月 3 万韩元的教育券，2007 年给 30 万名低收入家庭子女提供每人 10 个月，每月 3 万韩元的教育券。韩国教育人力资源部于 2007 年在 88 个市、郡的农村示范地区投入 497 亿韩元的教育支持。各地方政府和自治团体也相应投入 4 至 6 亿韩元，使农村学校的孩子也能与城市孩子一样享有免费的"课外学校"教育。第四，构筑终身社区教育体系，树立终身教育理念。通过学校、教师、家长、社区居民广泛参与"课外学校"教育，因工业化社会而涣散的社会共同体又重新筑起，形成以学校为中心的社区终身教育体系，为学生树立终身教育思想，学校教育的职能不断延伸与扩展。"课外学校"教育也存在着不少实际问题：[1] 首先，在农村学校很难找到优秀的课外讲师。农村学校的学生人数少，不成规模，难以实施教育培训项目，教育设施比较差。其次，由学校教务处来管理"课外学校"教育，在认识和实际管理中很容易形成"主副关系"，"课外学校"没有自主权，影响"课外学校"教育的实效。再次，减轻"课外学校"教育费用，但这正是公共学校教育的软肋。因经费所限，课外教育质量下降，不能满足学生不断变化的个性需求，难以取得学生和家长的持久信任。影响"课外学校"教育的生命力和持久力，容易导致课外补习死灰复燃。最后，评价制度不健全，没有形成合理的评价学生和教师学习、教学能力的评价体系。

为解决这些问题，韩国教育专家和学校一线教师们做出了很多努力和尝试：

第一，鼓励更多的大学生参与，通过选择最优秀的讲师，开发设计最好的教育辅导项目，提高"课外学校"教育质量，使"课外学校"教育更加符合学生个性需求。规模小的学校可以建中心学校，讲师巡回辅导或学生集中到中心学校接受课外辅导，交通费由政府或学校负担。据韩国联合通讯社近日报道，韩国总统李明博将于今年 8 月推出一项名为"The Teach and Learn in Korea"的英语教学项目，邀请韩国籍海外留学生在该国农村地区教授小学英语，为期六个月至两年不等，留学生将获得由韩国政府颁发的证书（Korean Government Scholarship Certificate）。根据发起该项目的韩国教育科学技术部的计划，凡在美国、加拿大、澳大

---

1 李水山（2007）新时期韩国教育的重大改革与社会反映，《职业技术教育》，第 19 期第 80 页。

利亚、新西兰、英国留学的大学二年级以上的本科生均可报名，预计将有 500 名留学生参与该项目。

第二，中央与地方政府每年有专项经费支持这项教育事业，各大学和研究所也积极开发高质量的"委托式课外辅导"计划项目。

第三，加强调查研究和宣传工作，学校内设专职岗位协调和管理"课外学校"教育，及时公开教务和讲师信息，使学生和家长了解和支持这项改革。

第四，动员更多的大学、研究所、文体展览福利等设施、警察署、部队参与社区"课外学校"教育。

第五，整合单科辅导，防止学生从学校出来，又到私塾补习班去的现象。

韩国的"课外学校"教育，虽然还存在诸多现实问题，但正在成为弥补"平准化教育"的不足，满足学生、家长和社会的不同需求，减缓以升学为导向的课外补习热，减轻学生和家长的学业和经费负担，构筑现代公共教育和终身教育新理念和社会实践体系，促进学校教育和教育市场均衡发展的重要渠道。

三、外语教育与经济发展

韩国国土狭小，人口稠密（9.9 万平方公里的土地上，拥有 4,300 多万人口），资源贫乏。20 世纪 60 年代以来，韩国国力迅速增强，实现了工业化，成为亚洲四小龙之一，跻身于世界新兴工业国家和地区的行列。究其原因，除适时调整经济发展战略，重视引进先进技术外，更重要的是韩国在经济发展的各阶段，坚持"科教兴国"的治国方针，加强对教育和科技的投入，积极开发人力资源，有效地促进了韩国经济的发展，提高了韩国的国际竞争力。

1. 外语教育与教育国际化

教育国际化是经济全球化的必然产物。从 16 世纪欧洲商业革命，到 19 世纪工业革命，世界各国经济连成一体，再到 20 世纪跨国公司的蓬勃发展、网络经济的崛起，全球化已经成为世界经济发展必然的时代趋势。经济全球化的结果是对于既熟悉国际经济运行规则，又了解各国国情、文化、法律，而且能熟练掌握外语的人才的大量需求。而人才从何来？除了通过实际工作训练之外，主要是通过教育的培养。教育要培养出了解和掌握国外的语言文字，具有国际意识、国际交流能力、国际竞争能力，并能在国际舞台上大显身手的人才，就必须走"国际化"道路。这就更加突出了外语教育的重要性。在国际化、全球化的大背景下，外语技能已经成为人才的必备条件，作为工具学科的外语教育的紧迫性十分突出。提高全民的外语素质，是韩国教育走向全球化和国际化的基本条件和战略措施。

韩国政府一向将国民的英语水平视为参与国际竞争和促进经济发展的重要因素。早在 1995 年 5 月 31 日，为了加强国际化、信息化教育，韩国总统教育改革咨询委员会制订了《建立新教育体制的教育改革方案》，其中要求学校从初中开始就加强英语教育。现任总统李明博在其就职演说中特别提出"要大幅提升学校英语教育"，强调"英语能力是鼓励国际企业到韩投资的关键。"为了提高国民的外语（尤其是英语）水平，加强韩国和世界各国的交流合作，培养高素质、强能力尖端外语人才，韩国历届政府都积极实施外语教育改革，在坚持"国际化办学"的指导理念和办学方针的基础上实现了外语教育跨越式的发展，取得了举世瞩目的成就。

1）办学理念国际化

加强外语教育国际化，首先是政府办学理念的国际化。没有观念的创新，不可能实现学校跨越式发展。韩国历来就注重培养独具民族特色又兼具世界精神的新型"韩国人"。为此，20 世纪 80 年代，韩国制定了《面向 2000 年国家长期发展构想——教育部门报告书》，提出了"培养主导信息化、开放化和国际化的高度发达的 21 世纪社会的具有主体精神、创造精神和有道德的韩国人"的目标。[1] 自此正式确立了高等教育国际化的发展理念。

1992 年韩国公布的第六次《课程改革大纲》，再次把教育改革战略的"着眼点放在面对民主化、信息化社会，高度产业化、国际化的未来社会所需要的新人的培养上面"。[2]

1995 年 5 月 31 日，韩国教育改革委员会公布了与教育国际化、终身化相适应，旨在确立"新教育体系的改革方案"（5.31 教育改革）。

1999 年上半年韩国教育部提出了一项新的高等教育改革计划——"智慧韩国 21 工程"（BRAIN KOREA21，简称"BK21 工程"）。"BK21

1 卢晓中（2005）《现代高等教育发展论纲》。广州：广东教育出版社，第 203 页。
2 刘昌明（1999）韩国面向 21 世纪培养国际化人才的战略和策略，《当代韩国》，第 1 期第 11 页。

工程"旨在进一步改革和完善高等教育体制，充分发挥高等教育的特点和优势，通过政府与社会在人力、财力和物力等方面的投入，有重点地把一部分高校建设成为世界一流水平的研究生院和地方优秀大学，培养21世纪知识经济与信息化时代所需的新型高尖端人才和国家的栋梁，迎接21世纪的挑战。[1]

2）课程体系国际化

韩国非常重视课程的国际化，从20世纪90年代开始推进"迎接21世纪的教育改革"，主要是借鉴发达国家的先进课程经验并对传统的课程进行改革。如在大学增加学士课程，增加学生赴海外研修和出国留学的机会，同时互相承认学历和建立校际关系；为了增强"自主的世界公民意识"，加深学生对各国文化的理解，开设国际关系、国际法以及有关区域研究的课程。首尔大学提出培养具有扎实理论基础和实践能力的国际型专家。庆熙大学自1999年以来大力培养国际关系专家，以培养全球化时代掌握外语和跨文化沟通技能的国际领导人才为主要目标。

为了培养具有国际交流能力的人才并作为吸引留学生的措施之一，韩国一些大学增加了用英语教学的课程比例。如高丽大学计划将用英语教学的课程比例提高到33.76%，除了法律和韩国研究专业外，其余专业新招聘的教师都要求能用英语授课。西江大学用英语授课的比例从2007年的7.7%提高到了2008年的17.92%，增长了10个百分点。国立首尔大学、成均馆大学、延世大学、汉阳大学等也都在逐年提高本校用英语授课的比例。仁荷大学目前有5%的课程用英语教学，到2010年计划达到10%。另外，在上述几所大学的国际教育研究生院中，除区域研究课程用相应语言授课外，其余都用英语授课，为学生提供了一个国际化的教学环境。韩国政府还为外语教育提供支援，如在2003年至2007年期间投资5亿韩元支持10所高校扩大用英语授课的专业。[2]

---

1 余玉娴（2008）韩国高等教育的国际化及其对我国的启示，《广东教育学院学报》第28卷，第6期第56-60页。

2 何致瑜（2004）《国际教育政策发展报告2004》。天津：天津人民出版社，第242-243页。

表 10　首尔主要大学中用英语授课的课程比例[1]

年份	高丽大学	西江大学	国立首尔大学	成均馆大学	延世大学	汉阳大学
2007	1,079 (31.86%)	149 (7.7%)	93 (3.03%)	150 (6.85)	327 (14.67%)	109 (4.27%)
2008	1,186 (33.76%)	199 (17.92%)	592 (12.4%)	371 (15.7%)	668 (27.02%)	488 (18.3%)

3）办学环境国际化

韩国政府积极开展与国外大学的联合办学，共享国际优质教育资源。从 2004 年起允许外国研究生院在韩国建立分院，但只限于世界著名大学研究生院的工商管理硕士在韩设立分院。从 2005 年开始，逐步把设立分院的范围扩大到国外普通大学的其他学科。[2] 外国大学在韩国内办的第一个分校是美国华盛顿大学在韩国济州岛办的分校。韩国政府还制订了多项政策来吸引外国优秀大学的研究生院在韩办分院，同时也允许外国优秀大学的研究生院与国内大学的研究生院共同开设教育课程。早在 2002 年，韩国政府就宣布支持国内大学与外国大学联合办学，并相互承认学历。如今，韩国大学、忠南大学、汉阳大学、韩国外国语大学、淑明女子大学、庆熙大学、岭南大学、弘益大学等分别与外国大学建立了双学位制度。至今包括首尔产业大学、延世大学、高丽大学等在内的其他 11 所大学也都与外国大学设立了共同课程，建立共同学位制度。

随着韩国教育市场向国际开放，许多外国大学通过网上办学进军韩国教育市场。如美国斯坦福大学通过首尔江南区政府开设了网上硕士课程；瑞士的国际酒店管理学院在韩国开设 6 学期制的学士学位课程和 2 学期制的 MBA 课程；哥伦比亚大学、马里兰大学通过"远程学习公司"在韩国开设计算机工程、工商管理等课程，于 2004 年 9 月开始招生。另外，在线教育企业 Unext Korea 在 2001 年成立了"Cardean 大学"，通过网络开设芝加哥大学、卡耐基梅隆大学、伦敦财经大学的工商管理硕士课程。[3] 由于网上大学教育可以使韩国人在本国就能学习到高水平的国际性课程，并且没有时间上的限制，而且学生也能得到教师的指导。在学习课程的同时又能锻炼学生的外语能力以及和外国教师沟通的能力，因此非常受到韩国人尤其是上班族的欢迎。

---

1 Oh, Yunhee & Kim, Gyeongeun (2008) University classes taught in English, Chosun 11bo, 04-14: A13.

2 何致瑜（2004）《国际教育政策发展报告 2004》。天津：天津人民出版社，第 242-243 页。

3 朴乃善（2001）通过网络可获取美国 MBA 学位，[EB/OL]，http://www.chosun.com。。

在开展国际化办学的同时，韩国政府还注重建立教师国际合作伙伴关系，通过业务学习与交流，开展国际课题合作研究等形式，吸收国外大学在教育理念、教学方法、教学管理上的宝贵经验；韩国很多大学，如汉阳大学和忠南大学，还积极引进海外归国教师和聘请外籍教师，通过他们的教学示范，使韩国师生切身感受国外先进教育理念和教学方法。

除此之外，韩国大学还利用留学生资源积极引导国内学生与留学生开展"互助结对"活动，多文化的碰撞为营造良好语言交流氛围奠定了坚实的基础。通过开展以"国际化"为主题的校园文化活动，为培养国际化人才营造氛围。充分利用外语学科优势，积极组织外语学习的系列活动，在各个院系开展外语角活动、外语演讲比赛、外语短剧比赛、辩论大赛等。这些活动都为学生营造了一种良好的国际化环境。

4）学生培养国际化

教育国际化在人才观念上，致力于培养具有世界眼光的国际性人才。因此，人是教育国际化的第一要素，学生的异国求学和跨国流动是教育国际化进程中最持久、最直观的表现形态。人才的联合培养与交互培养、派出与接受留学生的层次与规模，从某种意义上代表了一个国家教育国际化程度的高低。

韩国政府为了促进本国教育向国际化、世界化发展，制定了一系列政策措施：树立国际化办学理念，改革课程体系，增加用英语授课的课程比例，以适应国际化、信息化、全球化的需求，营造国际化办学环境，为韩国学生出国留学以及接受外来留学生创造了软件及硬件条件。

韩国政府一方面鼓励学生出国留学，另一方面又加大力度吸引外国优秀学生来韩就读，将留学生的政策导向从"出口"转为"进口"。韩国政府自20世纪80年代以来进一步放宽了对出国的限制，大量派遣学生出国留学，以适应国际化时代的需要。为支持学生出国留学，政府提供留学经费资助。同时韩国各高校也通过学生交换计划、海外实习计划、各类奖学金项目等鼓励学生出国留学。如忠南大学实施了向国外派遣交换生和海外实习生计划，互相承认学历，给学生提供到海外学习、体验海外文化的机会，以加强外语教育，实现"忠南大学向世界迈进"。汉阳大学也在国外设立了海外大学分校，鼓励学生出国留学。在政府及高校的积极推动下，2004年至2008年间，去国外留学的韩国学生数增长了15.5%。

表 11　来韩留学生数与出国留学生数

留学生	2004	2005	2006	2007	2008
出国留学生人数	187,683	192,252	190,364	217,959	216,867

资料来源：韩国教育开发院，2008 教育统计数据库。

　　进入 20 世纪 90 年代以来，一个明显的变化趋势是政府的政策导向开始从"送学生出国留学"转到"接收学生来韩留学"上。韩国教育部与 1995 年 12 月 20 日和 1996 年 1 月 11 日两次向全国 131 所 4 年制正规大学下发了《推进改善外国留学生政策》的通知，决定从 1996 年起逐年扩大接受外国留学生的人数。[1] 2001 年 7 月，韩国教育人力资源部制定了第一个有关留学生教育的政策方案，"扩大接收留学生的综合方案"，其主要内容包括：第一、政府对大学英语授课课程的开设给予财政支持；第二、通过提高奖学金和扩建留学生宿舍等措施改善留学环境；第三、积极吸引东南亚优秀学生赴韩留学；第四、建立专用网站，以便为外国学生提供相关留学政策以及咨询信息等；第五、将考虑对外韩国语教师资格证制度等。该方案制定以后，政府与大学努力付诸实施，但外国留学生教育发展仍很缓慢。2001 年到 2003 年的 2 年间，留学生数量仅增加了 668 名。另外，根据 OECD 的统计资料，1998 年韩国高校外国留学生的比率为 0.1%，2003 年为 0.2%。虽然 5 年之间增加了一倍，但外国留学生的比例还是很低。

　　为了进一步推进留学生教育的发展，2004 年，韩国政府第二次推出了"扩大接收留学生的综合方案"。该方案主要包括六个重点课题：第一，在政府的大力支持下，增加韩国政府奖学金的金额以及获得该奖学金的留学生人数，以便更多地接收来自亚洲国家的优秀学生。此外，政府鼓励企业聘用外国留学生，以便缓解外国留学生在就业方面的压力；第二，驻外使馆以及海外韩国教育院等国外官方机构与相关人士积极参与并帮助该政策的成功实施；第三，加强赴韩留学的宣传力度。除了教育人力资源部这一主管部门以外，韩国外交通商部、驻外使馆的网页等跟国际交流有密切关系的政府部门网页上设置超级链接来随时介绍赴韩留学的信息。同时，积极参与海外留学博览会以及国际交流议会等；第四，大幅度改善外国留学生的学习、居住条件，给外国留学生提供良好

1　梁美淑（2007）韩国外国留学生教育的最新发展及其政策分析，《比较教育研究》，第 6 期第 78-81 页。

的留学环境，以便外国留学生能专心学习，尽量减少他们在适应生活方面的困难；第五，促进韩国语以及韩国文化的普及，包括增多海外韩国语能力考试点、通过"KOSNET"给外国学生免费提供学习韩国语和了解韩国文化的机会等；第六，提高行政办事的效率，主要通过使用统一的入学文件与简化入学手续来实现。同时还加强留学生的出入境签证的管理，以降低非法滞留的可能性。[1]

以上这些针对外国留学生的特惠政策有效地促进了韩国留学生的教育事业发展，扩大了在韩留学生的规模（以下数据来源于 2006 年 4 月 1 日韩国教育人力资源部公布的有关资料）。从在韩留学生数量的增长来看（见表 12），2001 年韩国接收留学生 11,646 名，2003 年为 12,314 名，两年只增加了 668 名。韩国留学生教育真正实现快速发展是在 2004 年以后。2004 年在韩留学生达到 16,832 名，比 2003 年增长了 4,518 名。2005 年，留学生人数达到 22,526 名，比 2004 年增长了 5,694 名。尤其是 2006 年，韩国的高校和其他教学、科研机构共接收了 32,557 名各类赴韩留学生，是迄今接收留学生数量最多、增长幅度最快的一年，比 2001 年增加了 178%，比 2005 年增加了 44.5%。而到了 2008 年，韩国共接收了 63,952 名留学生，数量有了大幅度的提高，比 2006 年增加了 96.4%，比 2007 年增加了 29.8%。同时，学生的来源地也更加多样化，2006 年接收的 32,557 名留学生分别来自 162 个国家与地区。

表 12 近年来来韩留学生的数量变化（至 2008 年）

年	1999	2000	2001	2003	2004	2005	2006	2007	2008
数量	6,279	6,160	11,646	12,314	16,832	22,526	32,557	49,270	63,952

资料来源：韩国教育开发院，2008 教育统计数据库。

按不同留学形式统计（见表 13），从 2001 年到 2006 年，韩国高校外国留学生中自费留学生所占的比例一直最大，平均为 78.2%，韩国大学奖学金获得者的比例平均为 12.9%，位居第二。其他形式的留学生平均为 5.4%、韩国政府奖学金获得者平均为 2.1%，外国留学生本国政府奖学金获得者平均为 1.3%。表 13 显示，自费留学生的增长最明显。近几年赴韩留学生人数持续增长，与自费留学生数量的增长有密切关系。

---

1 梁美淑（2007）韩国外国留学生教育的最新发展及其政策分析，《比较教育研究》，第 6 期第 78-81 页。

表 13 各种不同形式赴韩留学的学生人数（至 2006 年）

年度	自费留学生	韩国政府奖学金获得者	韩国大学奖学金获得者	外国留学生本国政府奖学金获得者	包括交换生在内的其他形式留学生
2001	9,125	269	1,026	226	1,000
2003	9,102	358	2,028	85	741
2004	12,842	391	2,527	198	874
2005	17,599	388	2,873	309	1,357
2006	26,342	614	3,892	465	1,244

资料来源：http://www..moe.go.kr/main.jsp?idx=0506010101.hwp, 2006-10-25/2006-10-30。

　　目前，赴韩留学生中非学历生有所增加，但攻读学位者较多，以学历生为主（见表 14）。按留学类别统计，2006 年学历生 22,624 名，占总数 69.5%，比 2005 年增加了 7,065 名（比例增加了 55.2%），其中，专科学生与大学本科生 15,268 名，硕士研究生 5,183 名，博士研究生 2,173 名。非学历生 9,933 名，占总数 30.5%，比 2005 年增加 2,984 名，其中，语言进修生 7,938 名，其他进修生 1,995 名。总的来说，自从 2003 年以来，学历生的比例一直稳居首位，其中专科学生与大学本科生人数逐年大幅度增长，研究生的比率也稳中有升。

表 14 各种不同类别赴韩留学的学生人数（至 2006 年）

年度	专科学生与大学本科生	硕士研究生	博士研究生	语言进修生	其他进修生
2001	2,149	2,187		6,072	1,238
2003	4,114	3,867		3,525	808
2004	6,641	4,480		4,520	1,191
2005	9,835	4,023	1,719	5,212	1,737
2006	15,268	5,183	2,173	7,938	1,995

资料来源：http://www..moe.go.kr/main.jsp?idx=0506010101.hwp, 2006-10-25/2006-10-30。

　　各种形式的留学生中，自费生数量增长最为明显。各类别的留学生中，学历生比非学历生数量增长更快，其中高层次留学生数量增长尤为迅速。这些数据有力地说明，2001 年以来韩国接收留学生的形式和结构在不断的调整中得以改善，目前已经更加合理化。

5）国际交流活动

韩国政府大力实施"学生走出去"和"国外专家走进来"的双向交流政策。20 世纪 90 年代初，韩国与 60 多个国家签订有双边合作协议，积极参与由国际团体组织的交流计划。到 2003 年 1 月止，韩国政府已经与 87 个国家签订了双边文化交流协议，与 5 个国家签订了教育交流协议。通过政府间的计划，教育和文化领域的交流与合作项目蓬勃开展。同时，韩国政府也非常鼓励和支持国外高等教育机构开展韩国研究。目前，在亚洲、中东、欧洲、非洲和美洲 51 个国家的 338 所大学和研究机构开展韩国学研究，扩大了韩国文化的传播。[1]

综上所述，在全球化时代里，韩国外语教育在办学理念、学生培养、课程体系、学习环境以及学术交流等方面逐步走向国际化，外语教育国际化的大发展促进了韩国与世界各国的交流，提高了人才在国际上的竞争力，让世界更进一步地了解了韩国，进而提高了韩国在国际社会的竞争力。

2. 外语教育与经济竞争力

社会经济的发展基础是科技的进步和人力资源的积累。从语言经济学的角度来看，外语教育在社会经济中具有极其重要的地位，因此，是一种具有经济价值的投资形式。[2] 然而，外语教育一方面受到社会经济发展的制约，反过来又能动地促进社会经济的发展。一个国家或地区的经济发展水平和经济力量不仅为外语教育的发展提供了一定的经济条件和物质技术条件，决定着外语教育的规模、内容、组织形式和教学方式，也对外语教育的发展提出了一定的客观需求，即社会要求外语教育能随着经济的增长而得到相应的发展，以保证为社会提供足够数量的、合格的、知识结构合理的外语人才，从而促进一国经济的发展，提高经济竞争力。

1）外语教育对经济发展的影响

经济的发展增加了对外语教育的投资力度，促进了外语教育的发展。而外语教育反过来影响经济的发展。当外语教育适应经济发展时，对经济的发展起到能动的推动作用。反之，当外语教育不能紧跟经济发展的步伐，不能培养出适应经济全球化变化的外语人才时，外语教育则阻碍

---

1 丁洁、夏江峰（2006）试论韩国的高等教育国际化，《现代教育科学》，第 1 期第 66 页。
2 许其潮（1999）从语言经济学角度看我国的外事教育，《外语与外语教育》，第 8 期。

了经济的发展。

　　20 世纪六七十年代，韩国初高中升学考试竞争日趋激烈，引起全社会对学校教育的不满情绪。为解决这道难题，从 1974 年开始推广高中"平准化教育"改革，以消除学校间、区域间教育和设施的差异。进入新世纪，韩国实行 33 年之久的"平准化教育"虽然为消除教育的地区、学校和学生个体差异起到了积极的作用，但引发学生学习能力下降，教育竞争力下滑等问题。鉴于这种社会氛围，望子成龙的家长不得不寄希望于私立课外辅导机构，为孩子补充课堂上学不到的内容。

　　课外辅导具有很多学校教育没有的优势，例如能促使孩子预习课本知识，比起整齐划一、单向的公共教育课堂教学，这种"私教育"以更广泛、多元、灵活的角度和方法，解析各种问题，使学生容易理解；课外辅导能激发学生求学的欲望；较之学校教育，课外辅导班学生少、老师多，可以及时发现和纠正学生的缺陷和错误，强化学生个别指导，从而有效提高学生的学习成绩。

　　最新统计显示，韩国课外教育市场的规模为 33 万 5 千亿韩元，超过了 2007 年教育财政预算总额。而外语教育占课外教育支出的比例最大。[1]据教育科学技术部和统计厅于 2008 年 6 月和 10 月分两次针对全国 273 所中小学的 3.4 万名家长进行调查，并于 27 日公布的课外辅导费用统计结果显示，2008 年的课外辅导费用共达 20.9 万亿韩元（约合 1,045 亿元人民币），比 2007 年（20.04 万亿韩元）增长 4.3%。此外，每位学生月平均课外辅导费用达到 23.3 万韩元，比 2007 年（22.2 万韩元）增长 5%。

　　人均课外辅导费用的计算包括不接受课外辅导的学生，因此，接受课外辅导的学生实际支出比这更多。而且上述 20.9 万亿韩元中英语占了 32.8%，为 68,513 亿韩元。以月平均费用计算，英语的月平均私教育费用为 76,000 韩元位居第一，比数学多了 14,000 韩元。特别是初中生的英语月平均私教育费为 82,000 韩元，比高中生的 62,000 韩元高出了很多。初中生们为了升入外国语高中等特殊高中做入学考试准备是初中生英语私教育费用高的原因。[2]

　　韩国民众在课外外语教育上的这些支出在很大程度上加大了对外语

1 转引自张航（2009）浅析韩国英语教育制度改革的启示，《湖北函授大学学报》，第 22 卷，第 2 期第 127 页。

2 http://www.enjoykorea.net/html/66/n-49366.html.

教育的投资，减轻了政府在外语教育方面的财政负担，使政府有更多的财力投入到经济建设中去，从侧面拉动了韩国的经济发展。

同时，对外语教育投入的增加促进了外语教育的发展，使得国民的外语水平得到了一定的提高，有利于培养能够适应经济全球化、国际化、信息化发展的、具备国际意识、国际沟通能力的人才，增强了国民在国际上的竞争力，间接地促进了国家经济的发展。

然而，课外补习的负担过重也导致了家庭经济状况恶化；过度、重复投资于补习易导致国家经济"泡沫"。韩国家庭平均用 13% 的收入购买课外补习这一"生活必需品"，这对一些低收入家庭来说是沉重的负担。另据一项调查指出，相当于 GDP 1% 的补习投资会使 GDP 下降 0.32%。[1] 而且巨大的外语课外补习投入并没有换来预期的效果，尽管韩国人特别重视英语教育并投入了庞大的资金，但韩国国民的外语总体水平不高，从外语教育的投入与产出（毕业生）及其与市场需求、与经济发展的角度看，投入与产出不成正比，效益过低。

据瑞士洛桑国际管理发展学院（IMD）评价说，在 61 个国家中，韩国人的外语能力排名第 35 位。另据资料说，韩国是在亚洲主要 12 个国家中英语沟通最难的国家。[2] 从小学三年级起到高中毕业，学生们虽然学习了 10 年的英语，但却难以用英语与外国人沟通，学生学得的基本上是张不了口的"哑巴英语"。大学毕业生在与外籍人员的交流和谈判中难以听懂或表达双方的意图，对英文技术资料一知半解。很多韩国人即使在国内获得了博士学位也因英语会话能力差而无法在海外尽情发挥。由于国民英语水平不高，缺乏能够适应市场需求、能够应对经济全球化变化的外语人才，这在一定程度上也对韩国引进国外先进科学技术造成了障碍，影响了韩国的经济发展。

高额的课外辅导已经成为大多数家庭的经济负担，而且收到的效益甚微。鉴于这种情况，多数家长认为，与其花掉如此多的课外补习、辅导教育费用，还不如趁早把孩子送到美国或英国接受教育，有助于孩子英语水平的提高。这种连锁反应促成了韩国学生的早期留学。低龄儿童出国留学，往往还要大人陪读，而且往往是母亲陪读，父亲则在国内拼命工作挣钱，维持妻儿们昂贵的海外学费和生活费。每到寒暑假，孩子

---

1 何艳（2007）试析"道德高标"及其意义，《教育导刊》，第 5 期上卷。
2 张航（2009）浅析韩国英语教育制度改革的启示，《湖北函授大学学报》，第 22 卷，第 2 期第 127 页。

们随妈妈回到韩国与爸爸团聚，开学了，他们又回到海外继续上学。像候鸟一样飞来飞去，韩国称这种家庭为"大雁家庭"，称这种父亲为"大雁爸爸"。

据韩国教育开发院 2008 年公布的小学和初、高中生出国留学的数字（见表 15）：中小学学生早期留学人数由 2000 年的 4,397 名增长到 2006 年的 29,511 名，7 年内增长了近 6 倍。其中，2000 至 2006 年，小学生的出国留学人数由 705 人增加 13,814 人，增加近 18 倍；初中生人数由 1,799 人增加到 9,246 人，增加 4 倍；高中生人数由 1,893 人增加到 6,126 人，增加 3 倍。但是到了 2007 年，早期留学生人数有所减少，比 2006 年减少 1,843 名。早期留学从初中学生提前到小学四五年级，而且小学留学生人数占的比例最高。可见韩国留学的低龄化现象非常严重。

韩国中小学生早期留学目的地以英语国家为主，以 2004 年为例，前五位国家为：美国 5,355 人；加拿大 1,899 人；新西兰 1,896 人；中国 1,223 人；澳大利亚 655 人。根据家庭经济情况不同，韩国早期留学生选择的国家也不一样。据韩国报纸报道，在马来西亚都有数千名韩国中小学留学生，因为马来西亚在东南亚国家中英语水平最高，离韩国近，且生活费用低。据 2006 年韩国国家电视台 KBS 和《朝鲜日报》等主要媒体的调查与报道，在美国留学的各国学生中韩国稳居第一，达到 87,724 名，占所有在美外国留学生中的 14%。而且韩国陪读家属居多，达到 3.4 万名，合起来超过 10 万名的留学大军滞留美国，其留学费用是其他国家的 2 倍。韩国每年留学国外的总费用多达 7 万亿韩元（70 多亿美元）。近年来，这种发展趋势有增无减，2006 年签发的留学美国学生签证达 5 万名，第三四季度留学费用比去年同期增长 30%。韩国人称之为"因公共教育的崩溃，韩国教育难民周游世界"。

韩国民众认为，学校英语教学水平低，不能满足学生、家长与社会需求，是促成韩国学生早期留学的主要原因之一。韩国有人戏称："韩国家长把孩子送到包括喜马拉雅山脚下的世界各地"，意思是说因韩国的英语教育连中东、南亚等地的一些非英语国家都不如，所以要到这些国家学习。

表 15 小学和初、高中生出国留学人数（2000-2007 年）

年 度	小 学		中 学		高 中		总 数
	留学生数	每万名中留学生数	留学生数	每万名中留学生数	留学生数	每万名中留学生数	
2000	705	1.8	1,799	9.7	1,893	9.1	4,397
2001	2,107	5.2	3,171	17.3	2,666	13.9	7,944
2002	3,464	8.4	3,301	17.9	3,367	18.8	10,132
2003	4,052	9.7	3,674	19.8	2,772	15.7	10,498
2004	6,276	15.2	5,588	28.8	4,602	26.3	16,466
2005	8,148	20.8	6,670	32.1	5,582	31.4	20,436
2006	13,814	36.1	9,246	44.8	6,451	35	29,511
2007	12,341	33.6	9,201	45.1	6,126	32.1	27,668

资料来源：韩国教育开发院，2008 教育统计数据库。

表 16 教育经费的流向（单位：百万美金）

年 度	国内收入	国外支出	留学收支
2004	15.9	2,493.80	-2,477.90
2005	12.6	3,380.90	-3,368.30
2006	28p	4457.9p	-4,429.90
P= 预测值			

资料来源：韩国银行，http://ecos.bok.or.kr，经济统计程序，2007。

孩子早期留学给家庭带来的经济负担和精神负担都非常沉重。韩国有个团体在 2006 年 6 月对首尔地区的 98 位"大雁爸爸"进行调查，结果显示，有 27 位（8%）是教授，26 人（27%）是企业家，大公司职员 18 人，医生 14 人，律师 7 人，公务员 5 人，宗教界人士 1 人。他们几乎都是上流社会的精英。可见，"大雁家庭"不是普通家庭。他们的月收入，有 31 位（32%）达 500 万至 700 万韩元（折合人民币 42,000 元至 58,000 元），他们每月平均要给海外的妻儿们汇 300 万至 500 万韩元。[1]

为抑制因社会问题而引起的教育移民、早期留学、私立学校教育费昂贵等现象继续蔓延，韩国政府一直在推动使公立学校走上正常化的综合对策，但收效不大。目前留学海外的韩国人已达到 50 万人，加上低出生率的影响，韩国学校生源紧张，而每年因海外留学和进修而流出韩国

---

1 李水山（2008）韩国总统率领英语教学改革急行军，《中国教育报》，2008 年 4 月 29 日。

的资金超过 50 亿美元。韩国央行有关负责人表示，随着海外移民者的不断增加，由移民造成的资产流失规模正在不断扩大。（见表 16）

不仅是早期留学现象严重，韩国大部分海外留学生学成不归，导致了大量人才流失，也给国家经济造成了一定的影响。韩国自选派留学生起就遇到人才外流问题，而且比别的国家和地区严重。20 世纪 50 至 70 年代大量留学生学成不归，其中的 14 年内留学人员中回国者仅 6%。1968 年，韩国在工程技术、自然科学、社会科学领域学成不归者分别达到 87%、96.7% 和 90.5%。重要的是海外的韩国人才合起来要比其国内的多，1965 年在国内各领域里，那些有博士学位的人共 79 人，而留在美国的自然科学和工程技术领域此类人才就有 869 人。[1]

韩国政府为了改变这种社会状况，防止大量人才外流，抑制国有资产流失，采取了一系列措施促进国内外语水平的发展，改变国内外语教育环境，将政府的政策导向由从"送学生出国留学"转到"接收学生来韩留学"上。韩国政府制定了扩大招收外国留学生的综合方案（Study Korea Project, 2004），树立了截至 2012 年招收 10 万名外国留学生的目标。为了实现这个目标，韩国政府加大投入以支援大学开设外语课堂、积极开展扩大享受政府邀请奖学金的学生范围、改善外国留学生的学习及生活环境、建立高效的行政支援体制等各项工作。根据对外国留学生的统计，截至 2008 年 4 月 1 日，共有 63,952 名外国留学生在韩国的 407 所大学就读。按照生源国家来看，全世界 143 个国家均有留学生来韩留学。就攻读领域来看，语言进修 19,592 人，本科 28,197 人，研究生 12,388 人，其他进修 3,846 人。[2]

表 17 韩国 2003 以来外国留学生数量变化趋势（单位：人）

年份	学位课程	语言学研修和其他研修	合计
2003	7,962	4,352	12,314
2004	11,121	5,711	16,832
2005	15,577	6,949	22,526
2006	22,624	9,933	32,557

资料来源：韩国教育部，www.moe.gov.kr，《2006 年度国内外国留学生统计 (2006.4.1 基准)》，2006-10-24。

---

1 刘昌明（2004）韩国是怎样吸引海外人才回国服务的——从科技发展的角度解读韩国的人才外流与回归现象，《国际人才交流》，第 7 期。

2 韩国教育部 www.moe.go.kr。

表 18 2006 年来韩留学生的来源和专业分布情况

地区	语学研修	专业分类				其他研修	合计	比例(%)
		理工科	人文社会	艺体能	小计			
亚洲	6,945	6,158	13,509	1,134	20,801	1,481	29,227	89.8
非洲	28	45	137	0	182	1	211	0.6
大洋洲	23	15	61	11	87	15	125	0.4
北美	548	114	763	59	936	233	1,717	5.3
南美	36	29	117	6	152	12	200	0.6
欧洲	358	105	342	19	466	253	1,077	3.3
合计	7,938	6,466	14,929	1,229	22,624	1,995	32,557	100
比例(%)	24.4	19.9	45.8	3.8	69.5	6.1	100	

众多外国留学生的不断输血，对韩国的经济增长和社会发展作出了巨大的贡献。不仅带来了国外先进的科学技术和管理经验，而且各国的留学生来韩学习后，留韩工作，给韩国带来了多元语言文化。从下表中可以看出，在来韩的留学生中，主要有来自中国、日本、美国等国家的留学生。这些留学生将自己国家的优秀文化传播到韩国，同时又将韩国的文化传播到世界各地，将韩国由单一民族国家逐步变为具有多民族、多元语言文化的国家，在很大程度上促进了韩国教育国际化的发展，增强了韩国在国际上的竞争力，推进了韩国社会经济的发展。

表 19 2006 年来韩留学生的国家和地区分布情况

国家或地区	中国	日本	美国	越南	台湾	蒙古	其他	合计
留学生人数	20,080	3,712	1,468	1,179	944	809	4,365	32,557
比率(%)	61.7	11.4	4.5	3.6	2.9	2.5	13.4	100

2）经济发展对外语教育的影响及要求

当今社会是一个高度信息化、网络化的时代，国际互联网上的英语信息占 80%，全世界大约 80% 的科技文献用英语出版。[1]因此，加强外语学习这一人力资本投资有利于获取更多的知识和信息，并带来更大的经济效益。可以说，谁今天在外语上加大投资力度，谁将在未来世界的竞

---

1 黄涓（2000）知识经济与外语教育产业，《云南师范大学学报》第 32 卷，第 3 期第 106-107 页。

争中处于有利的地位。

韩国是个经济全球化程度很高的国家，无论是政府、国民还是社会都很重视教育。韩国政府一向将国民外语（主要是英语）水平视为参与国际竞争和促进经济发展的重要因素。现任总统李明博在其就职演说中就特别提到"要大幅提升学校英语教育"，强调"英语能力是鼓励国际企业到韩国投资的关键"。而教育资金投入是保证外语教育健康发展的基本前提。如果不扩大对外语教育的投入，则难以保证外语教育改革取得成效。

韩国在其经济现代化过程始终坚持"以教育为本"的原则。为提高全社会人口的科学文化素质，韩国实行教育"高投资"政策。韩国政府的教育投资是世界上最高的国家之一，其教育投资一般占政府整个预算的1/5以上。从20世纪60年代起，韩国便开始大幅度增加教育投资，教育经费支出占国民生产总值从50年代的5.1%上升到60年代的8.8%。[1]据世界银行资料，1972年韩国教育经费占政府开支的15.9%，到1985年时增加到18.4%。由于韩国的公共教育经费仅占所需教育经费的1/3，为了解决教育经费的不足，从1969年起，韩国曾三次引进总计6,900万美元的贷款用作教育经费开支。为了增加教育经费，韩国政府还于1980年12月1日通过了《教育税法》，以法律形式保障了教育经费的来源。韩国政府即使在财政困难的情况下，仍然对教育坚持大量投资。外语教育作为教育的重中之重，自然受到了政府的高度重视，对外语教育的投资占韩国教育投资的比例也最大。表20是教育部对英语教育相关支出的总预算。从表中可以看出总预算的将近一半费用投在聘请外籍教师，其次是教学-学习资料（10.58%），英语教师进修（9.26%），英语野营（8.34%）。韩国三星集团的经济研究所发表的《英语经济学》的报告中指出：2006年，韩国在英语教育方面投入了15万亿韩元。这一数值相当于韩国当年国内生产总值（GDP）的2%，合当年韩国教育预算30.1万亿韩元的47.5%。李明博政府也计划在未来5年里共投入4万亿韩元（约合328亿元人民币）全面改编教育课程、教科书和教师制度，投入5万亿韩元，改善中小学英语教学条件。

1　黄霓（2010）韩国建设"文化强国"的经验和启示，"文化建设和文化体制改革研讨会"论文，广东省社会科学院，http://www.gdass.gov.cn/CIC/llzt1100.htm，2010年5月26日查阅。

表 20 英语教育相关支出总预算（2005）

总计	支出项目	支出（单位：千元）
68,208,092	教学 - 学习资料	7,213,337.95（10.58%）
	英语野营	5,688,920.4（8.34%）
	英语教师进修	6,313,477（9.26%）
	外籍教师聘请	34,081,814.86（49.97%）
	英语教师团体支援	252,517（0.37%）
	英语发表会和大会开办	865,851（1.27%）
	研究活动和授课改进支援团的支援	1,828,629（2.68%）
	学校运营研究	1,170,739（1.72%）
	语音室等教学设施	1,674,754.1（2.46%）
	其他	9,118,051.69（13.37%）

除了政府重视外语教育投入，不断增加外语教育资金外，韩国民众也很重视自身外语水平的提高，社会上所办的辅导班中外语辅导班所占的比重最大，托福班、雅思班等考试补习班层出不穷，各类私立外语教育，各种留学机构也随之涌现。各类繁多的英语教材也应运而生。人们纷纷投资外语教育，通过学习和培训增强自身的外语知识和技能，培养解读外语国际信息的能力，以使自己在今后所从事的生产中更好地获取新知识、学习新技术。这样既提高了国民自身的英语水平，促进了外语教育的发展，也为社会和个人带来了更好的经济效益。

同时，经济发展对外语教育也提出了要求，即外语教育要根据社会经济发展的具体情况来动态调整体制适时变化，以保证为社会提供足够数量的、合格的、知识结构合理的外语人才。当今社会，英语已成为当前全球化进程中的一个必不可少的语言工具，广泛渗透于商务、金融、政治、军事、科教、传媒等方面。英语成了开启世界之窗、打开机会之门的智慧钥匙。用一种或多种外语进行交流的语言技能被越来越多的人视为一种高含金量的"语言资本"，通过比较学习外语的"投资费用"和学成语言后的"投资预期效益"之后，人们理性地决定战略投资外语学习。在这种背景下，人们对语言的认识发生了变化，语言不再被仅仅视为民族特性的象征，而且赋予语言以新的价值[1]。根据社会经济发展现实要求，结合区域经济发展实际需要，必须以多元的市场为导向进一步完

---

1 张忻（2008）语言的经济学与大学英语教育，《中南大学学报》（社科版），第 3 期第 415-419 页。

善英语教育，以实现英语的内外双重价值。

为了进一步促进外语教育的发展，提高韩国的国际竞争力，韩国政府在 2006 至 2010 年国家人力资源开发计划中的第三部分（2006 年度实施计划条例中）明确指出："人力资源开发与人才的国际化"关系问题，其中专门提出了为了实现人才国际化所采取的几点措施：

（1）通过 Study Korea 的途径，接纳外国留学生，是每年接收留学生的数量保持在 26,000 人。

（2）将在小学一二年级开设英语课的实验校增加到 50 所。

（3）在经济特区及国际自由城市实施"英语沉浸式（immersion）"教育。

英语沉浸式教学是指用英语作为语言媒介对母语为非英语的儿童进行教学，学生主要是通过学科内容而不是通过正规的语言教学来学习英语，学生在学习期间始终暴露于英语的语言环境之中[1]。韩国政府计划于 2006 年开始"英语沉浸式"教学改革研究，2007 年开发教学模式及教材，2008 年至 2009 年间选择几所学校进行试点，根据试点的结果，适当调整教学方法和教材，于 2010 年在全韩国推广"英语沉浸式"教学。

综上所述，韩国外语教育的发展与经济发展息息相关。一方面，经济发展促进外语教育发展。经济全球化与社会生活信息化使外语（尤其是英语）学科在教育中的定位越来越突出。一个国家全民外语水平对该国的教育，乃至该国的经济、政治、文化在国际舞台上的定位都具有显著的影响，因此，已经引起世界各国的广泛关注。当今世界，跨国公司，大多属于欧美国家。无论任何民族任何国家要跻身于世界经济洪流，必须具备能够与合作/协作方进行交流的较强的语言能力。英语作为当今国际上的主流语言仍承载着人类思想物质外壳的主要的交流功能。对于国民经济总产值的 60% 来自国外市场的韩国来说，英语教育的成败将是关系到国家大政方针的重大事务。同时，外语教育应以经济建设为中心，以市场需求和实用为导向，合理配置各类资源，积极开设本区域经济文化发展迫切需要的课程，形成"文化素养—英语语言技能—经济知识体系—市场运用"一体化的培养模式。促成人力资本的形成，充分实现外语语言学习的外部经济效益，推动经济的和谐发展。

另一方面，外语教育的发展能够提高人力资本质量，推动经济增长，为经济发展提供重要的原动力。

---

1 姚凌（2006）打造英语侵入式教学中心——韩国英语教育新举措，《基础英语参考》，第 3 期。

因此，外语教育与经济发展是一种互动关系，相辅相成，二者之间应该达到良性循环，即经济发展能够提高对外语教育的投入，促进外语教育的发展；外语教育的发展又会推动经济增长，提升经济竞争力。但值得注意的是，现实中的外语教育并不一定是永恒地和稳定地促进经济增长。韩国外语教育就出现过投入与产出不成正比的事实，这使我们不得不对外语教育与经济竞争力的关系进行审慎而理性地思考。

四、韩国外语教育与政策的启示

纵观韩国 130 年的外语教育发展进程，不难发现，韩国的外语教育始于对中国汉字的借用，历经了照搬日本的日语教育体系，仿效美国的英语教育体系的艰辛。直至 1955 年，才开始韩国外语教育的自主发展进程。过去 50 多年来，韩国教育试图通过制定合理的教育政策来实现人才资源的合理开发。其制定教育政策的立足点在于自由民主主义和市场经济。教育投资的加大创造了教育机会的均等，为韩国教育的发展做出了很大的贡献。同时，也产出了正、负两方面的影响。外语教育作为整体教育的一部分也不例外。加之，对教育在短期内能够得到迅速发展的追求与急躁，加大了教育改革及教育政策上的力度却忽略了对每一个受教育个体的全面发展，导致外语教育效果不佳的结果，也促成了较多的复杂的社会问题：

1、韩国外语教育如同它的整体教育，仍处于以政策为中心的发展阶段。"政策"的制定没有能够与"以学习者为中心"的教育理念相结合，没能遵循教育的基本规律。

2、教师缺乏对学习者的关注和对教 - 学理论和方法的研究。

3、外语教育早期化趋势较为严重，没有科学地遵循语言学习规律。

4、外语教育市场的迅速扩张侵蚀了公立教育。尽管各届政府做出了一些努力仍没有协调好公立教育和私立教育的平衡发展，助长了家长对公立教育的不信任，导致盲目追求早期留学，形成教育的不均衡发展，也使外汇大量流失，影响国家的外汇储备。

5、盲目标榜需求者中心的教育，但未将教育的主体——教师、学生和家长纳入到改革者的行列中。历届政府频繁实施教育改革，缺乏连贯性和统一性，造成教育混乱。

韩国的外语教育发展进程作为一面反射镜给我国外语教育带来了许多新的思考。现将此归纳为以下几点，引以借鉴。

1. 韩国外语教育、教育政策及国家经济体制

　　韩国外语教育政策立足于韩国的经济体制。然而，韩国经济体制的运行机制很大程度上依赖于国际市场。换言之，韩国国民经济总产值的40% 来自国内，60% 来自进出口贸易及国外市场。这种经济格局本身决定了韩国对外语人才的特殊需求及对全民外语水平的特殊要求。这种经济格局本身也导致了韩国外语教育地位的不断升华，使外语教育热持续升温，促进了教育市场的迅速崛起，使外语教育成为教育市场的龙头产业，造就了私立教育的强势。乃至侵蚀公立教育的功能范畴，弱化公立教育。这种经济格局本身促成了韩国国民对外语的过渡崇尚，进而，形成了早期留学的浪潮，导致教育资金的负增长即输出与输入的不平衡，甚至导致财政赤字，致使新一届政府和新一任总统从上任之日起直接关注外语教育，视外语教育改革为扭转国家经济状况的大政方针。韩国外语教育的这种现象使得我们从客观的角度去思考：外语教育、教育政策及国家经济体制间的制约关系。

2. 外语教育、教育政策、教育理念与教育规律

　　韩国的外语教育在进入自主发展阶段的 50 多年里，提出了教育均等方针，进行了七次大规模的教育改革，在制定新的政策上加大力度，试图在教育政策上寻找快速发展的突破口。每一届政府都要制定自己的教育政策，致使韩国的教育体制缺乏一贯性和稳定性，甚至出现了外语教育过多地强调功利化的观点，忽略了外语教育的基本规律，淡化了以人为本、以学生为主体的教育理念。如果教育的着眼点不在受教育者身上，再好的方针、再好的政策都将付诸东流。教育的机会均等包含两方面意义：一为量的接近；二为质的接近。"量"意味着教育投入即教育资源分配上的均衡；"质"是从结果上去衡量教育投入对每一个受教育个体所产生的效果。指导教育教学活动的方针政策只有在追求质的时候才有可能最大限度地关注学生的全面发展。

　　较之以学生为中心的教育，韩国教育更重视以政策为中心的学校教育。在权威主义时期，实行了以奖学方针为中心的学校教育，然而这种运营形式成为行政惯例一直沿袭到了民主化时代。韩国教育效仿了美国的英语教育体系同时也仿效了其以学生为主体的先进的教育理念。在第六次教学改革中已提出了以学习者为中心的教育观点。通过近二十年来努力取得了一定的成就。但其问题点在于以学习者为主体的教育忽略了学习者成长的过程规律和教育的基本规律，还没能实现实际上的本土化

过程。韩国外语教育的这种现实带给我们的另一个思考是外语教育 - 教育政策 - 教育理念 - 教育规律间的内在关系。本课题成果认为,外语教育的发展必须要有教育政策的纲领性指导,以致不会迷失方向。然而,教育政策的制定必须以科学合理的教育理念为基础,必须以教育的基本规律为理论依据。

3. 公立教育与私立教育关系

随着韩国国际化步伐的加快和全民国际意识的提高及韩国民族结构的一元化向多元化的演变,推动了外语教育从"需要"到"必需"的发展进程,提高了外语教育在各个学科门类教育中的定位。其结果外语教育成为了韩国教育市场的龙头产业,推动了韩国私立教育的发展,在外语教育领域中导致了国立教育与私立教育的错位,铸成了私立教育的强劲发展态势,导致了公立教育的弱化及信誉度的下降。学生家长对教育经费的增加虽不很满意,但还是不得不把学生送到私立学院,依托于私立教育。大多数韩国人,甚至很多外语教育专家学者们也认为,与中国的外语教育相比,韩国的外语教育投入与产出不成正比。

在国际经济一体化时代,教育市场是不可避免的产物,公立教育与私立教育的并存是一种正常教育格局。目前,在中国也已出现教育市场和私立教育。面临新的课题,我国的外语教育需借鉴韩国的外语教育领域中的公立教育与私立教育的现实,去思考公立教育与私立教育的合理的并存关系。本课题成果认为,在中国,应以公立教育为主,私立教育为辅,二者间应形成互补的合理格局。

综上所述,专家学者们已认识到上述问题的严重性,开始回顾和总结韩国外语教育的发展,并提出了关于外语教育的改革设想,促使韩国的外语教育从引用和照搬国外模式转为探索适合韩国国情的自身模式的进程。

参考文献

1. 《英语经济学》,韩国三星集团的经济研究所,转引自张航(2009)浅析韩国英语教育制度改革的启示,《湖北函授大学学报》,第 22 卷第 2 期。
2. 【韩】安昌宪(音译)(2001)《教师论》。首尔:教育科学社。
3. 【韩】陈京爱(音译)(2006)《全球化时期提高国家竞争力的英语教育革新方案》,韩国教育课程评价院。

4. 【韩】陈敬爱（音译）（2006）世界化时代国家竞争力强化和英语教育改革方案，2006 年韩国教育开发院研究报告书。

5. 【韩】国立教育评价院《教育统计年报》（1997）。

6. 【韩】姜焕国（1995）《教师教育论》。首尔：教学研究社。

7. 【韩】教育部（2000）高中课程分析（12）：外国语。

8. 【韩】教育部（2002）高等学校课程体系解释（12）：外国语。

9. 【韩】教育部（2007）教育人力资源部告示第 2006-75 号、2007-79 号：教育科学技术部，中学课程设置解释（5）：外国语（英语）。

10. 【韩】教育新闻社（2000）《韩国教育 100 年史》，第二卷。

11. 【韩】金基泰、曹平虎（音译）（2003）《未来志向的教师论》。首尔：教育科学社。

12. 【韩】金美静、金明花（2007）2006 年韩国英语课程达标率评价研究，2007 年韩国教育开发院研究报告书。

13. 【韩】金英宇（2001）《教师的资质与教师教育改革的方向》。首尔：夏雨出版社。

14. 【韩】金在福（2004）《为了革新教员培养体制的会议》。仁川：新圣印刷公司。

15. 【韩】金振万（2006）英语教育政策方向：中级英语教师的培养及任用，《教育科学》，第 1 期。

16. 【韩】权五良（2006）《中小学英语教育方案的构思——通过 10 年小学英语教育成果分析》，教育人力资源部。

17. 【韩】田秉万等（2006）《中小学英语教育现状分析》，教育人力资源部政策研究课题。

18. 【韩】杨志胜（音译）（2005）韩国外语教育政策与日本语教育方向，博士学位论文。木浦市：木浦大学教育学院。

19. 【韩】尹正日、宋基昌、赵东燮等（音译）（2002）《韩国教育政策的焦点》。首尔：教育科学社。

20. 【韩】郑泰范（2002）《教员教育方向与课题》，养书院。

21. 丁洁、夏江峰（2006）试论韩国的高等教育国际化《现代教育科学》，第 1 期。

22. 韩国教育部（2003）《1 类图书编写企划》，转引自教育部北京师范大学课程研究中心课程与教科书研究室（2003）《教科书编写资料汇编》。北京：教育部北京师范大学课程研究中心。

23. 韩国教育开发院：2001-2008 教育统计数据库，http://std.kedi.re.kr。

24. 韩国教育科学技术部公告（2009）小学、初中、高中三个阶段外语课程教学用国、检、认定图书修订公告（2009.1.21）http://www.mest.go.kr/me_kor/teacher/teacher1/index.html。

25. 韩国教育人力资源部网，*Education in Korea*. Chapter 6: Teacher Education and Teachers' Organizations. Secondary school teachers. (EB/OL) 见 http://www.moe.go.kr/en. 2004-08-20。

26. 韩国英才精英振兴法，《教育参考资料》，2002 年第 2 期。

27. 何艳（2007）试析"道德高标"及其意义《教育导刊》，第 5 期上卷。

28. 何致瑜（2004）《国际教育政策发展报告 2004》。天津：天津人民出版社。

29. 黄涓（2000）知识经济与外语教育产业，《云南师范大学学报》，第 32 卷，第 3 期。

30. 黄霓（2010）韩国建设"文化强国"的经验和启示，"文化建设和文化体制改革研讨会"论文，广东省社会科学院，http://www.gdass.gov.cn/CIC/llzt1100.htm。

31. 金铁洙（2006）中韩两国教师教育比较研究，博士学位论文。长春：东北师范大学。

32. 李水山（2007）新时期韩国教育的重大改革与社会反映，《职业技术教育》，第 19 期。

33. 李水山（2008）韩国总统率领英语教学改革急行军，《中国教育报》，2008 年 4 月 29 日。

34. 梁美淑（2007） 韩国外国留学生教育的最新发展及其政策分析，《比较教育研究》，第 6 期。

35. 刘昌明（1999）韩国面向 21 世纪培养国际化人才的战略和策略，《当代韩国》，第 1 期。

36. 刘昌明（2004）韩国是怎样吸引海外人才回国服务的——从科技发展的角度解读韩国的人才外流与回归现象，《国际人才交流》，第 7 期。

37. 卢晓中（2005）《现代高等教育发展论纲》。广州：广东教育出版社。

38. 孟宪华、牟为娇（2004）"BK21 工程"与韩国高等教育改革，《东北亚论坛》，第 13 卷第 4 期。

39. 朴乃善（2001） 通过网络可获取美国 MBA 学位，[EB/OL]，http://www.chosun.com: 2001 年 5 月 18 日查阅。

40. 朴泰洙、朴成日（2001） 20 世纪末韩的教育改革政策和 21 世纪课题，《东疆学刊》，第 12 期。

41. 曲恒昌（1998）韩国中小学教学用书制度的现状与改革，《比较研究》，第 5 期。

42. 孙启林、杨金成（2001）面向 21 世纪的韩国基础教育课程改革——韩国第七次教育课程改革评析，《外国教育研究》，第 2 期。

43. 王向红、康长运（2007）开放、民主、多样化：韩国教科书制度新走向，《比较教育研究》，第 10 期。

44. 许其潮（1999）从语言经济学角度看我国的外语教育，《外语与外语教学》，第 8 期。

45. 姚凌（2006）打造英语侵入式教学中心——韩国英语教育新举措，《基础英语参考》，第 3 期。

46. 余卫华（2002）国际化、全球化与外语教育，《四川外语学院学报》，第 5 卷第 3 期。

47. 余玉娴（2008）韩国高等教育的国际化及其对我国的启示，《广东教育学院学报》，第 28 卷第 6 期。

48. 张航（2009）浅析韩国英语教育制度改革的启示，《湖北函授大学学报》，第 22 卷第 2 期。

49. 张淼、张鑫（2005）韩国教师教育的新发展及其启示，《教育科学》，第 1 期。

50. 张忻（2008）语言的经济学与大学英语教育，《中南大学学报》（社科版），第 3 期。

51. 中韩教育之比较，http://manage.ielts-school.com/xyz/News/8051.html。

52. Bray, Mark (1999) *The Shadow Education System: Private Tutoring and Its Implication for Planners*. Paris: International Institute for Educational Planning.

53. http://gb.cri.cn/14558/2007/07/27/2685@1695199_1.htm.

54. http://www..moe.go.kr/main.jsp?idx=0506010101.hwp,2006-10-25/2006-10-30.

55. http://www.21stcentury.com.cn/story/47005.html.

56. http://www.enjoykorea.net/html/66/n-49366.html.

57. Kwak, Byong-Sun (2004) *Struggle against Private Lessons in Korean Education Context*. Paper presented at the 28th annual conference of the Pacific Circle Consortium. Hong Kong Institute of Education.(4):21-23.

58. Kyung-chul Huh (2005) 对韩国第七次课程修订的反思与展望，《教育发展研究》，第 19 期。

59. Ministry of Government Legislation. 《教科用图书的有关规定》总统令第 18429 号，[EB/OL]，www.moleg.kr.2004-6-29。

60. Song, K. Y. (2000) The improvement of teacher certification and employment. *Seoul: The Korean Society of Educational Administration*: 23-42.

61. Sunwoong, Kim (2004) *Demand for Education and Developmental State: Private Tutoring in South Korea.* [EB/OL]. http://www.rrojasdatabank.info/devstate/southkoreal.pdf.
62. Yi, P. (2002) *Household Spending on Private Tutoring in South Korea.* Paper presented at the Annual Conference of the Comparative and International Education Society. Orlando, Florida.

第十章
马来西亚外语教育的变迁

邵颖

一、外语教育大环境

1. 地理与历史

马来西亚联邦由马来半岛南部的马来亚、加里曼丹岛北部的沙捞越和沙巴三部分组成，与泰国、文莱、印度尼西亚接壤，与新加坡隔海峡相望，总面积 329,735 平方公里。马来亚地区又称西马来西亚（西马），位于亚洲东南部的马来半岛南部；沙捞越和沙巴又称东马来西亚（东马），位于加里曼丹岛北部。东西两部分被南中国海隔开，最近处相距仅600 公里。历史上，马来半岛并没有形成统一的国家。马来半岛较早的古国，是《汉书》地理志记载的都元国（地处今丁加奴的龙运）。西汉末年，王莽（公元前45-23 年）派往印度黄支的使者经过这一港口古国。公元初和公元二世纪，马来半岛北部分别出现了一个叫羯荼（位于今吉打）和狼牙修（吉打至北大年一带）。狼牙修在中国史籍中又称为凌牙斯、凌牙犀角等。这个古国一直延续到 16 世纪初，与印度、中国有官方来往。

直到 13 世纪，富饶的马六甲吸引了殖民者的到来。1511 年，马六甲落入葡萄牙人之手，1641 年荷兰人接管，1851 年被英国人占领。在弗朗西斯·莱特 1786 年抵达槟城之前，英国人牢牢控制了马来各州。

日本发动太平洋战争后不久就对英属马来亚发起进攻。1941 年 12月 8 日日军发动攻势，英国守军失守。1942 年 1 月 30 日，马来半岛全部沦陷，2 月 15 日新加坡英国守军投降，日军占领了马来亚全境。

1945 年 8 月 15 日，日本宣布投降，同日，盟军在马来亚建立军政统治。1946 年 1 月 22 日，英国政府在国会通过对马来亚的战后政策，主要内容为：1) 新加坡为单独的皇家殖民地，马来亚其余地区合并组成中央集权的马来亚联邦，以总督为最高行政官员，下设行政、立法两议会，州设州议会；2) 在马来亚出生，或是 1942 年 2 月 15 日前 15 年期间在此地居住的非马来人均可获公民权，一切公民拥有平等权利；3) 战前苏丹王的一切统治权移交英国政府，在总督主持下，苏丹王主持各邦的协商委员会，对宗教问题提出意见。

马来亚联邦计划很快遭到普遍反对。马来亚共产党及其他政党和群众组织要求民族独立，新马合并。苏丹王和贵族领导的大部分马来人民代表本族利益，反对剥夺苏丹王权力和给予非马来人公民权。面对马来人掀起的第一次民族运动高潮，英国政府被迫让步。经过英国人代表、苏丹王和巫统领导人的多次协商，1948 年 2 月马来亚新联邦成立，代替原来的马来亚旧联邦。

20 世纪 50 年代初，马来亚人民的民族自治意识日趋强烈。为了缓和人民的不满情绪，殖民政府于 1955 年 7 月举行联邦立法会议选举。8 月 4 日，联盟党组成新政府，享有自治权。联盟领袖、巫统主席东姑·拉赫曼任马来亚联邦首相兼内政部长。接着，联盟提出 2 年内独立的主张。1956 年 1 月 18-28 日，马来亚联盟政府代表团与英国政府在伦敦就独立问题进行谈判。1957 年 8 月 31 日，马来亚联邦宣告在英联邦内正式独立，结束了英国 100 多年的殖民统治。

2. 民族与宗教

马来西亚全国有 30 多个民族。在马来半岛主要人口为马来人、华裔、印度裔。在东马沙捞越以达雅克人、马来人、华人为主。在东马沙巴以卡达山人、华人、马来人为主。其中马来人及其他原住民在总人口中占 66.1%，华人占 25.3%，印度人占 7.4%，其他种族占 1.2%。多民族状态构成语言多样化格局。

马来西亚的宗教涉及伊斯兰教、佛教、道教、印度教、基督教、锡克教。伊斯兰教为国教。一般说来，马来人信奉伊斯兰教，华人信奉佛教，印度人信奉印度教，小部分华人、欧亚混血人和沙巴、沙捞越的少数民族信奉基督教。印度教、佛教是马来西亚古代社会的主要宗教。直到 13 世纪前后，随着阿拉伯文化传入，伊斯兰教在马来西亚逐渐传播开来。1957 年独立时伊斯兰教被定为国教。根据宪法，伊斯兰事务属各州管辖，各州苏丹王为本州伊斯兰教领袖（马六甲、槟城、沙捞越、沙巴四州的教长由最高元首担任）。中央政府仅负责处理涉及直辖区的伊斯兰事务。马来西亚伊斯兰主要属逊尼派。

3. 政治与经济

马来西亚宪法规定马来西亚是君主立宪制联邦国家，最高元首是国家元首和武装部队最高统帅。最高元首根据政府的建议行事。行政、立法、司法实行三权分立。总理是政府首脑，内阁成员均为议员并集体向议会负责。世袭苏丹王的地位以及马来人特权、马来人保留地、马来语的地位、伊斯兰教的地位、东马原住民的特殊地位等均载入宪法，以法律形式加以保护。

统治者是马来西亚除联邦直辖区和马六甲、槟榔屿、沙巴、沙捞越4个州以外其他9个州的世袭苏丹。最高元首是马来西亚国家元首。根据马来西亚独特的君主立宪制度，马来西亚最高元首经统治者会议选举，由9位统治者轮流担任，每任5年。

自独立以来，马来西亚由生产橡胶和锡的单一型殖民地经济逐步过渡到一个比较现代的，包括农业、工业、矿业和服务业的多样化经济，即从20世纪60年代和70年代的农业经济转变成为80年代以进口产品为主的经济，进而发展成为90年代以来的出口导向型经济。

进入20世纪70年代以来，马来西亚不断调整产业结构，制造业、建筑业和服务业发展较快。从1966年起，政府开始执行马来西亚五年计划。1970年，马政府制定第一个"国家经济展望纲领"（First Outline Perspective Plan，或OPP1），即实施以"消除贫困"、"重组社会"为目标的"新经济政策"，为期20年。新经济政策重点发展"以马来人为中心"的私人资本，扶持马来人等原住民地方经济，限制华人和印度人的经济发展。在1965年至1984的20年中，马来西亚经济经历了一个持续的迅速发展的时期，国民生产总值增长率平均达7-8%。

1985年以后，由于世界经济衰退的严重影响和国际原产品价格下跌，加之政府在经济政策上的失当，经济发展速度明显减慢。1986年3月，政府公布实行第5个五年计划（1986-1990），积极鼓励外资，依靠国内资源，大力发展农业和制造业。自1987年开始，因原产品价格上涨和出口产品增加，经济有明显起色，进入了连续9年经济平均以8%增长、通膨控制在4%以下的快速增长时期，其中，1991年，马来西亚政府制定了"国家发展政策"（NDP），据此制定了第二个为期10年的"国家经济展望纲领"(OPP2)。1991 年初,马哈蒂尔总理提出到 2020 年把马来西亚建设成为先进工业国的宏愿。

1996 年 5 月制定了跨世纪的第 7 个五年发展计划（1996-2000），继续强调经济平衡、持续发展，强调保护环境和资源，提高国家和私营企业生产力，推动科学技术进步。1996 年 8 月，马哈蒂尔总理提出"多媒体超级走廊"，以加快马来西亚从制造业向信息业的产业转轨。1996 年经济增长率达 8.2%，通膨率为 3.6%，国民生产总值达 941.2 亿美元，人均收入达 4,447 美元，成为新兴工业化国家。

进入 2000 年，国际经济环境的改善，尤其是马来西亚主要出口市场美国、欧洲经济保持强劲增长，日本、新加坡及其他东盟国家经济也出现了良好转机，使马来西亚经济在以出口为导向的制造业带动下，出现了强劲反弹，复苏的领域更趋全面，从以前单一的制造业逐步扩展到了国民经济的其他领域。

二、教育体制

1. 教育概况

在殖民地时期，马来西亚教育事业相当落后，19 世纪以前甚至没有正规的学校，只有马来人古兰经塾和华人的私塾。1816 年英国传教士创办的槟城义学是马来西亚最早的一所现代意义上的学校，早期的学校几乎完全被教会所掌握。直至 19 世纪 70 年代，英国殖民当局为了培养当地人成为其政府文官和洋行职员，才不得不开始重视教育，但是民族教育一直处于落后状态。

马来西亚取得独立以后，政府为了改变教育和文化长期落后、不能适应国民经济发展需要的状况，开始把发展民族教育摆在重要地位。马来西亚政府认为，教育是促进国民统一和团结的基础，是推动经济增长、实现国家工业化的前提，是消除社会阶层，种族和地区不平等的手段。马来西亚宪法明确规定，发展教育事业是联邦政府的责任。马来西亚政府学校的教育经费全部由政府拨款，每年的教育经费约占国家财政预算的 20% 以上。

2. 教育体系

马来西亚采取以国家教育为主，允许私人办学，政府学校与私人学校并存的教育政策。政府学校的教学媒介语规定为马来语，英语为必修课，并在学校中开设伊斯兰宗教课程，其中包括阿拉伯语的教学。马来西亚的正规教育学制，实行普及小学和中学的 11 年义务教育，可以简单地概括为 6-3-2-2 制，即小学 6 年、初中 3 年、高中 2 年和高中后教育 2 年（亦称中学后教育），即大学预备班，然后，考取大专或大学。

　　1）基础教育

　　马来西亚实行小学 6 年和初中 3 年的义务教育。全国中小学校分为国立学校、国民学校和私立学校三大类型。国立学校用国语马来语教学，完全由政府负担经费，学生免交学费；国民学校接受政府部分资助，其中，国民小学以各民族语言为主要教学语言，兼开设其他语文课程；私立学校经费自筹，以本民族语言授课。在小学阶段，各类学校必须按照教育部规定的统一教学大纲和标准课时进行教学。1983 年起逐步实行课程设置改革，把教学重点放在学生的"读书、写字、算术"三项基本训练，学生实行自动升学制度，小学毕业后自动升入初中。在初中阶段，除开设普通课程外，还增设工业、农业、家政和商业等职业课程，使学生经过初中三年的综合教育，获得一般职业训练，学生毕业必须参加初级教育文凭考试，部分继续升入普通高中，或者进入各种职业技术学校。

　　2）中等教育

　　马来西亚的中等教育与其他国家不同，情况较为复杂。中学教育也同小学教育一样，分为公立中学和私立中学。政府所属的公立中学包括：国民中学 1,313 所、寄宿中学 35 所、职业中学 69 所、工艺中学 9 所、宗教中学 41 所和特别中学 3 所。马来西亚的中等教育全部是免费的义务教育。[1]

　　除公立中学之外，马来西亚全国还有 60 所独立中学，就读的学生约 5 万 7 千多人。独立中学的教学媒介语是华语，课程有马来语、英语、物理、文史、数学、商科、电脑、化学、音乐、美工、体育等。此外，在一些独立中学里也开设一些技术职能课程，如机械、电子、汽车维护等。

　　由于目前独立中学的文凭没有得到政府的承认，因此，大部分独立中学都开设初中评估考试和马来西亚教育文凭考试的补习班，辅导学生参加这两项政府规定的考试，以便考取政府承认的初中和高中毕业文凭。私立中学的学生只有在拿到政府承认的高中文凭后，才可以参加高中后的课程。

---

1 摘自中国驻马来西亚使馆资料。

3）高等教育

马来西亚的高等教育也同样分为公立大学和私立大学两大类、公立大学包括公立学院，私立大学包括私立学院。公立大学和公立学院学生的培养费用基本是由政府提供的，学费低廉。私立大学和私立学院则完全由学生自己负担。

目前马来西亚有9所政府公立大学：马来亚大学、理科大学、国民大学、博特拉大学、工艺大学、国际伊斯兰大学、北方大学、沙捞越大学和沙巴大学。这9所大学的入学录取工作基本上实行的是上述的"国大制"，优先照顾马来和原住民民族学生，所以校园里大多为马来族的学生。近年来，为发展高等教育，马来西亚电讯公司、国家石油公司和国家能源公司分别成立了3所私立大学即：电讯大学、国家石油大学和国家能源大学。

马来西亚大学的学制一般是3-4年。除国际伊斯兰大学使用英语作为教学媒介语外，其他大学均使用马来语为教学媒介语。国际伊斯兰大学和工艺大学的录取工作有自主录取权，其他大学则由教育部的大学中心单位统一处理。各大学的开学时间是在5月份。

近年来马来西亚已有600余所私立学院，其中不少私立学院与外国大学合办双联课程，并实行学分转移，先在本地读两三年，最后一年再到国外读。根据马来西亚教育部法令，私立学院的设立，必须向教育部的学术鉴定局提出申请，由该局审定后，方可获得政府承认。私立学院办学比较灵活，课程多样化，除了以规定的马来语教学外，还可向教育部申请批准一些课程以英语作为教学语言。

客观看，这些私立学院的教育水平参差不齐，有的很重视教学质量，讲究教学设备，具有一定的水平。但也有一些学院商业色彩太强，他们仅读两年或更少的时间就可以拿到大学文凭来吸引招揽学生。这样的私立学院很难保障教学质量。私立学院存在的种种问题已引起了马来西亚教育部的重视。

三、外语教育及其政策

1. 语言状况

由于马来西亚多民族的社会构成，马来西亚的语言呈多元状态，主要语言有：马来语、英语、华语、泰米尔语。从本质上说，唯有马来语可以说是他们的民族语言，而英语、华语和泰米尔语都是"外语"。因此，无论就法律还是实际情况而言，马来语是马来西亚的国语和官方用语。英语作为第二语言或通用语言被广泛地使用在行政、工商业、科技、教育、服务及媒体等方面。除未受过正规教育的老年人外，马来西亚大部分人都能说马来语和英语。华语和泰米尔语则在华人和印度人族群社区中广泛使用，包括日常生活、学校、商业、娱乐及媒体等。

在马来西亚，语言混用（code mixing）和交叉使用（code switching）现象十分普遍。人们在讲马来语或华语等的时候，常常会借用英语词汇，这些语言使用者甚至可以用两种以上决然不同的语言相互对话交谈（如英语对华语或方言，英语对马来语，马来语对福建话或广东话等）。

1）马来语

马来语是马来人的民族语，属于马来 - 波利尼西亚语族。主要应用于马来西亚以及马来西亚的邻国，如泰国、新加坡、文莱等地。从 14 世纪开始，随着越来越多的马来人皈依伊斯兰教，人们开始使用一种称为"爪威"（Jawi）的阿拉伯文书写体的变体，作为马来语的文字。19 世纪，英国人设计了现在普遍使用的基于罗马文字的马来语。1945 年以前，印度尼西亚列岛的许多地区也使用马来语，但在印度尼西亚共和国建立后，语言的命名方式发生了变化，该国使用的马来语被称为印尼语。在马来西亚，以马来语为母语的大约有 1,000 万人，占总人口的一半。操马来语的在泰国有 100 万人，新加坡有 25 万人。在语音标准化方面，1988 年，马来西亚政府规定，所有学校的马来文考试或比赛都必须使用马来标准语言。

2）英语

马来西亚原是英国殖民地，独立以前，英语是官方语言。独立后的前十年，直到马来西亚国会颁布相关法令之前，英语仍被用作官方语言。

由于英国对马来西亚实行了为期较长的殖民统治，英国语言文化不可避免地渗透到了这片土地，对马来西亚语言文化的发展起到了极其深刻的影响。英语语言的词汇和表达被马来西亚各族语言所借用。而英语本身也反过来受到马来西亚本土各族语言的影响，在用词、造句上都发生了一些变化，从而形成了具有马来西亚特点的马来英语（Manglish）。在马来英语中，许多马来语的词汇被借用到英语的表达中来。此外，普通话、广东话以及泰米尔语的一些词汇也被用作为马来式英语中的常用词。

3）华语

自从 15 世纪初中国商人来到马来西亚，华人就在这片土地上扎下根来，为它的繁荣和兴旺做出了卓越的贡献。目前，马来西亚华人占马来西亚人口总数的 26%，成为马来西亚主要的民族之一。马来西亚华人的祖先多来自中国大陆沿海一带的广东、福建、海南以及台湾等地，他们把不同地方的各种方言带到了这里。由于华语并非官方语言，亦非通用语言，而仅仅是华族的民族语言，属弱势语种。在马来西亚政府采取措施推广和提升马来语作为国语的地位的过程中，马来西亚华人群体为母语华语的传承进行了长期不懈的努力。

4）泰米尔语

泰米尔语是马来西亚印度族的主要语言。马来西亚的印度族主要来自于印度的南部，他们在马来西亚生存发展，为它的繁荣和兴盛作出了自己的贡献。目前，马来西亚的印度族人口占马来西亚人口总数的 8%，成为马来西亚主要的民族之一。在马来西亚政府积极推广和提升马来语的国语地位的过程中，马来西亚的印度族对泰米尔语的传承也进行了不懈的努力。马来西亚独立初期存在的四个源流学校之一——泰米尔语小学，也在 1957 和 1960 年的连续两个教育法令的实施下，逐渐转变为以马来语为教学媒介语的国民学校或接受政府部分津贴的泰米尔语国民型小学。统计数据表明，马来西亚刚独立时，共有 888 所泰米尔语小学，但是到了 2001 年，只剩下 533 所。[1]

2. 语言政策

马来西亚在 1957 年独立后，在教育方面，从英国殖民统治者继承了四种源流并存的学校制度，基本上维护了多种语言多元文化的特色。这四种源流指分别以华语、马来语、泰米尔语和英语为教学媒介语的小学教育类别。不过，独立前马来西亚并不认同这一"四种语言的教育制度"，一直指责这一制度妨碍全民团结。事实上，英国殖民政府就是通过这种各种族的母语教育，将马来西亚人民依种族和语言分而治之，造成民心分裂，国人不和。因此当时的马来领袖认为教育分化了马来西亚社会，多次针对教育政策进行检讨。独立前后，政治局势不断变化，被视为国家建设首要工作的语言政策和教育政策也频频修改。独立后的马来西亚制定了宪法和一系列政策，这些政策的改变对马来西亚教育的发展产生了相当大的影响。

---

1 郭熙（2005）马来西亚：多语言多文化背景下官方语言的推行与话语的拼争，《暨南学报》（哲学社会科学版），第 3 期。

1）宪法

马来西亚在 1957 年独立。这是制定语言政策的关键性时期，许多很重要的政策也都在当时制定，并有效实施至今。其中关系整体族群至深的是 1957 年制定的马来西亚宪法，它很清楚地说明了国家的语言政策。宪法第 152 条的第一项中赋予了马来语为国语的地位。虽然如此，其他语言在马来西亚的使用和发展都获得批准和保障。

宪法中的语言政策是此后所有政策，尤其是语言和教育政策的根基。各族的语言都不可以被摒弃在教育之外，或被剥夺学习和使用的权利。这一重要的语言政策奠定了马来西亚开国以来基本上自由的语言环境，为社会多语种格局的维持提供了保障。

2）《拉扎克报告》

1956 年 4 月，当时的教育部长领导的教育检讨委员会向立法会议提交了一份报告，名为教育委员会报告书，又称《拉扎克报告》（*Razak's Report*）。这份报告在马来西亚教育史上作用重要，因为后来的国家语言和教育政策就是以《拉扎克报告书》的目标为宗旨，新的教育报告都只是做局部的更改和修订，并不是全盘否定它。[1]《拉扎克报告》是马来西亚教育马来化的开始。报告中第一次阐明了马来西亚的教育目标："马来亚教育政策至最后目标必须是各族儿童接受同样一个国家教育制度。在此教育制度中，马来亚的国语乃是主要的教学媒介。不过，本委员会承认，欲达到此目的，不能操之过急，必须逐步推行。"

在此，关于国家的语言政策，《拉扎克报告书》明确指出，马来亚联邦应以马来语为国语，同时保护其他民族的文化和语言。这就意味着，从独立开始，马来语将成为马来西亚的国语，而英语的地位将受到削弱。不过由于英国殖民统治的长期影响，在接下来的 10 年中，整个马来西亚处于从英语过渡到马来语的时期。这期间，英语仍作为官方语言，可以在政府行政上与马来语并行使用。但其官方语言的地位与作为国语的马来语显然是不能相等同的。《拉扎克报告》一共提出了 17 条建议，对国家教育体制进行大刀阔斧地改革，是马来西亚的教育制度逐渐系统化，为国家教育发展奠下基石。同时它非常清楚地阐明了国家的语言政策，使得整个社会的语言使用从以英语为主开始逐渐转向马来语，达到注重马来语的学习和应用的目的。

---

1 Asian, Abu Samah (1994) Language Education Policy Planning in Malaysia: Concern for Unity, Reality and Nationality, in Abduliah, Hassan (ed.) *Language Planning in Southeast Asia*. Kuala Lumpur: Dewan Bahasa dan Pustaka. pp. 52-65.

报告中有关语言教育的内容有：（1）所有学校必须教授马来语；
（2）英语是小学必修课；（3）如有 15 名学生家长要求教授华语或泰米尔
语，则校方应为学生开设母语课；（4）在不以马来语和英语为教学媒介
语的中小学中，马来语和英语须列为必修课。

《拉扎克报告》在马来西亚整个教育和语言发展过程中占有非常重要
的地位。因为它提出的年代正式从 1956 年到 1960 年马来西亚独立之际。
这段时期也是马来西亚开国前后关键性的时期。《拉扎克报告》非常强调
国家团结，把它当成是必须达到的目标，并以语言为达到这一目标的工
具。英语虽然作为在马来西亚长期使用的语言，同时也是当时各学校的
主要教学媒介语，但是在马来西亚民族独立浪潮中，它被视为英国殖民
主义带来的外来语言，被政治的浪潮所抛弃。《拉扎克报告》以国家统一
和民族团结为目标，建议马来语成为马来西亚国语，并逐步取代原有的
英语，成为教学媒介语。马来亚大学马来人高等研究学系、国家语文局
和语言学院分别于 1956 年、1957 年和 1958 年相继成立，共同致力于马
来语地位的提升和应用的推广。《拉扎克报告》是马来语辉煌时期的开
端，也是英语正式转变为马来西亚第一外语的开始。

3）《达立报告》和《1961 年教育法令》

这一时期是独立后的马来西亚教育发展也是语言教育发展的第二阶
段。在语言和教育方针上，《达立报告》和《拉扎克报告》的立场基本相
同。它重申马来语为国语，进一步强调马来化政策，巩固马来语的地位，
落实《拉扎克报告》所提出的"一种语文，一种渊源"的教育政策为国
家教育制度的最终目标。

1961 年，根据《达立报告》的建议，马来西亚立法议会颁布了马来
西亚教育史上重要的第三部教育法，即《1961 年教育法令》。政府对教育
和学校改制问题采取坚决的立场，建立以马来语为教学媒介语的国家教
育制度。《1961 年教育法令》的出台，更是促使大部分的各语源小学都接
受政府津贴，而成为国立或者国民小学，剩下来的私立小学和独立中学
则是寥寥无几。而此后，这些私立小学也逐渐趋向衰落，至 20 世纪 90
年代，留存下来或者新建立的私立小学，大多只是外侨开办的国际小学
和民办的双语小学。[1] 这些私立小学均属贵族学校，学费相当昂贵，不过
设备先进，师资素质一流。

---

1 这些双语小学以马来语和英语为主要教学媒介语。其中一所设在首都吉隆坡的 Sri Kuala
  Lumpur 私立小学，在 1999 年 7 月正式成为马来西亚第一所"精英小学"。

这一时期的教育法令对马来西亚教育及语言格局的变化影响深远，但这一影响主要存在于马来语和民族语言即华语和泰米尔语之间，英语作为第一外语，仍然是各类学校学生必修的课程，也是升入高一级学校必考的科目之一。

4)《1967年国语法案》

1967年9月，马来西亚国会通过了《1967年国语法案》。这一法令是马来西亚历史上十分重要的语言法令，深远地影响了此后整个马来西亚年轻一代的教育方式和语言使用的选择。它规定马来语为马来西亚唯一的官方语言。这一法令的出台标志着马来语和英语并行的过渡期正式结束。马来语的教育地位大幅度提升，英语正式降为第二语言。

自《1967年国语法案》颁布后，从1968年1月开始，所有英文小学从一年级起逐步将一部分学科改成以马来语教学。1969年发生的5.13民族冲突事件更是激发了该法令的加紧执行。当年的7月，时任教育部长的阿卜杜尔·拉赫曼（Haji S. Abdul Rahman）向全国宣布，所有以英语为媒介语的学校都将改成以马来语为教学媒介语。从1970年1月开始，国民英语小学一年级所有的科目，除了英语以外，都必须改用马来语为教学媒介语。到1975年，所有的国民英语小学均改制为国立学校。不过国民华文小学和泰米尔小学不受该法令影响。发展到1976年，所有的国民英语中学也要从一年级开始改以马来语为教学媒介语。到1981年，国民英语中学从预备班到五年级都已经使用马来语作教学媒介语，完全改制成为国立中学。华文和泰米尔文国民中学也不例外，在1962年改制后必须要以英语作为教学媒介语。可是在1976年又经历了第二次的媒介语改变，与所有的国民英文中学从英语改成马来语教学一样，仅保留每周五至七节的华文课。除了英语和华文课以外，其他学科都采用马来语教学。

除了基础教育之外，从1982年起，先前多为英语讲授的高等学校和大学一年级课程也必须用马来语讲授。师范学院也从1973年起开始采用马来语为主要教学媒介语。到了1982年，从小学到中学再到大学，教学媒介语言都从原先的英语完全转变成了马来语。这就是说，以马来语取代英语作为教学媒介语的过程在13年内完满结束。[1]

除了成功取代英语成为教学媒介语，马来语也成为主要的应试媒介语。从1978年开始，在中学举行的考试，英语作为媒介语的试卷也逐步

---

1 洪丽芬（2008）马来西亚语言教育政策的变化及对华人的影响，《八桂侨刊》，第3期。

被马来语取代。到了 1982 年，所有中学的公共考试都已经改用了马来语。

除此之外，教育部长还宣布，所有想到海外大学深造的学生，必须符合一个条件，就是在马来西亚教育文凭的马来语考试中获得优秀的成绩。这就使得很多原本打算到英国及其他英语国家深造的学生，因为要符合出国留学条件，而勤于学习马来语，以求获得优秀的马来语成绩。

以上的这些措施都在当时对马来语的学习和使用启动了刺激和推动作用。马来语的重要性和学术地位也随之大大提高。相比较而言，原来作为殖民时期的最重要的媒介语英语的地位则大大被削弱，只是作为中小学一门必修的外语科目。这也使得现在不少马来西亚非马来族年轻人使用马来语的能力远远比英语要强，英语在马来西亚的辉煌时代正式终结。

5）国家现代化时期的英语教育政策

新经济政策时期是马来西亚语言政策的巩固期。由于语言政策在之前已经拟定并逐步落实，因此这期间与语言直接相关的政策不多。马来西亚各族人民在强调马来语的语言政策下，在以马来语为教学媒介语的教育熏陶下，不再像上一辈那样对母语执著，不但在政治上认同马来西亚，在文化认同和种族认同上也以马来西亚人为荣。

新经济政策在执行了 20 年后，马来人的经济竞争能力增强，种族矛盾相对缓和，社会比较稳定。政府对待非马来族的母语教育问题上也采取了比较开放的态度。政府甚至在 1996 年和 1997 年连续批准两所华文高等教育学府，即南方学院和新纪元学院的成立。在这个物质期望高涨、贸易、金融、信息全球化的时代，马来西亚的发展趋势转向为国家现代化。而在这个现代化的过程中，英语问题成为了整个教育和语言发展的重心。

马来西亚在 20 世纪 90 年代就开始意识到英语日益重要的国际地位，以及在科学、商贸和咨询中的重要性。但是长期以来实行的以马来语为教学和应试媒介语的语言政策，让这个昔日英联邦国家国民的英语程度出现了很大的下滑。英语教育门庭冷落、水平不高是公认的事实。1991 年，时任首相的马哈蒂尔医生在报纸上发表了他对马来西亚国民英文程度滑落的担忧。许多中学生在政府考试中的英语成绩不理想。2005 年，根据马来西亚人力资源部的统计数据，马来西亚共有 19 万名大学生向当局登记为失业人士，而大学生失业因素的调查显示，最主要的因素是英文程度差，占了 55.8% 的比例。这些现状使得马来西亚教育部门重新认识英语在高等教育、商贸和国际事务上的重要性，意识到国民对英语的掌握必须加以提高。1995 年，时任教育部长的现马来西亚首相纳吉布也宣称要进行教育改革，以提高国民的英语程度。这成为当时马来西亚政府教育部门关心的重点。为了配合这一重心，马来西亚政府采取了一系列的对应措施。

在 90 年代，马来西亚教育部制定了《1995 年教育法令》，以取代已实施了 34 年的《1961 年教育法令》。这也是为了要实现 2020 年宏愿的目标，把马来西亚变成卓越的国际教育中心。

1997 年金融危机的爆发严重影响马来西亚经济，教育也受到了很大的冲击。奖助学金减少、货币贬值、海外教育费相对提高等因素迫使很多原本希望到海外深造的学子留在了国内。在这种情况下，马来西亚政府放宽条例，鼓励私人开办私立大学，以容纳这些学生。这些本地的私立大学可以使用英文为所有科目的教学媒介语，条件是课程中必须包括马来语这一科目。这项教育语言政策上的大转变无疑促进了英语的学习和使用。老师们以英语教授课程，参考资料也倾向于英语书籍，这些改变导致学生们从以往应付考试的英语学习转变为致力于提高英语的掌握和应用。

为了提高大学生的英语水平，每一所大学内设立的语言中心，都提供英语课程。并规定所有为达到指定英语程度的学生都必须在大学期间选修英语。政府同时还指示所有国立大学师生在讨论课及课外活动是以英语交流。此外，一些大学还开办了大专生重新培训课程，免费让失业大学生重返校园学习英语。

除了大学，中小学的英语教育也在 21 世纪初发生了一个大的改变。2002 年 5 月，时任教育部长的纳吉布宣布，从 2003 年开始，英语正式成为国民学校和国民型学校里数学和科学科目的教学媒介语。政府的理由是英语是吸收科技知识的重要语言。只有提高青少年的英语程度，才能提高国家的竞争力，面对全球化和信息时代的挑战。这种改变是从小学一年级、中学一年级以及大学先修班在 2003 年 1 月同时开始实行。同时教育部还计划在 2008 年以英语为所有技术学院里技术科目的教学媒介语。这是英语自 1970 年失去教学媒介语地位逾 30 年后的大翻身。虽然这一政策受到来自华人的激烈反对，政府最后还是执意推行这一计划，不过只要求国小、国中和大学先修班一年级的数理科目从 2003 年起以英语教学，不再要求所有源流学校都是用英语教学[1]。华文小学保留以华语

---

1 庄兆声（2003）马来西亚华文教育的生存状况，《粤海风》（网络版），第 6 期。

教授数理科目的同时也得增加四节以英语教学的数学课和三节以英语教学的科学课。

正像马来西亚前首相马哈蒂尔多次强调的那样，马来语仍然是马来西亚的国家语言，但是作为商业用语的英语的重要性也不会被忽视。政府将确保英语是重要的第二语言。

6）其他外语教育政策

作为曾经的英国殖民地以及曾经的英联邦国家，马来西亚的英语教育是马来西亚整个外语教育的重中之重。但是，除了英语之外，马来西亚存在很多其他外语的教育。这些外语教育或多或少都和它的宗教以及外交有着密不可分的关系。

阿拉伯语教育

伊斯兰教在 12 至 14 世纪传播到马来半岛。随着伊斯兰教的传播，阿拉伯语也传播到马来半岛上。那个时候，为了学习古兰经和伊斯兰文明，人们必须首先学习阿拉伯语。从 14 世纪开始，随着越来越多的马来人皈依伊斯兰教，人们开始使用"爪威"文字。不过早期的阿拉伯语教育和宗教教育仅局限于念诵古兰经和学习基本的宗教礼仪，教育的场所也只是在清真寺内。至 19 世纪末，才有了宗教学校。1957 年马来西亚独立后，民族意识的日益复苏引起了对传统文化予以应有地位的呼声。伊斯兰教在社会、经济和文化等方面均显示出了其影响力。教育部在学校中增加了宗教教育的比重。马来亚大学于 1970 年成立了伊斯兰学系。1983 年国际伊斯兰大学宣告成立。这些院校中均设有阿拉伯语专业，并开设本科课程，有的甚至可以提供研究生课程。这些大学在培养宗教人才的同时，也培养了大量的阿拉伯语的专家。

在中小学阶段，马来西亚政府亦广泛推行伊斯兰教育原则，将伊斯兰宗教知识纳入到课程设置中。在小学里，穆斯林学生每周宗教教育课为 3 小时，在中学里，则为 4 小时。除了国民学校和国民型学校外，还有专门的宗教学校。这些从小开设的宗教课程，使大部分马来西亚穆斯林有着比较好的阿拉伯语的基础。不过如果不是作为专业课进行进一步训练和提高，大部分人的阿拉伯语水平一般仅限于诵读古兰经。

日语教育

在这儿强调马来西亚的日语教育主要基于三个原因。第一个原因是由于马来西亚曾被日本帝国主义所统治。在日本侵略者统治期间，日本人对马来人和华人实行分治政策，即拉拢马来人，打击华人。在那段时间里，日本人为了美化自己的侵略，对被侵略人民灌输帝国主义思想等目的，在马来西亚开办了一些学校，教授马来人日语。

第二个原因是由于马来西亚前首相马哈蒂尔的"向东看"政策。这一政策实际上就是向日本这个工业大国看齐，努力学习日本的成功经验，为马来西亚的发展和壮大服务。在这个政策的号召下，政府提供了一大笔奖学金选派优秀学生和公务人员去日本留学。为了争取被政府选送去日本留学的机会，日语成为了当时热门的外语。与日本在各方面合作的增多，例如马来西亚本地对日本汽车技术的引进，也促进了民众对日语的学习。

第三个原因是日本政府长期以来的对外宣传政策。由于第一大经济强国日本强烈的对外宣传势头，它在全球各地建立了很多日语中心和日本学研究中心，其中包括在马来西亚。马来西亚各大学和学院里，经常可以看见日语或日本学研究中心。这些中心大都由日本政府投资兴建，并派驻专家长期教授日语、开展日本学研究。这些中心还经常提供各种奖学金，选送学生去日本本土学习。例如在马来西亚第一高等学府马来亚大学，除了大学语言系本身开设的日语专业外，学校还专门设有日本学研究中心，授课教师多为日本人或从日本留学归来的本国教师。教学内容除了日语学习之外，还包括日本的政治、经济、文化等各个方面。中心除了提供本科及研究生学历教育以外，还为对日本文化感兴趣的其他科系学生提供选修课，以达到介绍和传播日本语言文化的目的。

其他外语教育

除了英语为第二语言的教育政策，以及作为宗教语言的阿拉伯语之外，马来西亚其他外语教育一般都从高等教育阶段开始。小部分国际通用语言，如法语、西班牙语在部分中学作为选修课程。有些精英小学或国际学校，也把法语或者西班牙语作为必修科目。不过这样的外语教学行为仍属于少数，教材一般为原版引进，没有统一的标准。教学成果也没有统一测试的标准，全凭各校自身的要求。

但是一旦进入高等教育阶段，这些外语教育就会进入系统正规的轨道。这里我们以马来西亚最著名的马来亚大学为例，其他大学情况都大致相同。

马来亚大学设有语言与语言学系。提供的语言课程主要包括（1）阿拉伯语及中东语言；（2）亚欧语言；（3）英语；（4）马来西亚的语言及应用。其中阿拉伯语和中东语言主要包含阿拉伯语、波斯语和土耳其语。亚欧语言包括日语、韩语、泰语、菲律宾语、俄语、意大利语、德语、法语。马来西亚语言主要包括马来语、华语和泰米尔语。

在这些语言中，英语、阿拉伯语、华语、泰米尔语、意大利语、日语、德语、法语和西班牙语这9种语言开设外语本科学历教育。英语、法语等还开设语言学、文学、社会学等硕士和博士研究生学历教育。其中英语、华语、日语、阿拉伯语、法语和德语还专门作为本科阶段选修课，面向全校学生。学制为一个学期，通过考试后可获得两个学分。

除了这些学习之外，马来西亚的大学还与国外多所大学建立了校际合作，经常把学习外语的优秀学生直接选送到对象国学习。

其他外语教育机构

除了上述的中小学及大学中开设的外语教育之外，还有一部分外国政府及院校在马来西亚开设的常设机构及分院，如德国的歌德学院。这些情况和其他发展中国家的情况类似。

值得一提的是，为了应对全球化的趋势，马来西亚政府于1993年9月14日成立了一个专业翻译机构——马来西亚国家翻译学院（Malaysian National Institute of Translation，简称ITNM），隶属教育部，负责为政府机构、法庭以及社会各界提供口笔译服务，同时还提供短期翻译和语言培训服务。该机构有40余名专职人员，有数千名在线注册会员。该学院每年举办一次国际翻译会议。目前，马来西亚政府的很多翻译人员都来自这个学院，或接受过这个学院的培训。其中的佼佼者则还会被送到语言对象国进行培养和训练。

四、马来西亚外语教育的启示

总的来看，马来西亚官方语言推行中采取的一系列渐进措施已经取得了初步的成效。就前景来看，马来语的一体化将是主流。这个结论基于以下几点考虑：

第一，英语的地位将会得到提升。

当年反殖民胜利后的强烈独立意识已经淡化，继之而来的是英语国际化的大背景，语言的市场价值在起杠杆的作用。

第二，泰米尔语等弱势语言将走向衰落。

这里只举泰米尔学校的例子来说明泰米尔语的地位。马来西亚刚独立时，共有888所泰米尔文小学，但是到2001年，只剩下535所，减少了353所。以目前情况来看，泰米尔小学根本谈不上发展，它们能不能继续生存，都还是一个问题。

第三，华语不再必然是华人的标志。

一方面，一些华人因为种种原因逐步放弃华语；而另一方面，同样是语言市场价值起作用，随着中国的崛起，非华裔的华语学习者还会进一步增加。

第四，其他外语的学习将会继续扩大。

随着马来西亚经济的进一步发展，越来越多的马来西亚人已经把投资的触角延伸到海外，例如非洲。这就要求他们能够掌握当地的语言，了解当地的文化，以促进自己在当地的发展。这样的状况，必然会增加民众对其他非通用外语了解和学习的需求，催生相应的外语教育。马来西亚独具特色的外语教育与它的多民族社会结构是分不开的。马来西亚的外语教育在整个教育系统中占据重要的地位，从历史发展的沿革来看，有着阶段性的起伏。这种变动往往与国家的政治、经济大气候有关，也受到一些世界性思潮的影响。

在马来西亚的外语教育发展的进程中，有几点是值得借鉴的：

第一，立法并遵照法律、法规发展外语教育。

马来西亚教育部为了确保马来西亚外语教育在迅速发展中迈向世界级水平的同时，也塑造出许多具备道德观念的外语高级学术专家。

第二，调节、引导外语教育的发展。

从马来西亚的经验来看，主要从教育体制政策、经费政策、人事政策和教育质量政策等多方面入手。教育体制政策要解决的是政府与学校、学校与社会之间的关键问题，它是一个国家外语教育改革与发展的前提；经费政策解决的是经费投资的比例，经费来源的渠道以及如何管好、用好外语教育经费的问题；人事政策主要解决如何建设一支高质量的外语教学队伍的问题，它是一个国家外语教育改革与发展的保证；教育质量政策主要解决如何使各种外语教育手段形成合力，以实现外语教育质量标准的问题，它是一个国家外语教育改革与发展的落脚点。外语教育是整个教育系统的一个有机组成部分，制定外语教育政策，要与整个教育政策相配套，只不过四大外语教育政策的具体内容不同而已。

第三，马来西亚政府支持和资助外语教育是使其发展的重要因素之一。

从外语教育所具有的特殊性出发，政府除了拨付专项资金支持外语教育发展之外，还给予一定的支持政策和奖励基金。主要体现在增加与对象国的学术互访、提高外语教学师资水平与教学质量，改善教学环境、图书设备，以及提高外语教育工作者的工作和生活水平等方面。

综上所述，如何解决发展中国家外语教育发展进程中出现的问题，使外语教育得到健康发展，是所有发展中国家政府和教育工作者都需要研究的一个重要课题。在这些方面，我们可以从马来西亚的外语教育中获得些许启示。

参考文献

1. 【日】石川贤作（2002）新加坡、马来西亚的语言、教育政策和华人社会的阶层结构，《南洋资料译丛》（第 2 辑），第 97-108 页（原载日本《经营研究》第 14 卷特别号，2001 年 3 月，刘晓民译）。

2. 薄云（2009）亚洲金融危机期间相关国家高等教育经费政策调整——以泰、韩、马、菲、印尼五国为例，《教育发展研究》，第 13-14 期。

3. 耿虎、曾少聪（2007）教育政策与民族问题——以马来西亚华文教育为例，《当代亚太》，第 6 期。

4. 郭熙（2005）马来西亚：多语言多文化背景下官方语言的推行与话语的拼争，《暨南学报》（哲学社会科学版），第 3 期。

5. 洪丽芬（2008）马来西亚语言教育政策的变化及对华人的影响，《八桂侨刊》，第 9 期。

6. 胡爱清（2002）马来西亚教育政策的转变及其对华文教育的影响，《八桂侨刊》，第 4 期。

7. 柯永红（2009）论马来西亚语言特点，《广西民族大学学报》（哲学社会科学报），第 6 期。

8. 廖小建（2002）《世纪之交的马来西亚》。北京：世界知识出版社。

9. 廖小建（2007）马来西亚的马来人教育：发展与影响，《南洋问题研究》，第 4 期。

10. 莫泰熙（2003）英文教育回流对马来西亚华文教育的挑战，《暨南大学华文学院学报》，第 4 期。

11. 钱文宝、林武光（1981）《马来西亚简史》。北京：商务印书馆。

12. 杨贵谊（2000）新马华社与马来语文近况，载李如龙（编）《东南亚华人语言研究》。北京：北京语言文化大学出版社。

13. 郑良书（2001）《马来西亚华文教育发展史》（第三分册）。吉隆坡：马来西亚华校教师会总会。

14. 邹长虹（2004）主体性空间视野中的马来西亚英语，《外语学刊》，第 1 期。

15. Asiah, Abu Hamah (1994) Language Education Policy Planning in Malaysia: Concern for Unity, Reality and Nationality. In Abdullah, Hassan (ed.). *Language Planning in Southeast Asia*. Kuala Lumpur: Dewan Bahasa dan Pustaka.

16. Asmah, Haji Omar (1979) Bilingual Education in Malaysia: For and Against. In *Language Planning for Unity and Efficiency*. Kuala Lumpur: The University of Malaya Press.

17. Molly N. N. Lee, Stephen Healy (2006) Higher Education in Southeast Asia: An Overview. In *Higher Education in Southeast Asia*. Bangkok (UNESCO). p 1-12.

18. Pilly, Hannah (1998) Issues in the Teaching of English in Malaysia. *The Language Teacher* (11): 41-43.

第十一章
泰国的外语教育

陈利

一、泰国外语教育背景

1. 地理与历史

　　泰国位于中南半岛中南部，面积51.3万平方公里，东南临泰国湾（太平洋），西南濒安达曼海（印度洋），西和西北与缅甸接壤，东北与老挝交界，东南与柬埔寨为邻，疆域沿克拉地峡向南延伸至马来半岛，与马来西亚相接，其狭窄部分居印度洋与太平洋之间。热带季风气候。全年分为热、雨、旱三季。年均气温24~30℃。

　　16世纪，葡萄牙、荷兰、英国和法国等殖民势力先后入侵。1896年英、法签订条约，定暹罗为英属缅甸和法属印度支那之间的缓冲国，暹罗成为东南亚唯一没有沦为殖民地的国家。1932年泰国民党发动政变，改君主专制为君主立宪制。1941年日军侵占泰国，泰政府投靠日本并加入轴心国集团。1945年8月泰政府宣布前政府与同盟国的宣战无效，主动归还战争期间靠日本支持从邻国攫取的领土，泰免于沦为战败国。二战后，美国在泰影响明显上升，政权为军人集团控制，政变频繁。20世纪90年代后，军人淡出政坛，开始多党轮流执政局面。

2. 政治与经济

　　泰国全国人口6,308万（2006年），是一个由30多个民族组成的多民族国家，其中泰族占人口总数的40%、老族占35%，马来族占3.5%，高棉族占 2% 等。此外还有苗、瑶、桂、汶、克伦、掸等山地民族。泰语为国语。全国 90% 以上人口信奉小乘佛教，约 5% 信奉伊斯兰教。泰国于公元 1238 年形成较为统一的国家，先后经历了四个王朝，即素可泰王朝时期（公元 1238-1438 年），大城王朝时期（公元 1350-1767 年），吞武里王朝时期（公元 1767-1782 年），曼谷王朝时期（公元 1782 年至今），现在为曼谷王朝九世王时期。1932 年泰国由君主专制变为君主立宪制，国王为国家元首。1949 年正式更名为泰国。泰国行政划分为 76 个府，府下设县、区、村。曼谷为首都。

泰国实行自由经济政策，属外向型经济，高度依赖美、日、欧等市场。20 世纪 80 年代起，电子工业等制造业发展迅速，经济持续高速增长。1996 年人均 GDP 约 2,700 美元，被列为中等收入国家。1997 年爆发金融危机，经济衰退，1999 年开始复苏。2003 年 7 月 31 日，泰国提前两年全部还清金融危机期间向国际货币基金组织借贷的 172 亿美元贷款。泰国 2006 年国内生产总值（GDP）为 78,131 亿泰铢（约合 2,060 亿美元），人均国内生产总值 117,362 泰铢（约合 3,094 美元），GDP 增长 4.2%，进出口贸易总额 2,542 亿美元，外汇储备 669.85 亿美元，通货膨胀率 4.7%。2007 外汇储备达 730 亿美元。

泰国自 1961 年起开始实施国家经济和社会发展五年计划，2002 年起实施第九个五年计划，实行自由经济政策，鼓励私人投资和竞争，引导私营部门在国民经济发展中起主导作用；增加政府在基础设施上的投资，改善投资环境，大力引进外资和技术，努力扩大出口。加快经济体制改革步伐，解除经常项目下外汇交易管制，允许外国银行在曼谷经办"离岸业务"（BIBF）。此外，积极参与区域性经济合作，加入"亚太经济合作组织"（APEC）和"东盟自由贸易区"（AFTA），积极参加湄公河次区域合作，推动泰、马、印尼"成长三角"合作。随着制造业和服务业的发展，尤其是旅游业的崛起，泰经济结构已发生重大变化，由过去以农产品出口为主的农业国逐步向新兴工业国转化，工业制成品成为泰国主要出口商品。

3. 教育历史与现状

从教育史来看，泰国的教育发展分 4 个时期：19 世纪以前的旧式教育时期，19 世纪初近代教育的开创时期，19 世纪中拉玛五世、六世教育的振兴时期，20 世纪的改革发展时期。

19 世纪以前的旧式教育时期，教育活动主要在寺庙中进行的，教育形式是僧侣向男孩子传授经文和语言文字，寺庙就是学校，僧侣就是教师。

19 世纪初外国传教士进入泰国，他们一边传播基督教，一边开办学校，这个时期泰国诞生了近代意义上的学校。

拉玛五世时期，国王拉玛五世特别重视教育，1871 年在王宫建立了泰国第一所具有现代意义的学校。该学校主要课程是泰语、算术和官方法规，目标是培养政府官员。高等院校也是这个时期建立起来的。

泰国 1932 年政变成为君主立宪制以后，开始大力发展教育，将教育作为国家建设的重要支柱。在政府鼓励下，泰国教育制度开始逐渐完善，并从 1960 年开始实施泰国教育发展的第一个五年计划，此后每一个教育发展五年计划都有其明确的目标。例如，第一个五年计划重点是发展中等职业教育；第二个五年计划重点是建立开放大学，解决大批高中生难以进入大学问题；第五个教育计划重点在促进高等教育的发展；1997 年颁布的第八个教育发展计划规定所有儿童必须接受到初中为止的 9 年免费义务教育。通过一系列教育发展计划的实施，泰国培养了大批经济政治人才，对泰国社会经济发展提供了宝贵的人力资源，也使得泰国总体教育水平在东盟国家乃至发展中国家处于前列。

现在，泰国 7-12 岁儿童入学率达到 90% 以上。15 岁以上人口的识字率从 1970 年的 78.6% 提高到了 1999 年的 93.8%，而发展中国家的平均水平是 70.4%，泰国在东盟国家中仅次于菲律宾位居第二位。

4. 教育行政机构与教育经费

在行政制度上，泰国的教育行政体制分为 3 级：中央级、地区级和地方级。中央级有三个部门负责教育工作：内政部负责乡村地区的初等教育；教育部是泰国最高教育行政机构，主管大学教育以外的所有教育管理工作，如中等教育、中学后职业教育与师资培训等；大学部主要负责全国大学的管理和教育工作，如高等院校的招生、考核、教师的聘用、制定人才计划等工作。

自 20 世纪 90 年代中期以来，泰国的教育经费一直占国民预算的 20% 以上，约占国内生产总值的 4%，居国家预算的首位。泰国教育资金来源有两类：一类是政府拨款给公立学校，一类是私人或社会团体依照"民主学校法规"捐款创办的民办学校。泰国高等教育的经费主要来自政府的财政拨款。1996 年，公共教育日常经费各类学校所占比例分别为：学龄前教育 16.4%，小学 33.9%，中学 20%，大学 16.4%，其他 13.3%。

5. 教育体制

泰国教育分普通教育、职业教育和成人教育三大类。普通教育又分学前幼儿教育、初等教育、中等教育（分初中和高中）、高等教育四个阶段。

泰国政府一向重视初等教育的发展，这一阶段是 6 年制的强制性的义务教育。中等教育是非强制性的义务教育，从事中等教育的学校有两类，一类是普通中学，另一类是职业技术学校。中等教育课程分为 3 个部分：必修课、选修课和活动课，均采用学分制。

泰国高等教育比较发达，高等教育机构分为公立和私立两类，目前泰国有 66 所公立大学和 50 所私立高等院校，学制为 4 年。泰国高等教育功能分层清晰：大学的教育是国际性的，目的是进行特种教育，促进国家的全面发展；学院进行的教育是地方性的，目的是促进地方的发展；高等职业技术学校的教育是社区性的，目的是促进社区的发展。泰国重要国立大学有：朱拉隆攻大学、法政大学、清迈大学等。

除此之外，泰国的开放大学也颇具特色。泰国有两所开放大学，其中一所建立于 1971 年，号称是世界上最大的开放大学——兰甘亨大学，可授予学士、硕士学位。凡泰国国民，只要有高中文凭及相应学历，不论年龄、性别、身体状况，都可以注册入学，在 8 年内任何时候只要修满学分，便可获得学位。开放大学学费低廉，授课灵活，为大量贫寒子弟提供了教育机会。

二、外语教育与政策

1. 概况

泰国的外语教育始于泰国第一个王朝素可泰时期（公元 1238-1438 年），但直到曼谷王朝五世王时期（公元 1868-1910 年）才有真正的有文字记载的外语教育政策。纵观泰国的外语教育可以看出，影响泰国外语教育政策变化的因素不外乎以下几个：宗教、政治、经济、国际竞争力以及领导人的决策。与时俱进的外语教育政策也使得泰国培养出众多优秀外语人才，为泰国的近几十年来的经济发展及对外交往做出了重要贡献。

从素可泰王朝直至曼谷王朝初期，宗教因素一直是泰国外语教育的重要影响力。在素可泰王朝时期，由于佛教的传入，泰国开始了外语教育，这时的外语只是和佛教有关的巴梵语、高棉语。大城王朝时期，由于伊斯兰教开始在泰国传播，在泰国的伊斯兰教学校开始教授阿拉伯语和马来语，同时汉语和法语教学也开始出现。到了曼谷王朝四世王时期，西方列强开始入侵东南亚，抢占殖民地，泰国四世王意识到只有加强国力才能免于沦为西方殖民地，于是制定一系列富国强民政策，其中让国民开始学习外语就是一条。此后五世王时期，泰国开始有了真正的外语教育政策与大纲，同时还允许私人办学教授外语，外语种类除以前开设的以外增加了英语。从五世王时期直至 20 世纪 50 年代末，影响泰国外语教育政策的因素主要在于国内外政治局势的变化，特别是两次世界大战期间，西方列强的入侵，使得泰国当局意识到有必要学习外语，以便更好地了解对方以及更好地沟通。这期间开设的语种主要还是英语、法语、马来语以及汉语。

从 20 世纪 60 年代初至今，全球政治经济一体化以及提高本国国际竞争力成为影响泰国外语教育政策的主要因素。泰国每一届政府都意识到在全球化的趋势下推广全民外语教育的必要性和重要性，开始制定系统的外语教学政策，开始在中小学、大学及职业教育中开设外语课程，外语种类也扩大至 19 种，即英语、法语、德语、意大利语、西班牙语、葡萄牙语、俄语、汉语、日语、韩（朝鲜）语、越南语、柬埔寨语、缅甸语、老挝语、马来语、阿拉伯语、印地语、巴利语梵语和希腊语（见附表 1）。其中，巴梵语是泰国人学习的第一种外语，在 1895 年教学大纲中还明确规定是每个接受教育的泰国人民都必须学习的语言，随着社会的不断变迁，巴梵语的分量越来越轻，到了 2001 年教学大纲中只是特定专业的选修课，取而代之的是英语、汉语、日语这三大外语，成为当今泰国开设教学最广的语言。其中英语是自五世王以来泰国政府最为重视的外语，一直放在外语教育的首位，近几年来，随着中泰关系日益紧密、中国经济的快速增长以及两国经贸往来的日益增多，越来越多的人开始学习汉语，汉语已经成为与英语同等重要的外语。

下面将重点探讨泰国自 1932 年资产阶级革命以来外语教学政策与社会经济发展的关系以及外语教学的得失。

2. 外语教育与政策：1932-1960

1932 年，泰国由君主专制变为君主立宪制。新政府上台便将振兴教育作为六大治国方针之一，并宣布教育的宗旨是实行全民教育，目的是振兴国内教育。这一宗旨符合人民大众的根本利益。

1932 年至 1960 年，是泰国国内极具动荡的年代，先后有 30 届政府上台，好在频换的政府并未使教育制度出现停滞。这一阶段泰国教育政策可大致分为三个时期：第一时期为 1932 年至 1942 年，泰国刚经历政体变化。教育政策侧重于发展初等教育（小学）。颁布了两部重要教学大纲，即《1932年教学大纲》和《1936年教学大纲》。《1932年教学大纲》将初等教育分为六个年级，普通教育四年，特殊教育两年。毕业于普通教育班级的学生可以去中学就读，如不能毕业则须读五年级、六年级，作为今后就业的基础。《1936年教学大纲》则对《1932年教学大纲》进行了调整和补充。规定中等教育为初中三年、高中三年，高等院校预科班两年。预科班直接针对那些高中毕业后要继续在高等院校深造的学子们。而职业教育分为三等：初级、中级和高级。分别针对小学毕业、初中毕业和高中毕业的学生们。

第二时期为1942至1950年，政府大幅度调整国家教育政策，关注各级教育。初等、中等、高等、成人以及职业教育，无论是数量还是质量上，都有相关政策。

第三时期为1950至1960年，先后有7届政府上台。在这一阶段中，各级教育进行调整并不断向前发展，成果很明显。为提高民众的认知水平，使其拥有良好的工作能力，同时也为了使民众拥有良好的文化及道德，政府又颁布了《1951年教学大纲》。《1951年教学大纲》将教学分为五个阶段：学前教育、初等教育、中等教育、高级职业学校和高等教育。

《1932年教育计划》明文规定：高等院校毕业者必须掌握两门外语。第一外语始学于初中阶段，第二外语学于高中阶段，而在语言选择上则没有限制，可以学习英语、法语、德语、中文等当代语言，也可以学习巴利文、梵文等古代语言。从《1932年教育计划》中可看出各外语语种的平衡性，但在实践中，最重要的外语还是英语。而且这一时期英语出现在各阶段的教育大纲之中，在1937年和1948年以及1955年大纲中均规定，英语是小学教育阶段以及高校预科班的必修课，初中阶段英语学习之目的是作为继续深造的基础，对其他科目学习起到帮助作用，而高中阶段英语学习目的，除了作为继续深造的基础，也是为了英语商务交流活动。

英语一直是泰国自五世王时期以来政府最为重视的外语，但在1937年之前，泰国学生也只有在初中阶段才开始接触英语。从《1937年教学大纲》开始，允许小学开设外语教学，但每周不能超过五个半小时。在这个新大纲中还规定，英语是初中阶段学生必修的第一门外语，高中阶段开始须学习第二外语。接下来在《1948年教学大纲》中，规定所有学生均须学习英语。

华文教育在经过20世纪初的繁荣发展后，到了这一阶段由于国际形势以及泰国国内政局的变化，华文教育出现一个衰退期。1933 年泰国政府开始强制规定每所学校每周的华语课由 28 小时减至每周不超过 6 小时，凡违规者，将予关闭。因违规者众多，1933 至 1935 年被勒令关闭的华校达 79 所。1939 年泰国教育部规定华校每周仅能教授华文 2 个小时，其他时间必须教授泰文。据泰国教育部统计，1939 年初全国尚有华校 294 所，自这个政策出台后，华校自动停办了 51 所，剩下也陆续被关闭。1945 年，中国取得了抗日战争的全面胜利，中泰就华校问题进行了磋商。由于泰国政府战时奉行亲日政策，处境维艰，迫于形势，泰国政府不得不做出了妥协，宣布放宽对华校的种种限制，每周可授 10 个小时华文课程。泰国华人华侨深受鼓舞，出现了短暂的华校复兴现象。但是，自銮披汶上台执政后，政府竭力限制华文教育的开展，华文中学被取消，对华小也从课时等方面严加限制，且华校不为政府承认，仅能列为民校。1959 年，泰国华校缩至 177 所。

这一时期另一门受重视的外语便是日文。二战初期，泰国政府同意日军借道泰国，并在 1940 年与日本签订同盟条约，日本政府在泰国的地位非同一般，无论是军事、政治、经济还是文化方面。泰国政府同意日本政府于 1942 年在泰国建立日本文化学院。这所学院的主要任务是教授日文。同年，连国立朱拉隆功大学预科班也开设日文课。规定学生每周学习 4 小时。

《1938 年教学大纲》规定，在高等院校预科班，除了必修的英语课外，语言文学专业学生还需选修第二外语，可选语种为巴利语、法语和中文。高等院校中则教授英语、法语和德语。除此之外，泰国南部四府由于大部分为穆斯林，学校还教授马来语与阿拉伯语。

1932 年至 1960 年间外语教育政策的制定，都是由于国际国内的政治变化和国家领导人决策的因素来决定的。从中文和日文的教学中可明显看出上述两种因素对于外语政策调整的影响。

首先，1932 年泰国政体由君主专政制度转变为君主立宪制后，时任泰国政府为扭转国民单纯效忠国王的思想，第一要务就是教育国民树立起民族主义思想，并对旅泰华人实行同化政策。自六世王开始便制定一系列政策培养当地华人华侨热爱泰国的思想，要求每个国民都要接受泰文教育，要掌握泰文。基于此种考虑，仅教授华文的学校首当其冲的受到冲击。

第二，1937 年，中日爆发全面战争。泰国华人华侨各界人士包括华校和华文老师踊跃捐资支援中国抗日战争，并建立了地下组织进行抗日宣传、抵制日货的斗争。而时任泰国政府执行亲日政策，担心泰国华人社团的抗日活动影响泰日关系，对华文报纸进行严厉管制，严禁华人华侨从事抗日活动。二战结束后，当时的銮披汶政府实行亲美政策，反共排华。不仅泰国，东南亚各国都在不同程度上均实行限制、排挤和打击华社的政策。在越南、印尼等国还发生了大规模的排华运动，对中华文化及华文教育的限制和挤压也就成了东南亚各国政府反华、限华和排华的必然结果，华文教学在整个东南亚都处于低潮。在这样的历史背景下，泰国的华文教育也受到很大的冲击，处境艰难。相反英语、日语等外语的教育得到了发展。

3. 外语教育与政策：1960-2010

自 20 世纪 60 年代至今，泰国教育无论在数量和质量上都得到了空前的发展。这一阶段政局稳定，面向发展，每五年推出的《国家教育发展计划》不断根据国家社会经济情况对学制大纲等进行调整，为泰国培养了许多有用人才，使得泰国经济在 20 世纪 60 至 90 年代初期得到了极大发展。比如 60 年代中期，将县立学校划归各府管理，使得私立学校转而关注中等、高等教育的发展，而不再是小学。随后在 70 年代中期，教育计划工作侧重于符合社会发展需求，以迎合经济、社会和政治环境，增加了义务教育的比重，建立了新的教育系统。第五部国家教育发展计划的出台正值国家经济低迷期，发展也不平衡。发展带来的收益落到了少数人手中，由此出现失业、农村人均机遇不平衡等问题。因此这一阶段教育工作的目的是就业以及增加受教育机会，一直持续到泰国经济的复苏、发展。第六部国家教育发展计划主要针对农村人口和缺少受教育机会的人们，也包括生活在边远农村的残疾人，为他们提供先进的教育管理模式以及良好的教育质量。

1977 年国家教育计划一直沿用到 90 年代中期，为符合经济全球化的需要，并使国人发展成为有素质、能在变化中调整自己的多面型人才，使泰国经济、社会、政治、文化、环境、科技等全面发展，因此就有了 1992 年国家教育计划。此后根据社会变化对教育计划进行微调。

1960 年以后，无论从开设外语语种数目、开设外语教学的教育层次还是教学地点都有了很大的拓展和进步。开设外语教学的机构有公立的、私立的，还有属于外国人开设的，无论是公立还是私立机构都制定了外语教学大纲，教学方法除传统的面对面授课，还通过印刷品、电子设备以及网络等途径进行远程教学。英语依然是国家最重视、学习人数最多的外语。

　　值得一提的是，近几年，随着中泰关系的不断深入，汉语已成为泰国与英语同等重要的外语。目前，泰国的华文教育形式主要有以下几种：中小学及大学里的汉语课程教学，社会上各种类型的汉语补习班，以及近几年由中国汉办与泰国方面合作创建的孔子学院。

　　中小学方面，泰国绝大多数中小学校均开设了汉语课程。仅曼谷地区就有约100所国立学校将汉语作为一门重要的外语课程。其中隶属国家教育厅的有50多所，另外40多所隶属曼谷市。此外，还有约120所民办学校也开设了汉语课程，其中大部分是1988年以前开办的学校。

　　20世纪70年代以前，泰国的大学没有汉语课程。直到1973年6月，泰国最古老最知名的国立大学朱拉隆功大学才将汉语课程设为选修课程。1981年开始正式招收汉语本科生，汉语专业成为该校文学院的重要专业。目前在泰国国立和私立大学中开设汉语学士学位的大学共有32所，其中开设汉语为主修专业的大学为14所，开设商业汉语为主修专业的大学为4所，开设汉语为复修专业的大学有5所，开设汉语为选修专业的大学有9所。1996年，朱拉隆功大学又率先开设了汉语硕士专业，并于1997年招收了第一届汉语硕士生，硕士生班的教学也得到了北京大学汉语系的大力支持。至2004年，朱大共计培养了28名汉语专业硕士毕业生。如今，泰国的华文教学除了在小学、中学、高校开设汉语课程外，还有很多语言中心也开设了汉语课程。近几年，曼谷地区各汉语语言中心如雨后春笋般涌现，私立和非政府机构的汉语中心达90余所，全泰国有近200所。这些语言中心已非传统公益事业型的教育单位，已变为满足民众学习需要的一种文化产业单位。除了少数语言中心有单独校址外，大部分都设在大型购物中心内，几乎在曼谷所有大商场的某个角落都能找到这种语言中心，这也是它的一大特色。这些汉语中心每天都开课，课程包括初级基础汉语班到高级汉语连续班，以及根据个人需要安排的单独辅导课程。除此之外，为了让在职人员有机会学习汉语，很多大学也开设了学习汉语的夜间班和周末班。比如从1982年开始朱拉隆功大学文学院为校外人员开设了汉语夜间班，年均学员达350人，课程分为初级汉语班和汉语提高班。各大学开设的汉语夜间班一般由汉语系或汉语专业的教师执教。近年来，学习汉语的人数达到40万。泰国也与日本一样，成为亚洲地区拥有孔子学院最多的国家。

　　在这一时期内，随着世界局势的不断变化，泰国对外关系也随之改变。特别是1975年7月1日与中华人民共和国建立外交关系后，泰国减少了与美国的接触，转而与中国大力发展友好关系，经济文化外贸关系全面展开。因此从 20 世纪 70 年代末开始放开了华文教育的限制，汉语教学迎来了恢复与繁荣期。同时在与邻国的关系方面。80 年代开始，泰国也逐渐改善与柬埔寨、越南和老挝的关系，更加重视本地区国家间的睦邻友好，而不是像以往那样重视与超级大国的关系，因此也有了学习邻国语言的政策。

这一时期，影响外语教育政策的因素除意识形态和政治权利方面的问题之外，经济因素在外语教育政策包括国家种种政策的制定过程中越来越受到重视。比如日语，日语的教学是在二战期间出于政治因素产生的。但到了这一时期，日本成为经济强国，并且是泰国的第一大贸易伙伴和第一大外国投资者，在泰国的外国直接投资，有超过 50% 来自日本。因此更多的泰国人开始注意日语，政府和私人的教育机构都开设了日语教学。同样，当中国开始改革开放后，对泰贸易和投资不断增长，并且泰国商人也需要打开中国市场，于是汉语教学倍受欢迎。当春哈旺政府上台后提出"变印支战场为商贸市场"政策，泰国逐步重视与邻国关系，在这一背景下，出台了关于学习邻国语言的政策。

20 世纪 90 年代信息技术的发展使世界进入了全球化时期，这是一个信息时代，泰国必须提高自身的各方面实力，才能够在全球舞台上与其他国家竞争。泰国的国家理想是成为本地区的经济、经融、教育和交通中心，要实现这一目标并具备与别国竞争的实力就必须让泰国人民及时迅速的接受各方面先进知识，并迅速适应因科技进步引起的社会、经济变化。语言是一把重要的钥匙，能够从信息时代众多的信息中学习知识，也是对外交往获取各种利益的重要工具。因此，目前的外语教育政策支持泰国人学习无论是英语、汉语、日语、邻国语言或其他外语。

20 世纪 60 年代以来泰国外语教育政策发展具体有下列几点：[1]

1960 年教育发展计划中关于外语教学大纲规定：小学 1 至 4 年级学生每周 25 个学时，没有外语教学安排，但如果校方要求开设外语教学，则在规定学时外每周最多增加不超过 5 个学时；小学 5 年级以上学生每周 30 个学时，包括英语课程，校方可以选择每周开设 3 个学时或 5 个学时。实际情况是，私立华文学校在规定学时外每周为小学 1 至 4 年级学生开设 5 到 10 个学时的汉语教学，普通私立学校在规定学时外每周开设 5 个学时的英语教学。

---

1 这里的外语教育政策主要涉及教育部颁布的政策，针对大学以下的教育阶段。泰国高等教育由大学部主管，大学阶段外语教学由各大学自行做主，自己制定大纲及选择教材等，大学部只做政策性的指导。

1975 年教学大纲中关于外语教学的内容：启蒙教育直至小学 4 年级只开设泰语一门语言课程，小学 5 年级以上可以开设外语教学作为选修课程。英语是第一外语，其他外语均视为第二外语。同意开设私立华文学校，如申请要求扩大学校规模开设 4 年级以上班级，一律给予准许，但必须在现有一年级到四年级中每年级选择一个班停止汉语教学。但在以上决议实施过程中，并没有发现已开设外语教学的学校停止外语教学。

1977 年 10 月 3 日，泰国教育部宣布从 1978 学年开始使用新的教学大纲，大纲将小学阶段由 7 年整合为 6 年，每周 25 学时。在小学初级阶段，规定每周最多 35 节课，每节课 50 分钟。学生能够选择学习英语或是法语，每周不超过 6 节课。

1978 年 5 月 9 日，内阁通过了教育部提出的"关于外语教学的方案"，具体为：

小学阶段的教育应让学生充分学习泰语和生活必须技能，以增加国家归属感，因此在学制规定的 25 学时内没有设立外语课，但是鉴于国内民众与英语的联系越来越紧密，英语教学从小学一年级或是中学一年级就开设的局面由来已久，因此学校可以按照大纲在学制外适当开设外语教学。

允许具备条件的学校在学制外为小学 1 至 4 年级开设英语课程，每周不得超过 5 学时。小学 5、6 年级每周增加 5 学时课程，各学校按照自身条件和所处环境选择开设英语课程或是实用的职业技能。对于已开设外语教学的学校，例如汉语或法语，在小学 1 至 4 年级每周不得开设超过 5 学时的外语教学，如申请新设外语课程，也仅限英语。

中学阶段，初中允许学生选修一门外语，各门外语平等对待。高中阶段允许学生选修两门外语。以上内容须按照教育部规定执行。

高中以上教育，按照该级别或是该学科规定进行选修。

1988 年 2 月 23 日，内阁作出关于扩大外学教学的决议，决议如下：

已开设外语教学的学校可以增设 4 门外语，分别为英语、法语、德语和日语。允许新建外语学校，开设以上四门外语的教学。加快推进政府所属各教育机构开设以上四门外语以外的外语教学。对开设私立语言学院并教授非上述四门外语的其他外语的情况，国家安全委员会将进行考察分析是否批准。

1992 年，内阁及教育部宣布使用《1992 年全国教学大纲》，并明确指出，"受教育者应当具备的一项素质是：能够使用外语与外国进行联系交流"；同时当年的《教育发展政策》第十条也指出，"推动外语教育的发展直接关系到国家发展，对获取知识、科技文化交流、对外贸易以及对外关系都大有益处。"

1992 年，出于商界、旅游业等对外语特别是汉语的大量需求，教育部针对外语教学及华文学校公布了新政策，具体表现为：允许自由开设各种外语的教学；允许在幼儿园及小学以上开设普及汉语教学，并按照相关规章，制订教学计划、教师手册。小学 5、6 年级允许学校选择开设汉语教学，并将汉语教学视为一种特殊技能课程。中学阶段，允许学校将汉语课程作为一门选修课自由选择开设。

到了 1995 年，对外语教学的政策比以前更加细致，具体如下：

1）政府大力支持提高外语教学质量，扩大外语教学范围。

2）规定小学以上教育阶段英语为第一外语。

3）鼓励学生选学其他的外语，小学及初中再增加一门外语的教学，高中自由选修。

4）教育部对教学大纲进行完善，以作为大学以下教育阶段开设外语教学的准则。鼓励各地区参与大纲的完善，使其与社会经济发展相符，并大力提高各级教学大纲的质量。

5）民间及政府相关机构进行合作以促进外语教学。

6）任何教育机构如希望制订与该大纲不同的教学计划，须向教育部申请。

《2001 年基础教育大纲》将课程内容分为 8 部分，其中外语为第 8 部分，列为提高自身素质的科目。同时规定在各个阶段必须学习英语，中学以上作为一门补充科目，加大深度及难度，或可以将外语作为一个新的选修科目，学生根据个人兴趣需要进行选修。其他外语，如法语、汉语、德语和日语，以及周边邻邦的语言，根据各个教育机构自身条件开设。对于外语教学的内容，分为 4 项：日常沟通、语言文化、学科语言和对外交往，上述四个内容应实施于各阶段的日常教学中，使学习者具备全方位的语言能力，在学习过程中不断进步，形成高效率的外语学习。

除此之外，1992 年大学部也曾提出一个目标：1992 至 2006 年，须让每一个大学生至少具备一门外语技能，以便获取知识、能够进行对外联系。大学本科生具备用英语进行日常沟通交流的能力，并且有机会学习掌握第二外语，达到能够交流的水平。各教育机构招收本科生学习第一、第二外语需参照以下标准来招生：

1）英语，学生人数 10 年间翻一倍可以扩大招生。

2）周边邻邦语言，如老挝语、缅甸语、越南语、柬埔寨语、马来语，10 年间各门语言至少增加 100 名学习者可以扩大招生。

3）汉语、韩语、日语等东方语言，招生人数根据社会需求进行调整。

4）西方语言，如德语、法语、意大利语、西班牙语、俄语等，招生人数根据社会需求进行调整。

5）其他语言按照各大学、学院在学术方面的需求，调整招生人数。

6）各大学、学院的全职教师与上课学生比例为 1:12。

7）各大学、学院教师所具备博士、硕士、学士学位比例为 3.5:6.0:0.5。

8）各大学、学院建立自己的合作机制，以便教学资源能够物尽其用。

9）借助信息技术，各大学建立语言中心，让学生能够进一步发展语言技能。

2001 年，大学部颁布了关于发展外语教学、师资培养、教学中使用现代技术、引进外教等方面的政策，并于 2001 年 5 月 3 日发布了"关于高等教育中的英语教学的通告"，4 年内着手制定工作计划，并展开实施，摘要如下：

1）高等教育院校进行自主招生，大学部命题的英语水平测试分数作为招生过程中的参考。

2）高等院校参考大学部命题的英语水平测试分数，按照语言能力对学生进行分班，分班级别如下：第一级，低于大学英语教学标准；第二级，学习大学英语 1；第三级，学习大学英语 2；第四级，学习大学英语 3。

3）各高等院校对学生英语学习系统进行分析及改进，英语课应占 12 学分以上，前 6 个学分是普通学习能力、沟通能力方面的课程，另外 6 个学分用在特殊目标的英语学习（English for Specific Purpose）或是学术目标的英语学习（English for Academic Purpose）方面，这一点由各院校的需要自行决定。

4）各院校应当有自己的英语水平测试，以评估英语教学水平及成果，这样的测试不作为毕业或是领取学位证的必要条件，仅只作为对学生英语水平的一种测试。

在泰国，除了教育部及大学部对外语教学提出政策建议外，还有其他相关单位也曾向内阁提出外语教学的建议。

国家安全委员会长久以来支持促进外语教学，因为通晓外语特别是邻国语言有助于增进睦邻友好，消除相互交往中的隔阂和障碍。1993 年，曾召开了相关部门会议，商议建立翻译学院及增加外语学习者的事宜，会议最后决定交由朱拉隆功大学文学院执行邻国语言翻译培训项目，这一项目由 1994 年短期项目、1995 年中期项目及 1997-1999 年远期项目组成。

此外，泰国军警界学者对外语学习也持肯定态度。1997 年泰国军警界学者群策群力规划了"2027 年未来泰国展望计划"，计划中建议政府将英语定为第二国语。摘要如下："鉴于全球化和信息化时代的来临，英语作为世界语言的作用日益凸显，因此有必要让泰国人努力学习英语，使其成为泰国的第二语言。泰国社会需要用英语同世界交流沟通、与别国进行贸易、学术交流、与别国交往。我们可以参考世界上把英语作为第二语言的国家和地区，如：新加坡、南非、中国香港、以色列等……"

"我们相信加快发展英语教学的成果将很快显现出来——不超过 30 年，即到 2027 年，泰国将会成为东盟地区教育、金融、商务和政治中心，成为东盟组织中心和领军人。我们可以向世界宣布，泰国已经做好了用英语进行联络的准备……"

"英语已经不再是英国人自己的语言，而是一门世界语言，因此将英语视为泰国的第二语言，不会有辱泰国尊严，也不会对泰国文化和泰语造成损害，泰语仍将作为国语与泰国人共同存在下去，但是懂得英语的泰国人将不再会沦为苦力劳工……"

从上述政策可以看出英语是泰国最重视的外语。如今政策是将英语作为泰国的第二语言，因此很多国际学校如雨后春笋般出现，这些学校把英语作为教学语言。同时在私立学校、大学和各中小学，英语也被广泛用于教学工作中。

除了体制内的外语教学，现在还有体制外的外语教学。如，针对泰国和外国人的私立外语学校，各种外语培训机构，远程教学（电视台、广播电台）等等。

三、结语

纵观泰国外语教育与政策的历史与现状，我们可以看到，英语一直是泰国最为重视的外语，其他外语如汉语、日语以及邻国语言等随着政治局势的不同、社会经济发展的不同时期所受到的重视程度也不一致，其中汉语就经历了发展期、衰落期和如今的恢复辉煌期。泰国的政治经济因素极大影响了外语教育政策的制定，同时与时俱进的外语政策反过来又为泰国创造了一大批外语人才，促进了泰国经济自 20 世纪 80 年代以来的发展，使之成为东南亚经济强国之一。虽然经历了1997年金融危机以及自2006年以来的政局动荡，但其对教育的投入和外语教育政策却没有大的改变。近年来，汉语已成为和英语同等重要的外语，各种汉语培训班遍布大街小巷。每年仅由国家汉办派往泰国的汉语志愿者老师就达三四百人。

　　但泰国的外语教育依然存在不少问题，比如教育资源分配不均，绝大多数教育资源集中在首都曼谷地区，其他府和边远地区难以惠及；农村地区师资严重短缺，教材种类繁多不规范；没有统一的教学大纲，纵观外语教育政策，我们多处看到"根据需要自行选择"之类的话语，这就使得各个学校各自为政，学校又将这些任务转嫁给专业教师，因此难以看到长期的系统的大纲，教师授课一定程度上存在短期行为；小学阶段外语教师学历偏低，自身外语水平特别是听说方面不够（见附表2、3、4）。这些都需要去解决。

参考文献

1. 布拉尼·坤拉瓦尼（2006）《泰国外语需求与教学基本信息研究》。曼谷：朱拉隆功大学出版社。
2. 李谋（2005）泰国华文教育的现状与前瞻，《南洋问题研究》，第3期。
3. 梅塔威·育彭塔达（2007）《泰国素可泰时期至今外语教学政策》。曼谷：朱拉隆功大学出版社。
4. 田禾、周方治（2005）《列国志——泰国》。北京：社会科学文献出版社。
5. Prapin Manomaiviboo（2004）《泰国汉语教学》（未正式出版）。

附录

表1 各地区外语开设情况

外语	北部				南部				东北部				中、西、东部			
	小学	中学	职校	高校	小学	中学	职校	高校	小学	中学	职校	高校	小学	中学	职校	高校
英语	✓	✓	✓	✓	✓	✓	✓	✓	✓	✓	✓	✓	✓	✓	✓	✓
法语		✓		✓		✓		✓		✓		✓		✓		✓
德语		✓		✓		✓		✓		✓		✓		✓		✓

（待续）

（续上表）

外语	北部				南部				东北部				中、西、东部			
	小学	中学	职校	高校	小学	中学	职校	高校	小学	中学	职校	高校	小学	中学	职校	高校
意大利语								✓								✓
西班牙语			✓					✓			✓					✓
俄语																✓
葡语																✓
汉语	✓	✓	✓	✓		✓	✓	✓	✓	✓	✓	✓	✓	✓	✓	✓
日语		✓	✓	✓	✓	✓	✓	✓	✓	✓	✓	✓	✓	✓	✓	✓
韩语			✓					✓			✓					✓
越语											✓					✓
柬语			✓					✓			✓					
缅语			✓													
老语											✓					
马来语					✓	✓		✓								✓
阿拉伯语			✓		✓	✓										✓
印地语			✓													
巴梵语			✓								✓					✓
希腊语																✓
合计	2	5	4	12	4	7	3	11	3	5	3	11	3	5	3	15

表 2　教师学历

学历	北部				南部				东北部				中、西、东部			
	小学	中学	职校	高校	小学	中学	职校	高校	小学	中学	职校	高校	小学	中学	职校	高校
学士以下	✓				✓				✓				✓	✓	✓	
学士以上	✓	✓	✓	✓	✓	✓	✓	✓	✓	✓	✓	✓	✓	✓	✓	✓

表3 教师学历是否与所教语种符合

学历	北部				南部				东北部				中、西、东部			
	小学	中学	职校	高校	小学	中学	职校	高校	小学	中学	职校	高校	小学	中学	职校	高校
符合																
英语		✓	✓	✓		✓	✓	✓		✓	✓	✓				✓
汉语			✓	✓												✓
日语			✓							✓						✓
不符合																
英语	✓				✓				✓	✓	✓					
汉语		✓				✓	✓									
日语		✓	✓			✓	✓									

表4 教师具备的语言技能与擅长的教学内容

年级	北部	南部	东北部	中、西、东部
小学				
朗读	3	1	1	2
词汇	1	2	6	1
语法	2	4	2	6
写作	4	3	5	4
说	5	5	3	5
听			4	3
中学				
朗读	3	2	1	1
词汇	2	3	6	2
语法	1	1	2	3
写作	4	6	4	6
说	5	4	3	5
听	6	5	5	4
职校				
朗读	1	1	1	1
词汇	4	4	6	4
语法	3	3	4	3
写作	5	5	5	6
说	2	2	2	2
听	6	6	3	5

注：1：最好；6：差。

第十二章
以色列外语教育的发展

江文清

一、外语教育的大环境

1. 地理环境

以色列位于地中海东岸，处于欧、亚、非三大洲之间，与黎巴嫩、叙利亚、约旦和埃及接壤，西临地中海。其国土形状狭长，总面积约 2.2 万平方公里，长约 290 英里（470 公里），最宽处约 85 英里（135 公里），山脉和平原、沃土和沙漠经常只相距几分钟的车程。比如，以色列东西相距的宽度很小，从西部地中海沿岸到东部死海沿岸，乘车仅需 90 分钟左右就能穿过；而从最北端的迈图拉到最南端的埃拉特则需大约 6 小时。

从地理特征上来看，以色列可以划分为 4 个区域：自北至南形成 3 条平行的狭长地带，而南半部则是一大片多半干旱的地区。以色列的水源由约旦河、基内雷特湖和几个小的河系组成。天然泉水和地下水也被加以利用，地下水的开发量是有控制的，以避免水资源耗尽和盐碱化。由于所有的淡水资源已被最大限度地利用，目前正在通过废水回收、人工降雨和咸水淡化等办法来开发利用边际水资源。

2. 政治概貌

以色列实行议会民主制，由立法机构、行政机构和司法机构组成。它的组织体制是：总统、议会、政府（部长内阁）和司法机构；政治原则是，三权分立和互相制衡。政体内部，行政机构要得到立法机构的信任，司法机构的独立性由法律保证。

总统（希伯来语称"纳西"）承继了古犹太国元老院领袖的称号。古犹太国元老院乃是古代以色列国土上犹太民族的最高立法和司法机构。总统为国家元首；总统职位象征国家的统一，超越党派政治。总统由议会根据个人地位和对国家的毕生贡献而获提名的候选人中以简单多数选出。1998 年修订的法律规定，每 7 年举行一次总统大选。

国家的行政权力机构是政府（部长内阁），主管包括安全事务在内的国内外事务。政府的决策权非常广泛，有权对未经法律授权给另一个主管机构的任何问题采取行动，并决定自己的工作和决策程序。政府通常每周开会一次，但可视需要增加会议，还可以通过部级委员会采取行动。到目前为止，历届政府都是若干政党的联合政府，这是因为从未有哪个政党获得足以单独组阁的议席。为组成一个政府，新当选的总理必须在公布选举结果后 45 天之内提交一份供议会批准的部长名单，以及拟议的政府施政纲要。

法律方面，以色列国自 1948 年独立之后，立即通过了法律和行政命令，规定立国之前在该地区通行的法律，只要不违背《以色列国立国宣言》原则和议会将颁布的法律，将继续生效。因此，以色列的法律制度纳入了 1917 年之前生效的奥斯曼法律的残留部分，英国委任统治当局的法律，其中包括很大一部分英国普通法，犹太宗教法的成分以及其他法律制度的一些内容。以色列国的法律主体是 1948 年以来逐步形成的独立的成文法和判例法。立国之后，议会受权颁布了一系列与生活各方面有关的基本法，这些基本法是以色列国家宪法的基本内容。大多数基本法是概述政府基本特征的基本法律，诸如关于总统、议会、政府、司法权、以色列国防军、国家审计长、职业自由（涉及从事人们选择的职业的权利）以及保护人的生命、人身或尊严不受侵犯的《人的尊严与自由法》等法律。

3. 经济近况

就经济性质和经济结构而论，以色列经济属于混合经济，包括国家控制、合作经营及私人经营三大部分。以色列商贸企业，多属私人经营，贸易额约占国民生产总值的 1/2。有关国计民生的重要经济由国家垄断，如自然资源、国防军工、公路铁路、邮电、银行、电力、农田排灌、水利、绿化等。对于大资本私营企业，国家和地方政府以及"犹太代办处"、"犹太民族基金会"等机构也要采取各种措施进行全面干预。它们高度地控制各主要经济部门，并制定有关政策，如预算、投资、补贴、货币发行等等，以便进一步对这些部门施加影响。与此同时，以色列所拥有的合作经济，如"基布兹"、"莫沙夫"，以及以色列总工会和它的下属控股公司等也都对以色列的建立、犹太人的定居，以及今日的经济发展成就起到了不可磨灭的历史作用。

4. 社会文化

以色列是个民族大家庭，其居民在民族、宗教、文化和社会背景方面存在很大差异。作为一个具有古老渊源的新社会，它今天仍然在不断地交融和发展。在以色列 650 多万的人口中，77.3% 是犹太人，15.4% 是阿拉伯人（大多数是穆斯林），余下的 7.3% 是德鲁兹人、切尔克斯人和其他不以宗教划分的少数民族。以色列是一个较为年轻的社会，其独特之处表现为献身社会、笃信宗教、政治意识敏锐、财力雄厚和文化上富有创造性，这些特点是以色列社会持续发展的强大动力。

以色列当代犹太人社会的政治、经济和文化基础是在英国委任统治时期（1917-1948 年）形成的。以色列故土上的犹太社区在犹太复国主义思想的激励下发展了社会和政治体制，在没有主权的情况下行使权力，每一个阶层都动员起来，朝着巩固和发展的目标前进。自觉自愿是其政治基础，平等主义则是其社会凝聚力。

取得政治独立和随后进行的大规模移民使以色列的犹太人口在建国后的 4 年内翻了一番，从 65 万人增加到约 130 万人，改变了以色列社会的结构和成分。由此产生的社会群体组合由两个主要部分构成：主要由原来的定居者和来自战后欧洲的大屠杀幸存者所构成的多数人口；以及大批近期来自北非和中东伊斯兰国家的犹太移民的少数人口。虽然大多数建国前的人口保持着坚定的意识形态信念、开拓精神和民主的生活方式，但许多世纪以来生活在阿拉伯领土上的很多犹太人恪守家长制的社会组织，不熟悉民主进程和现代社会的要求，感到难以融入以色列迅速发展的主流社会。

到 20 世纪 50 年代后期，这两类人实际上在没有社会和文化交往的情况下并存，来自北非和中东的犹太人在反政府抗议示威中表达了他们的失落感和敌对情绪，这些抗议示威在 60 年代和 70 年代开始要求政府给予更多的政治参与机会、补偿性的资源分配并开展积极行动，以帮助弥合他们与主流以色列人之间的差距。除了这些年间由人口差异所产生的紧张关系之外，以色列社会还要为经济独立而斗争，而且同时还要抵御与巴勒斯坦人的武装冲突。不过，犹太社会内部的宗教、历史记忆和民族凝聚力的共同特性是牢固的，已证明足以应付它所面临的挑战。

多年来，以色列不断接纳来自西方世界的自由国家以及那些贫困地区的新移民，规模有大有小。最近的大规模移民浪潮中，有多年来一直为移民以色列的权利而斗争的苏联大量犹太社团的成员。虽然在70年代大约已有10万人设法移居以色列，但从1989年起，又有100多万人在以色列国定居。他们当中有许多受过高等教育的专业人员、著名的科学家和声誉卓著的艺术家和音乐家，他们的专业知识和才能正在为以色列的经济、科学、学术和文化生活作出重大的贡献。

在80年代和90年代，两次大规模的空运把据信从所罗门王时代起便居住在埃塞俄比亚的古老犹太社团带到了以色列。虽然5万名移民从非洲农业环境转入西方工业化社会需要时日，但他们的年轻人适应新环境的热望会加速这一长期分离的犹太社团最终与祖国融为一体。

自《圣经》时代起，犹太民族便信仰一神教，这就是集宗教观和民族观为一体的犹太教。到18世纪，世界上大多数犹太人生活在欧洲的犹太居民区内，与外界很少往来。在犹太居民区中，他们管理自己的事务，恪守由世世代代宗教学者制订和整理的犹太教法典《哈拉卡》。19世纪风行于欧洲的争取解放和民族主义精神，使人们逐渐地对教育、文化、哲学和神学采取了更加自由的态度。在这种情况的影响下，还发生了若干次犹太运动，其中一些沿着自由的宗教路线发展，另一些则拥护民族和政治意识形态。结果，许多犹太人，最终是大多数犹太人，背离了正统犹太教及其生活方式，一些人则努力完全融入了整个社会。以色列人多为外来移民，是一个由各种不同的种族背景、生活方式、宗教信仰和文化传统的人组成的融合体。[1]

5. 教育体制

重视教育在以色列有着良好的传统，以色列人遵循前辈的优良传统，始终把教育当作以色列的立国之本、富国之路以及开创未来的关键。教育体制的目标是把儿童造就成这个不同民族、宗教、文化和政治背景的人共处的民主和多元社会中富有责任感的成员。以色列的教育以犹太人价值观、热爱祖国、自由与宽容原则为基础，设法向学生传授高层次的知识，并着重传授对国家的持续发展至关重要的那些科学技术技能。

---

1 Spolsky, Bernard and Shohamy, Elana (1999) *The Languages of Isreal: Policy, Ideology and Practice*, Multilingual Matters LTD.

以色列的教育体制与以色列社会的多文化性是相适应的。学校分 3 种类型：1）公立学校，大多数儿童在此类学校就读；2）公立宗教学校，侧重犹太学科、传统和习俗；阿拉伯及德鲁兹学校，用阿拉伯语教学，特别侧重讲授阿拉伯和德鲁兹的历史、宗教和文化；3）私立学校，由各宗教团体和国际团体赞助。以色列国民教育的重点是基础教育，由学前教育、小学教育和中学教育三个阶段组成。儿童一般 3 岁起进入托儿所和幼儿园，开始学前教育，学前教育课程由教育部指导并监督。6 岁后的儿童相继接受 6 年小学、3 年初中和 3 年高中教育。

以色列的国民义务免费教育包括 1 年幼儿园和 10 年学校教育，高中阶段的后两年也实行免费教育，但不属于义务教育范围。在免费义务教育阶段，学生入学率约达到 98%。高等教育水平的高低直接影响和体现着一个国家的综合国力的强弱。

以色列政府在狠抓基础教育的同时，也特别重视高等教育水平的发展和提高。以色列的高等教育主要由政府和一些机构拨款建设。至今为止，以色列已建立了 20 多所高等学校，其中耶路撒冷希伯来大学、特拉维夫大学、巴依兰大学、本 - 古里安大学、海法大学、以色列工程技术学院是以色列最著名的 7 所大学和研究院，它们在教学和科研方面均已进入世界先进行列。

高等学校的入学率，包括综合性大学、地区性大学、开放大学在内，约为 80.7%。职业教育和业余教育也是以色列全民教育的重要组成部分。从 20 世纪 60 年代起，为了满足新移民群体不断增长的职业需求，政府开始努力发展这两项教育。职业教育的年限从原来的 2 年增至 4 年。20 世纪 70 年代以来，为了进一步适应经济科技发展和社会进步的需要，以色列政府又大力发展成人业余教育，扩大受教育者的范围。全国各机构和团体都分别举办学习班、专题研究会、科技讲座等各种教育活动，来满足不同对象对于学习和进修的需要。

以色列政府一直对教育投入了较高的经费，以 20 世纪 60 年代为例，以色列的教育预算平均占国家财政预算的 11%，仅次于国防预算。自 20 世纪 70 年代中期以来，对教育的投入超过国民生产总值的 8%，这一比例甚至超过了美国和日本。进入 21 世纪以后，以色列政府仍然保持较高的教育经费投入。2000 年，以色列的教育经费投入占 GDP 的比重已高达 10.4%，持续居世界各国之最。以色列的大学教育是收费的，但对缴纳学费有困难的学生提供贷款和奖学金，以帮助他们顺利完成学业。大量经费的投入使以色列教育取得了举世瞩目的成就。

二、外语教育与政策

1. 外语教育政策理念

以色列的多语言教育政策是该国教育政策的组成部分，其形成和发展同样有着其深刻的社会和国际背景。

19世纪末期，当犹太复国主义思想在世界各地犹太人中盛行之时，现代希伯来语之父埃泽尔·本－耶胡达抱定"一个民族，一种语言"的信条，在现今的以色列领土上建立了希伯来语委员会，并通过办学校、出刊物、写文章等多种途径传播希伯来语。尽管在此过程中，本－耶胡达受到了来自两方面的压力：一方面的压力来自宗教势力部门，他们认为希伯来语是"圣洁的"宗教语言，反对把希伯来语口语化；另一方面的压力来自犹太移民中的惰性，他们对复活希伯来语态度消极，但经过激烈的"语言之争"，以色列的复国主义终于占了上风，希伯来语在犹太人中获得了第一语言的地位，消亡近2000年的希伯来语在"以色列之地"奇迹般地复活了。1948年以色列国建立，希伯来语被确定为该国的国语。

独立后的以色列国对流落到世界各地的犹太人敞开大门，回到以色列的犹太人立刻就能拥有该国国籍，成为以色列合法公民。重建以色列国、拥有自己的祖国曾一直是独立前以色列人魂牵梦绕的理想，以色列独立后，世界各地大量的犹太人纷纷回到了自己梦想中的家园。然而，一个不得不面对的客观事实是：各地回到自己国土的犹太人却讲着各种各样的语言。据以色列驻上海领事馆网站介绍：以色列约有50%公民的母语不是希伯来语，10%以上的人讲着俄语，8%讲阿拉伯语，还有5%来自中欧或东欧的人讲意第绪语（Yiddish），所使用的其他语言还有：法语、罗马尼亚语、匈牙利语、波兰语、波斯语、阿姆哈拉语、提格利尼亚语（Tigrinia）、西班牙语和德语。

以色列独立前，巴勒斯坦的犹太社区属英国托管，英国管理当局确立英语、阿拉伯语和希伯来语为官方语言。1948年，新独立的以色列将英语从官方语言的名单中删除，可实际上，英语仍然被官方使用，置于希伯来语之后、阿拉伯语之前。20多年后，随着对外交往的频繁和加强以及以色列回迁移民拥有多种语言的客观实际，再加上犹太复国主义观念的削弱，很多语言又大量在公开场合重新被使用。双语和多语观念得到认可，伴随经济与全球化综合作用，英语得到普遍使用。鉴此，以色列的语言政策部门将英语作为最重要的国际性语言，另外规定法语可替代英语，也可以替代阿拉伯语，或为第二语言；同时，政府鼓励新移民接受他们的母语教学，提倡语言类学校的发展；以色列外语政策还鼓励学生学习第三门语言，制定有教学计划的语言还有意第绪语、拉地诺语（一种西班牙犹太人说的方言）、西班牙语和德语。政策部门还想将日语纳入其中，鼓励发展特殊语言学校。

以色列是一个多语言的国家，希伯来语与英语和阿拉伯语一起，被认为是以色列三种官方语言，除此之外，其庞大的移民人口（例如 60 万俄罗斯移民，还有 5 万左右的埃塞俄比亚移民）还使用着各自的语言。希伯来语是以色列的国语，无论是在办公场所、公共场合还是在私下里，以色列讲希伯来语的人有 550 万人之多。在犹太复国主义和犹太民族主义思想中，希伯来语的复兴占有最主要地位，备受推崇，坚定的犹太复国主义思想鼓励移民学习并使用希伯来语，不鼓励人们使用其他语言。在外来移民中，很多人的希伯来语讲得比他们的母语还好，但来到以色列时间不长或退休后再到以色列的人讲不好希伯来语。到了 1972 年，新移民和他们的后代渐渐地接受了希伯来语的主导地位，认为希伯来语是最主要语言的人占到了 77%。

尽管以色列的语言政策部门提倡双语或多语教育，不反对使用其他语言，但实际状况并非如此，例如，犹太人社区的阿拉伯语教学就很薄弱，除了希伯来语之外，学校里很少教授其他语言，也很少有资金来资助其他语言的教学。

2. 外语教育法律法规

20 世纪 90 年代以来，由于以色列所面临的国内外形势发生了巨大变化，以色列外语教育政策渐渐地发生了改变。其具体内容可参见 1995 年 6 月 1 日以色列教育部部长办公会议签发的文件，这是以色列政府关于语言教育政策的第一份正式声明。后来，这份文件又得到了修订，并于 1996 年 4 月 15 日再次得以签发，新修订的内容从 1996 年 9 月开始生效。

以色列的语言政策规定犹太人区以希伯来语为母语和阿拉伯人区以阿拉伯语为母语的学习目标，对外来移民的语言也做了保护性规定，尤其是对俄语和阿姆哈拉语的保护。以色列还有一项长期政策，允许外来移民学生和长期居留海外的学生在中学毕业考试中选择语种。

以色列的语言政策规定而且强调对新移民进行为期一年的希伯来语教育并力求提升他们的希伯来语语言文化水平；对于阿拉伯语言区，政策规定要开展希伯来语教学，一年级可作为选修课，但从二年级开始直至十二年级（中学毕业），希伯来语是必修课；对于母语是希伯来语的人来说，从七年级到十年级阿拉伯语是必修课，修订后的政策又提前到了四年级，五年级、六年级、十一年级和十二年级，阿拉伯语是选修课，学校可以法语课替代阿拉伯语课。但外来移民除外。

在以色列，英语被认为是第一外语，英语课在三年级和四年级是选修课，从五年级起直到中学毕业都是必修课，无论是人们的观念还是大学入学考试要求，任何语言都不能替代英语。法语课在以色列是选修课，在五年级到十二年级的学生中开展，（也可作为一门必修课来替代阿拉伯语课）。以色列还为新移民提供俄语选修课，也可替代阿拉伯语或法语。

以色列外语政策还鼓励学生学第三外语，其中制定有教学计划的语言有意第绪语、拉地诺语、西班牙语和德语，其中意第绪语在封闭的传统学校被用作教学语言。以色列语言政策寻求增设其他语言的教学，如日语等。新修订的外语政策还鼓励特种语言学校的发展。

修订后的新外语语言教育政策整合了已有的政策和实践经验，设定了总体目标，并为学校开展语言教学提供了经费保障。外语教育职责由教育部教育秘书处授权语言总督学负责各层次教育的主任和课程司共同承担，各地教育部门再做进一步的检查和指导，最终采取哪种政策由各级各类学校定夺。

以色列的外语政策是该国语言政策不可分割的组成部分，其中对于外语语言的规定往往同对希伯来语的规定交织在一起。但通过字里行间不难发现，在以色列占主导地位的犹太人观念、政策和实际操作中，除了希伯来语，其他语言的外语地位十分明显。

3. 外语教育现状

在实际操作中，各地最终采取的政策存在差异，阿拉伯语区所有中小学以阿拉伯语教学为主，希伯来语只是第二语言，英语则是外语。而犹太人社区的中小学是以希伯来语教学为主，所有学生都学英语。政府规定小学三年级开始开设英语，而很多学校在此之前就率先开设英语课。有三四年时间，阿拉伯语是必修课，但只有50%的学生学阿拉伯语，很多学生选学了法语、俄语和意第绪语等其他语言。

针对每一门语言，教育部总督学在国家专业委员会的建议下制定了课程大纲，并得到教育部批准。该大纲还是中学毕业考试的考纲。

教育部制定的外语语言教育政策只是针对各语种教学的弹性课时和硬性课时提出了总体性要求，各地教育部门和基层学校可根据具体实际情况设置教学课时。

　　在以色列中小学，英语是所有学生的必学语种。也有些小学开设了阿拉伯语、法语和其他语种。在中学阶段，所有学生都继续学英语，除此之外，还有相当多的学生学阿拉伯语（约占 50%）、法语（约占 10%）、俄语（约占 2-3%）或意第绪语（约占 2-3%）。

　　在 19 世纪 60 年代前，英语教学从早期注重文学和文化转向强调它的国际交际功能。19 世纪 70 年代，英语外教的引进意味着以色列有了一定优质比率的外语教学，尤其在一些中学学校，英语是由纯外教来教。若干年后，人们越来越重视口语能力的培养。近年来，人们又对阅读发生了兴趣。

　　在以色列，阿拉伯语的教学因双语操作有难度而受到影响，在一些阿拉伯口语课上，大多使用希伯来语来讲解阿拉伯语语法和现代正统阿拉伯文学。

　　一段时间以来，人们期待着设置新的法语课程，重点讲授法语的文化价值。

　　设置俄语课程的目的是为了学习前苏联俄语语法和文学作品。对于那些讲希伯来语的人或那些上了中学而学校却没有开设俄语的移民学生，一门新的俄语教学大纲正在制定当中。

　　以色列的英语教学产生了一个庞大的课本制作行业。该行业对教学和考试大纲的变化特别敏感。由于相互竞争，现在制作出来的教学材料质量很高，有本土开发的阿拉伯语、法语和俄语教材。音频、视频和计算机辅助教材也有，尤其是英语教材，还有些是阿拉伯语的教材。

　　中学毕业时，学生要参加巴哥罗特考试（Bagrut Examination），它既是毕业考试，又是大学升学考试。考试大纲往往被认为是调节学校教学的主要手段。考试内容变化不大，最终成绩计入学业成绩。由于大学十分注重真实水平，它们还要进行类似的招生考试，包括基本能力考试、数学和英语考试。

　　巴哥罗特语言考试测试学生的各方面能力，英语考试有听、说和写，且分开来考。

　　其他考核由各地自行组织。有时也有全国水平考试，尤其是考阿拉伯语和英语。

4. 外语教育师资队伍

　　一般来说，小学教师由师范学院培养，中学教师由综合性大学培养，依据学科培养出各科教师。由于英语教师十分短缺，因此除了现有的教学计划之外，以色列教育部正在推行一项新的举措，那就是招聘具有大学学位的英语国家人士去任教，给他们提供希伯来语培训并培训他们如何将英语作为外语来教。

在希伯来语区，教阿拉伯语的教师培训还得到了以色列军方的支持，军队与师范院校合作共同培养初中级水平的老师；与综合性大学合作共同培养中学教师。由于希伯来语区的教师并非全天候地教授阿拉伯语，因此，他们有条件进一步提升自己，只是合格的教师当中，把阿拉伯语教得很流畅的很少。

大批的法语教师在到以色列之前，在讲法语的国家或在罗马尼亚接受培训，其他的法语教师则通过专门项目由综合性大学培养。

在以色列，还有大量具有大学学位的俄语教师。以色列教育部和各地教育部门给予教授语言的教师大力支持。在希伯来语区，就专门成立了一个阿拉伯语教师协会；各国文化机构和相应的附属机构也提供各类帮助；以色列的英语教师协会规模庞大，其他语种也有自己的协会或组织，只是规模小一些、成立的历史短一些。

以色列设有专门访问法国和埃及的项目。以色列教育部前不久启动了一个夏季交流项目，该项目通过社区服务中心，让那些英、法本土人士到以色列开展非正式的英法语言教学活动。

三、社会经济发展与外语教育

当今的以色列是一个现代化程度很高的国家，然而，其现代化的路径不是按照西方的模式硬套，而是立足其国情进行科学选择与正确调整。从经济体制的选择来说，以色列实行混合型经济体制，其中公有制处于突出地位，政府对经济生活进行高度的控制和干预。以色列之所以采取这样一种政府主导经济发展的体制是由其特殊的国情决定的。首先，以色列经济发展建立在一穷二白的基础上，它所需要的资金相当一部分来自美援、犹太复国主义组织的捐款和贷款、联邦德国政府的赔款，而这些基金大多需由政府出面索取并分配使用；其次，以色列长期处于不安全的国内外环境当中，需要对社会资源进行高度的控制和干预；第三，以色列是个纯粹的移民国家，移民安置问题是项重要任务，需要政府统一的计划和安排。另外，以色列经济模式的其他特征如科技是经济发展的先导和动力、移民经济、外援经济、战时经济及开放型经济等特征，也是对以色列经济模式鲜明特色的充分反映。

以色列在现代化过程中还注重对其经济战略进行适时调整。20 世纪 60 年代后期以来，由于自然资源短缺，市场狭小，原有产业结构效益低微，以色列开始逐步形成了技术出口模式；七八十年代，政府高度控制和干预经济生活的体制已不能适应环境的变化，出现了高额财政赤字和严重通货膨胀。为此，以色列政府着手实施了各方面的改革，如货币体系、外贸体制的改革，国有企业的私有化改革等。进入 90 年代，随着中东和平进程的启动，中东地缘经济合作初露端倪，以色列又积极参与中东地区经济一体化进程。90 年代，以色列经济状况已有明显好转。以色列经济战略的适时调整对其经济现代化的实现起了关键作用。

为大力发展外向型经济和促进本国科技教育水平的提升，以色列与世界各国特别是发达国家建立了频繁的交流与合作关系，先后与联合国教科文组织、美、德、法、意等 50 多个国家与组织签订了合作协议，同美、德等十几个国家建立了双边科技合作基金。以色列除了与其他国家建立科研基金会取得资金支持外，还积极支持以色列公司与外国投资者联合进行研究开发。到目前为止，共有 150 多家国外投资商在以色列研究与开发项目中投资。在引进技术方面，以色列通常是在一些重大项目上与友好国家合作攻关，这一点在以色列国防军工技术的研究开发方面表现得尤为突出。另外，以色列还积极加入国际技术联盟委员会，同国外学术组织建立直接的联系，承办国际会议，举办国际科技讲习班，培养科技人才。

在经济上，建国后的以色列人抓住了世界科技革命与西方经济繁荣的大好契机，积极创新，扬长避短，探索出一条以科技兴国与出口导向为主战略的经济发展的成功之路，所取得的成绩令世人瞩目。即使同周边阿拉伯国家长期处于紧张状态，2006 年的 GDP 还取得了 5.1% 的增长率，人均收入增长了 6.4%，达到 20,138 美金。[1]

多渠道、多层次的国际技术交流与合作，不仅为以色列的科研开发筹集了资金，承担了风险，而且，在合作过程中，以色列还直接吸收和改进了外国的先进技术，从而推动了本国的科技进步与经济发展。同时也客观上推动了该国外语教育政策尤其是英语教育政策的发展和优化。

英语在以色列一直起着非常重要的作用，要求多开设并尽早开设英语课程的社会呼声一直较高，对此，以色列政府、商业机构、学校乃至

---

1 Shohamy, Elana (1995) Language testing: Matching assessment procedures with language knowledge. In M. Birenbaum and F. Dochy (eds) *Alternatives in Assessment of Achievements, Learning Procedures and Prior Knowledge.* Boston: Kluwer Academic Publishing.

家长和学生都十分重视英语教育。现在，约有 40% 的小学生在三年级就开始学英语，特拉维夫和海法的学英语之风更甚，还有 3%-5% 左右的小学生在一年级或二年级就开始学英语。

以特拉维夫市为例，这是一座希伯来语开始推广的城市，又是英语和阿拉伯口语大受欢迎的地方，根据广大家长的要求，该市教育局大力推广早期传授英语计划。

然而多年来，以色列教育监督部门反对早期开设英语课程，其原因有二：一是他们认为，应该将希伯来语学好之后才可开始学另一门语言，而早期开设英语课程与此理念相悖；二是客观条件的限制，如果提前增设英语课程，则教师和教学设备供应难以跟上，有限资源的过于分散势必会降低教学质量。对于何时开始开设英语，以色列还进行了一项专门研究，此研究表明，小学四年级开始学英语的学生成绩比三年级开始学英语的成绩要好一些。[1]

尽管如此，以色列人对于早学和多学英语的强烈愿望并没有降低，很多家长心甘情愿花钱送他们正在读一二年级的孩子上私立英语培训班。

1995 至 1996 年的语言教育政策顺应了社会呼声，一方面，规定五年级开始开设英语课程；另一方面，允许四年级设立英语课，如果得到督查部门的批准，三年级也可开设英语课。在课时安排上，很多学校将四年级总教学课时的 6% 用于英语教学，到五年级时，每周的英语课时平均起来约为 2.42 小时，而到了六七年级，英语课时量几乎翻倍，约 10% 的总教学课时分配给了英语学科。

然而，要求更早（如一二年级）开设英语课的要求随之产生。过早开设英语课程有可能毫无意义，一二年级的英语课时一般每周不超过 1 个小时，但这一现象表明以色列社会对英语学习的需求越来越旺。当早期英语课程开设之后，以色列人又会产生对英语知识和英语能力的更多需求。

为了搞好英语教学，提高学生的英语水平，1998 年夏，以色列教育主管部门出台了一份新的英语课程大纲，老的课程大纲是 1988 年以色列教育部制定的。这份新的《英语课程标准：适用于以色列中小学的课程大纲》指出：上一次制定的课程大纲出台时，规定以色列绝大多数学生最早接触英语是在五年级，这是符合实际的，他们主要是在学校学英语，

---

1 Spolsky, Bernard and Shohamy, Elana (1996) National Profiles of Languages in Education: Isreal: Language Policy, On the Language Policy Research Center web site at http://www.biu.ac.il/hu/lprc/lprcprof.htm.

制定一份以语法和词汇等结构化内容为主的课程大纲是切实可行的，它使广大学生能够掌握这门语言的基本适用知识。

当今和可预见的将来，英语课程大纲则完全不同，越来越多的小学生在开始正规接受学校或校外英语教育之前已经广泛接触英语，有的是通过广播、电视、互联网、家庭传播、旅游，有的是同外国客人接触。无论他们在哪一年龄段开始接受学校英语教育，大部分学生都已学了一些英语单词和词组，因此，任何课本上的单词或词组往往显得刻板和僵硬。在对外国的课程模式进行调研后，英语课程大纲制定委员会制定了一套全新的模式，新的英语课程标准只是提供了一个框架，目的是使该课程目标尽可能简单明了，而让英语教科书编写者、学校和教师在使用具体教学方法和课程内容上能自由发挥。

英语新课程标准将英语教学分成了四大块，但却根据听、说、读、写四种技能建立起了新的分类。第一块是社会交往，20年前曾被纳入课程大纲，当时的教育部认为英语是一门交际语言。这一块的新标准将英语定性为一门外语，而不是第二语言。它设想的英语课堂是用英语来教英语，其目的是培养这样的学生：无论他们住在哪儿，无论他们的母语是否相同，他们都能够进行英语对话或者通过电子和书面形式同其他使用英语语言的人们进行非正式的交流；其目的不是让母语相近的人相互间说英语，而是让讲希伯来语、阿拉伯语或其他语言的人们根据需要能轻松地用英语相互交流。它反映出了以色列人这样的理念，那就是：以色列是一个多语言的社会，以色列公民使用着多种语言。1995至1996年的以色列语言教育政策中对此予以确认。

第二和第三块分别是正规口语和书面语的接受和表达。关于英语语言的接受，强调利用英语获得信息，它有可能通过声音媒介，如收听广播或聆听报告，也有可能通过书或文章等书面形式，甚或如电视或网络等声音和文字两者兼具的形式获得。其最高标准是使以色列中、小学生为大学学习打好语言基本功，以便将来能满足用人单位获取英语信息的需要。关于英语语言的表达，新课标在信息的表述、观点的陈述以及规范写作方面做了规定，语言表达要在以英语为外语的背景下进行，为了达到这一标准，学生们需要找到办法，以便能根据不同话题以不同模式组织口语或书面语进行表达。

第四块是语言欣赏，它包括以色列过去英语大纲的部分内容，但却增加了新的重点内容。语言欣赏的三个组成部分——文学、文化和语言——相互间交织在一起，其中某一部分的学习对其他两部分也起较大作用。语言欣赏标准首先认为,出版的英语语言文学不再由一两个国家所独有,而是由世界上很多将英语作为第一或第二语言的人们共同分享。该课程标准接受了当今对英语语言文学准则的重新定义,而将具体文学内容的选择权交给教科书编写人员和教师自己。关于对语言本身进行欣赏的标准依据的原则是:学习一门新语言就等于有了知晓该语言特性的良好时机,就能知晓该语言的结构以及该语言与其他语言之间的区别。

对于每一块内容,新课程大纲都根据不同的等级列出了入门基础和进步特征,而对于学校学生的多样性特点,该课程大纲根据正规学校英语教育的不同水平设置了三种等级:初级要在六年级结束前达到;中级要在九年级结束前达到;高级在十二年级结束前达到。尽管英语水平根据年级来规定,但这仅仅是一个指导原则,具体要根据学生们的需求进行调整,同样,不同的学生在不同领域有可能处于不同等级。

这种新的课程大纲是为了在四个领域提高英语语言学习的标准:社会交往、接受信息、语言表达和文学、文化以及语言欣赏,最优秀的学生在十二年级结束时应当能够用英语自由地进行交流,无论是以口语形式还是以书面语形式,能用英语获取信息,能有条理地陈述信息,还能用英语欣赏文学、文化和语言本身以及语言间的差异。

新课程大纲的实施会产生什么样的结果还有待于观察,但它却充分体现了国家的语言教育政策精神,教育部要求增加英语教学课时的设想使得英语语言在以色列更加普及和强化。

以色列所取得的骄人成就得益于犹太民族悠久的重视教育的传统,这种优良传统随着时光的推移没有被削弱,反而得到了加强,从而成为以色列教育立国之路的思想根源和基础。历经磨难而又勤劳智慧的以色列人更加认识到,只有发展教育,通过人才战略,才能走上强国富民之路。立足于该国历史和社会现实,以色列政府制定出了一系列符合其自身特点而又不失广泛国际联系和合作的各项科学教育政策。实践证明,这些教育政策为以色列的腾飞发挥了极其重要的基础性作用。

四、以色列外语教育与政策的启示

以色列正在强化它的语言教育计划,该国正在逐步从单一的"希伯来语＋英语＋哲学"模式向"接受多种语言＋保护原有语言"转变,用越来越多的语言项目引导语言教育向专门化方向发展。教育部为此制定了新的政策,第一次将各地语言督学聚集在一起,共商语言发展大计。

以色列教育部还设立基金，资助由一家大学的语言政策研究中心主持的为期三年的研究项目。

以色列的语言潜能没有得到充分发挥。以色列教育部制定的新政策中承认其早期移民的语言潜能（尤其是法语和阿拉伯语）没有得到发挥十分可惜，因此，要求避免这种情况的再次发生。

以色列的语言教育还有很多问题没有解决，如：英语是否会最终威胁希伯来语？今后以色列的俄语保护是否比其他语言的保护更好？今后是否会有大量的犹太人愿意学阿拉伯语？以色列的少数族裔会继续保护他们自己的语言吗？如何让以色列人学习别的语言？

无论怎样，对语言教育和政策的重视使得人们有了一种提出上述问题并积极探讨这些问题的氛围。

实践证明，以色列的复国和发展与其先进思想和科学决策密不可分，多语言教育政策是以色列人根据其自身经济和社会发展的实际以及其所处的国际环境而制定的，而且被实践证明是科学的。只要以色列的社会实际和国际环境没有大的改变，其多语言教育政策的框架是不会发生根本改变的。

以色列现在的社会现实和国际环境是：该国国土面积狭小、资源贫乏、社会构成独特；2000 年前亡国的命运是历史耻辱；近 2000 年的流离失所、寄人篱下和"二战"期间纳粹分子对犹太民族的大屠杀带给了犹太民族太多的磨难和伤痛；以色列建国的艰辛和代价使他们永生难忘；重视教育和创新是以色列迅速发展最坚实的基础；与发达国家尤其是世界强国保持友好交往使该国有了经济和科技腾飞的翅膀；安全面临诸多挑战，长期与阿拉伯周边国家关系紧张使以色列人缺乏安全感。可以说，当今世界之两大主题——和平与发展对于以色列人有着更加特别的意义和与众不同的历史厚重感与时代紧迫感，因此以色列人民倍加珍惜今日之发展成就和胜利果实。

以色列的社会现实和国际环境构成了该国政府制定一系列方针政策的客观基础，也是该国多语言教育政策变化和走向的先决条件。基于以色列的历史、文化、宗教和价值认同，结合该国所处的全球化时代背景，不难判断：在可预见的将来，以色列国所处的社会现实难以有大的变化，与该国相关的国际环境可能存在一些变数，主要是同周边阿拉伯国家和地区的领土纠纷和历史恩怨能否得到缓解甚或消除。但无论如何，其国内多民族的人口结构和国际更为频繁的对外交往的现实发展状况决定着其多语言教育政策的走向。

1）以色列的希伯来语是该国人民民族价值认同的外在表现，它今后仍将是全球化时代该国最主要的语言；

2）以色列的多语政策是该国在经济、政治、文化和社会诸方面同周边国家、世界的其他国家和分布在世界各地犹太人保持和加强联系的客观需要，多语政策实施的好坏将会极大地影响以色列同各国之间的关系走向及其交往程度；

3）尽管外语教育在以色列会得到重视和加强，但绝不会超越希伯来语的主导地位，这是以色列国家的历史和现实决定的；

4）以色列的外语政策是其社会现实和社会需要的一种反映，各外语语种的地位和排序会根据实际需要进行调整，但英语和阿拉伯语会在外语语言政策中占有极其重要的地位。

参考文献

1. 劳伦斯·迈耶（1987）《今日以色列》。北京：新华出版社。

2. Shohamy, Elana (1995) Language testing: Matching assessment procedures with language knowledge. In M. Birenbaum and F. Dochy (eds) *Alternatives in Assessment of Achievements, Learning Procedures and Prior Knowledge*. Boston, MA: Kluwer Academic Publishing.

3. Spolsky, Bernard and Shohamy, Elana (1996) National Profiles of Languages in Education: Isreal: Language Policy, On the Language Policy Research Center web site at http://www.biu.ac.il/hu/lprc/lprcprof.htm.

4. Spolsky, Bernard and Shohamy, Elana (1999) *The Languages of Isreal: Policy, Ideology and Practice*, Multilingual Matters LTD.

参考网站

1. http://beijing.mfa.gov.il/mfm/web/main/document.asp?SubjectID=5463&MissionID=87&LanguageID=77&StatusID=0&DocumentID=-1

2. http://www.mfa.gov.il/NR/rdonlyres/C838700A-B20D-4FDE-B04D-6773CDBB8D17/0/Economy.pdf.

第十三章
墨西哥的外语教育与政策

郑书九

墨西哥全名为墨西哥合众国（Los Estados Unidos Mexicanos, The United Mexican States）；首都墨西哥城，人口 2,200 万（含卫星城），是世界上最大的城市之一。墨西哥国土面积为 1,964,375 平方公里，位于北美洲南部。墨西哥人口 10,870 万人（2007 年），在美洲居第三位，仅次于美国和巴西，在全球排名第 11 位。人口中 15 岁以下的接受教育的儿童与青少年的数量呈下降趋势，2001 年为 3,360 万，而 2007 年下降至 3,170 万。印欧混血人和原住民分别占总人口的 90% 和 10%。居民中 89% 信奉天主教，6% 信奉基督教新教，其余人口信奉犹太教和其他宗教。

墨西哥官方语言为西班牙语，99% 的人口讲西班牙语，同时还有 50 种左右的美洲原住民语言，可以讲不同原住民语言的人口从上百万到数十人不等，但超过 1,000 万原住民人口中的大多数可以讲西班牙语及各自的原住民语言。

一、外语教育大环境

1. 历史与文化

墨西哥是美洲大陆原住民古老文明中心之一，闻名于世的玛雅文化、奥尔梅克文化、托尔特克文化和阿兹特克文化均为墨西哥原住民创造。公元前兴建于墨西哥城北的太阳金字塔和月亮金字塔是这一灿烂古老文化的代表，被联合国教科文组织宣布为人类共同遗产。2007 年墨西哥位于奇尤卡坦半岛的奇琴尼察金字塔被评选为新的世界七大奇迹之一。墨西哥古代原住民培育出了玉米，故墨西哥有"玉米的故乡"之称。墨西哥还享有"仙人掌的国度"、"白银王国"等美誉。

1519 年西班牙殖民者入侵墨西哥，1521 年墨沦为西班牙殖民地。西班牙殖民者于 1522 年在墨西哥城建立新西班牙总督区。1810 年 9 月 16 日，米格尔·伊达尔戈－科斯蒂利亚神父在多洛雷斯城发动起义，开始了独立战争，1811 年 1 月战败，伊达尔戈被害，为纪念这次起义，后定 9 月 16 日为墨西哥独立日。墨西哥于 1821 年 8 月 24 日宣布独立，翌年 5 月伊图尔比德建立"墨西哥帝国"。1823 年 12 月 2 日宣布成立墨西哥共和国。1824 年 10 月正式成立墨西哥联邦共和国。

1846 年美国发动了侵略墨西哥的战争，1848 年 2 月墨、美签订和约，墨被迫将北部 230 万平方公里的土地割让给美国。1858 年华雷斯任总统，成为墨西哥历史上第一个印第安血统的总统。1867 年法、英、西班牙等入侵者被赶出墨西哥。1876 年迪亚斯攫取政权，实行独裁统治长达 35 年。1910 年资产阶级民主革命爆发，同年 1 月 20 日发动武装起义，1911 年推翻迪亚斯政权。

2. 政治与经济

1824 年颁布独立后第一部宪法。1917 年 2 月 5 日墨西哥革命后颁布了强化国家与政府权力的《墨西哥合众国宪法》，宣布建立墨西哥合众国。根据宪法规定，国家为总统制的联邦共和国体制，立法、行政和司法三权分立；总统由直接普选产生，任期 6 年，终身不得再任。总统是国家元首和政府首脑，执掌国家最高行政权。

由参众两院组成的联邦议会是国家立法机构，主要职权有：批准条约及总统关于法院、财政、外交、军队高级官员任命；修改宪法；批准总统出访；必要时任命临时总统等。参议院 128 名议员，由 31 个州和联邦区（首都墨西哥城）各 4 名组成，任期 6 年。众议院 500 名议员，其中 300 席通过多数票选举产生，200 席按政党比例代表制产生，任期 3 年。

内阁是政府行政机构，由总统直接领导。墨西哥革命制度党从 1929 年起连续执政 71 年。2000 年 7 月，国家行动党赢得大选，同年 12 月上台执政。2006 年 7 月墨举行的大选中，执政的国家行动党候选人卡尔德龙以微弱优势击败由民主革命党、劳动党和汇合党等左翼政党组成的竞选联盟候选人当选墨西哥总统，也是国家行动党的第二位总统。

墨西哥是世界最开放的经济体之一，是拉美的经济大国，与加拿大、美国组成北美自由贸易区。2007 年国内生产总值为 8,935 亿美元，人均 8,446 美元，比上一年增长 3.3%。

墨西哥矿业资源丰富，地下天然气、金、银、铜、铅、锌等 15 种矿产品的蕴藏量位居世界前列，主要有石油、天然气、金、银、铜、铅、锌、砷、铋、汞、镉、锑、磷灰石、天青石、石墨、硫磺、萤石、重晶石、氟石等。其中白银的产量多年来居世界之首，素有"白银王国"之称。铋、镉、汞的产量占世界第二位，重晶石、锑的产量居世界第三位，碘、水银产量居第四位。已探明石油储量为 453.76 亿桶（截至 2007 年 1 月 1 日），天然气储量为 700 亿立方米，是拉美第一大石油生产国和出口国，居世界第 13 位，在墨国民经济中占有重要的地位。森林覆盖面积为 4,500 万公顷，约占领土总面积的 1/4。

全国有可耕地 3,560 万公顷，耕地 2,300 万公顷。主要农作物有玉米、小麦、高粱、大豆，水稻、棉花、咖啡、可可等。墨西哥古原住民培育出了玉米，所以该国享有"玉米的故乡"的美誉。有"绿色金子"别称的剑麻也是墨西哥引领世界风骚的农产品，其产量居世界前列。全国牧场占地 7,900 万公顷，主要饲养牛、猪、羊、马、鸡等，部分畜产品出口。

墨西哥同 200 多个国家和地区建立了贸易关系，与 43 个国家签订了自由贸易协定。主要出口商品为原油、汽车、汽车配件、咖啡豆、蔬菜、钢材及化工、机械产品。进口商品为汽车材料、电器、化工产品、食品、饮料、纸浆、纺织、石化产品。

悠久的历史文化、独特的高原风情和人文景观以及漫长的海岸线为墨西哥发展旅游提供了得天独厚的有利条件，居拉美第一的旅游业已成为墨西哥主要创汇来源之一。墨西哥城、阿卡普尔科、蒂华纳、坎昆等均为著名旅游胜地。

二、教育体系[1]

墨西哥的教育体系与世界上大多数国家一样分三个阶段：基础教育：包括学前教育、小学教育、初中教育、就业培训；中高等教育：包括中等职业技术教育、高中教育（大学预科）；高等教育：包括高等职业

---

[1] 本章所涉及的墨西哥教育体系 2006-2007 年度的基本统计数字，均源于墨西哥公共教育部的规划与协调副部以及规划、计划与预算总局提供，汇集全国 31 个州以及联邦区墨西哥城的统计数字，为墨西哥官方公布的正式统计数字，由笔者译出并整理成文。

教育、大学本科教育、研究生教育。

2006 至 2007 学年墨西哥在校学生总数为 3,300 万（根据最新统计，2008 年墨西哥在校学生总数为 3,333 万人），占全国总人口的 31.4%。

墨西哥全部在校学生中接受基础教育（学前、小学及初中生）的学生比例为 77%；接受中高等教育的在校生（高中及中等职业教育）为 11.3%，由于基础教育的快速发展，进入中高等教育在校生的比例近年来有显著提高；接受高等教育的在校生人数为 250 万，占在校生总数的 7.7%；此外还有 4% 的在校生接受各种专业技能培训。

在校生总数的大部分在州立学校或联邦区管辖下的学校[1] 就读。除此之外还有自治类学校（主要指高中、高等院校）[2] 以及私立学校。私立学校中高等学校在校生居多，基础教育阶段私立学校的学生只占在校生总数的 8%。

墨西哥 2006 至 2007 年度在校生总数根据不同学校的性质比例如下：
- 州立学校占 71.7%
- 联邦区学校占 10.3%
- 自治类学校占 4.6%
- 私立学校占 13.4%

1. 基础教育

墨西哥的基础教育由联邦政府公共教育部负责，教学规划与教学大纲由教育部统一制定，任教老师应遵从教学大纲的要求，并使用由教育部统一编纂并在全体适龄学生中免费分发的教材。所有公立学校的教师必须具有不少于本科学士学历（如学前教育、小学教育或中学教育等专业的毕业生），毕业学校也必须是教育部批准的高等院校。1992 年起墨西哥联邦政府大力加强基础教育，各州也对基础教育加大了投入。

墨西哥的基础教育包括三个层次：
- 学前教育三年　　3-5 岁
- 小学教育六年　　6-12 岁
- 初中教育三年　　13-15 岁

根据墨西哥宪法，基础教育阶段的小学及初中为义务制教育（强制教育）。而 2002 年颁布的宪法修正案第三款又做出了新的规定，将学前

---

1 联邦政府的投入除了由公共教育部拨付给各个州的费用外，还包括一个联邦区，首都墨西哥城。
2 指那些享有自主管理权限的学校，这类学校一般都接受联邦政府或州政府的财政补贴。

教育逐步纳入义务制教育范畴。根据规定，2004 至 2005 学年学前教育三年级（即 5 岁儿童）开始纳入义务教育，2005 至 2006 学年学前教育二年级（即 4 岁儿童）开始纳入义务教育，2008 至 2009 学年学前教育一年级（即 3 岁儿童）也将纳入义务教育。这意味着从 2008 学年起，墨西哥全国的义务制教育将从 3 岁的学前班开始至初中结束，从原来的 9 年制延长至 12 年时间的义务制教育。

2006 至 2007 学年度墨西哥基础教育阶段在校生总数为 2,540 万，占在校生总人数的 77%。其中 57.5% 为小学在校生，24% 为初中在校生，18.5% 为学前班在校生。

中小学生在校生总数的 88.3% 在公立学校就读，其中在州立学校就读的学生占 72.3%，16% 的学生在联邦区学校学习；其余 11.7% 的学生在私立学校就读。

基础阶段教育的教师总数为 110 万，占教师总数的 66.4%。由于农村地区的人口分散，师生比比较低。全国小学与初中学校共计 217,561所，占学校总数的 90%。

墨西哥的学前教育分为三个年级

- 一年级　3 岁儿童
- 二年级　4 岁儿童
- 三年级　5 岁儿童

2006—2007 学年度全国适龄儿童总数的 87.2% 在接受学前教育（也称为幼儿园教育），8% 的适龄儿童接受印第安人教育，[1] 1.6% 儿童接受称为"儿童发展中心"的教育，[2] 其余的 3.2% 接受社区教育。[3]

这些适龄儿童的 76.4% 在州立学校或自治类学校学习，8.4% 在联邦区学校学习，15.2% 在私立学校学习。

墨西哥的小学学制为 6 年，自 1917 年宪法颁布后，小学始终为义务制教育，小学毕业后可直接升入初中。小学学生年龄为 6 至 12 岁（成人教育的小学年龄为 15 岁以上）。小学在校生人数为 1,460 万，占基础教育在校生总数的 57.5%，占全部受教育人口（在校生）的 44.3%，数量最大，涉及面也最广。这一数字涵盖了全国总人口 6 至 12 岁年龄组的

---

1 指那些在印第安人集中居住区提供的教育模式，目的在于保持、发展土著民族的习俗、传统及本民族特有的文化。一般为双文化、双语学校，双语指西班牙语及他们所使用的土著语言。

2 那些 45 天—5 岁 11 个月的儿童在这类中心接受教育，按年龄分为三个层次：45 天—1 岁 11 个月，2 岁—3 岁 11 个月，4 岁—5 岁 11 个月。儿童发展中心还负责为孩子提供膳食。

3 主要指那些人口少于 500 人的农村社区，这种教育适合那些人口分散、偏远地区的需要。

94.4%，其余 5.6% 的儿童因为居住偏远、身患残疾、城市的流动人口或边缘人口等因素而未能进入小学学习。

小学在校生分为三种情况：

- 普通小学学生占总数的 93.5%
- 印第安小学学生占总数的 5.7%
- 社区小学（即那些人口少于 100 人的农村社区）学生占 0.8%

学校性质又分为三类：

- 州立学校比例为 85.9%
- 联邦区学校比例为 6%
- 私立学校比例为 8.1%

初等中学教育为义务教育的第三等级、即最后一个等级。学制为 3 年，是进入中高等教育的前提教育。

初等中学教育也分为三种模式：

- 普通初中
- 远程教育初中
- 初等技术中学[1]

2006 至 2007 学年小学毕业生的 95.4% 进入初中一年级。初中在校生共有 610 万，全国总人口 13-15 岁年龄组适龄少年的 93% 在接受初等中学的教育。

在校生分布如下：

- 普通初中在校生占总数的 50.7%
- 远程教育初中在校生占总数的 20.4%
- 初等技术学校在校生占总数的 28.3%
- 还有 0.6% 为培养就业人口的职业教育

应该强调指出的是，近年来墨西哥的远程教育得到长足的发展，主要涵盖了那些农村的受教育人口。

初等中学学校性质也分为三类：

- 州立学校比例为 85%
- 联邦区学校比例为 7%
- 私立学校比例为 8%

就业培训教育指在小学教育结束后，培养从事生产活动的中等教育。培训时间为 100-450 小时不等，在 3-5 个月内完成。主要培养学生在工业

---

1 包括工业技术、贸易、农牧、渔业、林业等专业技术的学习。

技术、贸易、农牧以及服务业等方面的技能。

就业培训不等同于正规的初中教育，所以不能直接升入高中。这些学校或培训中心的经费来源为以下几个途径：

- 州政府或自治学校占 36.7%
- 联邦政府拨款占 27.4%
- 私立学校占 35.9%

2. 中高等教育

在墨西哥，中等职业技术教育以及高中教育（也称为大学预科）被称为中高等教育，这两类教育均为初等中学教育之后的教育阶段。2006—2007 学年初中毕业生的 95.6% 进入这两类学校的一年级，在校生总数为 370 万，占墨西哥在校学生总数的 11.4%，占该国总人口中 16—18 岁年龄组适龄人口的 59.7%，是近年来增长最快的一个教育层次。

按照墨西哥的《教育基本法》，高中教育已经不再由公共教育部直接管辖，而是由其隶属的大学领导，作为该大学的预科。

远程教育在中高级教育阶段发展也很快，近年来联邦政府以及各州政府在这个领域加大了投资，以满足偏远地区对教育的需求。

在中高等教育阶段就读的学生分布如下：

- 在州立学校就读的学生占 40.6%
- 在联邦区学校就读的学生占 26.5%
- 在自治学校就读的学生占 13.1%
- 在私立学校就读学生占 19.8%

墨西哥的中等职业技术教育主要培养工业、商贸服务业、农牧业、渔业海洋业等方面的人才。它的教学大纲涵盖专业技术课程以及普通高中课程，后者为学生升入大学做准备。学制一般为 3 年，也有 2—5 年的不同的专业设置，毕业后可直接进入就业市场。

中等职业技术教育的学生总数 2006 至 2007 学年度为 35 万人，学生分布如下：

- 4.5% 在科技教育中心[1] 学习
- 69.5% 在国家技术教育学院[2] 学习
- 26% 在其他学校学习

---

1 科技教育中心属于中高等教育类学校，课程包括为直接就业培养的专业技术，以及为升入高等学校的大学预科课程。
2 国家技术教育学院与科技教育中心体制类似，同样包括专业技术课程以及普通高中课程，为升入大学做准备。

学生就读学校的性质分为以下几类：
- 州立学校比例为 59.4%
- 联邦区学校比例为 17.1%
- 私立学校比例为 16.7%
- 自治学校比例为 6.8%

高中教育在墨西哥也被称为大学预科教育，是一种正规的、全面的教育，包括科学技术、人文知识的传授，以及基本的研究方法及语言的掌握。2006 至 2007 学年度的 85.4% 初中毕业生进入高中一年级学习。

墨西哥的高中教育分为以下几种模式：
- 普通高中：占全部接受中高级教育总人数的 44.4%
- 科技教育中心：占全部接受中高级教育总人数的 32.9%
- 国家技术教育学院：占全部接受中高级教育总人数的 18.5%
- 远程高中：占全部接受中高级教育总人数的 4.2%

学校性质分为四类：
- 州立学校比例为 38.6%
- 联邦区学校比例为 27.4%
- 私立学校比例为 20.2%
- 自治学校比例为 13.8%

3. 高等教育

墨西哥的高等教育为整个教育体系的第三个阶段、即最后一个阶段，分为三个层次：高等技术教育、本科教育以及研究生教育。墨西哥的高等院校由三部分组成：综合性大学、工业大学或工业学院以及师范学院。墨西哥的本科教育学制一般为 5 年。

墨西哥的师范学院一般为独立的高等院校，专业设置有学前教育、小学教育、初中教育、特殊教育及体育。师范生占高等教育在校生总数的 5.4%。由于近年来小学入学人数的减少，因此小教师资的培养规模在进行调整，以适应实际的需求。

2006 至 2007 学年度高中毕业生总数的 78.7% 进入高等教育一年级，在校生总数达到 250 万人，占墨西哥总人口 19-23 岁年龄组适龄人口的 24.3%（不含研究生在校生人数），此外还有 18 万人接受非学校教育服务[1]。

---

1 非学校教育服务分为不同层次，学习者不必每天去学校学习，而是通过教育者对学生的定期辅导，并且有通过一系列的考试以确认教学大纲的执行情况。这种形式主要针对成人教育与开放式教育。

在接受高等教育的学生总数中，高等技术教育、本科教育以及研究生教育的学生比例如下：

- 高等技术教育学生人数占总人数的 3.2%
- 本科学生人数占总人数的 90.4%
- 研究生学生人数占总人数的 6.4%

研究生教育（也称为学士后教育）分为以下三种层次：

- 专业研究：指因某种特殊专业需求而设立的学士后课程或研究，例如心理咨询、企业管理，以及医科毕业生在一段时间内进行的专业研究与实践。修业后不授予硕士学位，因此不具备在大学院校任教或研究资格。
- 硕士研究生：硕士研究生必须具备学士学位，通过入学考试、或申请入学录取后，课程修业二年以上，并撰写硕士论文。论文答辩通过后，授予硕士学位，拥有硕士学位者可从事学术研究或在大学授课。
- 博士研究生：攻读博士学位必须具备硕士学位或同等学力，通过博士班入学考试、或经申请入学录取。

高等学校的性质也分为四类：

- 州立学校比例为 13%
- 联邦区学校比例为 14.6%
- 私立学校比例为 33%
- 自治学校比例为 39.4%

4. 其他教育

所谓其他的教育服务是指那些对正规的、学校的教育的补充形式，包括以下模式：

- 特殊教育（指为那些肢体或心理有残障、不能接受普通学校正规教育的儿童提供的特殊教育）
- 非学校教育（指那些在学校之外接受教育的学生）
- 学前班之前的教育（指 3 岁以前的婴幼儿，这种教育更多的是由儿童家长承担的）
- 成人教育（指那些 15 岁以上的成年人接受的扫盲教育、小学教育、初中教育以及培训教育，一般是开放式的教育模式）

三、外语教育

1. 语言状况

在谈及墨西哥的外语教育之前，有必要了解一下墨西哥的语言状况。我们在第一部分中已经提及，墨西哥 99% 的人口讲西班牙语，但同时还有 65 种原住民语言，可以讲不同原住民语言的人口从上百万到数十人不等。墨西哥宪法中确认该国为"多元文化的国家"，而 2001 年颁布的《语言权力法》中将 65 种原住民语言确认为与西班牙语享有同等权利的"民族语言"。现在墨西哥讲原住民语言的居民达 700 万，主要集中在中部与南部地区。而讲不同原住民语言的居民基本都会讲西班牙语，被视为"双语居民"。

在墨西哥还有 20 种左右的外来语言，根据 2005 年的统计，墨西哥人口中可以讲外来语言的人口达 160 万，这些语言包括英语、法语、德语、汉语等。从下表[1] 可以了解不同语言的使用人口。

表 1 墨西哥的外来语言及语言人口

外来语言	语言人口
英语	680,430
法语	340,500
德语	280,000
低地德语（德语的一种方言）	75,298
汉语	67,320
葡萄牙语	38,500
威尼斯语	33,233
日语	17,319
卡罗语（美国西南部墨西哥裔青少年讲的一种西班牙语的变体）	15,830
加泰罗尼亚语（西班牙的四种官方语言之一）	11,600
阿拉伯语	11,346
意大利语	8,250
巴斯克语（西班牙的四种官方语言之一）	8,050
罗马尼亚语	7,500
韩语	6,260
加利希亚语（西班牙的四种官方语言之一）	6,164
希伯来语	5,220
克丘亚语（主要在秘鲁和玻利维亚讲的印第安语）	3,210
菲律宾语	2,500

---

1 来源为墨西哥国立自治大学语言研究中心 2005 年的统计数字。

在各种外语中，毫无疑问英语占有突出的、重要的地位，尤其在贸易活动中被广泛使用。掌握英语在专业求职中具有很大的优势，因此英语学习在墨西哥占有十分重要的位置。绝大多数的私立学校中都将英语放在优先的位置，提供英语加其他语言的"双语教育"或"双文化教育"。在墨西哥的一些边境城市中英语占有更重要的位置，但是与美国与墨西哥的边境城市相类似的是，这些城市中所讲的英语实际上是一种英语与西班牙语相混合方言，被称为"西班牙英语"（Spanglish）。墨西哥某些美国移民众多的城市，如下加利福尼亚州，以及诸如圣米格尔德阿连德、恰巴拉、塔斯哥等小城市，由于那里的美国移民占人口的50%左右，所以在这些地区或城市英语也十分普及。

2. 小学外语教育

墨西哥的教育体系中国家公共教育部直接负责全国的基础教育，并确定小学与初中为义务制教育（现正逐步将学前教育纳入义务制教育）。基础阶段教育的规划、纲要以及每门课程的教学大纲均由教育部负责制订并监督实施。而高中阶段（大学预科）已经不属于教育部的直接管辖，而从属于相关大学，课程安排亦由所属大学决定。而大学中大部分为自治大学或私立大学，各大学有权决定所开设的课程。因此墨西哥的外语教育的中小学有教育部统一规划，而高中与大学的外语教育则由各个学校自行规划安排，呈多样性的格局。

按照墨西哥公共教育部颁布的基础教育纲要的现行规定，小学阶段暂不开设外语课程。据我们了解，仅有少数条件比较好的城市小学在六年级开设外语，每周2—3个学时，全年80—120学时。

担任中小学外语教师基本要求如下：具有学士学位、或外语教学资格证书、或者由在外语专业学校有过教学经验的课程外语教师。但是上述要求有时并不能彻底贯彻，尤其在小学阶段可能会聘任一些并没有外语教学经验的教师。

根据最新消息，墨西哥国家公共教育部于2008年5月15日与全国教师工会联合会达成协议，[1]将在2009年从小学一年级开始开设外语课。这种决定意味着将有1,460万学生将接受正规的外语教育，如果按照每200名学生需要一个外语教师的话，那么新增外语教师的数量将达到7.3

---

[1] 墨西哥的教师工会组织在各级教育部门具有很大的影响力，全国教师工会联合会与教育部达成的协议应该具有实施的可能性。

万人，这将是一个很大的数字。

3. 中学外语教育

按照基础教育纲要，外语教育只在初中阶段实施，为必修学历课程。墨西哥初中在校生共有 610 万，其中 95% 学习英文，5% 学习法文或德文。那么就意味着墨西哥按照教育法的规定在学校学习外语的学生数为 610 万，全部为初中生。

从下表中我们可以了解初中的课程开设的情况及外语课所占比例：

表 2 初中阶段教学大纲必修课程及每周授课时数

初一年级		初二年级		初三年级	
课程	周课时	课程	周课时	课程	周课时
西班牙语	5	西班牙语	5	西班牙语	5
数学	5	数学	5	数学	5
生物	6	物理	6	化学	6
地理	5	历史	4	历史	4
外语	3	外语	3	外语	3
选修	4	道德教育	4	道德教育	4
艺术	2	艺术戏剧	2	艺术	2
体育	2	体育	2	体育	2
技能	3	技能	3	技能	3
指导	1	指导	1	指导	1

说明：地理课包含墨西哥地里以及世界地理；艺术教育指音乐、舞蹈、戏剧以及影视艺术；技能课的课时对于中等技术专业学生来讲是不确定的，各学校根据不同专业的要求设定；指导指教师对学生个人在学业上的指导。

在初中阶段外语课共开设 3 个学年，每周 3 课时，每学期 60 学时，每年 120 课时（每年 40 教学周，实际上课天数 200 天），初中三年外语学习的总课时为 360 小时，使用教育部统一编撰的教材。

中学的外语学习并不进行那种托福方式，或其他方式的统一的正式考试。根据我们了解的情况以及部分学校教师的反应，当初中毕业时，尽管经过 3 个学年的外语（一般指英语）学习，学生只是掌握最基本的语法知识、一定数量的词汇，但是很难讲对语言已经有所掌握，对学生外语学习的结果普遍估计不高。

　　墨西哥的公共教育部对于中高等教育（即大学预科教育）不直接管辖，高中由所隶属的高等学校负责，构成该大学的一个附属部分。如我们在墨西哥任教的新莱昂州自治大学拥有大批附属高中，在校生总数达 5 万人。而高等学校大部分为自治学校或私立学校，因此每个高中学校课程的设置会有所区别。高中学制 2 至 3 年不等，3 年制的预科前两年为基础骨干课程，最后一年重点学习在进入大学本科时所要学习专业的相关知识。

　　学生外语学习的水平参差不齐，新莱昂州自治大学附属高中的学生在词汇量上有所增加，但是仍然达不到应有水平（如托福 350 分）。在其他的一些学校（尤其是私立大学的附属高中）外语水平要强于自治大学附属高中学生的水平，可达到托福 550 分的水平。新莱昂州自治大学附属高中使用本大学编写出版的教材，而其他学校可自选或直接在国外购买教材。

　　高中阶段的外语师资为大学外国文学专业或外语专业毕业生（一般是英语专业）。尽管理想的师资应为母语为英语的教师，但是一般情况下做不到这一点。

　　与小学、初中的外语教学方法相同，高中阶段外语教学基本采用交际法：学生还是面对黑板、依靠课文的方法，比较少地使用多媒体教学手段。但是在有些私立大学的附属高中已经装备了多媒体实验室。

　　下面在新莱昂州自治大学附属高中学校选取了两所学校进行分析，其中一所学校为普通高中，另一所为"双语高中"。在两所学校的课程设置，以及授课语言上进行比较，我们会看到不同学校学生的英语水平有明显的差距。

表 3　新莱昂州自治大学普通附属高中课程设置（2 年制，分为 4 个学期）

第一学期		第二学期		第三学期		第四学期	
课程	周课时	课程	周课时	课程	周课时	课程	周课时
西班牙语	3	西班牙语	3	西班牙语	3	西班牙语	3
数学	5	数学	5	数学	5	数学	5
计算机	5	计算机	5	计算机	5	计算机	5
社会科学	2	艺术与社会学	2	社会科学	2	艺术与社会学	2
生物	5	生物	5	生物	5	化学	5
化学	5	化学	5	物理	5	物理	5
体育	2	体育	2	体育	2	体育	2
		英语	5	英语	5		
		艺术与社会学	2				

墨西哥的高中每周 5 天学习日，每天 6-7 学时，每周共计 30-35 学时。从表 3 中我们可以看到，在普通高中阶段，外语课程（以 2 年制学校为例）所占比例甚少，只是在第三、第四学期开设，总课时也只有 200 学时。

同样属于新莱昂州自治大学的另一所名为"双语研究与发展教育中心"双语制高中，其课程设置与上面提及的普通高中并无太大区别，但是使用英语授课的课程及周课时数明显不同，我们不妨看一看这所学校的情况。

表 4 新莱昂州自治大学附属双语研究与发展教育中心（高中）课程设置

第一学期		第二学期		第三学期		第四学期	
课 程	周课时	课 程	周课时	课 程	周课时	课 程	周课时
数学 1	5	数学 2	5	数学 3	5	数学 4	5
交流与语言 1	3	交流与语言 2	3	词源学 1	2	词源学 2	2
英语 1（写作）	5	英语 2（写作）	5	交流与语言 3	3	交流与语言 4	3
生物 1	5	生物 2	5	英语 3（写作）	5	英语 4（写作）	5
化学 1	5	化学 2	5	生物 3	5	化学 3	5
物理 1	5	物理 2	5	物理 3	5	物理 4	5
社会科学 1	2	艺术与人文 1	2	社会科学 2	2	现代社会伦理学	2
传媒技术 1	5	传媒技术 2	5	哲学 1	2	艺术与人文 2	2
教育指导 1	1	心理指导 1	1	传媒技术 3	5	传媒技术 4	5
体育与健康 1	1	体育与健康 2	1	职业辅导	1	专业就业信息指导	1
交际英语 1	5	交际英语 2	5	体育与健康 3	1	体育与健康 4	1
				交际英语 3	5	交际英语 4	5
西语课时及比例	7 19%		7 19%		10 25%		12 28.5%
英语课时及比例	30 81%		30 81%		30 75%		30 81.5%

说明：表中的斜体课程用英语讲授，主要为自然科学课程，如数学、物理、化学、传媒技术以及英语相关课程等；其余部分为西班牙语讲授，主要为社会科学、语言学课程等。

上述两个学校的课程开设的情况的比较显示，自然科学学科的设置几乎没有区别，第二所学校的周课时数也多于上面的普通高中。每个学期自然科学的课程占全部课时的四分之三以上，普通高中的自然科学课程全部以西班牙语开设，而双语高中的相关课程全部以英语教授。高中两年学习结束后，两个学校学生的英语水平差距之大是显而易见的。

双语学校的需求十分巨大，学生与学生家长蜂拥而至。每年双语学校的入学考试十分严格，那种情形不亚于中国重点高中的入学考试。所有的考生要参加两种考试：托福考试以及由新莱昂州自治大学组织的、面对其所有附属高中的统一考试。考试成绩排队，名单中的前 500 名可以进入该大学的双语高中，而其中的前 100 名可进入 3 年制的国际高中学习。

4. 大学外语教育

与中国不同的是，墨西哥高中升大学的"高考"不设外语考试。墨西哥的大学除旅游专业、对外经贸专业，以及外国文学专业外（如英国文学、法国文学等），外语课程一般不纳入教学大纲，不作为必修课程。有的院校，如蒙特雷理工学院开设现代外国语言中心，作为文科学生的选修课，学生通过选修并考试通过后可取得相应学分。

尽管大学并不将外语作为必修课开设，但是部分大学（如我们所任教的新莱昂州自治大学）却要求其本科毕业生的英语程度达到一定水平（如托福考试 500 分以上）作为取得学士学位的要求——这种作法类似中国大学的英语四六级考试，有些高校将四六级考试分别作为本科毕业或研究生毕业取得学位证书的前提条件。为了使学生达到这一要求，新莱昂州自治大学一些院系开设了培训班，使学生以自费学习的形式达到英语或其他一些外语的要求。如文学哲学院设有语言中心，除英语外，还开设德语、法语、日语等课程。但是这些课程不属于学历教育，修课不计入学分。学生可以自己选课，而且要额外缴费，相当于中国高等院校非学历制的培训学院。

此外该大学还单独设立一个"外国语言认证与教学中心"，开设了英语、法语、德语、意大利语、葡萄牙语、日语、西班牙语（为外国人开设），并且在 2007 年开设了汉语（我们作为由中国国家汉办派出的第一批教师曾在那里任教）。该中心所谓的"认证"功能即为那些在世界开设统一考试的外语提供补习与考试服务，如美国的托福考试、西班牙的德勒考试等。那里的教学也完全是开放式的，中心收取相应的培训及考试费用。

四、私立教育中的外语教育

谈到墨西哥的教育，我们不能不涉及它的私立教育，因为私立教育在墨西哥整个的教育体系中发挥着举足轻重的作用。墨西哥《教育基本法》第五章第 54 款规定：个人可以参与各种类型、各种形式的教育。个人从事涉及小学、初中、师范以及其他培养师资的教育应事先得到国家的明确授权。涉及其他与上述教育形式不同的学习，也可以得到官方对其学历的承认。取得这种相应的授权或承认的机构将被纳入全国的教育体系。

我们在第二章中已经提及私立教育在不同的教育阶段所占比例，为了分析私立教育的状况，了解私立学校在校生占墨西哥在校生总数的比例是必要的：

- 私立教育在学前教育的比例为 15.2%
- 私立教育在小学教育的比例为 8.1%
- 私立教育在初中教育的比例为 7.5%
- 私立教育在高中教育的比例为 19.8%
- 私立教育在高等教育的比例为 33%

从上述数据中我们可以清楚地看出墨西哥的私立教育在学前教育、高中教育以及高等教育等阶段的重要性。随着墨西哥社会经济的发展，中产阶级比例不断增加，与之相适应的私立教育在整个教育体系中所占比重呈上升趋势，特别是在高等教育中，三分天下已居其一。这种情况引起了我们的关注，我们觉得有必要了解墨西哥从什么时候开始出现私立学校的？私立教育是在什么样的社会、经济背景下出现的？

1. 起源与演化

墨西哥的私立教育始于西班牙殖民地时期家庭教师的教育模式，是贵族家庭式的青少年教育。1812 年后教育开始归属于当时的各市政厅领导，1821 年独立后的墨西哥，随着教育非宗教化（世俗化）的进程，国家几乎将教育的责任全部承担起来。尽管如此，国家并没有全部取代教会在教育中的作用，在政府机关的监督下，教会仍然坚持其在教育领域的地位，而这种教育主要满足儿童读书、识字等最基本的需求。政府的目的在于让教会承担那些经济困难家庭孩子的免费教育，在这种情况下私立教育的观念与体制开始形成。

从 1857 年开始，面对政府兴办的公立学校，天主教会开办的学校被认为是私立学校。教会开办了一批学校，其中部分学校的教育质量在墨西哥口碑颇佳。但是在私立学校中，国家相关的教育政策有时并不能得到认真的贯彻执行。天主教会学校甚至构成了对公共教育改革的一种挑战，在教会学校中可以传授不同的价值观与宗教理念，甚至出现过攻击国家关于非宗教化教育政策的事件。

在 19 世纪末、20 世纪初叶迪亚斯独裁统治时期，国家与教会在掌握教育的方向以及领导权的问题上发生冲突，教会甚至提出了"教育要绝对服从教会权威"的口号。墨西哥不同时期的政府也试图与教会结成同盟，在不改变国家法律的基本前提下采取宽容的、与教会和平相处态度。而教会也试图在这种形势下保留他们的传统领地，以获取更大的干预教育发展空间。

随着墨西哥学龄人口数量逐年增长，国家财力难以满足对教育的全部需求，在这种情况下，国家支持私人兴办教育，因此一批私立学校在大城市应运而生。最初的私立学校一般均与某些宗教团体达成合作协议，墨西哥的法律也尊重学生家长对教育模式的选择。同时教育非宗教化的政策规定，国家必须向此类私立学校无偿提供小学义务教育阶段的教学用书。

19 世纪 80 年代后期又开始涌现出一种新型的私立学校，这些学校一般为外国人兴办，如美国学校（1888）、德国学校（1892）等。20 世纪中叶法—墨学校、以色列学校、马德里学校、墨—日学校等一批学校相继建立，这类学校建立的目的在于保持美、德、法、以、西、日等国家在墨西哥移民的文化传统，保持各自语言的使用，同时试图让各自国家的移民与墨西哥的社会、文化相融合。上述各种学校的教学内容首先要严格遵守墨西哥教育的相关规定，但在有些情况下可以超出对墨西哥本国学校所规定的教育内容。

20 世纪 30 年代以后出现了一大批双语制"美国学校"，这些学校在墨西哥私立教育中扮演了十分重要的角色。面对双语制学校的需求，一批教师也决定开办私立学校，这类学校在课程设置上强调英语教学，并且推行美国的教学大纲。这些学校的奖学金的幅度在墨西哥国内是最高的，目的在于培养社会的特殊阶层。

近些年来，又有一些社会团体对于重新恢复基督教传统十分重视，他们将关注点集中在那些经济实力雄厚、与社会权力联系广泛的阶层，对这些社会阶层的子女进行特殊的教育。

大部分的私立学校宣称他们的教育是非盈利的、非宗教的、综合性的教育。这些学校实际上执行两种教育大纲：一种是以西班牙语为基础的教学大纲，另一种是以英语（或其他外语）为基础的教学大纲；他们使用由政府免费提供的义务制教育的西班牙语教材，同时进口英语及其他语种的原版教材作为教学用书。

社会上一般认为私立学校教学水平更高，但是并非所有的私立学校都具有较高的学术水平。原因在于，一个学校的学术水平不但取决于教师，还取决于学生的能力与水平。实际上很多私立学校在教育市场上进行了有目的的、夸大的宣传，在社会上造成了对学生与学生家长的误导。私立学校不能得到联邦政府或州政府预算的拨款，但是可以获得某些税收的优惠。

从 2008 年起墨西哥公共教育部开始对全部的公立学校及私立学校进行评估，目的在于取得各类学校教育水平的准确结果。

2. 基础阶段的外语教育

我们在调查中了解到，墨西哥私立教育中的外语教学颇具特色。这主要体现在起步早（从学前班、甚至幼儿园即开始学习外语）、时间长（贯穿基础阶段全部 12 年左右的时间）、成果显著（基础阶段结束后学生可熟练掌握一门外语，可直接进入国外高中学习）。我们的调研得到了在相关学校任教或担任领导的墨西哥的学生或朋友的帮助，掌握了很多第一手的资料，通过对这些资料整理与分析，墨西哥私立教育中的外语教学情况略见一斑。

1）新莱昂州内卡利学校[1] 的外语教育

我们在调研中结识了新莱昂州一所私立学校内卡利学校的校长及其家族，该家族开办的这所学校至今已有近 60 年的历史。学生可以从学前班（3 岁）开始进入该校学习，实行 12 年一贯制的教育。学校收费颇高，每个学生每年学费大致相当于 7、8 千美元，是墨西哥最低月工资的 8—10 倍，这显然是一种"贵族式"的私立教育。学生家长大部分为企业家、医生、律师、高级专业人士以及高等学校的教师，而且大多数家庭的 2—3 个孩子均在同一所学校学习，所花费用之高是可以想象的。

这是一所英语与西班牙语的双语制学校，我们可以通过该校小学六年与初中三年的课程设置以及授课语言，了解学生英语学习的情况：

---

1 内卡利（NECALI）在印第安土著语言中意为"教育之家"。

表 5　蒙特雷内卡利学校 2008-2009 学年小学课程表

学　年	一年级		二年级		三年级		四年级		五年级		六年级	
课　程	周课时数	授课语言	周课时数	授课语言	周课时数	授课语言	周课时数	授课语言	周课时数	授课语言	周课时数	授课语言
英语	12	英	12	英	12	英	12	英	12	英	12	英
数学	6	西	6	西	6	西	6	英	6	英	6	英
西班牙语	11	西	11	西	11	西	11	西	11	西	11	西
宗教	1	西	1	西	1	西	1	西	1	西	1	西
体育	3	西	3	西	3	西	3	西	3	西	3	西
音乐	1	西	1	西	1	西	1	英	1	英	1	英
计算机	1	英	1	英	1	英	1	英	1	英	1	英
课时总计及百分比	35	英 37% 西 63%	35	英 37% 西 63%	35	英 37% 西 63%	35	英 57% 西 43%	35	英 57% 西 43%	35	英 57% 西 43%

　　从表 5 中我们可以看到，在每周的 35 个学时中，小学前 3 年英语课程所占比例超过三分之一，而后 3 年英语课程的比例接近 60%。我们接触过的该校小学部的学生大部分从学前班就开始在该校学习，其英语水平，无论是听、说、阅读能力，以及外语交际能力已经很娴熟，他们可以熟练地讲西班牙语与英语两种语言，而且两种语言之间的转换自由，没有任何障碍。我们所接触的家长对于学生的这种语言能力也表示满意，对学校的教学质量表示认同，并且表示将继续供养他们的孩子在该校学习下去，尽管这样意味着一笔很大教育的投入。

表 6　蒙特雷内卡利学校 2008-2009 学年中学课程表

学　年	七年级		八年级		九年级	
课　程	周课时数	授课语言	周课时数	授课语言	周课时数	授课语言
计算机	2	英	2	英	2	英
历史	2	英	4	英	4	英
生物	4	英	2	英	2	英
英语	5	英	5	英	5	英
数学	6	英	6	英	6	英
西班牙语	5	西	5	西	5	西

（待续）

（续上表）

学 年	七年级		八年级		九年级	
课程	周课时数	授课语言	周课时数	授课语言	周课时数	授课语言
哲学	1	西	1	西	1	西
本州地理	2	西				
思想道德	1	西	1	西	1	西
艺术	2	西	2	西	2	西
体育	1	西	1	西	1	西
辅导	1	西	1	西	1	西
地理	1	西				
物理	1	英	3	英	4	英
文明			2	西	2	西
课时总计及百分比	34	英 59% 西 41%	35	英 66% 西 34%	36	英 64% 西 36%

在内卡利学校初中的课程设置中我们可以看到，自然科学学科全部使用英语授课，英语授课比例均在60%左右，这样可以保证学生在毕业后有能力直接升入国外的学校学习，如英国、美国或加拿大的高中学习，或进入双语高中或"双文化"高中学习。

2）蒙特雷市奥林匹克学校的外语教育

我们通过在学校担任小学部主任的一个中文班学生，对墨西哥蒙特雷市奥林匹克学校举行了调查。这是一所全日制的私立学校，实行从1.5—3岁的幼儿班至13—14岁的初中长达12年一贯制的教育模式。该学校的外语教育的重视程度从其课程设置中一目了然，通过12年左右不间断的、循序渐进的外语教育，学生的外语水平之高是不言而喻的。

我们列表分别看一看该校从幼儿园到初中毕业整个教育过程的课程设置以及英语所占比例：

表7 蒙特雷市奥林匹克学校课程设置1——幼儿园（1.5岁至3岁）

学 年	1.5岁至2岁		2岁至3岁	
课 程	周课时数	授课语言	周课时数	授课语言
语言	4	英语	4	英语
学前阅读	2	英语	2	英语

（待续）

（续上表）

学　年	1.5 岁至 2 岁		2 岁至 3 岁	
课　程	周课时数	授课语言	周课时数	授课语言
学前写作	6	英语	4	英语
数学	4	英语	4	英语
日常活动	1	英语	1	英语
社交发展	2	英语	2	英语
体育	1	英语	1	英语
艺术	1	英语	1	英语
体育与健康	1	英语	1	英语
手工	4	英语	4	英语
课时总计及英语比例	26		24	
		100%		100%

　　从表 7 中我们可以看到，1.5 岁的幼儿进入学校后所接触的语言环境是完全的英语环境。在这个潜移默化的过程中，儿童在无意识中开始了他的外语学习。他同时还拥有另一个语言环境，那就是母语的语言环境，这种环境是在家庭与社会中形成的，两个环境相辅相成、相得益彰。

表 8　蒙特雷市奥林匹克学校课程设置 2——学前班（3 岁至 6 岁）

学　年	学前一年级		学前二年级		学前三年级	
课　程	周课时数	授课语言	周课时数	授课语言	周课时数	授课语言
语言	3	英语	3	英语	2	英语
阅读	2	英语	4	英语	4	英语
拼音英语	2	英语	2	英语	2	英语
写作	1	英语	1	英语	1	英语
数学	4	英语	5	英语	5	英语
思想道德	1	英语	1	英语	1	英语
社交发展	3	英语	4	英语	4	英语
手工	5	英语	5	英语	5	英语
体育	1	英语	1	英语	1	英语
计算机	1	英语	1	英语	1	英语
音乐	1	英语	1	英语	1	英语
艺术	1	英语	1	英语	1	英语
课时总计及英语比例	25		29		28	
		100%		100%		100%

3-6 岁的儿童学前班的三年教育，是一种从非学历的教育到正规的学历教育的转化过程。在这个过程中，他们两种语言的环境并没有发生变化，没有转化的困惑与烦恼，而是一个已经适应的环境的继续。幼儿教育与学前班两个阶段共计 4.5 年时间的外语学习与实践，为他们进入小学的学习奠定了坚实的基础。

表 9 蒙特雷市奥林匹克学校课程设置 3——小学（6 岁至 11 岁或 12 岁）

学　年	一年级		二年级		三年级		四年级		五年级		六年级	
课　程	周课时数	授课语言	周课时数	授课语言	周课时数	授课语言	周课时数	授课语言	周课时数	授课语言	周课时数	授课语言
数学	5	英	5	英	5	英	5	英	5	英	5	英
语言	6	英	6	英	6	英	6	英	6	英	6	英
阅读	6	英	6	英	6	英	6	英	6	英	6	英
拼写	5	英	5	英	5	英	5	英	5	英	5	英
科学	4	英	4	英	4	英	4	英	4	英	4	英
计算机	2	英	2	英	2	英	2	英	2	英	2	英
体育	2	英	2	英	2	英	2	英	2	英	2	英
西班牙语	5	西	5	西	5	西	5	西	5	西	5	西
社会交往	1	西	1	西	1	西	1	西	1	西	1	西
心智养成							1	西	1	西	1	西
汉语					3	中	3	中				
法语									3	法	3	法
课时总计及英语比例	36	83%	36	83%	39	77%	40	75%	40	75%	40	75%

这是一个完整的小学教育的课程设置。作为正规学历教育的小学阶段，开始加入了母语西班牙语的课程，这是《教育基本法》所要求的。该校的小学教育可以分为三个阶段：第一阶段为一二年级，10 门课程设置中的 7 门授课语言为英语，占总课时的 83%；第二阶段为三四年级，只是在第一阶段的基础上增加了每周 3 个学时的汉语；[1] 第三阶段为五六年级，将第二阶段增加的汉语改为法语，课时及比例均保持不变。尽管在第二、三阶段中，英语授课比例有所减少，但是英语每周课时的绝对

---

1 据了解，该校的汉语教师为一没有取得教师资格的中国女孩，教学质量尚难保证。

数仍然保持在 30 学时，从而保证了英语学习强度的持续性。

表 10　蒙特雷市奥林匹克学校课程设置 4——初中（11 岁至 13 岁或 14 岁）

学　年	七年级		八年级		九年级	
课　程	周课时数	授课语言	周课时数	授课语言	周课时数	授课语言
数学	5	英	5	英	5	英
语言	6	英	6	英	6	英
文学	6	英	6	英	6	英
科学	4	英	4	英	4	英
世界历史			3	英	3	英
地理	4	英				
机械工程	1	英	1	英	1	英
计算机	2	英	2	英	2	英
体育	2	英	2	英	2	英
西班牙语	5	西	5	西	5	西
社会交往	1	西	1	西	1	西
心智养成	1	西	1	西	1	西
法语	3	法	3	法	3	法
课时总计	40		39		39	
英语比例		75%		74%		74%

作为义务制教育的结束阶段，该校初中三年的课程设置基本遵照墨西哥教育部的教学规划。但是与普通公立学校相比，其特点仍然是在英语的教学上，英语授课课时比例均在 70% 以上，从而保证学生自幼儿期、学前期、小学阶段以及初中阶段一贯的英语教学的传统。这种学校的学生在初中毕业后，其英语水平以及所学的其他方面的知识，可以保证他们直接升入以英语为母语国家的高中学习，或是进入高中阶段的"双语学校"、"双文化学校"或"国际高中"学习。

　　3）私立高级中学的外语教育

　　墨西哥的私立高中学校分为三种类型："双语高中"、"国际高中"以及"双文化高中"。三类高中的课程设置以及授课语言有所区别，并各具特色。

　　（1）双语高中

　　这类高中一方面充实深化学生的一般知识，另一方面强化学生的外语（一般是英语）水平。所学课程可分为四类：基础必修课程、基础选修课程、外语课程、选修课程。我们选择私立蒙特雷大学附属高中为例了解这类学校的课程设置情况：

表 11 蒙特雷大学附属双语高中的课程设置

学期	第一学期	第二学期	第三学期	第四学期	第五学期	第六学期
基础必修课程	*阅读与写作1*	*阅读与写作2*	*口头与书面表达1*	*口头与书面表达2*	*文学1*	*文学2*
	生物	*物理1*	*物理2*	*化学*	*应用化学*	*生态系统*
	代数1	*代数2*	*平面几何与三角*	*解析几何*		--
	墨西哥历史	人文科学导论	*经济学*	墨西哥社会经济结构	--	--
	计算机技术	*数据工具*	国际问题	专业指导	--	--
	初级研究方法	高级研究方法	人类的思维	青少年的道德选择		
基础选修课程	基督教原理1[1]	基督教原理2	人类发展史1	人类发展史2	--	--
					强化课程1	*强化课程3*
					强化课程2	*强化课程4*
外语课程	*外语1[2]*	*外语2*	*外语3*	*外语4*	*外语5*	*外语6*
选修课程					*相关课程2*	*相关课程4*

说明：在第五、第六学期开设的相关课程指蒙特雷大学的相关专业课程（略），学生进入大学学习时将计入学分。第五、第六学期开始的强化课程为以下领域的课程：建筑学、设计学、工程学、生命科学、贸易、人文科学、社会学等。

表11中斜体字部分为英语讲授的课程，主要集中在自然科学以及新兴的信息科学领域。相关课程中的三门课程用英语开设：信息基础评估、

---

1 该高中为教会学校，所以开设宗教课程，课程包含宗教的道德教育等内容。

2 这里外语1、2、3指同一种语言学习的不同等级，而不是不同的语言。

政治地理学以及墨西哥研究：社会与文化。 在六个学期的课程设置中，英语授课课程所占比例均超过 50%，是名副其实的"双语高中"。

（2）国际高中

第二类学校为国际高中，它需要通过设在瑞士日内瓦的"国际高中组织"（OBI）的评估，这类高中提供的教学大纲将自然科学与人文科学结合起来。学校的课程设置分为西班牙语开设的基础必修课、可选语言的基础必修课、外语课程与学历共享课程。

表 12 国际高中的课程设置

学　期	第一学期	第二学期	第三学期	第四学期	第五学期	第六学期
西班牙语开设的基础必修课	阅读与写作 1	阅读与写作 2	数学 1	数学 2	数学 3	数学 4
	墨西哥历史	社会科学导论	西班牙文学 1	西班牙文学 2	西班牙文学 3	西班牙文学 4
	研究方法	高级研究方法	墨西哥社会经济结构	国际问题 1	国际问题 2	国际问题 3
	人类生命起源 1	人类生命起源 2	哲学 1	哲学 2	哲学 3	哲学 4
			实验科学 1	实验科学 2	实验科学 3	实验科学 4
			人类与世界环境 1	人类与世界环境 2	人类与世界环境 3	人类与世界环境 4
可选语言的基础必修课（英、西）	代数 1	代数 2	物理 2	化学		
	生物 1	物理 1				
	计算机技术	数据掌握工具				
外语课程	外语 1	外语 2	外语 3	外语 4	外语 5	外语 6
学历共享课程	素质培养 1	素质培养 2	素质培养 3	素质培养 4	素质培养 5	素质培养 6

在这类学校的课程设置中我们可以看到，除必修的外语课程外，数理化以及计算机信息工程等课程可以选取用西班牙语或英语不同的授课语言，为学生提供了不同的选择，而大多数学生以英语课程作为首选。

（3）"双文化"高中

第三类高中被称为"双文化"高中，是专门为那些英语水平极佳的学生开设的学校，所有课程均用英语开设（除英语外，还有法语、德语学校）。这类学校的课程设计目的在于使学生了解另一种文化，并且深化他们对这种文化的认识。这类学校师资除墨西哥本国教师外，还大量地聘请外国教师，因此学费不菲，一年大致在 1.3—1.6 万美元。

"双文化"高中基本目标是扩展学生的文化视野，发展他们的潜能，使他们能够从不同的角度观察、认识世界。同时进一步使他们的英语水平得以完善，并在此期间开始他们第三种语言的学习，包括法语、德语或汉语。

表 13 "双文化"高中的课程设置

学　期	第一学期	第二学期	第三学期	第四学期	第五学期	第六学期
基础必修课	阅读与写作 1	阅读与写作 2	口头与笔头表达 1	口头与笔头表达 2	文学 1	文学 2
	生物	物理 1	物理 2	化学	应用化学	科学实验
	代数 1	代数 2	平面几何与三角几何	解析几何	--	--
	墨西哥历史	社会学导论	经济学	墨西哥社会与经济结构	--	--
	计算机技术	数据工具	国际问题	专业指导	--	--
	能力研究 1	能力研究 2	人类的思维	青少年道德教育	--	--
	人类生命起源 1	人类生命起源 2	人类发展史 1	人类发展史 2	--	--
基础选修课					强化课程 1	强化课程 2
					强化课程 3	强化课程 4
外语课程	外语 1	外语 2	外语 3	外语 4	外语 5	外语 6
选修课程					相关课程 1	相关课程 3
					相关课程 2	相关课程 4

表 13 中的斜体字表示该门课程使用外语讲授。这个教学计划的 50%
的课程使用外语教授，不同学校可选择不同的外语与西班牙语结合。第
五、第六学期的"相关课程"指与学生进入大学所修专业有关的课程。
列表中强化课程包含以下领域的课程：建筑学、设计学、工程学、生命
科学、贸易、人文科学、社会学等。

五、外语教育政策

墨西哥的外语教育政策比较集中地体现于若干教育文件里面。

1. 《教育基本法》(1993)

1993 年对于墨西哥教育的发展是一个重要的年份，这一年墨西哥颁
布了《教育基本法》，该法律确定将初中教育纳入义务制教育，从而正式
形成了墨西哥从学前班三年级（5 岁）开始的、包括小学六年及初中三年
的 10 年制义务教育体系。通过这种基础阶段的义务制教育，国家向每个
公民提供正规的教育手段，使他们在知识的获取、能力的培养、价值观
以及各种基本养成等方面得到发展，为其终身学习提供一个坚实的基础。

根据墨西哥《基本教育法》第 47 款的规定，基础阶段的教育内容通
过教育纲要与每门课程的教学大纲加以确定。第 48 款还规定："教育部
负责教育纲要与教学大纲的制定，纲要与大纲具有强制性，在全国的小
学、初中、师范教育以及其他培养基础阶段师资的学校中执行。"[1]

根据《基本教育法》，教育纲要中应确定以下内容：

- 教育培养的基本目标，每个教育阶段应掌握的知识与技能。
- 通过课程或其他学习手段组织基本的学习内容，每个教育者应努
  力达到每个教育阶段所规定的目标。
- 按照每个教育阶段制定要求，确定每门课程或学习项目必要的学
  习进度。
- 制定评估的理念及程序，以确认教育者每一教育阶段的目的实施
  结果。

在教育纲要的框架下，制定的教学大纲应确定构成某一学习阶段的
每门课程或学习项目的具体学习目标，以及评估的理念与程序，并确认
该目标实施的结果。在大纲中可以包括为达到教学目标所采用的方法以

---

1 参见墨西哥《教育基本法》，墨西哥公共教育部网站。

及对组织相关的教学活动提出建议。

墨西哥公共教育部在 1993 年、即《教育基本法》颁布的同一年制定了新的《基础阶段教育纲要》以及每门课程的教学大纲，目的在于规范教学、推动教育改革的发展、使每个学生真正地享受到高质量的义务教育。依据新的《基础阶段教育纲要》，墨西哥自 1993—2006 以来的 10 余年间在中学实行了教育改革，这一改革强调了以下诸方面的内容：

- 学生基本能力及竞争力的发展，以继续从事学习。
- 通过系统的培训更新了教师的知识结构。
- 改善教学条件并装备视听设备以及图书资料。

回顾墨西哥外语教育的历史，我们注意到 1993 年以前外语教学的理念局限于对翻译人才的培养以及相关技能的教授与实践。1993 年新的教育纲要颁布后，这种理念发生变化，开始强调在外语教育中培养学生的外语交际能力。

遗憾的是，这种观念上的变化，并未能在教学实践中真正得以体现。墨西哥教育部于 2001—2002 年在 100 所公立中学的调查结果显示，学生应用外语的实际能力从 1993 年以后并未有明显的进展。大部分学校的外语教学不令人满意，表现在以下诸方面：[1]

- 1993 年制定的教学大纲并未达到目的，绝大多数中学毕业生（初中毕业生）尚不具备以英语交际的能力。
- 必要的、适当的传媒及教学手段的缺乏导致学生学习效果不佳。中学英语课堂的教学方法及手段基本沿袭传统的方法，如朗读课文、翻译、准备词汇练习等，这些方法与 1993 年的教学大纲的要求相距甚远。
- 1993 年的教学大纲缺少为达到语言实践的能力，对学生外语（英语）学习水平的具体、准确的要求，对于学生要达到的语言实践能力也没有具体规范，这些也限制了教师的教授与学生学习质量的提高。

2.《基础阶段教育纲要》(2006)

在总结 1993 年教育纲要的基础上，墨西哥开始了新一轮基础阶段教育改革。墨西哥公共教育部于 2006 年颁布了《基础阶段教育纲要》以及各门学科的教学大纲。

---

1 摘引自 2006 年墨西哥教育部颁布的《外语教学大纲》的序言部分，由笔者翻译整理成文。

在新的教育纲要中明确规定了基础阶段外语（英语）课程的目标是：使学生获得必要的知识，以参加口头的或书面的、在本国或在国外、与讲母语的或非母语的人之间的语言实践活动。换言之，通过对不同篇章——口头的或书面的、日常的或学术的、文学的创作或诠释，使学生有能力在一个熟悉的环境中满足基本交往的需要。基础阶段教育纲要中对初中学生毕业时外语水平要达到以下要求：

- 通过学生对世界的了解，可以理解各类不同的口头或书面篇章的大意以及一些具体的细节。
- 可以对不同语言学方式或非语言学方式的口头语或书面语做出回应。
- 可以运用语言的策略或非语言的策略开始或参与不同方式的谈话或交易。
- 可以与他人保持交往，能够意识交往的中断，并在必要时有能力采取措施恢复交往。
- 可以以正确的语言与发音发出明白无误的信息。
- 可以通过特殊的手段理解不熟悉的、非常用的语汇。
- 可以在篇章中寻找内在的关联，以理解该篇章各部分之间的关系。
- 可以创作一个篇章或对某一个篇章加以评介。
- 可以运用策略以理解某些简单的文学作品篇章，并理解它的内容。
- 可以运用策略以寻找相关信息，理解某些学术方面的篇章。
- 可以运用策略以搞懂涉及日常生活的篇章，并给予有效的回应。
- 可以提出行之有效的篇章以回应涉及个人的、创造性地、社会的、学术的或体制性的问题。
- 可以创作出与个人的、创造性地、社会的、学术的或体制性问题相关的、有逻辑性的篇章。
- 可以编辑个人或同学的文字资料。
- 可以使用规范的语法、书写及发音规则。

3.《外语教学大纲》[1]（2006）

在墨西哥的公共教育中，初中是唯一开设外语的阶段，因而 2006 年版的外语教学大纲实际上就是初中外语教学大纲。《外语教学大纲》并非"重起炉灶"，推翻已有的框架，而是试图更新学历教育中所需的部分。修订后的教学大纲强调教育领域应面对竞争的形式，强调学生掌握外语

---

1 本文中所涉及的有关《2006 年外语教学大纲》的内容均为笔者对该大纲的整理与翻译。

的重要性，并以大纲为基础对外语教育进行改革，对教学手段进行更新。

此外，新的教学大纲对教学方法进行了细致地描述，对教师的教授以及学生的学习都有具体的要求。将着眼点放在教师及学生身上，以期找到一种适合墨西哥国情的、通过积累逐步成熟的外语教学方法。

《大纲》认为有必要根据墨西哥的国情、国力及可能，同时参考国际外语教学的成果，对外语教学的目的加以细化、并加以扩充。

长期以来外语课堂教学的目的只限于语言学习本身，从语言学的角度对语言进行表述（例如传统语法、生成转化语法、结构分析、功能分析、句型分析等）。在教学方面体现为语言的具体方面，如句子成分、文章分析等。这些对语言的描述在学习过程中表现为语言习惯的养成、语言规律的获取、信息过程、情感经历等，而这一切又导致了教学方法及教学目的的多元化，具体在英语教学中，就出现了从语法—翻译法到功能交际法等一系列不同的教学方法。

2006 年的教学大纲采用了有别于语言自身以及语言教学自身的视角，并且注意到一个基本的前提，即语言是一个复杂的客体，每个人可以通过某种语言了解世界，并融入到社会中去。语言不只用于交际的目的，而且还用于认知及思考的目的。从这个角度出发，有效地使用语言意味着一个人有能力通过口头及书面的方式与他人交往，并参与到社会中去。因此，"语言的社会实践"构成学习某种外国语言的目的。

基于这种对语言学习的认识，我们便会面临重要的挑战。从教学的角度出发，传统教学将语言分割为不同的部分，并且分别进行实践。以语言的社会实践作为学习的目的意味着要采取不同的方式，对学习的内容进行选择与组织，这样就不再区分传统意义上的语言的四种功能（听、说、读、写），相反将注意力集中在语言的口头与书面的实践中。

从认知学的角度看，通过经验获取知识是人类学习的一种教育学理念，并据此产生了一系列不同的学习方法与学习任务。通过经验的学习基于这样一种认识：即学习具有建设性的本质。人们的思维不断地寻找某种"平衡"，即已知的与正在经历的事物之间的一种平衡。当面临新的情况时，平衡被打破，人们便会经历"认知的冲突"。当人们面临新形势的需要时，人的大脑便开始实践这两种过程："适应的过程"与"融会的过程"。即在原有认识的基础上，将新的信息融会进去。

因此，《纲要》强调个人的直接经验是学习的焦点，但是仅此是不够的，还需要将个人的经验通过思考进行整理，这样就形成了一个由个人直接经验、思考、抽象、实践循环的全过程。

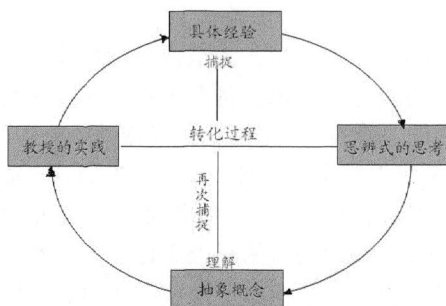

图 1 通过实践经验的学习过程

　　这个通过实践的学习过程的图示从两个角度审视问题：捕捉信息与转换。新大纲据此学习模式设计外语教学：1）学生实际生活的实践；2）通过实践的学习，在学习与系统化的过程中促进学习者的认识，从而帮助学生获得认知的能力；3）这种通过实践的学习试图发展个人的竞争能力、主动意识、与他人交往的敏感性，以有效地适应一个变化的世界，推动个人成长的进程。

　　2006 年版的外语教学大纲设计的目标及范围依据学习的时间，并参考欧洲委员会以及欧洲语言协会制定的《欧洲语言共同参考框架：学习、教学、评估》（以下简称《共参框架》）确定。这个《共参框架》对包括英语在内的 18 种语言的学习进行描述，并确定共同的等级框架性标准。

表 14　不同等级的框架性标准及描述

精通使用者（高级 2）	C2 级 1,000—1,200 学时 娴熟掌握程度	有能力真正理解所听到的、读到的一切内容；有重建来自不同途径的口头或书面的、连贯性还是概括性的信息或事物的能力；可以自然、流畅、准确地区别语义的微妙，并且在复杂情形下有准确的表达。
精通使用者（高级 1）	C1 级 700—800 学时 有效使用程度	有能力理解题材广泛、篇幅较长、具有一定难度的各类文章；具有流畅地、自然地、不费气力地找到表达方式的能力；有能力就社会、学术或专业的目的灵活、有效地使用该语言；有能力就具有一定难度的题材创作明白无误、结构严谨、内容详尽的文章，并且在文章的组织、架构及逻辑关系中显示出对语言正确运用的能力。

（待续）

（续上表）

独立使用者 （中级2）	B2级 500—600学时 较高程度	有能力理解复杂文章的基本内容，而这些篇章涉及题材可以是具体的、抽象的，甚至是专业的、技术性篇章；能比较自如流利地与操母语的人进行交际，而双方不感到紧张；有能力就题材广泛的问题做出明白、详尽的篇章，并且有能力就一般题材的观点做出辩护、指出不同观点的利弊得失。
独立使用者 （中级1）	B1级 350—400学时 入门程度	无论在工作、学习或训练中，有能力理解明白无误、语言规范、题材熟悉的篇章；有能力在使用该语言的地区旅行、自行解决可能出现的大部分情况；可就熟悉的、个人感兴趣的题材写出简单的、有逻辑性的篇章；有能力表述经历、事件、要求、愿望，并简单地表达个人的观点或解释个人的打算。
初级使用者 （初级2）	A2级 180—200学时 基础程度	能就与个人有重要关系的方面（如个人与家庭基本信息、购物、有兴趣的地点、职业等）听懂相关的句子或表达；有能力就简单、日常、熟悉的事务进行信息的交流；有能力以简单的词汇描述过去或周围的事务，以及与个人直接需求有关的事务。
初级使用者 （初级1）	A1级 90学时 初学程度	有能力听懂并使用常用的表达方式、或简单的句子以满足个人最直接的需求；可以自我介绍或介绍他人，请求或提供有关个人或相识之人诸如地址、从属关系等基本信息；当谈话人讲话缓慢、清晰并有意合作的情况下，能做基本的交流。

　　从表14所列的共同标准中我们可以看到，学习时数决定学生的学习水平。按每年40教学周、200个实际教学日计算，每周3课时（每课时45—50分钟），每年授课时为90—100实际学时。这意味着在初中毕业时，学生英语学习的实际学时为270—300学时，即学生最低应达到初级使用者A2级的基础程度。

　　此外，教学大纲是针对从未学习过英语、但已熟练掌握其母语西班牙语的初中学生制定的。而进入初中的学生已对母语的使用具有坚实的基础，并具备各种相关的能力，这将有助于其外语的学习。

　　应该指出的是，当前优先考虑的是在初中阶段每个学生都能享受高水准的英语教学。但由于种种原因，墨西哥的儿童与少年学习外语有很高的社会需求，因此有些州已经开始进行有意义的、并卓有成效的尝试，以便在小学阶段开始英语教学。对那些已在小学开设英语课程的地区或学校，可依照《共参框架》，对小学英语教学的结果按不同等级进行评估，使那些具备一定英语水平的学生有适当的教程与教学进度。

同时，《共参框架》也有助于确定英语任课教师的最低水平，以适应这个大纲规范学历的教学工作。如果要求学生要达到初级使用者 A2 级的基础水平的话，那么任课的英语教师至少应达到 B2 级（较高水平的独立使用者）的水平。

基础教育阶段的外语教学目的，在于使学生能使用该语言从事各种社会实践活动、有效地参与校内以及校外的生活。为此目的，学生有必要使用该语言组织他们的思想与思维，分析并解决问题，参与不同的涉及过去及现在的文化活动。同时，了解语言在建立思想与文化价值过程中所发挥的作用，并促进学生在面对周围世界的问题时具有思辨的、负责任的态度。

语言的实践能力并不能依赖单纯的训练或简单的时间推移，恰恰相反，需要通过一系列的个人与集体的实践活动，使学习者参与各种阅读并解释不同的文章，了解所读文章，参与各种口头的交往，对各种文章加以分析。学校有义务提供必要条件，使学生参与上述活动，并使他们逐步取得独立行事的能力。

在初中教育中，一种外语（如英语）学习的目标在于使学生参与某些口头或书面的语言社会实践，无论是在国内还是国外，与以英语为母语或非母语的人进行交流。换言之，通过不同的口头或笔头实践（可包含日常的、学术的、文学的活动），使学生有能力在一个熟悉的环境下满足自己基本交往的需求。

新的外语教学大纲中确认学生是知识的积极创造者，而教师则作为一种外语最有经验的使用者，承担着创造条件以使学生能够接触、实践语言，并对其进行指导的任务。教师通过不同的口头或书面的方式，负责建立与学生之间的对话，并将课堂变为一个英语社区，使学生成为这个社区的积极参与者。

教师作为有经验的语言使用者与指导者，应承担以下任务：

● 规划教学

语言教学是一种充满活力的社会活动，而在其中教师、学生与教学内容相互作用，其最终目的是取得学习的效果。因此教师需要了解达到此学习目标的关键，并提出相应的教学规划。本大纲中教师应制定课堂教案，组织与社会语言实践相关的活动，使学生有充分的机会参与其中，并对参与的活动加以思考。

● 组织学习氛围

教学意味着一系列的组织任务，教师需要确认以最佳的方式组织课堂教学，利用教学的空间（包括学生座位的排列以及教师在课堂的位置等）。同时教师还应寻找最好的办法、利用一切物质手段（如黑板、视听设备、教具、微机、课本等），帮助学生对外语的学习与掌握。

● 互动并推动互动

互动是学习的基础，教师的责任在于建立并且推动这种教师与学生之间的、学生与学生之间的、学生与所学语言之间的相互尊重的互动。

● 评估学生的学习成果与能力

在某种情况下，评估被认为是单纯的行政管理程序，是教师对学生学习水平的认定。有必要指出的是，评估一方面是一种对学生学习成果了解的机制，同时又是一种信息来源，使教师在自己的工作中得到提高。

在以社会实践为学习模式的基础上，制定相应的教学方法框架，目的在于回答教师如何讲授、学生如何学习这一命题。

学习过程始于学生对一个口头或书面篇章的阐述，而该篇章包含在一个教学单元的题目中。学生通过听或阅读描述该篇章，即所谓篇章的"具体体验"（具体经历、实践等）。

在篇章的语言内容的基础上，学生选择若干方面进入，而每一单元需要学生思考的问题均在"语言思考"部分中加以描述。应该指出的是，这一部分是对语言的"观察思考"，即学生要明白语言是如何发挥作用的。而后学生进入到"概念抽象化"的阶段，教师的作用就是推动并引导这一过程。

下一步就是让学生做各种作业、练习使用所学语言，这一过程也是从有限制到自由发挥的过程，学生通过讲述或撰写进行再创作。这一阶段被视为"积极实践"的过程。

考虑到学生对语言的掌握程度有限，在这一过程中会遇到一些困难，学生要逐步克服，从非口头表达到口头表达的进展，表明他们对语言掌握的进步。

I. 篇章 — 口头 / 笔头

口头 —— 根据不同的题材，包含功能

在篇章基础上的操作 ——— 学习预期 —— 听 / 读

学生依据课文的操作

II. 在篇章基础上集中在语言方面 ——— 对语言的思考

III. 语言的使用

有限制的运用 —— 自由的运用 ——— 学习预期 —— 说 / 写

创作过程显示

学生为创作篇章所作的努力

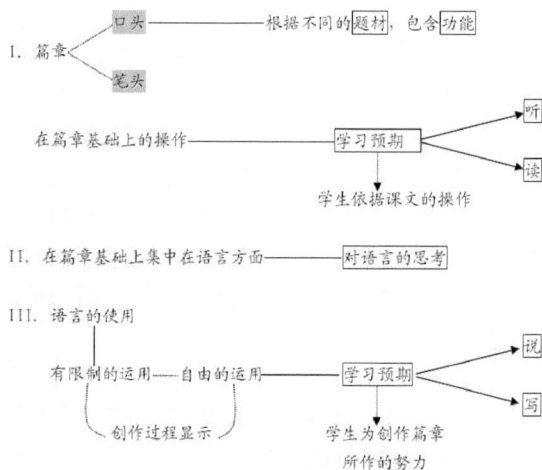

图 2 基础教育英语教学的方法框架

这是一个基础教育的英语教学方法的框架，并非一个对教学过程严格意义上的描述。它只是向教师提供一个基础，教师可以根据大纲的内容，并且根据学生的需要，教师可根据个人风格采取不同的教学方法。

作为教学方法框架的组成部分，大纲还建议组织一系列持续性的活动，目的在于巩固课堂所学内容，强调团队学习的效用，使课堂教学过程更有实效。这些活动包括在课堂上只允许讲英语，组织学习小组或配对，以及使用词典解决遇到的问题。

所谓持续性的活动指课堂教学活动的延伸：教师与学生可以共同办板报、组织英语书籍的阅读、就某一问题进行研究或调查等。这些活动没有包括在大纲中，可以考虑每周留出部分课堂时间开展这些活动。

在本大纲中，教材发挥着重要的作用。根据所制定的教学方法，教材的质量（无论是视听的、还是书面的）均与所采取的教学方法有很大的关联。各种篇章的教材尽可能地反映现实，具有明确的目的性、很强的实用性、并具有真正的语言模式。

这里还应强调作业、练习的适用性，学生要确实参与语言的社会实践，因此他们所做的作业、练习也应该反映现实的世界。

所谓评估是指所有教育的相关者——教师、学生、学生家长等——了解学习信息的过程。通过评估可以使学生了解在一个学习阶段学习的成果以及尚欠缺的地方。对于教师而言，通过评估使他们可以思考个人教学的情况，并为他们将来教学工作的改进提供依据。

评估是学历教育的核心内容之一，它影响到教学目的与教学方法。换言之，教学评估成为教师与学生关注的焦点，而评估的方式也决定教师与学生在课堂上互动的方式。

根据大纲的要求，评估既涵盖篇章解读与产生的各个过程，也包括产生的结果。因此评估不能成为一段学习结束的独立的行为，而是贯穿整个教与学的全过程。

传统上的考试或许是对学生学习唯一的评估方式。应该指出的是，考试是一个实际的、有效的收集数据的方式，但是考试设计的难度颇大。如果有必要使用这种方式的话，教师可以使用原有的试卷，亦可以设计自己的试卷。在第二种情况下，教师应该依据评估的目的设计适当的试卷（可以是回顾式的或预测式的、完整的或有重点的、主观的或客观的，等等）。也可以设计不同的、适当的题型（如问答式、正误式、关联式等）。

除考试外，至少还可以考虑使用以下四种途径收集学习的信息：

- 教师的评估：这是教师对学生的主观评价。
- 持续性评估：这是一个评估的过程，将学生在一段时间所作的练习、实践相结合的综合评估，最终提出一个总体评估。
- 自我评估与相互评估：学生对自己及对其他同学做出评估，他们需要有一个明确的、事先达成一致的评估原则。
- 篇章积累评估：这是学生在已确定的学习期限内所做的各种篇章的总汇，集成卷宗以显示其学习成果。学生要对相关资料加以取舍。

新大纲认为，尽管收集信息的方法不尽相同，但是目的均在于得到学生学习实际收获的准确信息。每个教学单元都可以有收集学生学习成绩信息的不同方式。

对教师教学的评估是促进教师教学与学生学习的关键所在，教师可以通过以下途径对其教学的实践搜集信息：

- 教师可以通过比较系统的方式（如正式的问卷调查或非正式的交谈）从学生处得到信息的反馈。
- 教师可以通过个人的反思对其教学工作做出评价，这种反思应该是系统化的（如对一堂课进行录音、录像或做出详尽的记录），这样可以使教师将重点集中在某些领域或范畴。
- 教师亦可以从同事处获得反馈，可以请同事听课，或者听其他教师的授课，并在相互尊重的基础上反馈信息。这种方式应事先确定重点，有明确目的。

对教师的评估目的在于提高教学质量，以利于学生的学习。此外，这种评估对于教师个人及专业的发展亦有裨益。

如前面所提及的，语言学习的目的在于社会实践，这意味着对教学内容与组织也面临新的选择。学习目标要求确立以下两个方面的中心内容：

- 学生参与语言的社会实践活动，以诠释并创作不同的篇章。
- 根据语言的功能确定专门的语言方面的内容。

第一点涉及语言熟练使用者的实践功能，以诠释并创造出口头及书面篇章；而第二点是为了创造上述篇章所要求的语言方式。

我们使用前面提及的语言水平等级《共同标准》中初级使用者 A2 级程度，对大纲的这两个方面进行更详尽的阐述，并且开列了学生应该参加的实践，诠释并创作篇章的清单。清单涵盖英语作为外语在初中三年应参与的交流活动：

- 学生通过对世界的了解，对不同口头或书面篇章获得基本概念及某些细节。
- 对于口语及书面语以不同的语言或非语言的形式作用的反应。
- 使用口头的或非口头的形式开始或参与一系列的交谈或交易。
- 保持交往，在交往中断的情况下，使用相关策略恢复这种交往。
- 语言使用的规范性及正确的发音。
- 使用特殊手段设法理解非常用的、不熟悉的词汇。
- 寻找文章内部相关联的信息，以理解其内在的联系。
- 组织并形成对文章的评判。
- 了解并理解简单的、涉及不同题材的文学作品。
- 寻找个别信息并理解不同类型的学术性文章。
- 理解并对涉及日常生活内容的篇章做出有效的回应。
- 对涉及个人的、有创意的、社会的、学术的题材形成书面的篇章。
- 就上述题材做出有逻辑性的应对。
- 编辑个人及同学的相关文章。
- 正确使用规范的语法、书写及标点符号规则。

学生应该参与的社会实践活动可包含以下内容：

- 进行最基本的交流。
- 提供或获取涉及个人的基本资料（如姓名、年龄、个人兴趣等）以及非个人资料（如日期、地点、时间等）。
- 通过信息、想法、情感及意愿诸方面的交流建立并保持各种社会交往。

　　为了使学生的这种实践活动富有成果，学生应掌握一定的语言功能，可参见下表。

表 15　不同年级的语言社会与功能实践

等　级	进行基本的交流	提供或获取有关个人或非个人信息	建立并保持社会交往
等级 1 初一年级	➢ 课堂内的交流 ➢ 保持课内与课外的交往关系 ➢ 询问并指点如何到达某地	➢ 共享个人提供的信息 ➢ 询问并回答有关个人的信息 ➢ 描述某人的活动 ➢ 询问并回答时间 ➢ 描述日常活动 ➢ 对地点进行描述	➢ 问候并回答问题 ➢ 自我介绍或介绍他人 ➢ 表达偏爱或喜好 ➢ 提出邀请或回应邀请
等级 2 初二年级	➢ 买卖东西	➢ 显示才智（现在或过去的） ➢ 描述人物或动物 ➢ 谈及健康状态 ➢ 进行比较 ➢ 描述任务 ➢ 表述过去发生的事物	➢ 提出劝告 ➢ 提出并回应某种建议
等级 3 初三年级	➢ 提出或禁止某事 ➢ 表达强制性的意愿 ➢ 索要食品 ➢ 共享旅游信息	➢ 共享对过去时光的信息 ➢ 描述某人过去的事情 ➢ 谈及食物及食品	➢ 表达对将来的规划目标 ➢ 表达对将来的预测 ➢ 表述不同等级的确认或质疑

　　在这里有三种学生可以参与的语言社会实践：1）从事某些基本的活动；2）提供或获取有关个人或非个人的真实的信息；3）建立并保持与社会的交往。学生为了参与上述的活动，就必须面对一系列的不同的篇章，这些篇章可以是日常的、学术的或文学的。这些篇章可以是口头的或是书面的、可以有一定的目的性（可以是个人的、有创造性地、社会的、学术的、体制的）。

　　无论是口头的还是书面的，这些篇章均为一些语言规范的篇章，而学生应该熟悉它们，同时又是在文字或口头上带有特殊性的篇章（但是具有规范的书写、标点、发音等）。最后，学生还需要理解并运用语言的某些形式（如语言学方面的：功能、语法、词汇），这些形式构成了口头篇章与书面篇章基本要素。

2006 年版的墨西哥外语教学大纲的执行刚刚起步，其效果还有待于实践的考验，但无论是教育者还是受教育者都期待着一个行之有效的教学方法，一个更好的教学效果，以应对社会的需求以及不断变换的国际形势的需要。

六、墨西哥外语教育的启示

通过一年多来对墨西哥教育体系、特别是外语教育状况的调查研究，我们搜集、整理并翻译了官方相关的法律、法规、教育规划、教学大纲等政策性的文件；同时对不同类型的学校进行了实地的、具体的调研，掌握了第一手资料。作为调研者，我们提出一些初步的认识与思考，以期对中国的外语教育有些借鉴作用。

1. 外语教育传统源远流长

墨西哥的外语教育有比较长的历史，早在 19 世纪贵族式的私立教育中，外语教育就受到重视，但更多的贵族子弟以学习法语为一种荣耀，英语在当时并未得到足够的重视。而随着墨西哥社会、经济的发展，对外语人才的需求，尤其是对英语人才的需求，使教育界以及整个社会对外语教育的重视程度大大提高，外语教育的水平也有了提升。

2. 地缘政治决定其对外语人才的重视

- 墨西哥是北美洲三个国家中唯一讲西班牙语的国家，而由加拿大、美国与墨西哥三国之间建立的北美自由贸易区对外语人才，特别是英语人才需求巨大。
- 全球化的浪潮将墨西哥卷入这个世界，这促使正规教育与社会教育对外语人才的培养出现一股前所未有的热潮，这两种外语教育的结合，会逐步解决外语人才的短缺问题。
- 墨西哥北邻美国，有数百万移民在美国工作生活，他们的子女（包括那些留在墨西哥尚未与父母团聚的孩子）面临对英语的直接需要，不少家长经济上也有能力对孩子的教育、尤其是外语教育进行投资。

3. 公立学校的外语教育水平参差不齐、有待提高

如果我们将墨西哥社会、经济、政治对外语人才的需求与该国公立教

育中的外语教育进行比较的话，我们会看到较大的差距。墨西哥正规教育中外语教学水平还有待提高，而不同教学方法的尝试有待实践的检验。

- 公立学校的外语教育效果并不理想，尽管墨西哥公共教育部颁布了 2006 年新的外语教学大纲，试图改革并强化其外语教育，但其效果在短期内还难以显现出来。
- 墨西哥的公立小学尚未正式开设外语课程，未能实现对学生的早期的外语教育。尽管墨西哥全国教师工会联合会与教育部达成协议，将在公立小学中开设外语，但大量所需师资的培养非一日之功。尽管如此，我们认为这种决策与改革将会产生积极、正面的效应。
- 作为义务制教育结束阶段的初中是现在唯一正式开设外语的阶段，而外语课程课时数甚少（三年时间全部仅为 300 学时），无论是外语开设的时间，还是全部课堂学习的时数，对于一门外语的掌握与运用远远不够。
- 高中阶段对外语的要求各类学校并不统一，而且高考并无外语科目，对学生外语要求不高，学生学习外语的积极性取决于个人的兴趣。

4. 私立教育中的外语教育值得借鉴

- 墨西哥中产阶级数量的增长使家长有能力支付高昂的教育费用，私立教育的需求得到同步增长，为私立教育的发展与规模的扩大奠定了基础。
- 私立学校中的外语教育是其特色之一，本国师资与外国师资的结合保证了外语教育的质量，也是吸引更多生源进入私立学校学习的前提。
- 相当一批私立学校实行了从幼儿园至初中毕业长达 12 年的一条龙的外语教育体制，这使学生的外语水平得到保证，并且对另一种文化的了解得以强化与加深，为他们的继续进行的中等及高等教育打下了扎实基础。
- 私立学校外语教材大都使用原版教材，保证了语言的纯正性以及教学质量的提高。

5. 汉语教学大有潜力

- 墨西哥是第一个与中国建立外交关系的拉丁美洲国家，两国的文化教育交流比较频繁，互换留学生从 20 世纪 70 年代开始，至今已有 30 多年的历史。

- 墨西哥也是第一个开设汉语教学的拉美国家，其国立自治大学语言中心的汉语教学有近 30 年的历史。

- 中国在墨西哥已经建立的 4 所孔子学院，均设在几所影响颇大的自治大学里。墨西哥全国对汉语师资的需求很大，包括一些有条件的中小学、尤其是私立学校也希望开设汉语。墨西哥社会已有共识，认为汉语是充满希望的、"面向未来"的语言，汉语教育的需求很大。汉语在墨西哥作为外语的快速发展是毋容置疑的。

- 尽管双方政府机构已达成了派遣汉语教师的协议，但目前两国官方对如何促进这种交往尚未有得力措施。墨西哥方面对汉语教师工作签证的发放十分苛刻，中方教师派遣困难重重，也使已经挂牌的四所孔子学院的汉语师资不能及时到位，更难以保证师资及时更换。

一个国家的教育与其历史、文化、政治、经济等诸方面有着直接的联系，我们在研究其教育体系时也应该将各个方面综合分析，以期得出一个完整的、切合实际的分析与结论。我们对于墨西哥的教育体系、特别是外语教育的情况进行了初步的分析与研究。墨西哥的教育、特别是外语教育方面的发展与改革或许对中国的教育有所借鉴，这也是我们这一研究的初衷。

参考文献

1. *Enseñar ya prender inglés en la educación secundaria.* (2001) L. Pla y I. Vila (coordinadores). Barcelona (1977). Editorial Gráficas Signo Informe de actividades 1997-2000. Centro de Enseñanza de Lenguas Extranjeras Marrón. A.

2. *La educación en México (1970-2000)*: de una estrategia Nacional a una estrategia Regional. Mario Aguilar Morales.

3. *LENGUA EXTRANJERA INGLÉS.* (2006)（《2006 年英语教学大纲》）Secretaría de Educación Pública. coordinador editorial Esteban Manteca Aguirre.

4. *LEY GENERAL DE EDUCACIÓN*（《墨西哥教育基本法》）(1993) Revista Iberoamericana de Educación. Número 3. Septiembre - Diciembre. México.

5. *PLAN Y PROGRAMAS DE ESTUDIO PARA LA EDUCACIÓN SECUNDARIA 2006*（《2006 年中学教育规划与教学大纲》）(2006) Comisión Nacional de Libros de Texto Gratuito México.

6. *Plan y programas de estudios 1993*（《墨西哥 1993 年教育纲要与教学大纲》）(2008) Dirección General de Desarrollo Curricular.19 de febrero de.

第十四章
巴西外语教育纵览

张剑波

巴西全名为巴西联邦共和国（República Federativa do Brasil, Federal Republic of Brazil），是拉丁美洲最大的国家，领土面积仅次于俄罗斯、加拿大、中国和美国，居世界第五位。

首都于 1960 年从东南沿海城市里约热内卢（Rio de Janeiro）迁往中西部内陆城市巴西利亚（Brasília）[1]。巴西利亚为巴西第四大城市，人口约为 256 万。

巴西全国人口约为 1 亿 9 千万，[2] 其分布在全国，呈严重不均衡趋势：主要集中在沿海地区，尤其是东南沿海以及东北沿海多森林地带；南部地区的人口分布也相对集中；人口相对稀少的是广大中西部及北部地区。

巴西是一个多种族国家，其主要人口构成是：美洲原住民、葡萄牙殖民者后裔、非洲黑奴后裔、欧洲移民后裔、亚洲移民后裔。其中，欧洲移民后裔主要由意大利、葡萄牙、德国、西班牙人构成；亚裔主要由日本、叙利亚及黎巴嫩移民后裔构成。巴西国家地理及统计局按照人口肤色及种族将全国人口分为 5 种，分别为：白种人（占 53.7%）、黑白混

---

1 巴西利亚为巴西历史上的第三个首都。巴西第一个首都为东北部的沿海城市萨尔瓦多（Salvador），时间为 1549 年至 1763 年；第二个首都为东南地区的沿海城市里约热内卢（Rio de Janeiro），时间为 1763 年至 1960 年，里约热内卢简称"里约"，是世界著名的旅游城市，风景秀丽；第三个首都自 1960 年至今为巴西利亚（Brasília）。

2 2010 年人口普查结果。

血种人（占 38.5%）、黑种人（占 6.2%）、黄种人（占 0.5%）及原住民
（占 0.4%）。

　　巴西是世界上最大的天主教国家，73.8% 的人口信奉天主教，也是
南美洲唯一以葡萄牙语为官方语言的国家，全国绝大多数人口都使用葡
萄牙语。目前在巴西境内尚存大约 180 种美洲原住民语言，但是所说人
数从数十人至几千人不等，已经有一定数量的原住民语言濒临灭绝，或
者已经灭绝。目前在各个原住民部落中，仍然有相当数量的人不懂官方
语言葡萄牙语，只有接受过比较正规教育的原住民才会使用葡萄牙语。

一、外语教育大环境

1. 历史与文化

　　在葡萄牙殖民者到达巴西之前，这块与整个南美洲大陆并没有任何
界限的土地上生活着将近 500 万美洲原住居民，他们组成大约 1,400 个部
落，使用 1,300 多种语言，靠狩猎、捕鱼及采食野果为生。然而，1494
年葡萄牙与西班牙两国签订的《托德西利亚斯条约》[1] 就已经大概确定了
将来巴西的版图。

　　1500 年 4 月 22 日葡萄牙航海家佩德罗·阿尔瓦雷斯·卡布拉尔率领
船队抵达今天巴西的巴伊亚州南部海岸，巴西被"发现"。葡萄牙对巴西
的实际统治是从 1532 年圣维森特镇（São Vicente）[2] 的建立开始，直至
1822 年随着巴西独立而结束。独立之后的巴西从殖民地国家转变为君主
立宪国家。1889 年的一场军事政变使巴西走上共和国的道路。1889 年至
1930 年，被称为"旧共和时期"。1930 年热图利奥·瓦加斯开始执政，史
称"瓦加斯第一次执政"（1930 年至 1945 年）。1945 年至 1963 年被称为
巴西的新共和时期。1964 年至 1985 年，为巴西的军政府独裁时期，并于
1967 年正式将国名定为现在的"巴西联邦共和国"。1988 年，军事独裁
统治结束，并于同年颁布了联邦宪法。

　　种族的多样以及历史命运的多舛，决定了巴西文化的丰富多彩。超
过 3 个世纪的葡萄牙殖民统治，在很大程度上决定了巴西文化与葡萄牙

---

1 《托德西利亚斯条约》（Tratado de Tordesilhas，Treaty of Tordesillas）：是西班牙和葡萄牙两国于
　 1494 年 6 月 7 日签订的一份旨在瓜分新世界的协议。协议规定两国将共同垄断欧洲之外的世
　 界，并特别将位于佛得角群岛以西约 1,770 公里，大约位于西经 46°37' 的南北经线，为两国的
　 势力分界线：分界线以西归西班牙，以东归葡萄牙。
2 位于圣保罗州的圣维森特也因此被称为"巴西第一镇"。

文化深厚的历史渊源，最好的体现就是葡萄牙语以及虔诚的天主教徒。此外，印第安文化、非洲文化，意大利、德国文化以及东方文化均体现在巴西文化中。目前巴西拥有 17 项被联合国教科文组织评定的"世界遗产"，其中 10 项为"世界文化遗产"，7 项为"世界自然遗产"，共同构成了巴西极其丰富的文化宝库。此外，巴西在文学、艺术、体育等方面均有为世人瞩目的成就，如热情洋溢的桑巴舞曲、华美绚丽的狂欢节、笑傲世界足坛的足球等等。

2. 政治与经济

　　1988 年的宪法规定巴西是一个联邦共和国，其国家组建遵循美国模式，但是巴西法律系统则沿袭罗马日耳曼法系。巴西的联邦制度较之美国的联邦制度更加集中化，各州与美国各州相比，拥有较少的自主权，尤其在立法方面。

　　国家行政权、立法权及司法权三权分立。最高行政权力由共和国总统执行，总统每四年选举一次，并仅可连任一次。联邦最高法院、联邦法院、高等司法院、高等劳工法院、高等选举法院、高等军事法院和各州法院行使司法权。联邦最高法院由十一名大法官组成，由总统提名，经参议院批准后任命。

　　联邦议会是国家最高权力机构。其主要职能是：制定一切联邦法律；确定和平时期武装力量编制及兵力；制定全国和地区性的发展计划；宣布大赦令；授权总统宣布战争或和平；批准总统和副总统出访；批准或撤消总统签署的临时性法令、联邦干预或戒严令；审查总统及政府行政开支；批准总统签署国际条约；决定临时迁都等。联邦议会由参、众两院组成。两院议长、副议长每两年改选一次，可连选连任。参议长兼任联邦议会主席。参议员 81 人，每州 3 人，任期 8 年，每四年改选 1/3 或 2/3。众议员 513 人，任期 4 年，名额按各州人口比例确定，但最多不得超过 70 名，最少不低于 8 名。

　　经过近 20 年的发展，巴西代议制民主政体基本稳固。民主运动党、自由阵线党、社会民主党组成的中右政党联盟长期执政。20 世纪 90 年代末期以来，中右政党联盟内部逐渐分化，左翼政治力量不断成熟壮大。2002 年，最大的左翼政党劳工党人卢拉赢得大选，并于 2003 年 1 月 1 日宣誓就任巴西第 39 任总统，为巴西历史上首位民选左派总统，并于 2007 年 1 月 1 日连任。在 2010 年总统大选的第二轮投票中，代表劳工党和执政联盟参选的候选人迪尔玛·罗塞夫以 56% 的绝对优势战胜了反对党候选人，成为巴西第 40 任总统。罗塞夫是巴西 1889 年成立联邦共和国，乃至 1822 年独立以来的第一位女总统。罗塞夫的当选与其前任卢拉总统的鼎力支持是密不可分的，她甚至被视为卢拉总统的"钦定接班人"，因此可以预见，未来罗塞夫政府将会基本继承卢拉政府的内外政策，但也会有加强或突破。

巴西综合实力居拉美首位，经济结构接近发达国家水平，服务业的产值和就业人口超过 50%。1967 年至 1974 年，巴西经济创造了年均增长 10.1% 的"巴西奇迹"。从 90 年代开始，巴西向外向型经济模式转轨。1994 年政府实施了"雷亚尔货币稳定计划"，有效解决了高通胀问题，并在此基础上进行了宏观经济结构改革，大力推进私有化。1999 年初巴西金融市场剧烈动荡，政府被迫放弃 1994 年以来实行的固定汇率制，货币大幅贬值，经济受到重创。卢拉政府上台后采取稳健的经济政策。目前，巴西金融形势稳定，外资流入增加，经济实现温和增长。

巴西幅员辽阔、资源丰富。目前已探明铁矿砂储量 250 亿吨，储量、产量和出口量均居世界第一位。铁矿砂品位多在 60% 以上，且为露天矿。铀矿、铝矾土和锰矿储量均居世界第三位。铌矿储量已探明 455.9 万吨，按当前消费量计算够全球使用 800 年。此外还有较丰富的铬矿、镍矿、黄金矿和石棉矿。木材储量 658 亿立方米。水力资源丰富，拥有世界 18% 的淡水，人均淡水拥有量 29,000 立方米，水利蕴藏量达 1.43 亿千瓦 / 年。巴西目前的石油蕴藏量为 140 亿桶。但巴西的盐下石油蕴藏量可能多达 3,380 亿桶，比全球最大的石油生产国沙特阿拉伯蕴藏的 2,640 亿桶还多。桑托斯盆地油藏是巴西迄今公布的储量最大的盐层下油田，主要分布在圣保罗与里约热内卢州附近海域的桑托斯盆地中，被一层厚盐层覆盖，距海面逾 2,000 米。其中，最大的盐下油田是图皮油田，预计该油田蕴藏石油 50 亿桶至 80 亿桶石油。

巴西实力和工艺均居拉美首位。20 世纪 70 年代即建成比较完整的工业体系，工业基础较雄厚。2007 年工业产值增长 4.9%。主要工业部门有：钢铁、汽车、造船、石油、水泥、化工、冶金、电力、建筑、纺织、制鞋、造纸、食品等。核电、通讯、电子、飞机制造、信息、燃料乙醇等已跨入世界先进行列。20 世纪 90 年代中期以来，药品、食品、塑料、电器、通讯设备及交通器材等生产增长较快。

巴西可耕地面积约 1.525 亿公顷，已耕地 4,900 万公顷，牧场 1.77 亿公顷。咖啡、蔗糖、柑橘产量和出口量居世界第一。大豆、牛肉、鸡肉产量居世界第二，出口量第一。2005 年农牧业产值占国内生产总值的

8.4%，粮食总产量 1.14 亿吨。

近年来，巴西政府对外贸政策作了重大调整。摈弃以高额关税限制进口的保护主义，对出口进行奖励和补贴，鼓励提高产品质量和加强出口竞争机制，宣布开放市场，减免 5,000 种商品进口关税。1999 年雷亚尔对美元贬值后，巴西产品出口迅速增加，外贸形势逐步好转。

二、教育体制

1. 教育体系

1996 年颁布并实行至今的《国家教育方针及基础法》规定，巴西的学校教育体系分基础教育和高等教育两级，如右图所示：

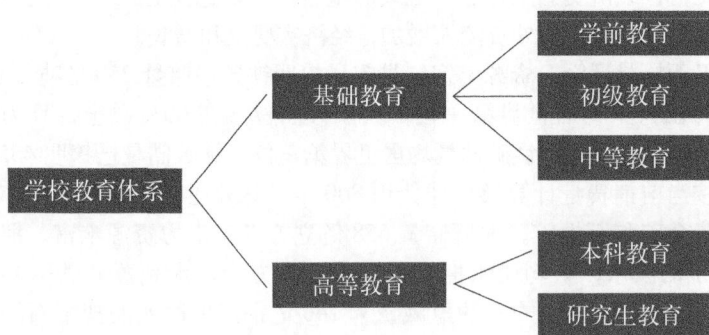

基础教育又分学前教育、初级教育和中等教育，其中初级教育相当于我国的小学和初中，面向所有学生（包括成年人）免费，并且针对 6 至 14 岁的儿童实施义务教育；中等教育相当于我国的高中，免费但非义务教育；高等教育包括大学本科教育及研究生教育，公立大学仍然全部实施免费教育。此外，新的教育法还重视成人教育、职业教育及远程教育等。

教育的主管部门是教育部，并且主要由《国家教育方针及基础法》以及"基础教育维持与发展基金会"[1] 监管及规范。卢拉政府推出"教育发展计划"是其政府"加快经济增长计划"的重要组成部分，其主要目

---

1 "基础教育维持与发展委员会"（FUNDEB）于 2007 年 1 月开始运作，其前身为"初级教育及教师评估基金会"（FUNDEF），主要由各州、市政府的财政资源，以及联邦政府的一部分财政资源组成，其目的在于推动全国公共基础教育的发展。与其前身相比，它的对象从初级教育扩展到整个基础教育阶段。

的在于提高基础教育质量，同时加大对职业教育及高等教育的投入。

1）学前教育

学前教育是基础教育的第一个阶段，可以分为两个阶段：

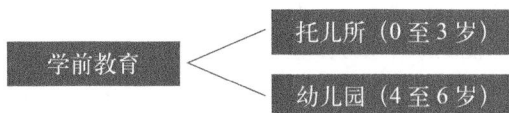

学前教育 —— 托儿所（0 至 3 岁）

幼儿园（4 至 6 岁）

根据《国家教育方针及基础法》的规定，学前教育的主要目的是"对 0 至 6 岁的幼儿进行综合培养，发展其身体、心理、智力及社会等诸方面的能力，辅助完成家庭及社会群体两个领域的行为。"

学前教育没有被列入义务教育的范畴，由各地市政府负责。2007年，全国学前教育机构注册的学生人数约为651万人，学生注册率从1991年的14.23%上升到2007年的38.06%，上升了将近24个百分点，这是一个十分可观的进步。但是由于学前教育属于非义务教育范畴，居民的经济状况及各地区经济发展水平的差异导致了巴西各地区学前教育人数、教育质量等方面存在重大差别。

2）初级教育

初级教育是基础教育的重要组成部分，时间为9年，针对所有6至14岁的学生实施义务教育（仅限于公立学校），主要由各市政府负责。2006年，总统卢拉批准将过去的8年制初级教育扩展至9年制，增加了"扫盲班"，位列过去的1年级之前，为新的1年级。

初级教育分为两个阶段：

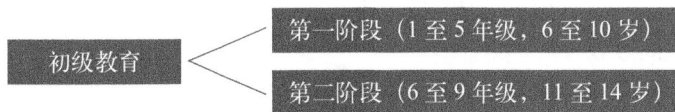

初级教育 —— 第一阶段（1 至 5 年级，6 至 10 岁）

第二阶段（6 至 9 年级，11 至 14 岁）

在第一阶段，主要通过多种教学途径，如游戏、阅读文字、欣赏影音等，引导学生了解人物世界、家庭及社会。联邦教育委员会确定了第一阶段从2至5年级的课程范围：葡萄牙语、历史、地理、科学、数学、艺术及体育等。在第二阶段，继续加深第一阶段的学习，为将来的中等教育打下基础。从6年级开始，一门或两门外语已经可以作为必修课进入课堂，一般为英语和西班牙语。教育部规定，全国各地区根据各自需要和学生能力发展情况，可以自行安排课程、组织教学。《国家教育方针及基础法》规定，初级教育每学年应该保持至少200天，即至少800学时的教学时间。

巴西教育部网站统计，2003 年全国约有 3,440 万学生在初级教育阶段就读，其中 3,120 万在公立学校，也就是说将近 90% 的初级教育是由国家承担的；大约 330 万学生在私立学校就读，占 10% 左右。

初级教育存在的一个重大问题是学生的流失。第一阶段与第二阶段学生人数悬殊，有相当多的学生甚至没有完成第一阶段的学习就辍学。2003 年，初级教育第二阶段的学生人数较之第一阶段减少了约 320 万人。2007 年，全国的平均辍学率为 4.8%，但是辍学问题在东北等经济欠发达地区更为严重。

3）中等教育

中等教育是基础教育的最后阶段，时间为 3 年，总学时为 2,200 小时。《国家教育方针及基础法》规定，中等教育的目的在于进一步深化初级教育阶段的知识教育，同时还培养学生适应社会生活及劳动力市场的能力，并且为进入高等教育阶段打好基础。中等教育主要由各州政府负责。

中等教育课程设置范围为：葡萄牙语（语文及葡萄牙、巴西文学）、外语（一般为英语，也有西班牙语及法语）、历史、地理、数学、物理、化学、生物、哲学、社会学、艺术、计算机及体育等。在最后两年，各学校可以加入职业培训内容。

从 20 世纪末开始，巴西的中等教育得到很大发展，2001 年全国接受中等教育的学生人数为 850 万，从 1994 年开始的 7 年中增长 86.6%。但是尽管如此，目前仍然只有 70% 的学生可以完成这一阶段的学习。此外，年龄与年级的脱钩现象同样比较严重，目前全国接受中等教育的学生中将近一半的学生年龄超过 18 岁。

4）高等教育

巴西学生接受高等教育的途径与中国一样，也是参加大学入学考试，但是目前在巴西还没有全国统一高考，而是由各个大学自行举办招生考试。但是在基础教育结束时，学生需要参加全国中等教育考试（ENEM），2009 年巴西教育部规定该考试作为中等教育的结业考试，并颁发证书，同时考试成绩将成为进入大学的重要参考依据。

自 20 世纪 90 年代以来，高等教育在政府的重视之下得到较快发展，在校人数也逐年增长，绝大多数学生均在私立大学就读，仅有少数学生可以进入公立大学，而总体上公立大学的教学质量要优于私立大学。目前巴西高等教育的发展水平与国际水平仍有一定差距。

目前巴西高等教育主要有：本科教育、进修教育及研究生教育。

本科教育有三个分支：第一为普通本科，涵盖各个专业；第二为师范本科，专门培养基础教育阶段的教师；第三为技术本科，更加倾向于技术培养，学术及文化学习次之。2006 年，全国 2,270 所高校，将近 70% 属于私立大学。同年各高校在全国计划招生 263 万名（与 2005 年相比，增长了 7.7%），竞争人数为 520 万，最终录取 140 万人。

进修教育不如本科教育正规，其重点和目的更明确，结业后只颁发就读证明，而没有学位证书。进修教育也可分为两种：一种为补充学习型进修，可以在本科期间及本科结束以后进行，没有固定学时，适合已就业人员；另一种为专业培训进修，针对完成中等教育的学生进行，至少要求 1,600 小时的学习时间。

研究生教育有两种：一种为广义研究生教育，仅限于硕士研究生阶段，且不授予学位，也不可进入博士研究生阶段的学习；[1] 另一种为狭义研究生教育，学生在完成学业且论文合格以后，将获得硕士、博士学位。

研究生教育也是在 20 世纪 90 年代开始得到较快发展，1996 年全国研究生数量为 67,000 人左右，其中硕士生 45,000 人，博士生 22,000 人；2003 年总数达到了 112,000 人，其中博士生 40,000 人；而到 2005 年，达到了 122,000 人，其中博士生 41,000 千人。

5）特殊教育

特殊教育面向身体或智力残疾的儿童、少年及成年人，涵盖初级教育至高等教育阶段。根据巴西教育部特殊教育办公室 2006 年的报告，全国 2,460 万残疾人中，大约有 280 万人在 0 至 17 岁的年龄段之间，而在学校接受教育的只有大约 73 万人，显示了巴西特殊教育仍然比较落后。另一个可以说明该问题的数据是：从 1998 至 2007 年间，普通教育学生入学数量增长了 600%，而同时期特殊教育学生入学数量仅提高了 28%。为了鼓励特殊教育的发展，2008 年联邦政府颁布一项法令，向开办特殊教育的州、市政府[2] 提供资金补助。

6）成人教育

成人教育的对象是未能在适龄阶段完成初级或中等教育的青年及成年人，过去被称为"补充教育"。《国家教育方针及基础法》规定，全国符合上述条件的青年人和成年人均可接受免费教育，完成基础教育阶段的学习。该教育主要由各州、市级政府负责组织。

---

1 目前巴西绝大多数的 MBA 课程均属于广义研究生范畴。

2 目前巴西特殊教育由州、市级政府负责。

　　根据教育部 2007 年统计，全国 500 万名注册学生中，340 万人在接受初级教育，接受中等教育的人数为 160 万。目前最主要的教育方式为考勤授课，即学生不得无故缺课，有超过 440 万的学生选择了这一方式，这一规模几乎可以和普通教育相提并论，说明一方面巴西的基础教育水平仍然不高，另一方面众多青年人及成年人意识到知识的重要性，并且迫切希望在较短时间内完成基础学业以便进入劳动力市场，这也是劳动力市场需求转变的标志之一。

　　7）职业教育

　　职业教育的针对性更强，其目的是帮助年轻人进入劳动力市场，以及提高其专业技术水平，因此职业教育强调与劳动力市场的接轨。职业教育分为三类：第一类为基础职业教育，受教育对象不受文化程度的限制；第二类为技能教育，面向中等教育阶段学生，或者已完成中等教育的成年人。各教育机构若开设此类教育课程需得到各州教育管理机构的批准。技能教育可以整合到中等教育过程中去，也可以单独开设；第三类为技术教育，只有高等院校有资格开设，可以等同于本科及研究生教育类型，其对象范畴也相对狭窄。

　　巴西教育部统计，1999 年全国参加职业教育的人数为 280 万，而到了 2007 年，总人数下降到 69 万余人，并且相当数量的学生是在普通中等教育过程中接受职业教育培训的。

2. 教育评估

　　1）基础教育评估

　　基础教育评估工作主要有教育部下属的国家教育调研所（INEP）负责，该机构主要有 3 个评估工具对基础教育质量进行测评，其测评结果将作为制定国家教育政策，提高教育质量的基础。

　　全国基础教育评估系统（SAEB），自 2005 年开始拥有两种评估方式：第一种为传统的全国基础教育评估（Aneb），一般被称为"Saeb 考试"，每两年举办一次，针对全国公立及私立初级教育 5 年级和 9 年级，以及中等教育 3 年级的学生进行，测评范围是葡萄牙语（语文）和数学。考核（共计 500 分）的主要目的不是评估学生成绩，更主要是通过对疏漏进行采样的方式找出教育系统存在的问题，为确定教育方针和教育投资方向服务。另一种方式为全国学校效率评估（Anresc），一般被称为"巴西考试"，每年主要针对城市公立学校 5 年级和 9 年级学生进行，考核范围仍然为语文和数学。这一方式的主要目的在于向各州、市政府提供其所辖公立学校教学情况，便于其发现所有漏洞，进而更好的制定、执行教育方针。

全国中等教育考试（ENEM），每年 10 月举行一次，针对中等教育 3 年级、或者已经完成中等教育的学生。该考试为非强制性考试，同时也区别于各大学各自举办的招生考试，其最主要特点是跨学科，即需要依托中等教育阶段各门学科的知识答题。以往的全国中等教育考试含有 63 道多项选择题（5 个选项）及 1 道作文题，自 2009 年始多项选择题量增加至 180 道。由于目前该考试是全国各大学选拔考生的重要依据之一，所以越来越多的学生参加。

国家教育调研所（INEP）于 2007 年又创立了第 3 个教学评估工具：基础教育发展指数（Ideb），将评估教育质量两个同等重要的指标（学校升学率和考核平均分[1]）整合到同一个指数里面，使用从 0 至 10 的数值评估学校的教育质量。计算该指数的基础是：全国基础教育学校普查数据，[2] 以及前面提到的全国基础教育评估（Aneb）和全国学校效率评估（Anresc）的结果。

2）高等教育评估

关于高等教育的评估，同样存在三个评估工具：

全国高等教育评估系统（Sinaes），用于对本科教育的评估，由三个组成部分构成：本科课程评估、教学机构评估及全国学生成绩测试（Enade）。本科课程评估考核高校的课程设置、师资、课程更替等方面的内容。教学机构评估目前尚未实施，包括高校自评及教育部的一个评审委员会测评。全国学生成绩测试（Enade）每年针对本科一年级学生及本科毕业生进行。每年由联邦政府规定测试范围，并对学生进行抽样测试，被挑选的学生必须参加，拒绝参加或者考核不及格将不能获得学位证书。

研究生教育的评估由高级人才培训协调委员会（CAPES）负责进行。该协调委员会负责成立一个评估委员会，由在指导硕士生及博士生方面具有丰富经验的教授或研究人员组成。评判标准有：教师及学生的研究目的、研究计划、用作调研的基础设施、教师专业素质、科学及智力贡献等。评估委员会将根据以上标准，综合评估研究项目并给出得分：1 至

---

1 此处的升学率是指在某一级别的教育机构里，就读于某一年级的学生的升学、留级或退学情况，并非单指学生从某一级别的教育机构升入更高级别的教育机构。

2 学校普查是教育部国家教育调研所与联邦各级政府的教育部门合作，在全国范围内针对所有基础教育教学机构进行的每年一次的普查工作，涵盖公立、私立所有领域，主要搜集关于基础设施、教学工作人员、学生注册、升学等方面的基本数据，汇编成一份普查报告。

7 分，一般仅公布得分在 3 分（包括 3 分）以上的研究项目。得分为 7 分的研究项目一般均得到国际认可，并且可以衍生新的研究课题。

2008 年"国家教育调研所"（INEP）创立了又一个高等教育评估工具：高校课程总指数（IGC），用以评判各高校的本科及研究生课程质量。对于本科教育，使用课程初步评价（CPC）进行评估，以 3 方面的评价结果为基础进行：全国学生成绩测试（Enade）（占总比重的 40%）、教学效果差异指数（IDD）[1]（占总比重的 30%）、其他教学资源（视各校实际情况而定，占总比重的 30%）。对于研究生教育，如前文所述，则由"高级人才培训协调委员会"（CAPES）负责进行。

三、外语教育

1. 外语教育回顾

可以说巴西的外语教学历来就占有重要地位，现在的官方语言葡萄牙语就是由葡萄牙殖民者带入的舶来品。最初的语言教学是从古典语言（希腊语和拉丁语）开始的，现代语言紧随其后，如法语、英语、德语、意大利语及西班牙语。

1930 年之前的巴西语言教学情况，从下面的一组简单数据中可见一斑：

表 1 1890 至 1931 年语言教学每周（小）时数

年份	拉丁语	希腊语	法语	英语	德语	意大利语	西班牙语	时数总计
1890	12	8	12	11		–	–	43
1892	15	14	16	16	15	–	–	76
1900	10	8	12	10	10	–	–	50
1911	10	3	9	10		–	–	32
1915	10	–	10	10	10	–	–	30
1925	12	–	9	8		–	–	29
1931	6	–	9	8	6	–	–	23

从上表可以看出，进入共和国以后外语教学周课时数急速下降，从 1892 年的每周 76 小时下降到 1931 年的 23 小时，降幅超过一半。此时的

---

[1] 教学效果差异指数（IDD）的目的在于，将某一个高校的毕业生成绩信息与另一同等水平（毕业生状况类似）的高校毕业生成绩比照分析，以此判断与课程设置预期的效果是否接近，本文对计算方法不作介绍。

学生无法同时在学校学习两门或者更多门外语。

1930 年设立的公共教育及卫生部于次年提出"将教育从无序中拯救出来，赋予其应有的声誉"的改革口号，制订了一系列强制执行的教育改革措施，其目的在于为高等教育培养学生的同时，也对青少年的成长进行全面教育。在教学内容方面，开始有了对现代语言的侧重，在原有总课时不变的情况下，减少了拉丁语教学的课时。然而，更大的改革是针对教学法的：第一次正式引入法国在 1901 年就已经采用的直接方法教学，即使用外语本身进行外语教学。

改革期间，中学外语教师卡尔内罗·里昂 1931 年在里约热内卢的佩德罗第二中学使用的直接方法进行外语教学改革，和其他改革措施相比十分突出：

- 外语学习应该遵循听、说、读、写四个步骤；
- 外语教学应该从第一堂课开始就采用直接方法，尽量使用外语本身教学，还应具有实用的特点；
- 单词的含义不能通过简单的翻译传递给学生，而是要通过单词及其所指的直接联系，尽量使用实物或者实物图画传递给学生；
- 语法概念的讲解不应该照搬纯理论或者抽象的规则，而是应该从其自身意义出发进行讲解；
- 阅读不应仅局限于指定的作者，还应该包含报纸、杂志，或其他可以使学生了解对象国现代语言的刊物。

除此以外，还有其他一些措施在佩德罗第二中学得以采用，譬如：根据特点将学生重新分班、遴选新教师、更新教材等。直到今天，该中学的教学经验仍然在整个巴西有着重要影响。

1942 年卡帕内玛改革的一个突出贡献就是使得当时国内中等教育逐渐均衡——普通中学和军事、商业、工业、农业等学校均得到重视，赋了各个课程同等的地位。当时的教育部长卡帕内玛在其工作报告中指出，不应该将教育只是停留在工具层面，而应该让广大青少年培养一个扎实且全面的文化，要对古典和现代两种文明给予足够的重视，这样才能够使他们具有并且不断提高爱国主义及人文主义情操。于是，中等教育被分为两个阶段：第一个阶段，类似于中国的小学 11 到 14 岁学龄阶段，时间为四年；第二个阶段又具有两个分支，其中一个名为"古典阶段"，重点在于学习古典和现代语言，另一个被称为"科研阶段"，以学习自然科学为侧重点，诸如：物理、化学、生物、数学等等，第二阶段类似于中国的高中，"古典"和"科研"两个分支类似于中国的文、理科。1943

年的改革同样也十分注重方法论的变革，直接方法教学同样得到了推广，一方面强调教学目标应该追求实用；另一方面明确语言教学不仅以听、说、读、写为目的，还强调了教育目的和文化目的，也就是说，语言教学应该在促成思维培养、观察及思考习惯形成方面起到重要作用，还需要帮助学生了解外国文明，理解其他民族的传统和思想，指导学生形成自己的人文知识构架。

　　为了达到上述目的，教学手段细化到了教学法在课堂上的运用这一层面。生词的挑选应该遵循使用频率这一标准；阅读无论在课堂内外都应该优先考虑具有插图解释的教材，并且从简单、可读性强的小故事入手，逐步过渡到完整的文学作品的阅读；关于视听材料，从彩色粉笔、图画、实物到光盘以及电影都是被广泛推荐的。

　　其时全国教育归教育部管辖，由教育部做出一切相关决定，包括从全国外语教育的语种选择到外语教师应该采取的教学方法，以及中学各个阶段应该实行的教学方案等。在教育部做出的决定中，执行难度不一，如外语语种相对比较容易确定，但是采取何种教学方案就有相当的难度。此外，教学方法仍然推行直接方法教学，但是似乎这种方法并不能完全落实在课堂上。在教育部与学校之间，这种备受推崇的直接方法被替换成一种简单的方法，即美国使用的阅读法，这种方法不能帮助学生吃透外语的深层含义。

　　卡帕内玛改革对外语教育给予了相当的重视，所有学科的学生几乎都学习了拉丁语、法语、英语和西班牙语。很多学生在完成课程的时候已经阅读了不少外文原著，他们能够结合不同的时代特征了解作家的作品。所以说，如果我们从历史的角度来看，可以知道巴西通过卡帕内玛改革使得四五十年代成为巴西外语教育的黄金年代。

　　1961 年，《国家教育方针及基础法》得以颁布并实施，该法律仍然将中等教育确定为 7 年，但是开始将教育管辖权逐步下放。于是，外语教学的形势也随之发生了变化，我们再通过一组数据观察巴西外语教育的变化：

表 2　1931 年以后巴西的外语教育

年份	拉丁语	希腊语	法语	英语	德语	意大利语	西班牙语	总时数
1942	8	–	13	12	–	–	2	35
1961	–	–	8	12	–	–	2	22
1971	–	–	–	9	–	–	9	9
1996	–	–	6 或 12	–	–	–	6	18

我们不难发现，从 1961 年开始巴西的外语教育开始走下坡路。拉丁语被从课程设置中取消，法语虽然没有被取消，但是课时数大大减少，英语从总体上来看没有太大的变化。于是，1961 年标志着巴西外语教育黄金年代的结束。1971 年的法律将巴西教育时间缩短了一年，更加侧重于职业培训。学制减少使得外语教学时数急剧下降，于是外语教育局面十分悲观。

1996 年颁布了新的教育法，对巴西的学制进行了改革，其中与外语教学有关的就是再次将外语教育纳入了"基础教育"过程当中。明确规定：小学教育从五年级开始，必须至少开设一门现代外语课程，语种则由各个学校根据教育法自行决定；对于"中等教育"，也规定由各所学校根据教育法的内容自行选择一门现代外语作为一门必修课程。从此，巴西摒弃了原来坚持的"只有唯一方法是正确的"思路，开始走"教育思维多元化"的道路，各级教育开始有了更加灵活、更加多样化的形式。对于外语教学，值得一提的是不同年级、不同年龄段的学生，根据其外语学习的水平和进度可以组成不同的班级学习。

2. 外语教育现状

从总体来看，目前的阶段教育在巴西受到重视，外语教育也相应得到重视。

随着教育的发展，人们产生了一些共识，比如：教育质量的提高离不开对师资力量建设的投入。目前在巴西，语言教师的工作机会要大于其他领域教师，预计今后尤其在大学里，高水平外语教师的需求量会越来越大。

在基础教育阶段，巴西教育部负责制定教学大纲，对全国公立学校提出办学规范，各州在全国教学大纲的范畴内根据实际情况做出相应调整。以最具代表性的圣保罗州为例，2008 年年底公布的基础阶段课时安排如下：

表 3 圣保罗州基础阶段教学课时安排

初级教育		
学 校	周课时数	课时长
2 个白天班次[1]	25	50 分钟
3 个白天班次	27	50 分钟
晚班	27	45 分钟

---

[1] 巴西许多学校均设有不同班次制度，分别在白天（根据不同时段又有不同划分，如上午班及下午班）和晚上上课。也有的州在基础教育阶段只设有白天全日制课程。

表 4　圣保罗州中等教育阶段课时安排

中等教育		
学　校	周课时数	课时长
2 个白天班次	30	50 分钟
3 个白天班次	24	50 分钟
晚班	27	45 分钟

表 5　圣保罗州初级教育阶段课程设置

第 1 阶段 （1 至 5 年级）					
课　程	年级 / 课数（%）				
	1 年级	2 年级	3 年级	4 年级	5 年级
全国统一基础课 · 葡萄牙语	80%	60%	45%	30%	30%
全国统一基础课 · 历史 / 地理	……	……	……	10%	10%
全国统一基础课 · 数学	20%	25%	40%	35%	35%
全国统一基础课 · 物理及生物	……	……	……	10%	10%
全国统一基础课 · 体育	……	15%	15%	15%	15%
总　计	100%	100%	100%	100%	100%

第 2 阶段 6 至 9 年级（2 个白天班及 1 个晚班）					
课　程	年级 / 课时数				
	6 年级 白班 / 晚班	7 年级 白班 / 晚班	8 年级 白班 / 晚班	9 年级 白班	9 年级 晚班
全国统一基础课 · 葡语	5	5	5	5	5
全国统一基础课 · 艺术	2	2	2	2	2
全国统一基础课 · 体育	2	2	2	2	2
全国统一基础课 · 历史	2	2	2	2	2
全国统一基础课 · 地理	2	2	2	2	2
全国统一基础课 · 数学	5	5	5	5	5
全国统一基础课 · 物理及生物	2	2	2	2	2
全国统一基础课 · 宗教课程	……	……	……	1	1
各校自主课程 · 现代外国语	2	2	2	2	2
各校自主课程 · 作文及阅读	2	2	2	2	2
总　计	24	24	24	25	25

（待续）

（续上表）

第2阶段 6至9年级（3个白天班）					
课程		年级/课时数			
		6年级	7年级	8年级	9年级
全国统一基础课	葡语	4	4	4	4
	艺术	2	2	2	2
	体育	2	2	2	2
	历史	3	2	3	2
	地理	2	3	2	3
	数学	5	5	5	5
	物理及生物	3	3	3	3
	宗教课程	……	……	……	1
自主课程	现代外国语	2	2	2	2
	作文及阅读	1	1	1	1
总　计		24	24	24	25

表6 圣保罗州中等教育阶段课程设置如下：

中等教育（白天班）					
课程领域		课程	年级/课时数		
			1年级	2年级	3年级
全国统一课程	语言及规则	葡语	5	5	5
		艺术	2	2	……
		体育	2	2	……
	自然科学及数学	数学	5	5	4
		生物	2	2	2
		物理	2	2	2
		化学	2	2	2
	人文科学	历史	3	2	2
		地理	2	3	2
		哲学	2	2	1
		社会学	1	1	2
自主课程	现代外国语		2	2	2
	辅助课程		……	……	6
总　计			30	30	30

（续上表）

中等教育（晚班）				
课程领域		课程	年级 / 课时数		
			1 年级	2 年级	3 年级
全国统一课程	语言及规则	葡语	4	4	4
		艺术	2	2	……
		体育	2	2	……
	自然科学及数学	数学	4	4	4
		生物	2	2	2
		物理	2	2	2
		化学	2	2	2
	人文科学	历史	3	2	1
		地理	2	3	1
		哲学	2	2	1
		社会学	1	1	1
自主课程	现代外国语		2	2	1
	辅助课程		……	……	6
总　计			28	28	25

巴西教育部规定，外语课程在各学校自 6 年级开始为必修课程，课程设置中外语属于"学校自主课程"范畴，顾名思义，自主课程的选定是由各校自主进行的。但是须经由多方共同商讨确定，如学校领导层、教育专家、教师、学生及其家长。在选定外语科目时，需要从学校师资、学生兴趣，以及学校整体的教学方针出发，可以从英语、意大利语、法语、德语和西班牙语中挑选，目前英语仍然是被采用最多的语种。教育部也规定，各所学校在选定一门外语科目以后，不得随意更改。如果确实有必要，需要经过多方商讨、论证方可更改，并且必须保证正在实行的外语课程不中断，直至从 6 年级开始学习该门外语的最后一批学生结束基础教育阶段的学习。

在中等教育阶段，教育部规定除了一门必修外语课以外，如果学校条件允许，还可以开设一门选修性质的第二外语。

在职业教育中，针对教育对象的不同，设有不同的外语教学课程与要求，一般为英语和西班牙语。根据市场实际需要，职业教育更多的侧重于外语的工具性，可以根据实际需要调整外语课程设置和学时安排。一般侧重于培养学生的外语阅读理解能力，比如掌握商务文件中使用英语或西班牙语书写的概念、理解整个文本、翻译等，学时安排也因各校而异，一般为 200 小时。

与中国不同的是，外语课程一般不纳入巴西高等教育阶段教学大纲，不作为必修课程。学生可以根据自身需要通过选修课学习某一门或几门外语。但是尽管如此，许多硕士、博士研究生资格均要求掌握某一门或几门外语。目前巴西许多综合性大学一般都开有各类外语学习课程。非常值得一提的经验之一就是"外国语言研究中心"，圣保罗州和帕拉那州都拥有这样的中心。在"外国语言研究中心"里面，学生有机会自由选择学习其他一门甚至几门外语。这类外语研究中心创立于 80 年代末期，并且自成立以来收到了令人满意的效果。圣保罗大学哲学、文学及人文科学学院下设的"外国语言研究中心"提供各类外语学习课程：英语、法语、意大利语、德语、日语、阿拉伯语、希腊语、拉丁语，以及针对外国人的葡萄牙语等。除了提供不同水平等级的外语教学以外，该中心还提供各个对象国的语言资格或等级考试。

四、外语教育规划与政策

1. 初级阶段外语教学大纲

巴西教育部于 1998 年颁布了目前唯一的外语教学大纲：初级教育第3阶段（6、7 年级）、第 4 阶段（8、9 年级）外语教学大纲。

1）教学目标

在确定外语教学目标时，需要考虑到学生、教育制度、外语的社会功能等因素，应该根据社会、文化和职业需求以及学生的兴趣和愿望，发展学生各项能力，进行外语教学。对于初级教育而言，外语教学一方面需要发挥外语在学校课程设置中的形成性作用；另一方面，也是最主要的，需要对外语在本国的社会功能，学习条件对外语教学造成的限制等问题做出思考。首先，为了保证外语教学在教育系统中具有形成性功能，需要寻求有效避免外语学习没有成效的途径，也要摒除认为外语不可在学校习得的错误认识。

对于外语的社会功能，虽然巴西由于其多种族的特点是一个多语言国家，但绝大多数在校学生（也包括教师）处于一个单一语言状态中。此外，绝大多数人并不能在日常语言环境中使用外语，于是学习外语或者使用外语交流的需要和主观愿望就会丧失。在初级教育阶段开始外语课程可以帮助全国学生在学习初期就认识到学习其他语言的重要性。

所以，目前全国绝大多数学校的办学条件仍然不够优越，有的甚至十分落后。在外语教学过程中，知识量、学习强度和连贯性等因素都是影响学生发展外语能力以及快速达到教学目标的决定性因素，而目前全国的外语教学组织和管理都不符合这些因素的要求。外语学习的时间比较有限，极少数有超过每周 2 小时的情况，所以学习时间总量必然不会太多。上课时间安排往往也需要给其他科目让步。

很有必要采取有效措施改变以上情况，但是应该实事求是的寻求最现实的目标，一切措施均需对学生真正有益。另一方面，外语教学除了培养学生的认知能力、道德观念、审美情操、主观能动性、社会参与及行为能力外，还应该注意学生的情感教育，因为外语学习活动是一项智力活动，同时也是一项情感活动，学生应该是充满激情和创造力的。

学生外语意识培养要点：

➢ 我们生活的世界是多语言和多文化的；

➢ 做到全面理解（书面和口头）；

➢ 致力于语言真正含义的探讨，而不是一味的纠正。

初级阶段为期四年的外语学习结束时，学生应该具备以下能力：

- 对目前世界沟通使用的外语格局有一定认识，自我认同为多语言世界中的一分子，同时能理解各个历史时期某些外语的在世界范围内的"统治"地位；

- 使用某一门外语深刻体会语言交流过程，感受不同世界观及其表达方式，思考不同文化以及人们行为或互动的差异，从而更好认识自身所处的环境，以及更好地了解世界的多元性，加强自己作为本国及世界成员的归属感；

- 认识到通过学习一门或多门外语可以深入了解人类不同的文化财产；

- 在对母语充分了解的基础上，构建对原文理解的系统知识，在交流场合中正确使用语言；

- 建立对所学外语的语言学评价意识；

- 阅读，并且将阅读视为获取信息及精神愉悦的一个重要源头，并为进入劳动力市场或继续深造做准备；

- 使用其他沟通能力，以适应在不同的交流场合。

2）教学内容

纲要要求围绕四个核心："对世界的认识"、"系统化的知识"、"语篇的类型"和"态度"组织外语教学内容。这四个核心相辅相成，贯穿外语教与学的全过程。教学内容需要处理的中心任务在于掌握通过外语形成语言含义的策略，保障学习课程结束以后学生有能力继续学习。此外，设置教学内容的出发点应该是学生对母语的认识和掌握，所以教学内容的编排应该充分考虑学生对母语以及客观世界的了解和认识，只有这样才能使外语学习有实际意义。

在教学内容编排中应该遵循一个演变标准，该标准的重心在于学生对世界的认识（如学生的家庭、学校和社会生活）和对语篇的组织上（如叙述、简短会话、漫画和游戏说明等）。在第三阶段（6、7 年级）里，教学内容对系统化的知识相对淡化，更多的侧重语言含义的形成，而在第四阶段（8、9 年级）则应增加外语系统化知识的比重，因此诸如语法、语汇讲解等内容则可以逐渐在主题单元或文章中出现。下面的图示说明了这一演变标准：

表 7 外语教学内容递进

第三阶段	第四阶段
对世界、语篇的认识	
系统化的知识	

关于"对世界的认识"的教学内容要点：
- 学生的学校生活、上学途中遇到的问题、家庭生活、与朋友的娱乐活动、各自生活的城市、州乃至国家的问题；
- 根据不同学生的特点对家庭作业进行分配，男女生的相处应该尊重人与人的区别（如以生理、伦理作为出发点），城市的生态问题以及公民的权利与责任；
- 外国文化（习俗）为背景下的男女生相处；外国的学校生活；世界其他国家妇女已经争取到的权利；世界其他国家的少数民族组织；认识到世界文化的多元性；其他国家的政治组织；世界其他国家举办的关于艾滋病的活动；世界其他国家的性取向问题等。

对于"语篇的类型"，选择符合学生年龄段的内容，即母语环境中学生会感兴趣或可能接触到的内容：
- 小故事、漫画、游戏、笑话、绕口令、广告、简短会话、包装说明、歌谣、简短新闻；

- 访谈、电视节目、广告文本、信件、新闻报道、诗歌、报刊文章、百科全书节选文章、字典词条、菜谱、权利声明等。

对于"系统化的知识",在很大程度上依赖于主题内容及语篇类型的选择,初级教育阶段对这一核心并不作太高要求,仅要求学生掌握与系统化知识相关的基本概念,如词汇、语法结构等内容,甚至允许学生在使用外语时并不十分了解每个语言现象的含义,这一点与学生在使用母语交流时的情况不尽相同。

"系统化的知识"要求:

- 了解词汇、句法及语音方面的基本含义;
- 能够辨认指明语义关系的连接词;
- 能够区分书面语及口头语的规范程度;
- 通过语篇组织的不同特征,辨认不同的语篇类型;
- 理解并且能口头清晰表达简单语篇。

与"态度"相关的内容要点:

- 无论在书面还是口头表达中,均应努力让他人理解自己,同时也要理解他人的表达;
- 积极的了解其他国家的文化,并以此作为了解世界的途径;
- 承认通过学习外语可以提高对不同文化的认同感;
- 承认通过学习外语可以增进人们的相互了解;
- 培养使用外语进行书面和口头表达的兴趣。

3) 教学评估

在第四阶段结束时,学生的外语成绩和能力应该逐渐符合教学大纲规定的教学目标。对于外语教学效果的评估,主要可以从以下几个方面进行。

对于书面理解,学生应该具备以下能力:

- 以符号因素(如插图、表格、照片、绘画等)以及同根词汇为依托,对多种类型的书面文字能够全面理解;
- 能够挑选出文章包含的某些特定信息;
- 通过对文章包含信息的理解、连接词及其功能的辨认,理解文章的组织安排;
- 知道阅读是一个并不需要完全理解每个词汇的连续过程;
- 对文章目的有一个批判性的意识,可以辩证的看待作家和读者在现实社会中的不同定位;
- 掌握选定文章中系统化的知识。

对于口语理解的评估，其要求与书面理解类似，但是增加了对语音标准的知识理解和要求，同时也需要学生能够做出更多的社会性互动。

对于书面和口语表达的评估，依赖于教学方案中侧重培养的能力。学生应该具备以下能力：

- 在进行表达时，可以合理处理句法、词法及语音等层面的问题；
- 对外语环境中的语篇类型和互动标准有一定的了解和掌握；
- 理解作者和发言者在进行书面或口头表达时，已经将其读者和听者进行了特定的社会定位。

对于口语的评估，与书面语表达不同的是，需要增加对语音和语调的评估。而对这项能力的评估要注意贯穿始终的观察比学期末的某一次测验更加重要。对于书面表达，评估标准的焦点应该在于学生如何构建具有一定含义的特定语篇，即更加侧重学生的语言产出能力，而不是单纯的纠正语法错误。

2. 中等外语教育政策

如前文所述，目前巴西教育部只出台了初级教育阶段完整并独立的外语教学大纲，而中等教育阶段关于外语教学部分的相关规定和指导，只附着于整个中等教育教学大纲之内。

巴西政府于 2000 年提出，将现代外国语教学划入一个大的领域——"语言、规则及其技术"，其中也包括母语、艺术、体育和信息技术教学，于是外语教学不再是学校课程设置中一门孤立的学科。从各个课程之间相互关系出发，外语的教学过程要求有一个新的设置，或者说，要求将过去只是停留在书面的若干基本原则落到实处。应该以培养学生在日常生活中、不同场合下能够使用恰当的方式进行交流为总体目标。所以，在新形势下必须重新整体思考教育的内涵，尤其是外语教育的内涵。

与以往相比，关注现实问题显得尤为重要：在其众多功能中，巴西的中等教育也是面向就业的教育。目前情况下，英语和西班牙语是职业生涯中最重要的两门外语，所以就不能不结合现实情况安排学校的课程设置，允许学生在中等教育阶段就能直接或间接的接触到劳动力市场要求的知识。另一方面，人们可以根据自己的需要选择第二外语。比如说，在巴西南里约格兰德州，某些地区的意大利语教学就比法语教学发展得更好，因为当地有很多的意裔居民；某些地区的德裔居民数量较大，那么那里的德语教学自然会比日语教学更受欢迎。所以说，很有必要了解各个地区的历史以及教育对象的兴趣。现代外语教育不再是让学生适应学校的特点，而是要让学校满足社会的需要。

1）教学要求

目前，在巴西绝大多数学校将外语的传统、正规系统作为外语课程的基础，也就是说，让学生能够听、说、读、写就够了，他们相信做到了这一点，学生就有能力在不同的场合中使用一门新外语。然而从历史的角度来看，培养学生以上四方面能力的工作往往也只是停留在对规则的强调和对书面语言的过分重视上。于是，学生和教师都会因为外语抽象的句法和词法系统而失去学习和教学的动力，从而也就很难将外语的学习和其他学科平衡起来。为了实现相对有效的学习，教育部针对外语教学拟定了以下在中等教育阶段外语教学中应该培养与发展的能力：

➢ 交流与表达
● 在交流过程中能够选择适合不同场合的表达方式，并且选择可以最佳表达其思想的词汇；
● 在书面及口头表达中，能够运用具有良好关联性的语言结构；
● 运用口头或非口头策略弥补沟通过程中的失误，以进行更有效的交流，并达到表达自己思想和理解他人思想的目的；
● 利用外语接触其他社会群体的文化；
➢ 调查和理解；
● 清楚以何种方式将某种思想在社会或文化层面表达得具有合理性；
● 在口语表达或接受他人表达的条件（目的、时间、地点、会话者、思想的传播以及可利用的技术等）下，分析口语表达的信息，根据话语本身或者话语背景的性质、功能、组织和结构寻找其内在联系。
➢ 社会与文化架构
● 能够区别语言的不同类别；
● 通过会话者陈述的内容理解其思考、感受及处理问题的方式。

上述各方面相互紧密联系，相互作用，所以语法并不是外语教学过程中唯一应该注意的问题，学生还必须很好地掌握社会语言学知识，具有良好的表达能力以及应变能力。

2）教学内容

每周有限的外语学时以及学生外语学习程度不一，决定了必须在中等教育阶段使用一系列有效的教学策略和内容，以达到教学大纲中规定的要求。从方法论的角度讲，教师应该从以下三个方面实施教学活动：

➢ 语言结构；

➤ 语汇习得；

➤ 阅读及语篇解读。

其中最后一点最为重要，也是前两点的目的所在。所以在中等教育阶段，需要从文章及其阅读、理解出发挑选语法内容和词汇。

(1) 语言结构

以英语为例，中等教育阶段的学生应该复习初级教育阶段学习的动词时态，同时完成所有动词时态和动词形式的学习。在中等教育第三年结束时，学生应该能够阅读并理解含有所有动词时态的文章。肯定式、疑问式、否定式及反意疑问句应该通过所有动词时态进行复习和学习。英语中，以下各项知识点应该在中学三年中依据文章难度逐渐传授给学生：

✓ 人称代词（主语和宾语）；

✓ 形容词和物主代词；

✓ 冠词；

✓ 介词；

✓ 形容词、副词及其在句子中的位置；

✓ 所有格；

✓ 规则及不规则复数变化；

✓ 可数及不可数名词；

✓ 数量词：*much, many, few, little, a lot of, a few, a little*；

✓ 连词；

✓ 假同源词；

✓ 主要的前缀、后缀；

✓ 规则动词及不规则动词；

✓ 形容词的级；

✓ 不定代词及其复合形式；

✓ 反身代词；

✓ 关系代词；

✓ 疑问代词；

✓ *do* 的强调用法；

✓ 关系从句；

✓ 反意疑问句；

✓ *additions to remarks*；

✓ 直接和间接引语；

✓ 动词不定式和副动词；

    ✓ 动名词；

    ✓ 被动式；

    ✓ 含有 *to take* 的时间从句；

    ✓ *have* 和 *get* 的使役形式；

    ✓ *also, too, either, or, neither, nor*；

    ✓ 短语动词。

（2）语汇习得

语汇习得是一个不间断的学习过程，从初级教育阶段开始一直贯穿整个基础教育阶段始终。中等教育阶段继续扩大语汇量的最合理方式是阅读，以及对不同性质的文章进行剖析。可以作为依托的就是阅读的专题性以及语汇类推法，即将某一特定语境的词汇类使用到其他语境。

在教学活动中，教师应该尽可能地挖掘学生已有知识来扩充其语汇量。以下主题可以帮助教师在课堂上利用学生已有知识，罗列青少年感兴趣的话题，同时还可以运用跨学科知识：

    ✓ 货币和购买；

    ✓ 我们生活的空间；

    ✓ 个人喜好（情感、感受、期望、偏好等）；

    ✓ 家庭及朋友；

    ✓ 身体、服装及饰物；

    ✓ 日常生活中的问题（交通、健康、社会生活中的活动）；

    ✓ 旅行和假期；

    ✓ 兴趣爱好及空闲时间利用；

    ✓ 地点（城市、海滩和农村）；

    ✓ 食物；

    ✓ 工作和学习；

    ✓ 自然环境（生态和环保）；

    ✓ 机器设备；

    ✓ 日常用品；

    ✓ 职业、教育和工作；

    ✓ 种族（风土人情）；

    ✓ 休闲娱乐活动；

    ✓ 消息（媒体）；

    ✓ 广告；

    ✓ 商务；

✓ 个人及社会关系；

✓ 社会问题；

✓ 艺术及娱乐；

✓ 世界性的问题；

✓ 现代社会的资讯；

✓ 政府和社会；

✓ 国际政治；

✓ 科技；

✓ 卫生、节食及体育锻炼。

（3）阅读及语篇解读

学生应该接触各类文体的文章，如：广告类、报刊类、叙述类、论证类、诗歌类、文学类及科技类文章，通过这些文章的阅读可以熟悉各种正式及非正式语言，从而可以掌握语言交流的不同语料。

3）教学评估

中等教育阶段外语教学评估应该侧重考评学生以下方面的能力：

● 阅读并理解不同性质的文章；

● 选择适合特定语境的词汇并正确使用；

● 通过不同媒介检索信息并能够搜集需要的信息；

● 正确使用字典或其他工具书；

● 将所学外语内容与母语内容合理联系；

● 将语言自身的交流功能运用于日常生活中的场景（请求或寻求帮助、感谢、打招呼、询问信息等）；

● 在书面语及口语中使用所学的语言结构（动词时态，常用语等）；

● 使用网络等多媒体辅助外语学习；

● 将课外获取的知识与课堂知识有机结合；

● 独立或团体合作完成作业。

一般来说并不存在最理想的教学评估方法，所以各学校、教师可以参照以上各点寻求、选择并组织好更加适合自己学生的考核方式。此外，值得注意的是最好能够让学生通过教师的帮助，自己观察、对比并改正错误。

五、结语

在巴西，关于学习一门或者数门外语的重要性的讨论可以追溯到几个世纪以前。在语言教学的历史中，曾经一度非常推崇学习拉丁语和希腊语，以便接触古典文学。然后也在相当多的历史时期内，现代语言的学习也备受关注。

虽然在 20 世纪上半叶外语教育的实用性就被提出，但是落实力度常常不够。外语学习有限的小时数、语言学以及教育学专业教师的稀缺等问题使得相关法律的规定得不到有力的实施。这样，巴西的外语课程就不能很好的培养学生的综合外语能力，反而变成了枯燥和不断重复的施教，大多数情况下的教师和学生都非常被动。所以，相当长的时间里外语教学对于很多公立学校来讲，几乎等于形同虚设，效果非常不理想。教学工作只是停留在语法的机械练习、规律的强化记忆上，过分重视书面语言，明显与现实生活脱节。

出现上述情况绝对不是偶然的。除了专业教师数量不足以外，绝大多数情况下，学校课程设置中的外语只有英语，其他外语学习的兴趣客观上被大大削减，这样也就导致了其他外语语种教师数量的不够。于是，即使很多学校都有开设其他外语课程的意愿，可是苦于没有高水平的专业教师而不得不放弃。除此以外，巴西全国也缺少能够有效地配合教学工作的外语教材，现有的教材对于学生来讲，由于价格昂贵很多人望而却步。

巴西教育部早在 1999 年就指出，现代外国语曾经在相当长的时间内被忽视，但是今天必须要认识到学习现代外国语的重要性。过去人们曾经错误地认为外语课程远没有其他课程重要，而在今天的巴西，外语教学对于个人能力培养来说，与其他课程同样重要。外语教育的重要性再次被提出，也与巴西在当今的国际舞台上扮演着越来越重要的角色密切相关。随新的教育法一同颁布的全国基础教育范畴内的外语教学大纲，是以学生的知识过渡为基本原则的，强调了外语教学应该向更为宽广的范畴发展，也将学校与青少年的关系、文化的多样性、社会运动、暴力问题、贩卖与吸食毒品、社会歧视问题、环境教育、安全教育、性取向、职业教育、通讯技术、社会现实问题以及意识形态等方面的问题囊括其中。虽然教学大纲没有能够提出一种针对外语教学的特定的方法，但是它们对研究社会相互关系是有建设性作用的，它们同时还对阅读能力的提高给予了相当的重视，主张依据学生的需要和学习的条件，以及作家的特点进行有选择的阅读。

从外语教学任务和教学评估我们可以看出，巴西外语教学一直致力的方向就是摒弃"应试教育"，提倡"素质教育"，注重学生的外语能力培养，这一点与中国外语教育努力的方向一致。

巴西政府还逐渐认识到，在外语教学强调教学方法的过程中，教师问题无论在哪个历史时期都是很重要的问题。教师似乎一直忙于找寻一种完善的教学方法，甚至到后来幻想找到一种不需要教师的完美方法。可是随着数字时代的到来，人们发现完全依赖于机器的方法是不可取的，真正的教师也是不可替代的。今天的教师不应该成为"问题"，而是"解决方案"。对师资力量培养的投入应该高于教学方法求索上的投入。新的科学技术不能替代教师，但是可以扩大教师的作用，从而使之变得更加重要。

参考文献

1. Almanaque Abril (2005) São Paulo: Abril.
2. Almanaque Abril (2006) São Paulo: Abril.
3. Almanaque Abril (2007) São Paulo: Abril.
4. Almanaque Abril (2008) São Paulo: Abril.
5. Almanaque Abril (2009) São Paulo: Abril.
6. Arelaro, L. R. G. (2005) *Educação básica no Século. XXI: tendências e perspectivas.* Revista Impulso. Piracicaba. 16(39).
7. BRASIL. Ministério da Educação (2004) Instituto Nacional de Estudos e Pesquisas Educacionais Anísio Teixeira. *Censo Escolar. Sinopse Estatística da Educação Básica* – 2003. Brasília. maio.
8. BRASIL. Ministério da Educação (2001) *Legislação. Lei n. 10.172. Estabelece o Plano Nacional de Educação; Lei n. 9.424/96.*
9. BRASIL. Ministério da Educação. Conselho Nacional de Educação. Legislação. *Lei de Diretrizes e Bases da Educação Nacional (Lei n. 9394/96); Resolução CEB/CNE n. 03/97; Parecer sobre as Diretrizes Curriculares do Ensino Fundamental. CEB/CNE n. 04/98. e Resolução CEB/CNE n. 02/98 e Parecer CEB/CNE n. 06/2005 – sobre normas para ampliação do ensino fundamental de nove anos de duração.*
10. BRASIL. Secretaria de Ensino Fundamental/MEC (1998) *Parâmetros Curriculares Nacionais – língua estrangeira.* Brasília: MEC/SEFBRASIL. Ministério do Planejamento (2002) *Orçamento e Gestão.* Instituto Brasileiro de Geografia e Estatística. Perfil dos Municípios brasileiros. CELANI, M. A. A. (1997). *Ensino das línguas estrangeiras: olhando para o futuro.* São Paulo: EDUC.CELANI, M. A. A. (1997). *Ensino de segunda língua: redescobrindo as origens.* São Paulo:

EDUCCURY, C. R. J. (2002). *A Educação Básica no Brasil*. Educ. Soc., Campinas. vol. 23, n. 80, Set.

11. Diana, C. (2006) *Reflexões sobre ensino de línguas materna e estrangeira no Brasil: aproximações, distanciamentos e contradições*. Linguagem & Ensino. Pelotas: EDUCAT.

12. Gimenez, T. (Org.) (2005) *Diretrizes Curriculares para o Ensino Fundamental Línguas Estrangeiras Modernas – questões para debates*. In: PARANÁ. Secretaria de Estado da Educação – Departamento de Ensino Fundamental. *Diretrizes Curriculares Estaduais – Língua Estrangeira Moderna (versão preliminar)*. Curitiba: SEED/PR.

13. Leffa, Vilson J. (1999) *O ensino de línguas estrangeiras no contexto nacional*. Contexturas. APLIESP.

14. Leão, A. Carneiro (1935) *O ensino das línguas vivas*. São Paulo: Companhia Editora Nacional.

15. Santos, C. M. (2002). *Tradições e contradições da pós-graduação no Brasil*. Educ. Soc.. Campinas. vol. 23. n. 80. Set.

16. Scaramucci, Matilde V. R. (1999) *Vestibular e ensino de língua estrangeira (Inglês) em uma escola pública*. Trabalhos em Lingüística Aplicada.

17. Simões, L. J. (2004) *O papel da pesquisa em aquisição de segunda língua na formação de professores: apreciações sobre alguns encontros e desencontros*. Calidoscópio.

后 记

书稿堆放在眼前，七年走过的路程便一段段重现在脑海。

2005 年：在文秋芳教授的提议下，我初步规划出国外外语教育政策调研的方案，并得到北京外国语大学领导和科研处的支持。当年秋天，在中国外语教育研究中心召开第一次与此课题有关的小型会议，向本校各院系老师介绍研究的设想和步骤，筹建课题组。

2006 年：项目正式启动的一年，最为繁忙。

1 月放假前，就课题的设计和课题组的组建，召开第二次小型会议。北外批准校内立项，将拨付启动经费。

4 月，为申请教育部人文社科重点研究基地重大项目，第三次召开课题会议，正式将课题命名为"外语教育与社会经济发展——多国外语教育政策比较研究"，并向教育部提报选题。

7 月上旬，教育部公布重点研究基地重大项目中标选题，本课题名列其中，于是 7 月 10 日，在我赴英国研修的前两天，紧急召开第四次课题组会议，开始紧张的申请和论证工作，至 9 月上旬填报、提交。

按课题的研究进度安排，课题正式启动于 2006 年 7 月，拟 2009 年 12 月结题；其中 2006 年 7 月至 2008 年 6 月为收集各对象国资料阶段，2008 年 7 月至 2009 年 3 月为整理、分析和补充资料阶段，2009 年 4 月至 2009 年 12 月为各国资料比较研究、撰写专著阶段。课题调研集中在各国社会经济发展与外语教育政策的变化、各国语言政策与教育政策、外语教育政策性研究、外语教学微观考察等主要方面。

当时设计开展这一课题主要有三方面的考虑：一是课题本身是我们在这方面的一个空白，作为一个日益开放和走向世界的大国，应该了解国外外语教育与社会经济发展的关系以及他们相应的外语教育政策的调整和实施；二是充分利用北外多语种的优势，布局新的研究课题；三是以此课题带动各语种相关研究，发挥我重点研究基地的科研辐射作用。因此我们首先从北京外国语大学各院系组织力量，搭建了欧盟、法国、德国、俄罗斯、罗马尼亚、希腊、以色列、日本、韩国、马来西亚、泰国、墨西哥、巴西等 13 个国家和地区的子课题小组，分别对各国外语教育政策和社会经济发展进行有重点的调研考察、分类整理和分析评价工作，拟于 2009 年 9 月前初步完成各个子课题结项报告。

当年 12 月中旬，本课题获教育部批准正式立项（项目批准号：06JJD880007）。

2007 年：9 月 21 日召开第五次课题组会议，各自汇报一年多来课题的进展，讨论调研中的问题，交流研究资料和经验。

2008 年：3 月 6 日召开第六次课题组会议，检查各个子课题的进展情况，及时的研究和解决面临的困难。因少数人员承担子课题任务后未能实施，课题组负责人决定在第四批中国外语教育研究基金项目中将部分子课题进行公开招标，在全国范围内另聘适合的研究人员承担，以确保课题的按时按质完成。6 月，德国、罗马尼亚、韩国、以色列、希腊这五个子课题分别由五所大学的教师中标。我们还召开专门会议向外校新参加项目的人员详细地讲解课题的要求和计划，作出相应的部署。

9 月 16 日召开第七次课题组会议，新加入的研究人员也部分参加了会议，大家各自汇报所承担课题的调研情况，商讨确定下一步工作进度。

2009 年：课题研究进入第四年。暑假前通知课题组成员交研究成果和最后阶段的计划。当时已有部分子课题初步完成任务。

2010 年：从头一年秋天到这年夏天陆续收齐各课题材料，并进行最后的修改、填表，于 2010 年 8 月 18 日提交了课题结项表和最后的报告。

这里特别要感谢的是上海海事大学外国语学院蔡永良教授。没有他的帮助，我很难想象在那个炎热的夏天里，一边紧张申报一项重大招标项目，一边还能把这厚厚一堆材料审读完。他是我在北外读研究生时的同学，但我们不在一个班，当时并不认识。2010 年我们在上海外国语大学的一次语言战略研讨会上一见如故，开启了两年来的共同研究和愉快合作。他不仅帮我审稿改稿，还提出了不少建设性的意见，并为本书撰写了序言。

当年 11 月 6 日，课题组在北京外国语大学召开了"中外外语教育政策与规划高层论坛"，全国 20 多所高校和研究机构的 40 余名专家、学者和教师参加了本次论坛。教育部语信司长李宇明教授、北京外国语大学副校长金莉教授、北京大学资深教授胡壮麟先生、北京外国语大学中国外语教育研究中心顾问刘润清教授等出席会议并发表讲话。李宇明教授、胡文仲、周庆生和我本人先后发表主题演讲，从中国的外语教育与国际话语权之争、制定外语教育政策的紧迫性、中美澳双语教育政策动向比较以及外语教育在当代社会发展中的意义等方面，做了比较全面深入的分析和阐释。与会四十多位代表也分别报告和交流了各自的研究成果。

2011 年：春夏时得知项目已经教育部评审通过，获得好评。随后陆续抽空对全部材料做最后的整理和修订，10 月送外研社徐建中总编辑。后来的事情需要感谢徐总编、外研社高英分社常小玲社长以及本书的责任编辑！是他们的关心和努力让这项研究成果得以出版。

在此我还想对课题组全体成员以及所有关心此课题的同志再次表示感谢！傅荣教授自始至终都非常支持我开展这项调研，并身体力行地承担了欧盟这个重要部分的研究。郑书九教授是西语系原来的课题人员，因故退出后中途加入课题组并担负起墨西哥外语教育政策的调研工作，在百忙中挤出时间撰写和收集了三万多字的材料。其他许多老师也都克服了诸多的困难坚持在业余时间完成了各自艰巨的课题调研工作。

我所在的中国外语教育研究中心的研究员们以及李国玉、谢娟等助理人员，在这个项目五年的实施过程中，给予了无数的帮助。我们在中心的例会上做了不止五次的进展汇报，得到大家的关注、建议和指正，也是极为难忘的经历。

我们相信，这项国外外语教育研究的成果将有助于今后进一步开展相关研究，并将研究对象扩大到更多的国家和地区；这项研究成果也将有助于我国相关部门制订出既切合当前经济、文化发展需要又符合外语教学特点和教育规律的改革方略；同时它也将为我国对外汉语教学在世界范围内的推广提供有益的借鉴。

王克非
2012 年 9 月记于香港 - 北京